Das Buch

Semiramis – dieser Name läßt Gedanken an eine schöne, geheimnisum-
witterte Frau aufsteigen, an das Wunder der Hängenden Gärten, die
ihren Namen tragen, an das antike Babylon, das Kulturland zwischen
Euphrat und Tigris, an den Zauber der alten orientalischen Welt knapp
tausend Jahre vor unserer Zeitrechnung. Das Leben der Semiramis, die
als die «schönste, grausamste, mächtigste und ausschweifend-sinnlichste der orientalischen Königinnen» bezeichnet wird, bot Stoff für zahlreiche Legenden – griechischen, persischen, ägyptischen, armenischen
und römischen Ursprungs. Künstler wie Voltaire und Rossini versuchten, den Reiz dieser Frau zu evozieren. Doch wer war Semiramis?
Der italienische Historiker Giovanni Pettinato ist auf die Suche nach
ihrer geschichtlichen Identität gegangen. Bei seinem Rekonstruktions-
versuch hat er die Legenden einerseits und die authentischen Quellen
sowie archäologischen Befunde andererseits gegeneinander abgewo-
gen, um zur historischen Wahrheit vorzudringen. Aus den unzähligen
Mosaiksteinchen seiner wissenschaftlichen Recherchen fügt sich das
Bild einer assyrischen Königin des neunten vorchristlichen Jahrhunderts mit Namen Sammuramat, die inmitten einer Krieger- und Män-
nerwelt es verstanden hat, sich und ihre Vorstellungen durchzusetzen.
Sie vereinigte die beiden Reiche Assyrien und Babylonien und machte
aus der Stadt Babylon ihre glänzende Residenz. Giovanni Pettinato hat
hier eine erstmals umfassende und historisch zuverlässige Biographie
dieser Königin vorgelegt. Und es ist ihm gelungen, den Leser hautnah
an der Spurensuche zu beteiligen und ihn auf spannende und souveräne
Weise zu unterhalten.

Der Autor

Giovanni Pettinato, geboren 1934, promovierte in Heidelberg und ist
seit 1974 Ordinarius für Assyriologie an der Universität Rom. Er nahm
an verschiedenen archäologischen Ausgrabungen in Irak und Syrien
teil und ist Verfasser mehrerer Werke über die sumerische und akkadi-
sche Kultur. 1984 wurde er mit dem Preis der Alexander-von-Hum-
boldt-Stiftung ausgezeichnet.

W0171325

Giovanni Pettinato:
Semiramis
Herrin über Assur und Babylon

Mit 20 Schwarzweißabbildungen
Aus dem Italienischen von
Robert Steiger

Deutscher
Taschenbuch
Verlag

Ungekürzte Ausgabe
Juni 1991
Deutscher Taschenbuch Verlag GmbH & Co. KG, München
© 1985 Rusconi Libri S.p.A., Mailand
Titel der italienischen Originalausgabe:
Semiramide
ISBN 88-18-18003-7
© der deutschsprachigen Ausgabe:
1988 Artemis Verlag, Zürich und München
ISBN 3-7608-0748-8
Umschlaggestaltung: Celestino Piatti
Umschlagabbildung: Archiv für Kunst und Geschichte,
Berlin (Frauenkopf, phönikisches Elfenbein aus Kalchu)
Satz: Jung Satz Centrum, Lahnau
Druck und Bindung: C. H. Beck'sche Buchdruckerei,
Nördlingen
Printed in Germany · ISBN 3-423-11402-9

INHALTSVERZEICHNIS

Anhang

I

DIE SCHICKSALHAFTE BEGEGNUNG

Ursprung einer Legende

Das assyrische Heer unter der Führung des tapferen und unternehmungslustigen, aber schon betagten Königs Ninos belagerte nunmehr seit langem die Hauptstadt Baktriens. Hier in Baktra hatte König Oxyartes mit einer Schar tapferer Männer Zuflucht gefunden: Er war entschlossen, bis zuletzt die Freiheit seines Landes zu verteidigen. Mächtige und widerstandsfähige Mauern umgaben Baktra, das von einer sehr hohen und praktisch uneinnehmbaren Burg überragt wurde. Von hier oben konnte die verschanzte Männerschar die Bewegungen der Belagerer genau beobachten und ohne Schwierigkeiten ihre Angriffe zurückweisen. Die Assyrer hatten ihre Zelte auf der gegenüberliegenden Seite aufgeschlagen und versuchten vergeblich, die niedere Stadt einzunehmen. So hatte sich eine Pattsituation herausgebildet.

Zu diesem Zeitpunkt faßt der stellvertretende Befehlshaber des assyrischen Heeres – da ein Ende der Belagerung vorerst nicht abzusehen ist – den Entschluß, seine Ehefrau ins Zeltlager nachkommen zu lassen. Nicht länger will der General die köstliche Liebe seiner schönen Syrerin mit Namen Semiramis entbehren. Jetzt ist ihre große Stunde da – Semiramis wird nicht zögern, sie zu nutzen und ihre Klugheit und Beherztheit unter Beweis zu stellen, dank denen sie zu ewigem Ruhm gelangen wird. Sofort tritt sie die Reise an, nicht ohne sich aber vorgängig ein bequemes und zugleich ihr Geschlecht verbergendes Kleid ausgedacht zu haben: einen sehr weiten Kasack und Hosen dazu. Später wird dies das Lieblingskostüm der Meder und Perser werden.

Sogleich nach ihrer Ankunft im assyrischen Heerlager wird der jungen Generalsfrau klar, daß die Strategie der Belagerer nicht zum Erfolg führen kann. Die ständig wiederholten Angriffe auf die Befestigungsmauern der unteren Stadt lösen sich immer wieder in bedeutungslose kleine Gefechte auf. Die Belagerten fühlen sich dadurch so wenig eingeschüchtert, daß sie ihre Hochburg verlassen, um den Wachmannschaften der Stadtmauern beizustehen. Semiramis – sie hat begriffen, daß der Ausgang dieser Belagerung einzig von der Einnahme der oberen Feste abhängt – setzt mit einer weiblichen Intuition, die einem strategischen Kopf Ehre machen würde, einen kriegsentscheidenden Plan ins Werk.

Sie schart eine Gruppe von Soldaten, die im Klettern Erfahrung haben, um sich, und mit diesen wagt sie den Aufstieg durch eine gefährliche Schlucht. So erreicht sie den Berggipfel, auf dem die Burg steht – und erobert sie. Von dort oben gibt sie dann den Belagerern die vereinbarten Zeichen, so daß diese nun mit frischem Mut die Stadtmauern bestürmen. Die überrumpelten Einwohner von Baktra müssen bald erkennen, daß sie von zwei Seiten angegriffen sind – ihre Burg, die unbezwingbare Festung, befindet sich plötzlich in den Händen der Assyrer. Eine unsagbare Bestürzung überkommt die Baktrier, die dann angesichts des neu angefachten Kampfmutes der Assyrer jede geordnete Verteidigung fallenlassen und ihr Heil in der Flucht suchen. Derart werden sie zur wehrlosen Beute ihrer Feinde. So wird Baktra endlich erobert und der assyrische Feldzug zum vollen Erfolg.

Der betagte König Ninos will die Urheberin dieses Sieges persönlich kennenlernen, und er läßt die junge Frau, die mit ihrer Gewandtheit und List den Widerstand der Baktrier gebrochen hat, vor seinen Thron kommen. Zunächst beschenkt er sie großzügig, aber dann – von ihrer Schönheit geblendet – erbittet er sie von ihrem Gatten zur Gemahlin. Onnes jedoch liebt seine Frau und weigert sich, die schöne Semiramis seinem Herrscher und Herrn zu überlassen. Auch Ninos' Angebot, ihm zum Ausgleich seine junge Tochter Sosane zur Frau zu geben, kann Onnes nicht umstimmen. Da geht Ninos von den schmeichelhaften Angeboten zur Drohung über. Wenn er nicht freiwillig auf seine Gattin Verzicht leistet, sollen Onnes die Augen ausgestochen werden. Der bedauernswerte General ist verzweifelt, denn er kennt die unumschränkte Macht des Herrschers; er fällt in eine derart tiefe Depression, daß seine geistigen Fähigkeiten sich umnachten. In diesem Augenblick düsterer Hoffnungslosigkeit erhängt er sich. Nun, da der lästige Ehemann tot ist, kann der König Semiramis bitten, seine Frau zu werden – und so kommt sie auf den assyrischen Königsthron.

Auf diese Weise beginnt die Erfolgsgeschichte der Semiramis, der berühmtesten Frau des Altertums, um deren Gestalt sich zahlreiche Legenden ranken voll unglaublicher Einzelheiten, die Geschichte der Heldin, die griechische, lateinische und mittelalterliche Schriftsteller von sich schreiben machte und sogar noch jene der Renaissance und der Neuzeit. Diese Frau hat eine Unzahl von Menschen fasziniert dank jenen Eigenschaften, die der Historiker Olmstead in seiner «Geschichte der Assyrer» treffend so zusammenfaßt: «Die schönste, die grausamste, die mächtigste und die ausschweifend-sinnlichste der orientalischen Königinnen.»

Aber wer war Semiramis? Läßt sich ihre Lebensgeschichte überhaupt schreiben? Ist es denkbar, hinter all den ineinander verschlungenen Erzählungen legendenhaften und phantastischen Zuschnitts genau jene Elemente ausfindig zu machen, die sich zu einer historisch glaubwürdigen Gestalt fügen lassen?

Die eben skizzierten Geschehnisse, welche Semiramis vor das Angesicht des betagten assyrischen Königs Ninos brachten, werden mit großem Detailreichtum von Diodor erzählt, der sie in der «Persischen Geschichte» des Ktesias gelesen haben will. Von diesem Ktesias, einem griechischen Arzt, der um 400 v. Chr. gelebt hat, unter anderem am Hof des persischen Königs Artaxerxes II., stammt das, was man als den Abenteuerroman der Königin Semiramis bezeichnet hat. Vor ihm erwähnt auch schon Herodot zwei assyrische Königinnen, von denen die erste und zeitlich frühere Semiramis ist. Nach ihnen sind es viele Historiker der Antike – vornehmlich jene, die ihren Blick auf die Weltgeschichte einerseits, auf die assyrische Geschichte andererseits werfen –, die diese weibliche Gestalt nicht bloß erwähnen, sondern preisen.

Wie sich leicht denken läßt, verfestigen sich rund um Semiramis Geschehnisse, die in Wahrheit mit ihr nichts zu tun haben. Als der Königin par excellence und der alles überstrahlenden Heroine werden ihr die ruhmreichsten Taten zugeschrieben: so etwa Kriege und Stadtgründungen. Sie ist es, die als erste Krieg mit dem fernen Indien führt, was den Neid des mächtigen Alexander des Großen erweckt. Sie ist es, die Babylon erbaut, die allbekannte Stadt mit ihren herrlichen und nicht minder berühmten Hängenden Gärten. Gerade diese letzte Behauptung hat die Altertumsforscher in zwei Lager gespalten: Die einen sehen in Semiramis die Erbauerin dieser genialen Anlage, die anderen bezeichnen eine solche Aussage als historisch nicht haltbar, denn die Hängenden Gärten seien das Werk anderer Herrscher. Ebenfalls schreibt man Semiramis die unwürdigsten Schandtaten zu, so etwa das Kastrieren von Kindern und die ausschweifendste Wollust. Die künstlichen Erderhebungen, die noch heute im ganzen Gebiet des Mittleren Ostens zu sehen sind, seien nichts anderes als die Grabhügel mit den Leichen all der unzähligen Liebhaber von Semiramis, welche die Königin – jeweils gleich nach dem Liebesrausch ihrer schon überdrüssig – habe umbringen lassen. Man geht so weit, ihr einen Inzestversuch anzulasten. Als alte Frau habe sie mit ihrem eigenen Sohn schlafen wollen. Oder gar Sodomie – sie habe einen Zuchthengst derart geliebt, daß sie sich diesem sogar hingegeben und bei dessen Ableben dann selbst den Tod im Feuer des Scheiterhaufens gesucht habe.

Die Legendenbildung um Semiramis ist viel weniger einheitlich, als es eine oberflächliche Betrachtung nahelegen könnte. Im Gegenteil, es lassen sich in ihr verschiedene, voneinander gänzlich getrennte Traditionsstränge ausmachen: Die griechisch-persische Legende von Ktesias/Diodor, die griechisch-ägyptische Legende des «Ninos-Romans» sowie die nicht minder ursprüngliche armenische Legende, die uns Moses von Chorene berichtet. Rund um diese drei Hauptstränge der Überlieferung finden die Aussagen ihren Platz, die über Semiramis in der griechischen und lateinischen Literatur gemacht werden. Dies wiederum bildet die Informations- und Inspirationsquelle für die nachfolgenden Schriftsteller, für die bildenden Künstler auch, die Semiramis in den eindrücklichsten Momenten ihres Lebens darstellen, sowie schließlich für die Dramatiker, welche diese orientalische Königin bis in unsere Theater brachten, man denke bloß an die «Semiramis» von Metastasio und von Voltaire oder an die gleichnamige Oper von Rossini.

Bis in das Herz dieses eigentlichen Überlieferungsgestrüpps mit seinem offensichtlich legendenhaften Charakter vorzudringen, um dann den historischen Kern ausfindig zu machen, ist zwar kein leichtes Unterfangen, aber auch nicht ein Ding der Unmöglichkeit. So sind denn die antiken Geschichtsschreiber gar nicht derart unkritisch, wie eine gewisse moderne Historiographie sie hinstellen möchte. Auch wenn sie Geschehnisse nach den Berichten früherer Geschichtsschreiber wiedergeben, behalten sie sich die Freiheit des eigenen Urteils vor, ja gegebenenfalls bekunden sie mit voller Deutlichkeit ihren Widerspruch. Als ein solches Beispiel sei hier Diodor angeführt. Er berichtet von den wunderbaren Bauten, die Semiramis in Babylon errichten ließ, und kommt dabei auch auf die Hängenden Gärten zu sprechen, stellt aber gleich zweimal fest, daß diese nicht ein Werk der Semiramis sind, vielmehr eines späteren Herrschers, der sie für eine seiner persischen Konkubinen habe bauen lassen, die Sehnsucht verspürte nach den schattigen Hügeln ihrer Heimat. Ausdrücklich sei hier daran erinnert, daß diese Meinung von Diodor eine wertvolle Bestätigung in der originalen babylonischen Überlieferung findet: König Nebukadnezar selbst teilt uns in einer seiner Inschriften mit, er habe die Hängenden Gärten auf ausdrücklichen Wunsch seiner Gattin persischer Herkunft errichten lassen.

Derselbe Diodor beeilt sich, nachdem er den von Ktesias verfaßten legendenhaften Roman von Semiramis ganz wiedergegeben hat, auch eine anderslautende Überlieferung anzuführen. Nach dieser dem Athenaios zugeschriebenen Version war Semiramis zunächst nur eine der zahlreichen Konkubinen des assyrischen Herrschers, wobei sie dann zu einem späteren Zeitpunkt, mit zunehmender Schönheit, die vorzügliche Gunst von Ninos erlangte, der sie zu seiner Ersten Gattin ernannte. Jetzt bittet sie den Gefährten, sie für fünf Tage an seiner Statt das Herrscheramt, als Spiel gleichsam, ausüben zu lassen; als dieser es ihr zubilligt, schmückt sie sich mit dem königlichen Mantel sowie der Krone und läßt sich von den Würdenträgern des Hofs die Treue schwören – worauf sie den legitimen König einkerkert und fortan alleine die Herrschaft ausübt.

Die Skeptiker werden von einer weiteren unmöglichen Überlieferung sprechen, aber wichtig ist der Umstand, daß Diodor sie überhaupt mitteilt, denn dadurch bekundet er ein gewisses gesundes Abrücken des Historikers von den erzählten Geschehnissen. Vom heiligen Augustinus läßt sich Gleiches sagen, wenn er in seinem Werk «De civitate Dei» in bezug auf das Reich der Semiramis wörtlich ausführt: «Einige meinen, daß sie Babylon gegründet habe, aber vielleicht hat sie die Stadt lediglich wiederhergestellt.»

Mit stärkerem Nachdruck verfährt Berossos in der Überlieferung von Flavius Josephus: «[...] Berossos hat [...] im dritten Buch seiner ‹Geschichte Chaldäas› den griechischen Schriftstellern vorgeworfen, sie glaubten irrigerweise, daß die Syrerin Semiramis die Gründerin Babylons sei, und sie hätten sich getäuscht, wenn sie schrieben, daß diese wunderbaren Werke [Verschönerung Babylons und Hängende Gärten] durch sie verwirklicht worden seien.»

Diese Zitate, denen man zahlreiche andere an die Seite stellen könnte, lassen uns erkennen, daß unsere Unternehmung – das Nachzeichnen der geschichtlichen Gestalt der Semiramis jenseits aller Legenden – nicht bloß möglich, sondern voll zu verwirklichen ist, nicht zuletzt eben dank dem kritischen Geist der antiken Historiker.

Aber nicht genug: Die seit rund einem Jahrhundert erfolgten archäologischen Ausgrabungen der von den Assyrern bewohnten Städte, insbesondere ihrer Hauptstädte Assur und Ninive, haben eine überaus reiche Dokumentation in Keilschriftform zutage gefördert. Diese erlaubt uns nunmehr, die durch die Griechen überlieferten Nachrichten in bezug auf die Assyrer – Nachrichten mithin aus zweiter Hand – auf ihren Wahrheitsgehalt hin zu überprüfen. Ganze Bibliotheken stehen uns nun zur Verfügung mit allen nur wünschbaren Informationen zur Entwicklung und Ausbreitung des assyrischen Staates, zur damaligen Gesellschaft und ihrer Organisationsform, zu den einzelnen Königen und ihren Unternehmungen in Kriegs- und Friedenszeiten. Der Leser wird sich jetzt mit berechtigter Neugierde die Frage stellen: Läßt sich in der Keilschriftüberlieferung die legendäre Semiramis nachweisen? Wieviel Wahrheit steckt in den Aussagen der griechisch-lateinischen Historiker?

Ohne dem folgenden Kapitel vorzugreifen, kann man festhalten, daß das Ganze der Überlieferung zu Semiramis und ihrem Gemahl Ninos, zum legendären, von ihnen regierten Reich und zu ihren Kriegsunternehmen nichts anderes darstellt als ein Epos über den Assyrischen Staat, die Verherrlichung des ersten Weltreiches. Die genaue Bestätigung davon findet sich in den prunkvollen Inschriften der assyrischen Könige, wo ausführlich deren Taten erzählt werden, akribisch die begangenen Grausamkeiten beschrieben sind und wo schließlich die hochklingenden Beinamen auftauchen: «Herrscher über die Ganzheit» und «Herrscher über die vier Teile der Welt».

Vorerst wollen wir die am Kapitelanfang stehende Erzählung analysieren. Die Hauptpersonen dieser schicksalhaften Begegnung sind der assyrische König Ninos sowie die junge und schöne Semiramis; die Hauptmomente des Geschehens finden sich in der Belagerung des Kastells von Baktra, das von Semiramis erobert wird, und im glückhaften Zusammentreffen der beiden Handelnden. Nicht so sehr nach der geschichtlichen Wahrheit der Erzählung von Ktesias ist nun zu fragen, als vielmehr nach der Glaubwürdigkeit und Wahrscheinlichkeit der beschriebenen Ereignisse. Ist es denkbar, daß eine Ehefrau ihrem Mann nachfolgt bei kriegerischen Einsätzen? Was bedeutet die Festung von Baktra, die das mächtige assyrische Heer, gelinde gesagt, in Verlegenheit bringt? Kann es sein, daß der König derart von der schönen Frau eines seiner Generäle verzaubert ist, daß er sie rundweg als Gattin begehrt, wobei er zunächst einen Tauschhandel vorschlägt, endlich aber den unglücklichen Ehemann zum Selbstmord zwingt?

Der erste Eindruck läßt uns vermuten, daß es sich insgesamt um eine romanhafte Erzählung handle und daß der Historiker Ktesias (aus dem Diodor ja seine Informationen schöpft) alles schlichtweg erfunden habe. Schon eine bloß oberflächliche Überprüfung der *assyrischen Inschriften* bestätigt hingegen ganz die Glaubwürdigkeit von Ktesias' Erzählung, ohne diese freilich als geschichtliche Faktizität auszuweisen. Auf alle drei gestellten Fragen läßt sich nämlich eine bejahende Antwort erteilen, so daß man sich endlich wird überzeugen müssen, das vom griechischen Hofarzt Erzählte als zumindest plausibel anzusehen. Was kein Geringes ist, da es uns verpflichtet, keine noch so bescheidene Information von vorneherein abzulehnen, so verdünnt oder verzerrt sie auch sein möge.

Die erste Frage betrifft die Aufforderung des assyrischen Generals an seine Ehefrau, sie möge sich zu ihm ins Heerlager begeben, um ihm Gesellschaft zu leisten während der Belagerung der feindlichen Stadt. Aus den Texten der Ausgrabungen von Tell Halaf – in der Nähe des Flusses Chabur im nördlichen Mesopotamien gelegen, mit Guzana zu identifizieren, dem Hauptort der gleichnamigen assyrischen Provinz – geht mit Sicherheit hervor, daß viele Beamte und Offiziere und vielleicht auch ein Teil der assyrischen Militärgarnison, die in ferne Provinzen entsandt wurden, sich dorthin nicht alleine begaben, sondern in aller Regel begleitet von Frau und Kindern. Interessant ist dabei die Information, daß selbst die verheirateten Frauen nicht mit ihren Ehemännern zusammen wohnten, vielmehr in eigentlichen Harems, und dies vornehmlich aus Sicherheitsgründen, da die Männer oft in Kriegshandlungen verwickelt waren in einiger Entfernung von der Provinzhauptstadt. Dieselben Dokumente liefern uns detaillierte Nachrichten über das Leben in diesen Harems und auch über die Schwierigkeiten, die das Zusammenwohnen von einander fremden Frauen mit sich bringen konnte. Streitereien waren an der Tagesordnung, und manchmal blieb es nicht bei Wortgefechten, sondern es kam zu Handgreiflichkeiten. Ohne besondere Verwunderung nimmt man da zur Kenntnis, wenn in einem Dokument erwähnt wird, wie eine Offiziersfrau sich geweigert hatte, in den Harem zu ziehen, so daß der Provinzgouverneur selbst eingreifen mußte, um diese Frau zur Befolgung der allgemeinen Regel zu bewegen: «Ilumuschezib sei dafür besorgt, daß die Gemahlin von Aqaba ins Haus der Frauen zieht. Es ist ein Befehl des Gouverneurs!»

Die Gepflogenheit der Frauen, ihren Ehemännern nicht nur bei deren militärischer Stationierung in fernen Provinzen zu folgen, vielmehr auch während länger dauernden Feldzügen, ist durch unzählige Quellen belegt – und dies nicht bloß für die assyrischen Heere, sondern ebenso für diejenigen anderer Völker. Wie noch zu zeigen sein wird, findet gerade mit den Königen Assurnasirpal II. (884–858) und dessen Sohn Salmanassar III. (858–824) eine radikale Wandlung in der Militärstrategie der Assyrer statt: Bis dahin wurden die Feldzüge einmal im Jahr, im Sommer, durchgeführt – von nun an wird der Versuch mit stationären Zeltlagern gemacht. Im Gebiet der kriegerischen Operationen wird ein Heerlager errichtet, von dem aus die Truppen täglich in die Kämpfe ziehen und wohin sie mit ihrer Beute wieder zurückkehren. In den Wandreliefs des Palastes von Assurnasirpal II. in Kalchu (biblisch Kalach) ist ein solches festes Heerlager dargestellt: Männer und Frauen verrichten Küchenarbeiten, Pferde werden versorgt, Waffen geflickt und den Verwundeten erste Hilfe geleistet. Die Form solcher Lager kann rechteckig oder rund sein, wie uns die Darstellungen auf der Bronzeverkleidung der Monumentalpforte von Balawat belehren. Gerade die Einrichtung dieser stationären Heerlager erlaubt, ja verlangt die Anwesenheit von entsprechendem Bedienungspersonal, woraus sich auch die Präsenz von Frauen in den assyrischen Feldzügen herleitet. Daß sich der König und seine Generäle auch auf Kriegszügen von ihren Ehefrauen und Konkubinen begleiten ließen, kann uns jetzt nicht mehr überraschen. Ktesias' Erzählung, daß General Onnes während der Belagerung von Baktra seine schöne Gattin Semiramis ins Heerlager nachkommen ließ, entspricht einer nachweisbaren Gepflogenheit der Assyrer.

Unsere zweite Frage betrifft die Schwierigkeiten, denen die Assyrer bei ihrer Belagerung der uneinnehmbaren Hochburg Baktra begegneten. Aus jeder geschichtlichen Epoche sind solche Beispiele überliefert: hochgelegene, auf kaum zu ersteigenden Felsgipfeln gelagerte Festungen voller Abwehrbauten. Aber zudem handelt es sich bei dem von Ktesias Erzählten um ein wiederkehrendes Motiv in der Annalistik der assyrischen Könige: Der Feind, verfolgt und bedrängt vom assyrischen Heere, verläßt seine Städte und sucht Zuflucht in schwer zugänglichen Bergen, auf höchsten Gipfeln unter dem Himmel, wo kaum ein Adler landen kann – da wagt sich der assyrische König, als ein erfahrener Bergsteiger, auf unbegehbaren Pfaden in die Höhe, und es gelingt ihm, den Feind aufzustöbern; andere Male stürzt er sich auf seine Gegner wie ein Raubvogel auf seine Opfer. Von der Stimme der assyrischen Könige dürfen wir nichts anderes erwarten als den Bericht ihrer unausgesetzten Siege und Erfolge. Vorderhand aber fassen wir nicht die historische Wahrheit ihrer Erzählungen ins Auge, sondern die literarischen Motive, deren sie sich zur Beschreibung ihrer Heldentaten bedienen. Hier einige Beispiele aus *Inschriften von Königen,* die uns noch während unserer ganzen Erkundung begleiten werden.

Tukulti-Ninurta II. (891–884) beschreibt den Feldzug gegen die Bewohner von Kirruri, einem Land südlich des Urmiasees: «Im Monat Taschritu, den 16. Tag, verließ ich Assur und drang in die Bergschluchten des Landes Kirruri ein. Über die Pässe [...] stieß ich nach Urrupnu und Ischrun vor, hohe Berge, in die sich keiner der Könige, die meine Vorfahren waren, gewagt hatte und in die nie eine assyrische Straße hineingeführt; dorthin wagte ich mich, marschierte durch unwegsame Gegenden, bestieg schwierige Pfade, die keiner der Könige, die meine Vorfahren waren, begangen hatte, und setzte meinen Triumph fort. Ich näherte mich den Städten des Landes Ladani, das vom Volk Lullu bewohnt wird. Ich bemächtigte mich dreißig ihrer Städte, die zwischen den Bergen liegen: ihre Reichtümer führte ich weg, ihre Städte verwüstete, zerstörte und brannte ich nieder. Der Rest von ihnen floh und versteckte sich auf einem kaum begehbaren Berg. Während zweier Tage drang ich in die Berge ein ohne meinen Wagen und meine Reiterei, die mich sonst begleitet, zu Fuß folgte ich ihnen auf den Berg Ischrun, einen trostlosen Ort, wohin nicht einmal die Adler, die im Himmel fliegen, sich hineinwagen. Vom Gipfel des Ischrun-Berges bis zum Unteren Zab verfolgte ich sie und nahm unzählige von ihnen gefangen.»

Dieses Zitat bezieht sich nicht auf eine bestimmte Festung, sondern auf den literarischen Topos des Königs, der seine Feinde bis in die Berge verfolgt und dabei vor keinen Schwierigkeiten zurückschreckt. Auch erweist er sich als geübter Bergsteiger, der selbst auf seine treue Reitertruppe Verzicht leisten kann. Der Sohn Assurnasirpals II. steht dem nicht nach, ja er legt sich zu seinen übrigen Bezeichnungen noch die folgende hinzu: «Bezwinger aller Berge» sowie «Eroberer von Städten und Bergen in fernsten Ländern». Der Feldzug gegen das Land Tumme gibt uns eine Anschauung seines Wirkens. Nach dem Bericht über die Eroberung der befestigten Städte heißt es weiter: «Die Männer flohen und begaben sich auf einen kaum begehbaren Berg; dieser Berg war zu hoch, so daß ich ihnen nicht nachfolgte. Der Gipfel des Berges gleicht einer eisernen Schwertspitze, und nie setzen sich die fliegenden Vögel des Himmels dort nieder. Ihre Festung war inmitten des Berges wie ein Adlerhorst plaziert, wohin keiner der Könige, die meine Vorfahren waren, je eingedrungen war. Während dreier Tage trieb sich der Krieger [also der König selbst] um den Berg herum, das Herz voller Kampfeslust; dann stieg er zu Fuß hinauf, besiegte den Berg, zerstörte ihr Nest und zerstreute ihre Scharen.»

Ein ähnliches Schicksal ereilt die Bewohner des Landes Chabchi, welches ebenfalls inmitten von Bergen liegt: «Die Männer flohen und verbargen sich auf dem Gipfel eines Berges, der gegenüber der Stadt Nischtun liegt, der Gipfel hängt im Himmel wie eine Wolke. Gegen diese Männer, denen sich nie ein König, der mein Vorfahr war, genähert hatte, stürzten sich meine Soldaten wie Raubvögel. 260 Kämpfer tötete ich mit meinem Schwert, schnitt ihnen die Köpfe ab und errichtete damit Haufen. Der Rest von ihnen baute sich ein Nest auf den Felsen des Berges, als wären sie Vögel.»

Was Assurnasirpal hier erzählt, ist von großer Wichtigkeit: Der König, obwohl er sich recht selbstsicher gibt und sich in seinem glänzenden Sieg sonnt, läßt doch durchblicken, daß es ihm nicht gelungen ist, seine Gegner völlig aufzureiben. Dies ist ein Beispiel für das von den assyrischen Königen oft befolgte Gesetz der *doppelten Wahrheit* – sie sind immer siegreich, selbst dann, wenn sie ihr Ziel verfehlen.

Auch in den Annalen der Herrscher, mit denen Semiramis enge Beziehungen hatte – ihres Schwiegervaters Salmanassar III. und ihres Gatten Schamschi-Adad V. –, finden wir erneut das literarische Motiv der zu erobernden gegnerischen Festung. Semiramis' Schwiegervater etwa mußte gleich vier Feldzüge gegen den König Achuni von Bit-Adini führen, um ihn endgültig zu bezwingen. Dieser besaß nämlich eine Festung, gegen die vorgängig drei Kampagnen von Salmanassar erfolglos geblieben waren. Hier der Bericht über die vier Feldzüge, deren Beschreibung doch jedesmal den Eindruck erwecken möchte, als habe der assyrische Herrscher schon den endgültigen Sieg errungen:

1. «Im ersten Jahr meiner Herrschaft setzte ich über den Euphrat bei Hochflut, zog zum Meere des Sonnenuntergangs [Mittelmeer] […] Die Ortschaften des Fürsten des Hethiterlandes, des Achuni von Bit-Adini, des Fürsten der Stadt Kargamisch, des Fürsten von Bit-Agusi am jenseitigen Ufer des Euphrats verwüstete, zerstörte und verbrannte ich.»

2. «Im zweiten Jahr meiner Herrschaft brach ich von Ninive auf.

Gegen die Stadt Til Barsip rückte ich an. Die Ortschaften des Achuni von Bit-Adini verwüstete, zerstörte und verbrannte ich; schloß ihn in seiner Stadt ein. Über den Euphrat setzte ich bei Hochflut.»

3. «Im dritten Jahr meiner Herrschaft geriet Achuni von Bit-Adini vor meinen starken Waffen in Furcht und verließ Til Barsip, seine Residenzstadt. Von Ninive brach ich auf. Til Barsip, Pitru, am jenseitigen Ufer des Euphrats, die Tiglatpileser, mein Ahnherr, besiedelt hatte, nahm ich in meinen Besitz.»

4. «Im vierten Jahr meiner Herrschaft, im Monat Airu, am 14. Tage, brach ich von Ninive auf. Ich überquerte den Euphrat bei Hochflut. Hinter Achuni von Bit-Adini zog ich her. Schitamrat, eine Bergspitze am Gestade des Euphrats, die gleich einer Wolke vom Himmel herabhängt, machte er zu seiner Festung. Die Bergspitze umzingelte und eroberte ich. Achuni samt seinen Göttern, seinen Streitwagen, seinen Pferden und 22 000 seiner Soldaten führte ich mit Gewalt fort nach meiner Stadt Assur.»

Diese Berichte lassen eine Steigerung erkennen:. Im ersten Feldzug vermag Salmanassar nicht einmal in die Nähe der Hauptstadt von Bit-Adini zu gelangen; im zweiten findet immerhin eine Belagerung statt, die aber erst im dritten Feldzug erfolgreich zu Ende geht; der Feind ist freilich noch nicht bezwungen – er zieht sich in die Hochburg zurück, die man erst in der vierten Kampagne zu erstürmen vermag.

Auch der Gatte von Semiramis mußte seine Fähigkeiten als Gipfelstürmer – beinahe wie im Wettstreit mit den Taten seines Eheweibs – unter Beweis stellen, als er gegen das im Osten von Assyrien lebende Volk der Missi Krieg führte:

«Die Missi – der furchterregende Glanz Assurs, meines Gottes, blendete sie. Das schreckliche Glitzern meiner Waffen versetzte sie in Schrecken, und sie verließen ihre Städte. Sie bestiegen die unwegsamen Berge. Drei Gipfel, die vom Himmel hängen wie Wolken und wo nie ein fliegender Vogel sich niederläßt, wählten sie zu ihrer Festung. Ich folgte ihnen nach. Diese Bergesgipfel eroberte ich. In nur einem Tag warf ich mich auf sie wie ein Adler, und ich tötete eine große Anzahl von ihnen. Die von ihnen gemachte Beute: ihre Wertgegenstände, ihre Reichtümer, ihre Herden, ihre Esel, ihre Schafe, ihre Lastpferde, ihre zweihöckrigen Kamele, alles in unnennbarer Anzahl brachte ich von den Bergen hinunter. 500 Städte ihrer Umgebung verwüstete, zerstörte und brannte ich nieder.»

Diese Aufzählung einiger weniger der zahlreichen original-assyrischen Belegstellen zum literarischen Topos der Belagerung einer feindlichen Festung erhärtet abermals die Glaubwürdigkeit der Erzählung, die Ktesias von der assyrischen Einkreisung Baktras und vom heroischen Eingreifen der Semiramis uns überliefert.

Die ersten beiden Fragen nach der Plausibilität der von Ktesias berichteten Geschehnisse konnten durchaus positiv beantwortet werden. Wie steht es mit der assyrischen Antwort auf das dritte Handlungsmoment? Ist es denkbar und möglich, daß der König von einem seiner Generäle die Ehefrau fordert? Hält man sich deutlich den Despotismus orientalischer Herrscher vor Augen, so läßt sich an die Möglichkeit der erzählten Ereignisse gut glauben. Es liegt nahe, an die Geschichte von David und Bathseba zu erinnern und an die Art, wie sich der König von Israel des störenden Ehegatten derselben entledigte, um sie dann legal heiraten zu können.

Aber auch für diese dritte Fragestellung sind wir in der Lage, ein assyrisches Dokument anzuführen, das die Zuverlässigkeit der antiken Schriftsteller bestätigt in dem, was sie uns von Ninos und Semiramis erzählen. Es handelt sich um einen neuassyrischen Brief, der sich nach Aussage des englischen Forschers R. Campbell Thompson auf einen Fall bezieht «parallel zur Geschichte der Semiramis», nämlich (mit großer Wahrscheinlichkeit) den Aufstieg zum Thron von Sargon II. (722–705). Die im Schreiben geschilderten Geschehnisse lassen sich folgendermaßen rekonstruieren. Zu einem nicht näher bezeichneten Zeitpunkt (wohl während der letzten Phase des Assyrischen Reiches), aber jedenfalls gerade nach dem Tod des Königs, schlägt ein Gouverneur – ohne Zweifel jener von Assur selbst, denn seine Frau wird im Königspalast dieser Stadt zurückgehalten – mit seinen zahlreichen schwerbewaffneten Truppen ein Lager vor den Stadtmauern Assurs auf. Diese Tat des Gouverneurs und seiner Soldaten wirkt alles andere als friedlich, da der Herrscher doch eben erst verstorben ist, wohl als Opfer eines Aufstandes. Ein Trauerzug treuer Untertanen, der vor die Stadttore gelangen will, um den Verstorbenen zu beklagen, wird durch die Gouverneurtruppen in die Stadt zurückgedrängt. Die Bürger protestieren durch den Stadtvorsteher gegen diese unerwartete Behandlung – wie sollen sie die Trauerfeierlichkeiten abwickeln angesichts der Soldaten mit ihren gezogenen Schwertern? Bald darauf kommt es vor den Stadttoren, die wohlverschlossen gehalten werden, zum Kampf zwischen den königstreuen

Truppen und den Soldaten des Gouverneurs. Dieser setzt sich durch, dringt in die Stadt ein und fordert den Eintritt in den Königspalast. Endlich kann der Gouverneur seine Ehefrau wieder in die Arme schließen – der König hatte sie ihm genommen, um sie als «königliche Gattin» an seiner Seite zu haben. Der Gouverneur besetzt den Palast, ernennt einen seiner Getreuen zum neuen Verantwortlichen für die Stadt, befördert alle seine Offiziere und läßt öffentliche Feiern verkünden. Es wird deutlich, daß sich der Gouverneur als Herrscher gebärdet, denn alle diese Ernennungen stehen nur dem assyrischen Könige zu. Wir haben einem eigentlichen Staatsstreich beigewohnt, ausgeführt gegen die Interessen der regierenden Familie.

Diese assyrische Quelle liefert den Bericht einer Begebenheit, die erstaunliche Gemeinsamkeiten aufweist mit jener andern, von Ktesias/ Diodor erzählten. Während Semiramis die Ehefrau des General-Stellvertreters und Gouverneurs von Syrien ist, bezieht sich das tatsächliche Ereignis auf die Gattin des Gouverneurs der Hauptstadt Assur. In beiden Fällen gebärdet sich der assyrische König als absoluter Herrscher und Despot, der ungezügelt über das Leben seiner Untertanen verfügt. Die Parallelen zwischen den zwei Vorfällen sind evident, was sich ändert, sind lediglich die Darsteller und ihre Schicksale. In der Semiramis-Legende nimmt sich ihr Gatte aus Verzweiflung das Leben, so daß sie Königin werden kann und nach dem Tod von Ninos gar Alleinherrscherin; hier hingegen stirbt der König selbst wohl eines gewaltsamen Todes, und der Gouverneur, dem mit großem Unrecht die Ehefrau entrissen worden war, gewinnt die Macht und wird König.

Aus all diesen Bemerkungen läßt sich das eine schließen: Die zweifellos romanhafte Erzählung von Semiramis, wie sie die Griechen und Römer überliefern, weist doch so viele Ähnlichkeiten mit wirklich in Assyrien vorgefallenen Ereignissen auf, daß es ein unverzeihlicher Fehler wäre, sie überhaupt nicht in Betracht zu ziehen. Zusammenfassend können wir anhand der angeführten assyrischen Quellen ruhig behaupten: Falls es Semiramis nicht gegeben hat, so haben die griechischen Schriftsteller uns doch wenigstens eine Überlieferung geschenkt, die alle sicheren Merkmale der Glaubwürdigkeit aufweist.

Aber Semiramis hat wirklich gelebt – wir erfahren es allgemein aus den assyrischen Dokumenten sowie im besonderen aus ihren eigenen Inschriften, die durch die archäologischen Ausgrabungen ans Licht gebracht wurden. Wir wollen hier kurz die verschiedenen Informationsquellen aufzählen, die es uns erlauben, die Geschichte der assyrischen Königin Semiramis und ihrer historischen Epoche zu rekonstruieren.

Vor allem die von englischen, deutschen, französischen und irakischen Archäologen durchgeführten Grabungen in den antiken Hauptstädten des Reichs: Assur, Ninive, Kalchu und Dur-Scharrukin geben uns Aufschluß über die Lebensweise der Assyrer. Wir bewundern ihre Paläste, ihre Tempel, die Befestigungsanlagen und die Werke der Urbarmachung. Durch die aufgefundenen Statuen und Reliefs sowie die Arbeiten des Kunsthandwerks – wie etwa Elfenbeinintarsien – wird es möglich sein, sich ein Bild des täglichen Lebens einer assyrischen Königin zu machen; wir werden die Innenräume und Umgebungen aufsuchen können, wo die legendäre Semiramis gewirkt hat.

Besonderes Finderglück war den deutschen und englischen Archäologen beschieden: sie stießen auf die *Keilschriftbibliotheken von Assur und Ninive.* Zwei Funde von unschätzbarem Wert, denn die assyrischen Herrscher – und im besonderen der von den Griechen beschimpfte und verachtete Assurbanipal, besser bekannt unter dem Namen Sardanapal – hatten es sich zur Aufgabe gemacht, die ganzen schriftlichen Zeugnisse sammeln zu lassen; auch die Dokumente der Babylonier und der Sumerer, so daß wir jetzt nicht bloß die Schriften der Assyrer besitzen, sondern auch die literarischen Schöpfungen der anderen beiden Völker Mesopotamiens.

Für das neunte und achte Jahrhundert vor Christus, die Zeit, da Semiramis gelebt hat, sind wir in der glücklichen Lage, eine solch überreiche Materialsammlung zu besitzen, daß es möglich ist, sich detailliert über die geschichtliche, politische, soziale und wirtschaftliche Wirklichkeit des Assyrischen Reiches zu informieren. Aus der Fülle heraus seien jene Textgattungen hier besonders ins Auge gefaßt, die geschichtliche Aussagen ermöglichen.

Von grundlegender Bedeutung für die Chronologie ist der sogenannte *Eponymenkanon,* die Liste der Funktionäre, die, zumindest ursprünglich, in jährlichem Wechsel dem Kult des Tempels zu Assur vorstanden, die aber in der Folge die Hauptverantwortlichkeiten in der Staatsführung übernommen hatten. Die Reihenfolge war fast stets: König, die vier Leiter der wichtigsten Ministerien und darauf die Gouverneure der größten Provinzen, angeführt durch den Statthalter Assurs, der ältesten Hauptstadt des Reiches. Interessant ist, daß bei jedem Neubeginn des Reiches die Sequenz der Eponyme unterbrochen wird, um wieder von vorne anzufangen. Die uns zur Verfügung stehende Liste deckt nahezu drei Jahrhunderte assyrischer Geschichte ab, worin eben auch die Epoche enthalten ist, die uns im speziellen angeht. Wenn man bedenkt, daß einige Exemplare der Liste auch die wichtigsten Ereignisse des jeweiligen Jahres anführen, so wird deutlich, was für ein wichtiges Vergleichselement wir damit besitzen in bezug auf die Nachrichten der Königsannalen. Dank der Sonnenfinsternis des Jahres 763 v. Chr., die im Eponymenkanon registriert ist, vermögen wir die assyrische Chronologie mit fast absoluter Sicherheit zu bestimmen.

Von ähnlicher Bedeutung für die Chronologie sind die *assyrischen Königslisten*, welche in Dur-Scharrukin und Assur gefunden wurden und die sich von den Anfängen des Reichs bis zu unserer Zeit erstrecken. In ihnen werden die einzelnen Könige aufgeführt mit ihrer Abstammung und ihrer Regierungszeit.

Man stieß sogar auf Beispiele von «synchroner Geschichte», den Versuch also, die Geschichte Assyriens parallel zu jener des Babylonischen Reiches zu schreiben. Daraus erwachsen Vergleichsmöglichkeiten externer Art: zwischen den Königen Assyriens und Babylons.

Die reichste Ausbeute liefern die *königlichen Inschriften*, die gerade für unsere Epoche besonders zahlreich sind. Verschiedene Typen lassen sich feststellen: von den Widmungsinschriften über jene lobenden Charakters bis zu den annalistischen. Diese letzteren stellen (mit den Wandreliefs der Paläste in den Hauptstädten) die originellsten Schöpfungen der Assyrer dar; in ihnen wird detailgenau jede militärische Operation geschildert und ebenso die von den einzelnen Königen errichteten Bauwerke. Die uns zur Verfügung stehenden Elemente zur Rekonstruktion der politischen Geschehnisse sind derart reich und von so verschiedener Natur, daß die assyrische Geschichte kaum Geheimnisse für uns birgt. Aus dem Bereich der offiziellen Inschriften sind des weiteren die königlichen Edikte zu nennen, die internationalen Vereinbarungen sowie die staatlichen Briefe, die Licht werfen auf die Reichsverfassung, auf die Regierungstätigkeit in den einzelnen Provinzen und auf das Alltagsleben der Assyrer.

Zuletzt ist noch an die *Dokumente der Verwaltung* zu erinnern, die wesentliche Aspekte der Wirtschaft und der Bürokratie Assyriens widerspiegeln, sowie an die *Briefe der Untertanen* an den Monarchen, woraus eine Sicht der Verhältnisse von unten her resultiert. Der assyrische Staat besaß eine wohleingespielte Bürokratie, die jeden Untertan des Reichs erfaßte und kontrollierte; die verschiedenen Beamten wurden von der Zentral- und Provinzregierung ernannt, und sie hatten ihr Tun gegenüber dem Vorgesetzten zu verantworten. Die Korruption war aber dennoch an der Tagesordnung. Wie der Staat die Tendenz hatte, sich zu bereichern, so sannen auch die Gouverneure oft und gern auf Mittel, die Untertanen auszupressen. Daß die Steuereinnehmer der allgemeinen Unsitte folgten, kann uns nicht überraschen – dafür aber der Umstand, daß die Untertanen sich direkt an den König wenden konnten, um ihr Recht zu fordern. Es handelt sich meist um sehr bewegende Briefe, die unerwartete Einblicke in das tägliche Leben der Assyrer freigeben. Nachdem wir einige Passagen aus den Königsinschriften kennengelernt haben, sei es erlaubt, auch einen Privatbrief zu zitieren: ein beispielhaftes Dokument für die Übergriffe, die das Volk seitens der korrupten Beamten dulden mußte. Wir wissen nicht, ob auf die berechtigten Klagen der Absender eingegangen wurde, aber wir möchten annehmen, daß die Zentralverwaltung die Bittschrift nicht hat versanden lassen: immerhin hat sie die Hauptstadt Assur erreicht (wo sie aufgefunden wurde), woraus zu schließen ist, daß sie dem Adressaten zugestellt wurde. Absender des Schreibens sind die «Beschäftigten der Ölfabriken», welche Anklage erheben gegen zwei Steuereinnehmer:

«Wir, alle Angestellten der Ölfabriken in Irmulu, richten Tag und Nacht Gebete an Assur für Deine Gesundheit, mit dem Wunsch [...] für alles Gute. Warum ergreifst Du nicht Maßnahmen gegen Assur-nadin und Amur-Assur, die sich als Diebe gebärden? Sie haben alle Familien ruiniert und uns fast von Dir getrennt. Die von ihnen eingezogenen Steuern werden nur zur Hälfte des geschuldeten Betrags dem König weitergeleitet, die andere Hälfte stecken sie für sich ein. Wen auch immer die Lust ankommt, den Mund zu öffnen, der schweigt lieber still, um nicht ruiniert zu werden. Verhilf dem Schwachen zu seinem Recht, so werden die Götter Assur, Bel und Nabu Deine Schritte segnen und Deine Verrichtungen im Königspalast. [...] Wenn jemand der Angestellten von den Ölfabriken stirbt, so schreibt er [einer der beiden Steuereinnehmer] ein Täfelchen mit angeblichen Schulden des Verstorbenen und geht vor Gericht: läßt sich dessen Haus aushändigen und verkauft dessen Witwe als Sklavin [...] so wurden von ihm sieben Witwen für Geld verkauft.»

Es folgen dann weitere Klagen über die Korruptheit der beiden Beamten: sie zwängen die Handwerker des Königs, für sich und ihre Familie zu arbeiten. So wird das Beispiel des Schuhmachers angeführt, der genötigt wurde, Sandalen für die Familien und die Freunde der Steuereinnehmer zu machen – natürlich ohne Bezahlung und mit dem Material des Staates. «Unser Monarch höre uns an! Wir haben uns an ihn gewendet und nun an Dich, damit Du Gerechtigkeit für die Unterdrückten und Witwen schaffest. Verhilf uns wieder zu unseren Rechten, ansonsten wir ruiniert sind und dadurch von Dir entfernt. Die Götter Assur, Schamasch, Bel und Nabu mögen diesen Fall begutachten. Jene beiden sind daran, sich die Häuser des Königs anzueignen – und niemand hat die Kraft, um den Mund zu öffnen und sie anzuklagen.»

Was wir eben gelesen haben, ist eine Seite gelebten Lebens: die Tragödie der Untertanen, die nicht bloß durch die Steuern des Herrschers niedergedrückt werden, sondern zusätzlich noch durch die räuberischen Übergriffe der Beamten. Schreiben dieser Art hat man Tausende gefunden, und sie sind zur historischen Rekonstruktion ebenso nützlich wie die offiziellen Dokumente – manchmal sogar glaubwürdiger als die so hochtrabenden und prunkvollen Inschriften der assyrischen Könige.

Die schriftlichen Quellen, die uns durch die assyrischen Bibliotheken der Hauptstädte des Reichs sowie einiger Hauptorte von wichtigen Provinzen überliefert wurden, sind vielfältig und überreich. Die Grundlage zur geschichtlichen Überprüfung der Semiramis-Legende ist damit gegeben. Wie aber wird die Gestalt dieser in der griechisch-römischen Antike so bekannten Königin aussehen, die sich aus den assyrischen Schriften uns nun offenbart?

II

DIE BESTÄTIGUNG DURCH DIE AUSGRABUNGEN

Von der Legende zum geschichtlichen Faktum

Der Reichtum an geschichtlichen Informationen, den wir aus den assyrischen Inschriften herauszulesen wissen, könnte uns zu einem zweifachen Irrtum verleiten. Erstens uns euphorisch glauben machen, es lasse sich nun mühelos die Inschriftensammlung der Assyrer durchgehen und darin die aus der griechisch-römischen Legendentradition bekannte Semiramis auffinden. Zweitens könnten wir allzuleicht die völlig auf den Mann ausgerichtete assyrische Gesellschaft vergessen, ihre Struktur, wonach die Lenkung der Geschicke des Staates immer und einzig Sache *des Herrschers* ist, so daß die Frau – selbst als Königin – normalerweise in der offiziellen Geschichtsschreibung nicht einmal erwähnt wird.

Die Aufgabe, die wir uns gestellt haben, ist also, gerade wegen der Eigenheiten der vorliegenden Dokumente, alles andere als leicht. In den Königslisten, im Eponymenkanon und in der synchronistischen Geschichte sowie auch in den vorhandenen Annalen der assyrischen Könige nach einer Herrscherin Assyriens zu suchen, ist völlig fruchtlos. Nirgends werden wir eine *Frau* an der Spitze des assyrischen Staates finden!

Auch scheinen die griechischen und römischen Schriftsteller diesen Sachverhalt nicht übersehen zu haben. Dion Chrysostomos beispielsweise gibt ausdrücklich zu bedenken : «Wer hätte je geglaubt, daß eine Frau [Semiramis] Beherrscherin Asiens geworden wäre?» Justinus gar wird ganz deutlich, wenn er erzählt, wie Semiramis die Macht erlangte: «Ninos starb und hinterließ einen Sohn, Ninyas, der noch ein Kind war, sowie seine Gattin Semiramis. Weder wagte sie die Herrschaft dem noch zu jungen Sohn zu übertragen noch diese selbst offen auszuüben, da so viele und so starke Völkerschaften, die nur widerwillig einem Mann wie Ninos gehorcht hatten, sich bestimmt nicht einer Frau unterwerfen würden. Deshalb gab sie sich nicht als Gattin, sondern als Sohn von Ninos aus – Jüngling statt Frau. Die Körpergröße beider war nämlich eher klein, die Stimme gleich hoch, und Mutter und Sohn besaßen ähnliche Gesichtszüge. Sie bedeckte die Arme durch Ärmel, die Beine durch Hosen und den Kopf durch die Tiara. Worauf sie – um nicht den Eindruck zu erwecken, sie wolle unter der ungewohnten Bekleidung etwas verstecken – dem ganzen Volk befahl, sich nach diesem ihrem Muster zu gewanden. Und seit damals hat diese Nation jene Bekleidung bewahrt. So verbarg sie zunächst ihr Geschlecht, und man glaubte, sie sei ein Jüngling. Danach vollbrachte sie große Taten; und als sie durch die Größe ihrer Leistungen jede Mißgunst verscheucht zu haben glaubte, gab sie ihre wahre Natur zu erkennen und entlarvte das eigene Versteckspiel. Dies schadete ihrer königlichen Würde aber überhaupt nicht, vergrößerte im Gegenteil die Bewunderung für sie, da sie – obwohl eine Frau – nicht nur die Frauen an Wert übertraf, sondern auch die Männer.»

Laut Justinus und sicher auch gemäß Pompeius Trogus hat Semiramis aus der Notwendigkeit heraus die Macht übernommen: sie mußte sie ausüben, weil der Thronfolger noch zu jung war, um zu regieren. Stehen die Dinge derart, so wird die mögliche Abwesenheit von Semiramis in den offiziellen Königslisten verständlich; was man dann finden wird, ist der Name ihres Sohnes, als des dynastischen Thronfolgers.

Wenn die andere Überlieferung zutreffen würde – wenn also Semiramis das Reich dank ihrer Schlauheit errungen, indem sie ihren Gatten, den legitimen Herrscher, durch einen eigentlichen Staatsstreich verdrängt hätte –, dann wäre Semiramis mit Sicherheit von den offiziellen Listen ausgeschlossen worden.

Und doch erwähnt Herodot unter den babylonischen Königen auch zwei Königinnen: «Dieses Babylon hat nun viele Könige gehabt, ihrer werde ich in den assyrischen Geschichten gedenken; und sie haben die Mauern erbaut und die Heiligtümer. Unter ihnen waren aber auch zwei Frauen. Die zuerst Königin war, hat fünf Generationen vor der späteren gelebt, Semiramis war ihr Name, und die hat Dämme in der Ebene aufgeführt, die sind sehenswert. Vorher setzte nämlich der Fluß immer wieder die ganze Ebene unter Wasser.» Die zweite von Herodot genannte Königin heißt Nitokris, und sie soll Babylon mit den Hängenden Gärten verschönert haben. Sofern man die Behauptungen der antiken Schriftsteller nicht als bare Erfindungen abtun will, so muß doch ein Wahrheitskern in diesen manchmal zwar widersprüchlichen Überlieferungen stecken, die stets völlig darin übereinstimmen, wenn sie die Existenz einer Königin Semiramis in der assyrischen Geschichte betonen.

Bevor wir uns jedoch den archäologischen Befunden zuwenden, müssen noch kurz zwei Probleme behandelt werden: In welcher historischen Epoche hat Semiramis (vorausgesetzt, sie habe tatsächlich gelebt) ihre Aktivitäten entfaltet? Welcher assyrische Name könnte dem griechischen Semiramis entsprechen?

Die Mehrzahl der antiken Schriftsteller, von Ktesias angefangen, schlägt eine Datierung vor, die, obwohl sie ihrem Geschichtsbild entspricht, in die Irre führt. Für sie ist Semiramis die Gattin von Ninos, dem ersten wirklichen König der Assyrer; seine Dynastie soll etwa 1300 Jahre geherrscht haben, bis zum Fall Ninives unter Sardanapal. Die Rechnung ist rasch gemacht: da Ninive 612 v. Chr. gefallen ist, weisen die rund 1300 Jahre Dauer der Dynastie ungefähr auf 2000 v. Chr. zurück. So geraten wir freilich in eine geschichtliche Epoche, wo in Mesopotamien ganz andere Geschlechter herrschten und sicher nicht die assyrische Dynastie. Eine solche Datierung mit ihren Implikationen bezüglich der Geschichte Mesopotamiens harmoniert nicht einmal mit den Geschehnissen, welche von denselben Schriftstellern berichtet werden. Was sie beschreiben, ist das Assyrische Reich auf dem Höhepunkt seiner Machtentfaltung, dessen Herrschaft von Ägypten bis zur Türkei, von Palästina bis zum Iran und über ganz Mesopotamien reichte – das Assyrische Imperium im ersten Jahrtausend vor Christus. Folglich müssen wir unsere Aufmerksamkeit den geschichtlichen Dokumenten des *ersten Jahrtausends* zuwenden. Daß diese Epoche jene von Semiramis ist, wird durch Indizien in den Erzählungen von Herodot, Eusebios und Moses von Chorene bestätigt.

Das erwähnte Herodot-Zitat nennt zwei Königinnen Assyriens, Semiramis und Nitokris, von denen die erste sechs Generationen vor der zweiten gelebt haben soll. Die Forscherin H. Lewy hat auf überzeugende Weise gezeigt, daß Nitokris die Entstellung des Namens einer der Gattinnen des assyrischen Königs Sanherib (705–681) darstellt: Naqia-Zakutu. Diese mächtige und intelligente Frau hat zwar nicht als Alleinherrscherin regiert, übte aber dennoch einen so großen Einfluß am Hofe aus, daß man sie mit Recht die «graue Eminenz» des assyrischen Staates genannt hat. Sie bestimmte den Thronfolger: ihren Sohn Asarhaddon (681–669), den letzten Sohn des Sanherib. Sie intervenierte ein zweites Mal, als sie die Nachfolge ihres Sohnes regelte: Sie bestimmte dazu ihren Neffen Assurbanipal (669–631). Über fünfzig Jahre lang hat sie Intrigen gesponnen. Nunmehr sechs Generationen von Naqia-

Zakutu rückwärts rechnend, kommt Lewy – auch dank den Informationen der assyrischen Königsliste – zum König Schamschi-Adad V. (824–811) und zu seiner Gattin *Sammuramat.*

Das zweite Indiz liefert der christliche Schriftsteller Eusebios von Cäsarea. Er bestätigt nicht nur – im Einklang mit der gesamten griechisch-lateinischen Überlieferung – die 42 Jahre Regierungszeit von Semiramis, er stellt auch fest, daß sie nach der Dynastie der Araber herrschte und vor den Königen Pulu und Sanherib, vor Tiglatpileser III. (745–727) also, dessen zweiter Name eben Pulu war, wie er selbst es uns in seinen Inschriften mitteilt. Er ist einer der Enkel von Adad-narari III. (806–781). Ein weiteres Mal gelangt man zur Königin Sammuramat, Mutter von Adad-narari III. und Urgroßmutter von Tiglatpileser III.

Der dritte Hinweis ergibt sich aus der Zusammenstellung von zwei Quellen, die zeitlich weit auseinanderliegen, aber erstaunliche Übereinstimmungen aufweisen. Es handelt sich einerseits um die armenische Semiramis-Legende, wie sie uns Moses von Chorene mitteilt. Da heißt es, die armenischen Herrscher, welche zu gleicher Zeit mit Ninos und Semiramis regierten, seien Aram und sein Sohn Ara. Aram habe von seinem Vater Harma die Herrschaft übernommen kurz vor der Thronbesteigung von Ninos. Ninos habe ihm die Regierungsgewalt über sein Land gelassen unter der Bedingung, daß Aram den Staatstribut bezahle. Als Aram stirbt, folgt ihm sein Sohn Ara auf den Thron, wiederum mit der ausdrücklichen Zustimmung von Ninos. Da nun aber die «schamlose und wollüstige» Semiramis von Ninos die Herrschaft erbt, lädt sie, in Leidenschaft entbrannt für den sehr schönen Ara, diesen nach Ninive ein. Ara lehnt jedoch ab – Semiramis führt daraufhin einen Krieg gegen ihn. In dieser Überlieferung steckt, so erstaunlich es scheinen mag, mehr Wahrheit, als man vermuten möchte. In den Annalen von Salmanassar III. (858–824) findet sich die Nachricht von den ersten Kontakten zwischen Assyrien und dem Land Urartu. Das war eine Macht, die, ausgehend von der ursprünglichen Kernlandzone zwischen den Seen Urmia und Van, sich anschickte, alle nördlich und östlich davon liegenden Territorien Assyrien streitig zu machen. Der König Urartus, der sich mit Salmanassar III. schlägt, heißt Aram – gleich also wie der König, welcher Zeitgenosse war des legendären Ninos, des Gatten der Semiramis. Der erste Zusammenstoß ereignet sich im ersten Jahr der Herrschaft Salmanassars. Hier sein Bericht:

«Von der Stadt Aridu brach ich auf, gegen die Stadt Chubuschkia rückte ich an. Chubuschkia nebst 100 Ortschaften ihrer Umgebung brannte ich nieder. Kakia, der König der Stadt Chubuschkia, geriet in Furcht vor dem Schreckensglanz meiner mächtigen Waffen und machte einen Berg zu seiner Befestigung. Hinter ihm her stieg ich in das Gebirge hinauf. Eine gewaltige Schlacht lieferte ich ihm inmitten des Gebirges. Den Rest seines Besitzes holte ich aus dem Inneren des Gebirges herunter [...] Von Chubuschkia ging ich nach Sugunia, der Festung Aramus von Urartu; ich näherte mich, umzingelte die Stadt, nahm sie im Sturmangriff, tötete viele Krieger, nahm Beute, mit den Köpfen errichtete ich einen Haufen vor ihrer Stadt. 14 Ortschaften jener Region übergab ich den Flammen. Von Sugunia brach ich auf, zum Meere des Landes Nairi marschierte ich, meine Waffen reinigte ich im Meer. Opfer brachte ich meinen Göttern dar.»

Die Einnahme Sugunias, der Festung von Urartus König Aramu, fand ihre bildliche Darstellung in den Bronzeplatten des Portals von Balawat, die der assyrische König anbringen ließ. Ein gut befestigtes assyrisches Feldlager wird da gezeigt, von dem aus das Heer sich in Bewegung setzt: die Streitwagen und die Infanterie ziehen zur urartäischen Festung Sugunia. Darauf wird die Einnahme Sugunias vorgeführt: die auf einem Hügel gebaute Festung steht in Flammen und wird von zwei Seiten her bedrängt. Der Angriff erfolgt mittels Leitern, die an die Mauern gelehnt werden. In der Festung sind die Verteidiger sichtbar: urartäische Bogenschützen und mit Lanzen bewaffnete Krieger. Unter der ganzen Szene verläuft die Inschrift: «Ich eroberte die Stadt Sugunia von Aramu von Urartu.»

Im Feldzug des ersten Regierungsjahres hat Salmanassar lediglich den Südteil des Reiches von Urartu bedroht. Im dritten Jahr seiner Herrschaft gelangt der assyrische König bis zur feindlichen Hauptstadt:

«Bei meiner Rückkehr [von Syrien] drang ich in den Paß des Landes Alzi ein; vom Land Alzi bis zum Land Suchne, von Suchne bis zum Land Daiaeni, vom Land Daiacni bis Arzaschkun, der Königsstadt des Aramu von Urartu. Aramu verließ sich auf die Masse seiner Schützen. Seine zahlreichen Rosse bot er gegen mich auf, um einen Kampf zu entfesseln. Ich bewirkte seine Niederlage. Seine Rosse und seine Waffen nahm ich ihm weg. Um sein Leben zu retten, stieg er auf einen unwegsamen Berg. Vor meinen mächtigen Waffen gerieten sie in Furcht. Ihre Ortschaften gab er mir preis. Einen steilen Berg bezogen sie. Arzaschkun, seine Königsstadt, nebst den Ortschaften ihrer Umgebung eroberte ich. Seine

Besitztümer, seinen Reichtum unermeßlich nahm ich mit. Die Ortschaften verwüstete, zerstörte und steckte ich in Brand.»

Die bisher angeführten Textpassagen aus den Annalen von Salmanassar bieten eine Fülle nützlicher Informationen. Vor allem ist da die Erwähnung von Aramu, König von Urartu, der sicherlich identisch ist mit jenem Aram der armenischen Überlieferung, so daß eine kostbare Gleichzeitigkeit gestiftet wird: erneut ist Semiramis – ebenso wie durch die Hinweise von Herodot und Eusebios – ins neunte Jahrhundert situiert. Glaubwürdig wird dadurch die Gleichsetzung der legendenumwobenen Gattin des Ninos mit Sammuramat, der Schwiegertochter eben von Salmanassar III.

Jetzt wären wir eigentlich genügend vorbereitet, um uns an die Überprüfung der archäologischen Befunde zu machen. Es sei mir aber erlaubt, noch etwas bei diesen Inschriften zu verweilen, um auf weitere Aspekte in den Annalen Salmanassars hinzuweisen. Vielleicht in der Absicht, seinen Gegner zu beeindrucken, versammelt Aram, König von Urartu, seine große und wehrhafte Kavallerie zum Kampf – doch die Assyrer benutzten mindestens schon seit den Zeiten von Assurnasirpal, Vater Salmanassars, berittene Truppen, so daß der Überraschungseffekt sich nicht einstellte. Die gewundene Art, in der Salmanassar sich ausdrückt, läßt uns merken, daß er wohl die Oberhand gewann, aber Aram doch nicht überwältigte, trotz allen angeführten Details. In anderen Inschriften des assyrischen Königs werden suggestive Einzelheiten des Feldzuges gegen Urartu erwähnt, wie etwa im Einführungstext zu den Bronzeplattenszenen des Balawatportals:

«Vom Lande Enzite bis zum Land Daiaeni, vom Land Daiaeni bis [...] zur Stadt Arzaschkun, der Residenz Aramus des Fürsten von Urartu, eroberte ich, zerstörte ich, riß ich ein, verbrannte ich. Als ich mich noch in Arzaschkun aufhielt, verließ sich Aramu von Urartu auf die Masse seiner Truppen, berief alle seine Soldaten und stellte sie gegen mich zum Kampfe auf. Ich besiegte sie. Ich tötete seine Soldaten: 3000 seiner Leute machte ich mit meinen Waffen nieder; mit dem Blut seiner Soldaten füllte ich die Ebene. Seine Waffen, seinen Königsschatz, die Pferde nahm ich mit fort. Um sein Leben zu retten, bestieg er einen steilen Berg. Ich zerstörte das weite Land Quti, als sei ich der Gott Erra. Von der Stadt Arzaschkun bis Gilzanu, von Gilzanu bis Chubuschkia brüllte ich sie an, wie Gott Adad, der Sturm. Der Schrecken meines Glanzes verbreitete sich im Lande Urartu.»

Die von Salmanassar verwandten Ausdrücke lassen uns verstehen, wie es dazu kam, daß die Assyrer und ihre Könige in den Geruch von wilden, grausamen, ja unmenschlichen Männern kamen. Bemerkenswert ist hier auch die Übereinstimmung in den Informationen der verschiedenen Inschriften. Andererseits dient der Vergleich auch zur Feststellung, inwieweit Einzelangaben voneinander abweichen. Die Zahl der Getöteten etwa wird im eben zitierten Passus mit 3000 angegeben, die Inschrift auf dem Monolith von Salmanassar nennt die Zahl 3400, jene auf dem Sockel des in Kalchu gefundenen Thrones kommt gar auf 13 500.

Kehren wir zum Anfangsproblem zurück, zur Bestimmung der geschichtlichen Epoche, in der Semiramis gelebt und gewirkt haben soll. Wir können mit genügender Sicherheit behaupten, daß alle drei zur Verfügung stehenden Hinweise – jener Herodots, jener von Eusebios und schließlich jener der armenischen Tradition im Vergleich mit den Annalen Salmanassars – uns die Festlegung aufs *neunte vorchristliche Jahrhundert* erlauben.

Wie mag in den assyrischen Inschriften der Name der Königin Semiramis aufscheinen? In der griechisch-lateinischen Tradition wird sie Semiramis genannt, in anderen Überlieferungen Schamiran oder Schamiram. Ein Name dieser Art müßte sich also in den Keilschriftquellen auffinden lassen – immer vorausgesetzt, Semiramis habe wirklich gelebt und eine so wichtige Rolle in der assyrischen Geschichte gespielt, wie sie ihr die Legendenbildung zuschreibt.

Die geschichtliche Wiederentdeckung der Semiramis begann im letzten Jahrhundert im Zusammenhang mit den archäologischen Forschungen, die der Engländer A. H. Layard in Nimrud durchführte. Es handelte sich um einen künstlichen Hügel, der – wie man im Anschluß an die Entzifferung der Inschriften erfuhr – eine der Hauptstädte Assyriens verbarg: Kalchu, wo die Könige vorwiegend residierten, von Assurnasirpal II. (884–858) bis zu Adad-narari III. (811/806–781). Neben vielen anderen bedeutenden Funden hat der englische Gelehrte auch mehrere Statuen des Gottes Nabu ans Tageslicht gebracht, davon einige mit Widmungsinschriften, die nach ihrer Entschlüsselung die Semiramis der griechischen Legende zur historischen und wirklichen Gestalt gemacht haben. Nun stehen zwei dieser Statuen am Eingang des assyrischen Saales im Britischen Museum in London. Sie verdienen große Aufmerksamkeit, nicht etwa wegen eines künstlerischen Wertes, der ihnen allgemein abgesprochen wird, sondern dank ihrer hohen geschichtlichen Aussagekraft.

Statue des Gottes Nabu, aufgefunden in Nimrud (Kalchu). In der Inschrift treten die Namen Sammu-ramat, die «königliche Frau», und Adad-narari III., ihr Sohn und König von Assyrien, auf.

31

Den Fundort wird Mallowan durch seine Grabungen um 1960 als den Heiligen Bezirk von Kalchu identifizieren, und im speziellen als den Tempel des Gottes Nabu, den (wie uns der Eponymenkanon belehrt) Adad-narari III. 788/787 v. Chr. errichten ließ.

Die Statuen gab Bel-tarsi-ilumma, der damalige Gouverneur von Kalchu, in Auftrag, der dann auch die Inschrift einmeißeln ließ, die ohne Übertreibung als *der Meilenstein* in der geschichtlichen Wiedergewinnung der Königin Semiramis bezeichnet werden darf. Die Inschrift ist eine Widmung, sie enthält ein sehr schönes, an den Gott Nabu gerichtetes Gebet mit der Bitte um gute Gesundheit für den Spender, den Gouverneur eben. Dieser, wie uns wiederum der Eponymenkanon zeigt, bekleidet das Amt des Eponymen im Jahr 798 v. Chr., war aber immer noch Gouverneur im Jahr 787, so daß anzunehmen ist, die Statuen seien bei dieser Gelegenheit geschaffen worden. Bemerkenswert, daß ein Gouverneur sich das Recht nimmt, eine Statue in seinem Auftrag machen zu lassen und seinen Namen darin zu verewigen. Revolutionär sind aber die Attribute des Gottes Nabu, wenn man den Ort bedenkt, wo diese Statue gefertigt, mit ihrer Inschrift versehen und schließlich aufbewahrt wurde. Nabu nämlich ist ein wichtiger Gott Babylons – sein triumphaler Einzug in Assyrien ist nicht denkbar ohne eine religiöse Umwälzung. Man lese nur den Schlußsatz der Inschrift: «O Mensch, der du nach mir kommen wirst, vertraue in Nabu. Traue keinem anderen Gott.»

Ein weiteres Element der Inschrift besitzt eine gleichsam explosive Bedeutung, es ist jenes, welches uns im besonderen interessiert: die Erwähnung der ersten Frau in der gesamten assyrischen Geschichte. Bel-tarsi-ilumma erbittet den Segen des Gottes, aber nicht bloß für sich, sondern auch für den regierenden Herrscher, Adad-narari, sowie für Sammuramat, die «königliche Frau»:

«Für Nabu [...] zum Wohl von Adad-nararis Leben, König von Assyrien, seinem Herrn, und für das Wohl von Sammuramats Leben, der königlichen Frau, seiner Herrin, hat Bel-tarsi-ilumma, Gouverneur von Kalchu, Chamedi, Sirgana, Temeni, Jaluna [diese Statue] errichten lassen und für sein eigenes Leben – lange Tage und zahlreiche Jahre –, für den Frieden seines Hauses und seines Volkes, für die Befreiung von Krankheiten dargebracht.»

Mit der Entzifferung dieser Inschrift trat Semiramis also in die Geschichte ein. Bereits 1854, wenige Jahre nach der Auffindung, schlug H. Rawlinson die Gleichsetzung Sammuramats mit der legendären

Semiramis vor. Nach etlichen Wechselfällen stimmen heute alle Gelehrten dieser Identifikation zu.

Die einfache Bezeichnung Sammuramats als «königliche Frau», wörtlich: «Frau des Palastes», was sicher «Königin» bedeutet, hatte ursprünglich zur Annahme verleitet, sie sei die Ehefrau Adad-nararis. In der Folge erkannte man, daß Sammuramat die Mutter Adad-nararis ist. Auch als Ehefrau hätte ihre Erwähnung in einer Inschrift Bedeutung gehabt, freilich nicht eine so herausragende, wie es nun wirklich der Fall ist. Nicht nur ist Semiramis die erste Frau, die in einer offiziellen assyrischen Inschrift Erwähnung findet, sie ist auch die Königinmutter des regierenden Herrschers. Die Bezüge zur Semiramis-Figur der griechisch-lateinischen Tradition nehmen langsam konkrete Formen an. Einerseits eine Semiramis, die, zumindest nach dem einen, oben schon erwähnten Überlieferungsstrang, an die Macht gelangt, weil der Sohn noch klein ist. Andererseits die Tatsache, daß der Gouverneur von Kalchu bei der Nennung des Herrschers Adad-narari nicht etwa die Gemahlin, sondern die Mutter miterwähnt, die Königinmutter also. Nicht alles, so darf man folgern, ist Erfindung in der Legende der Semiramis.

Jedenfalls ist durch die Auffindung der Statuen von Nabu und dank den Inschriften, welche alle gleich sind, der erste Schritt getan in bezug auf die Historisierung von Semiramis. Die Geschichtsepoche – Adad-narari III. regierte offiziell von 811 bis 781 – entspricht völlig jener Zeitspanne, welche von den oben besprochenen drei Indizien als jene nahegelegt wird, in der Semiramis gelebt habe. Was den Namen Sammuramat betrifft, so läßt er sich leicht in Einklang bringen mit Semiramis wie auch mit Schamiram/Schamiran, so daß die Gleichsetzung ohne jegliche Schwierigkeit erfolgen kann.

Die zweite Etappe der geschichtlichen Wiederentdeckung – es handelt sich eigentlich um die definitive Bestätigung der Richtigkeit jener ersten Identifizierung – erfolgt durch die Grabungen von Qalat Schergat, dem Ort also, wo die erste verehrungswürdige Hauptstadt der Assyrer stand: Assur. Diese Ausgrabungen wurden ab 1903 von deutschen Archäologen unter der Leitung von W. Andrae ausgeführt.

In der Nähe des Südportals der Stadt, zwischen den äußeren Mauern der Hauptstadt und den inneren, welche Salmanassar III. bauen ließ, gelingt den deutschen Archäologen ein sensationeller Fund. Er wird von ihnen selbst als «seltsam» definiert wegen seiner absoluten Neuheit. Sie

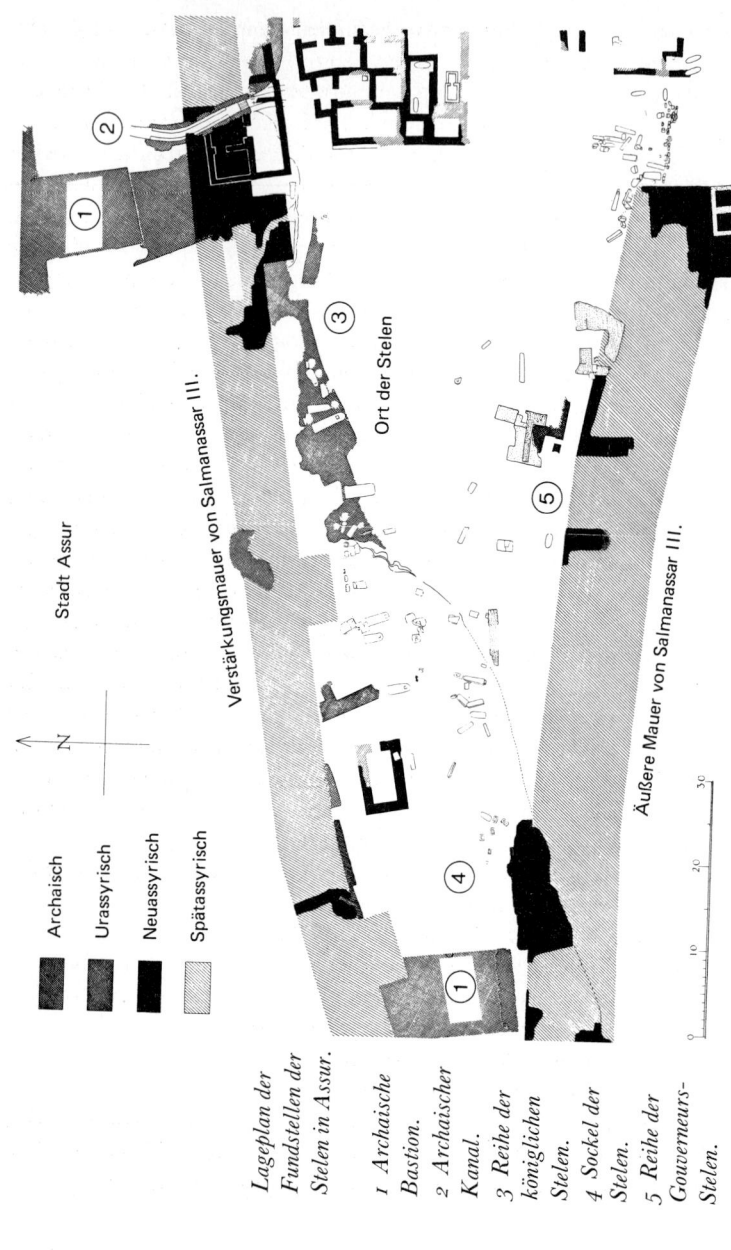

Stadt Assur

N

Verstärkungsmauer von Salmanassar III.

Ort der Stelen

Äußere Mauer von Salmanassar III.

Archaisch
Urassyrisch
Neuassyrisch
Spätassyrisch

Lageplan der
Fundstellen der
Stelen in Assur.

1 Archaische
  Bastion.
2 Archaischer
  Kanal.
3 Reihe der
  königlichen
  Stelen.
4 Sockel der
  Stelen.
5 Reihe der
  Gouverneurs-
  Stelen.

0   10   20   30

befördern eine doppelte Abfolge von Grabsäulen [Stelen] ans Tageslicht; die größeren bei der äußeren, die kleineren bei der inneren Mauer. Die größeren Grabsäulen erinnern, laut Inschrift, an assyrische Herrscher, die minderen Stelen hingegen beziehen sich auf Staatsbeamte. Die Überraschung besteht aber darin, daß drei Grabsäulen Frauen gewidmet sind. Sie liegen inmitten der Königsstelen, erinnern an die Ehefrauen der Herrscher. Es handelt sich um die Königinnen Sammuramat, Taschmetu-scharrat und Assur-scharrat. Die beiden letzteren sind die Gefährtinnen von König Sanherib (705–681) und von König Assurbanipal (669–631). Die erste ist niemand anders als Semiramis.

Alle diese Grabsäulen waren chronologisch angeordnet, angefangen bei der ältesten, jener für Eriba-Adad I. (1392–1366), bis zur jüngsten, die an Assur-scharrat erinnert, die Gattin von Assurbanipal. Dank dieser Stelenordnung können wir, wie Andrae betont, 700 Jahre assyrischer Geschichte abschreiten. Leider fehlen viele Grabsäulen, manche sind nur fragmentarisch überliefert. Was aber geblieben ist, widerspiegelt getreulich die chronologische Ordnung. Die Stelen bestehen aus abgeflachten Gesteinsblöcken von länglicher, beinahe rechteckiger Form; ursprünglich standen sie aufrecht, wobei die abgerundete Seite nach oben kam. Die Vorderseite weist eine Einbuchtung auf, worin die Inschrift eingemeißelt ist. Die Herrscherstelen bringen den Namen des Königs mitsamt einiger weniger schmückender Beifügungen, jene der Beamten führen deren Namen auf sowie die von ihnen bekleideten Ämter. Ähnliches gilt für die Grabsäule der Königinnen, genaugenommen für zwei der drei. Sanheribs und Assurbanipals Frauen werden mit fünfzeiligen Inschriften bedacht: in beiden wird lediglich der Name der Königin genannt sowie deren Beziehung zum Herrscher.

Anders hingegen Sammuramats Inschrift, die sieben Zeilen umfaßt:

Stele von Sammuramat

«Königliche Frau» von Schamschi-Adad,

König der Gesamtheit, König Assyriens,

Mutter von Adad-narari,

König der Gesamtheit, König Assyriens,

Schwiegertochter von Salmanassar,

König der vier Weltgegenden.

Sammuramat/Semiramis enttäuscht uns nicht, im Gegenteil, hier wird die Sprache so höfisch wie nur möglich. Sie begnügt sich nicht mit dem Hinweis auf ihren königlichen Gatten Schamschi-Adad V. (824–811),

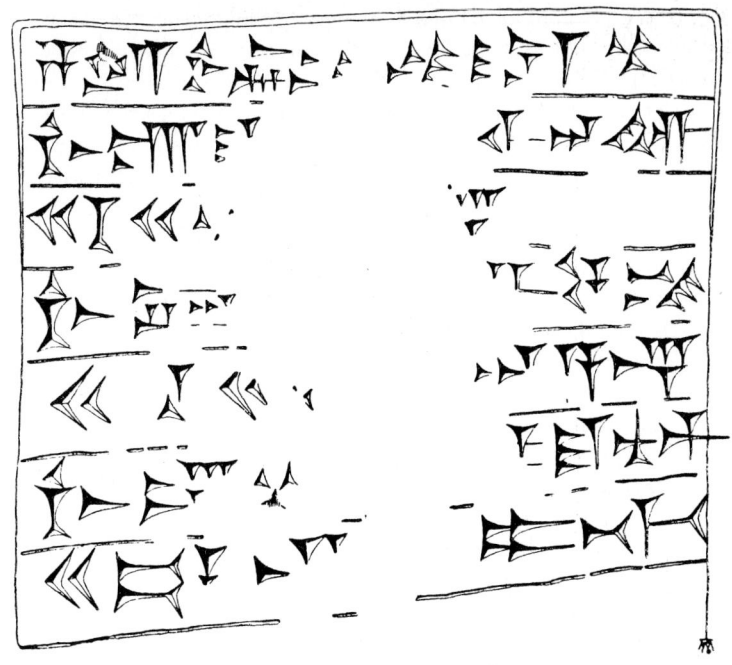

Ṣa-lam ᶠSa-am-mu-ra-mat
sinništi êkal[li ša ᵐŠam-]ši-ᵍAdad
šar kiššati šar [ᵐᵃᵗ ᵍA-]šur
ᶠummi [ša ᵍAd]ad-nirari
šar kiššāti šar [ᵐᵃᵗ]ᵍA-šur
ᶠkal(?)-lat [ᵍŠù]l-ma-nu-ašared
šar kib-rat irbit-ti

Stele Nr. 15712 von
Sammuramat/Semiramis.
Transliteration und Über-
setzung der Inschrift.
f = Frau
m = Mann
g = Gottheit
mat(um) = Land

Stele von Sammuramat
«Königliche Frau» von Schamschi-Adad,
König der Gesamtheit, König Assyriens,
Mutter von Adad-narari,
König der Gesamtheit, König Assyriens,
Schwiegertochter von Salmanassar,
König der vier Weltgegenden.

37

sondern sie erwähnt auch ihren Sohn und legitimen Erben Adad-narari III. (811–781) sowie vor allem ihren mächtigen Schwiegervater Salmanassar III. (858–824), der sie zur Ehefrau des Erbprinzen bestimmt hatte. Der von Salmanassar geführte Titel unterscheidet sich von jenen der anderen Herrscher; es ist zweifellos der begehrteste Titel, jener, der am meisten Ansehen gewährt: Nur wer alle Ländereien zwischen Mittelmeer und Persischem Golf beherrschte, durfte auf diese Bezeichnung Anspruch erheben.

Wenn eine Grabsäule für eine Königin inmitten jener der männlichen Herrscher schon aus dem Rahmen fällt, so stellt die Stele für Semiramis – ihres Stiles und Inhalts wegen – geradezu ein Unikum dar. Die Herrscherin erscheint hier gleichsam in offizieller Form: als Mutter Adad-nararis (was uns schon aus der Nabu-Statue bekannt war), als Gattin Schamschi-Adads und Schwiegertochter Salmanassars.

Dieser zweite Schritt innerhalb der historischen Spurensicherung ist ohne Zweifel der bedeutsamste. Immer klarer zeichnen sich die Konturen der Semiramis ab. Das Unerwartete, ja kaum Denkbare tritt ein: In Assyrien werden Inschriften gefunden, die sich auf sie beziehen und sie als wahrhaft königliche Frau präsentieren, die gleich mit drei Königen in engem Verhältnis steht. Aus diesen Angaben geht hervor, daß sie während mehr als eines halben Jahrhunderts aktiv an der politischen Szene ihres Landes teilgenommen hat. Mit Staunen erinnern wir uns nun, daß die griechische Tradition Semiramis 62 Jahre leben läßt, wovon 42 als Herrscherin. Noch einmal ist die Gleichsetzung von Sammuramat mit Semiramis völlig überzeugend. Die griechische Legende wird beinahe zur geschichtlichen Erzählung.

Doch die Wiederentdeckung von Semiramis geht weiter dank den Fortschritten der Wissenschaft und den ständig zunehmenden archäologischen Funden. Dieses faszinierende Abenteuer voller Hindernisse und Gefahren kennt vornehmlich zwei Feinde. Die übertriebene Skepsis einerseits, den allzu gutgläubigen Optimismus andererseits. Mit der Entzifferung neuer Dokumente entzünden sich die Geister, man denkt bloß an die Bestätigung der eigenen Ansichten, die Argumente der Gegenseite werden, oft aus Parteilichkeit, nicht anerkannt, so daß man schließlich den eigentlichen Gegenstand oft ganz aus den Augen verliert. Dies ist nun der Fall mit den von Adad-narari III., dem Sohn von Semiramis, veranlaßten Inschriften, besonders mit zwei von ihnen: die erste ist auf eine Alabasterplatte eingehauen, die man im Königspalast von Kalchu aufgefunden hat; die zweite ließ der Gouverneur Nergal-eresch auf eine Grabsäule für den König meißeln. Man fand sie in der Nähe von Saba'a südlich des Sindschar-Gebirges. Diese beiden Inschriften müssen zusammen betrachtet werden; erst im Vergleich der Texte erschließt sich einem die neue Information. Nach dem, was geschrieben steht, hätte Sammuramat während einer gewissen Zeitspanne die Regentschaft für den minderjährigen Sohn innegehabt.

In der Inschrift des Palastes von Adad-narari III. (sie ist uns doppelt überliefert) lesen wir zu Beginn: «Palast von Adad-narari, großer König, mächtiger König, König der Gesamtheit, König von Assyrien, König, den Assur, Herr der Igigen, auserwählte in seinem zarten Alter und dem er ein Reich gab ohne Rivalen.» Der Ausdruck «in seinem zarten Alter» ist von den Gelehrten verschieden gedeutet worden. Für die einen liegt darin die Bestätigung, daß Adad-narari noch ein Kind war, als er den Thron bestieg; von daher erführe die These der Regentschaft von Sammuramat eine philologische Untermauerung von großer Bedeutung (H. Lewy und E. Unger). Die anderen hingegen sehen in diesem Ausdruck keinen zwingenden Beweis, daß bei der Thronübernahme Adad-narari ein Kind gewesen sei, könnte ihn doch der Gott Assur als zukünftigen König auserwählt haben, lange bevor sein Vater starb und er dessen Erbe antrat (A. Poebel).

Beide Deutungen sind legitim, da man beliebig Argumente für die eine oder andere anführen kann. Erst weitere Gesichtspunkte vermögen eine Klärung herbeizuführen. Hier kommt nun die Auffindung der Stele von Saba'a ins Spiel (erstmals publiziert durch E. Unger). In ihr ist allem Anschein nach von zwei Feldzügen die Rede, welche der Herrscher Adad-narari gegen die palästinischen Länder führte. Die entscheidende Stelle befindet sich in der Einleitung der Inschrift, wo eine Zeitbestimmung geliefert wird: «Im fünften Jahr, seit ich mich majestätisch auf den Thron gesetzt habe.» Diese meine Übertragung des Satzes ist die philologisch plausibelste. Unger aber hatte ihn anders verstanden: «Als ich in meinem fünften Lebensjahr mich auf den Thron meiner Majestät setzte.» Ähnlich D. D. Luckenbill: «In meinem fünften Jahr, als ich majestätisch die Macht übernahm.» Das Problem steckt im Ausdruck «im fünften Jahr» – ist das Lebensalter bei der Thronbesteigung gemeint oder einfach die bisherige Dauer der Herrschaft?

Auch wenn man dieser letzten Hypothese zuneigt, läßt sich die Suggestivität der Deutung «in meinem fünften Lebensjahr» nicht leugnen. Das

Problem ist leider mit rein philologischen Mitteln nicht zu lösen. Um diesen gordischen Knoten – war Adad-narari noch ein Kind, als der Vater starb? – zu durchhauen, bedarf es notwendigerweise anderer, historischer Elemente.

Bevor wir die geschichtlichen Tatsachen einer Prüfung unterziehen, muß für den Nichtspezialisten erwähnt werden, wie heftig die Diskussion unter den Gelehrten seit Jahrzehnten geführt wird. In allen maßgebenden Handbüchern zur assyrischen Geschichte herrscht die Meinung, daß Adad-narari noch klein war, als sein Vater starb. Zwei Beispiele seien angeführt. W. von Soden schreibt in der «Propyläen Weltgeschichte»:

«Schamschi-Adad starb so jung, daß sein Sohn Adad-narari III. (806–782) noch minderjährig war. Die Regentschaft für ihn führte vier Jahre lang höchst erfolgreich seine Mutter Sammuramat, eine babylonische Prinzessin, die Beutezüge gegen Meder und Mannäer veranlaßte und das aufständische Guzana (Tell Halaf) unterwarf. Daß sie eine Frau von ganz ungewöhnlicher Bedeutung war, läßt sich aus ihrem Weiterleben in der Sage erschließen. Die Griechen kannten sie unter dem Namen Semiramis und erzählten sich von Eroberungszügen bis nach Indien und Abessinien, wohin nie ein Assyrer gekommen ist; sie schrieben ihr auch die Anlage hängender Gärten in Babylon zu, obwohl die Terrassengärten dort erst von Nebukadnezar II. geschaffen wurden. 806 nahm Adad-narari selbst die Regierung in die Hand.»

Und R. Labat schreibt in der «Fischer Weltgeschichte»: «Als Schamschi-Adad 811 starb, war sein Sohn Adad-narari III. noch minderjährig. Die Regentschaft führte für ihn fünf Jahre lang seine Mutter Sammuramat, das ist die Semiramis der griechischen Sage.»

Wenn wir auf die allgemeine Übereinstimmung (die auch in den historischen und philologischen Disziplinen nicht ohne Bedeutung ist) bauen wollen, so darf festgestellt werden: Die meisten Gelehrten – obschon sie die eine oder die andere der sprachlichen Deutungen obengenannter Inschriften ablehnen – äußern die Überzeugung, daß Adad-narari noch ein Kind sein mußte, als sein Vater starb, und daß darum Semiramis die Regentschaft übernehmen konnte. Auch ich halte diese Hypothese für richtig, wobei natürlich nicht nur philologische Argumente zur Beweisführung herangezogen werden sollen.

Welches sind nun die historischen Fakten, die uns weiterführen können? Die Palastinschrift sowie jene von Saba'a sprechen von Feldzügen gegen die palästinischen Völker: und zwar höchstwahrscheinlich von zwei verschiedenen Kampagnen, die eine gegen Philistäa und das Reich Israel, die andere gegen Damaskus. Über diese militärischen Ereignisse sind wir auch, freilich in knapperer Form, durch den Eponymenkanon unterrichtet. Aber erst vor kurzem wurde in Tell al-Rimah eine weitere Stele Adad-nararis gefunden. Die in ihr enthaltenen Angaben geschichtlicher und chronologischer Art sind von entscheidender Bedeutung in bezug auf die Feldzüge gegen die Mittelmeervölker.

Wenn wir von der zeitlichen Bestimmung der Saba'a-Stele ausgehen: «im fünften Jahr [der Herrschaft]» und weiter annehmen, Adad-narari habe 811/810 den Thron bestiegen, so kommen wir auf des Jahr 806/805. Hier aber beginnen die Schwierigkeiten, da der Eponymenkanon für diesen Zeitraum keine Feldzüge gegen die Palästiner anführt! Man versuchte die Berechnung zu retten, indem eine Lücke im Kanon angenommen wurde. An diesem Punkt hilft uns nun die Grabsäule von Tell al-Rimah, die ausdrücklich festhält, daß der König von Israel, Joas, unter die Tributpflichtigen Adad-nararis gehörte. Joas trat seine Herrschaft (wie H. Donner mit Recht betont) im Jahr 802/801 an. Die in allen drei Inschriften genannten Feldzüge können sich folglich nicht vor diesem Datum ereignet haben. Die zeitlichen Ungereimtheiten lösen sich auf, wenn man Adad-nararis Thronbesteigung nicht 811/810 ansetzt, also beim Tod des Vaters, sondern – der Angabe «im fünften Jahr» folgend – erst 806/805.

Die Regentschaft Sammuramats, durch philologische Erkundung nicht zweifelsfrei zu erhärten, wird durch die Abfolge geschichtlicher Fakten abgesichert. Nicht gleich nach Schamschi-Adads Tod, sondern fünf Jahre später bestieg Adad-narari den Thron! Das schließt ein, daß er noch nicht volljährig war und Sammuramat also wirklich die Regentschaft für ihren Sohn führte. Die assyrischen Inschriften bestätigen folglich die diesbezügliche griechische Überlieferung.

Die drei Etappen der geschichtlichen Wiedergewinnung von Semiramis, welche wir bis jetzt abgeschritten haben, sind von entscheidender Bedeutung. Die archäologischen Grabungen gaben uns den assyrischen Namen der Königin wieder; zeigten, daß sie eine sehr wichtige Persönlichkeit gewesen sein mußte, da sie gleich mit drei Königen in Verbindung stand; und bewiesen, daß Semiramis die Regentschaft innehatte, als ihr Sohn minderjährig war. Zieht man alle diese Erkenntnisse in Betracht, erscheint die Nennung Sammuramats als gleichberechtigte

Herrschergestalt neben ihrem Sohn auf der Nabu-Statue als völlig plausibel. Der frühe Tod Schamschi-Adads, als der Thronfolger noch nicht die ihm zufallende Macht ausüben konnte, hatte für Assyrien einen ungewohnten Zustand zur Folge. Die energische und unternehmungslustige Witwe und Königinmutter konnte dadurch, wenn auch für eine begrenzte Zeit, die höchste Herrschergewalt ausüben. So verschmolzen die beiden Gestalten gleichsam zu einer Königsfigur: der unmündige König Adad-narari mit seiner mächtigen Mutter Sammuramat.

Die geschichtliche Spurensicherung in bezug auf Semiramis ist noch nicht abgeschlossen. Neue Grabungen der letzten Jahre bringen einzelne Mosaiksteinchen ans Licht, die diese Figur interessanter denn je erscheinen lassen. Vorerst möchte ich aber auf einen Umstand aufmerksam machen, der zufällig erscheinen könnte oder zumindest nur als Kuriosität ohne jede historische Bedeutsamkeit für Semiramis. Nach der Legende von Ktesias/Diodor ist Semiramis (im folgenden Kapitel ist noch ausführlich die Rede davon) die Tochter einer syrischen Göttin, Derketo, deren Körper halb menschenähnlich und halb fischförmig war.

Weiter oben wiesen wir darauf hin, daß die erste Nennung des Namens Sammuramat auf einer Statue für Nabu gefunden wurde, jenen babylonischen Gott, der gerade zur Zeit der Herrschaft von Sammuramat und Adad-narari offiziell und feierlich ins assyrische Pantheon aufgenommen wurde. Bei den Ausgrabungen von Kalchu brachte Mallowan den Tempel ans Licht, den Adad-narari diesem Gott errichtet hatte. Überraschend ist, was die Engländer vor dem Tempel fanden. Wie man weiß, pflegten die Assyrer vor ihre Paläste und Tempel Genien, mythische oder in der Natur vorkommende Tiere, aufzustellen, damit sie die bösen Geister fernhielten. So findet man vor den Palästen in der Regel geflügelte Löwen oder geflügelte Stiere mit göttlichem oder menschlichem Kopf; vor den Tempeln hingegen natürlich geformte Löwen und Stiere. Nun, vor dem Tempel des Nabu, den der Sohn von Semiramis bauen ließ, brachte man zwei mythologische Wesen ans Tageslicht mit einem halb menschlichen und halb fischförmigen Körper, was bis heute ein einmaliger Fall ist. Die sich hier aufdrängende Frage ist folgende: Handelt es sich um einen reinen Zufall, oder bestehen doch irgendwelche Querverbindungen zwischen der Legende von der Geburt der Semiramis und diesen seltsamen Gestalten vor dem Nabu-Tempel? Die Antwort, die wir geben können, ist immer dieselbe! Falls die griechische

Erzählung erfunden ist, so ist sie trefflich erfunden. Die Semiramis-Legende weist zu viele Elemente auf, die eine Entsprechung in den archäologischen und philologischen Befunden Assyriens finden, als daß sie nur der Lebhaftigkeit der griechischen Phantasie zugeschrieben werden könnten.

Die letzte Etappe der historischen Vergegenwärtigung von Semiramis bezieht sich nicht auf einen archäologischen Fund auf dem Felde, sondern resultiert aus einem – Museumsfund! In der Tat ist es heute so, daß die interessantesten Entdeckungen meist in den Kellergewölben der Museen gemacht werden, wo seit mehr als einem Jahrhundert Schätze lagern, nur von wenigen gesehen und erforscht. Im Museum von Marasch in der Türkei wird eine Stele aufbewahrt, deren Inschrift für unseren Zusammenhang von ausschlaggebender Bedeutung ist. Allerdings nicht vom eigentlichen Inhalt her, denn dieser ähnelt demjenigen vieler anderer Dokumente der neuassyrischen Periode. Es handelt sich nämlich um Landschenkungen und Befreiung von Steuern, Verordnungen, die ausschließlich in die Machtbefugnisse des Königs fielen. Die Inschrift gehört also in die Kategorie der königlichen Edikte, von denen eine große Menge bekannt sind.

Das Überraschende der Stele von Marasch liegt im Spendernamen: Adad-narari, der assyrische König, erscheint nicht – wie zu erwarten wäre – allein, vielmehr ist sein Name mit demjenigen seiner Mutter Sammuramat gekoppelt. Hier tritt das erste Mal der Fall ein, daß in einem offiziellen königlichen Dokument Assyriens der Name des Herrschers zusammen mit jenem der Königinmutter erscheint. Von den politischen Zusammenhängen dieser und anderer Grabsäulen wird noch zu sprechen sein. Schon jetzt aber kann gesagt werden: Mit diesem Dokument hält Semiramis *endgültig Einzug in die Geschichte*, und zwar mit all den Vorrechten einer Königin. Zu verstummen haben die Skeptiker, die sie in das Reich der Legende verbannen wollten.

Daß ein assyrischer König in einem Regierungsakt sich mitsamt seiner Mutter nennen läßt, ist eine Tatsache, die unsere Kenntnisse des Königtums neuen Fragen aussetzt. Die antiken Geschichtsschreiber, die die Legende von Semiramis gestalteten, werden ohne Zweifel stark übertrieben haben, indem sie dieser Königin alle nur irgend möglichen Taten und Untaten zuschrieben. Erfunden haben sie Semiramis aber nicht.

Dank den archäologischen Funden betritt Semiramis erneut die Bühne der Geschichte: Wir sehen, wie sie auf den Königsthron steigt, die

Zügel des mächtigen assyrischen Staates ergreift in einem besonders heiklen Moment, die Geschicke des Reiches bestimmt in Stellvertretung für den noch minderjährigen Sohn; weiter können wir verfolgen, wie sie die Versöhnung mit Babylon anstrebt, indem sie den Hauptgott der gehaßten und gefürchteten Feinde ins assyrische Pantheon aufnimmt; wir werden zu Zeugen ihres Kampfes gegen die Meder, jenes Volk, das zwei Jahrhunderte später eine der prächtigsten Hauptstädte nach der anderen dieses ersten wirklichen Weltreiches erobern und mit Hilfe der Babylonier das wundervolle Ninive zerstören wird.

Sammuramat-Semiramis scheint beinahe das Ende Assyriens vorausgeahnt zu haben: Die schöne Syrerin fühlt sich als Assyrerin; sie will die Katastrophe abwenden, die sich, im Augenblick höchsten Glanzes, möglicherweise schon abzeichnete. Ihre Absicht konnte sie letztlich nicht durchsetzen. Aber ihr Name prägt sich unauslöschlich in den Köpfen der Überwinder Assyriens ein. Gott Assur und sein mächtiger Staat gerieten in Vergessenheit, Sammuramat-Semiramis hingegen lebte weiter.

III

GEBURT EINER GÖTTIN

Stammt Semiramis aus Syrien, Armenien oder Babylonien?

Die verschiedenen Legenden, die sich rund um Sammuramat-Semira-mis, die assyrische Königin, gebildet haben, besitzen Wurzeln – so glauben wir aus dem bisher Dargelegten klar herauslesen zu können – im Urgrund ebendieser assyrischen Welt, von der uns Kunde wird dank Inschriften, welche vor allem durch die Annalisten des Hofes verfaßt wurden.

Natürlich soll damit nicht etwa der legendenhafte und phantastische Charakter der auf uns gekommenen griechisch-lateinischen Erzählungen verneint, sondern lediglich festgestellt werden, daß sie ein überaus erstaunliches Fundament in der geschichtlichen Wirklichkeit besitzen. Besagte Legenden können sich nicht in der persischen und griechischen Welt herausgebildet haben. Im Keime müssen sie vielmehr im mesopotamischen, wenn schon nicht assyrischen Raum ihren Ausgang genommen haben, kurz nach dem Tod dieser mächtigen Königin. Im Laufe unserer Untersuchung werden sich die Dokumente zu einem dichten Verweisungszusammenhang fügen, so daß kein Zweifel mehr bestehen wird über die Stichhaltigkeit unserer Hypothese.

Von daher auch die angewandte Methode. Es handelt sich um eine eigentliche Suche nach jenen Indizien, die es ermöglichen sollen, alles legendenhafte Rankenwerk zu entfernen vom historischen Kern, der uns beschäftigt: die Gestalt der Semiramis. Die griechisch-lateinischen Quellen sollen ständig angeführt, aber in kritischer Sichtung den assyrischen Dokumenten gegenübergestellt werden.

Wenn wir die geschichtliche Gestalt der legendären Semiramis in der Literatur des neunten vorchristlichen Jahrhunderts ausfindig gemacht haben, werden wir nach ihrem Ursprung forschen müssen, um so ein verläßliches Bild ihres Lebens vor der Ankunft am Hof zu entwerfen.

Die neuzeitlichen Gelehrten machen aus Sammuramat eine aus Babylon oder Urartu stammende Prinzessin. Sie versuchen damit auch den Ursprung der Legende zu erklären; und doch geraten sie dadurch in Widerspruch sowohl zur griechischen Legende wie zur assyrischen Dokumentation, die beide keinen Zweifel an ihrer syrischen Herkunft hegen. Es empfiehlt sich daher, den griechischen Erzählungen den Vorrang zu lassen, die, wenn sie auch nicht einheitlich sind, doch so plausibel erscheinen, daß es schade wäre, sie zu vernachlässigen oder gar von vornherein abzulehnen.

Die ausführlichste Erzählung über die Ursprünge von Semiramis und ihr späteres Werden gibt uns Ktesias in der Vermittlung durch Diodor, der die Geschichte so zum Allgemeingut der klassischen Antike macht. Vom geschichtlichen Assyrien werden wir an die helle Mittelmeerküste geführt, und zwar ins Städtchen Askalon, das für den griechischen Arzt Ktesias im großen Syrien liegt.

In Askalon gab es einen breiten und tiefen heiligen See, der voll Fische war und an dessen Ufer der heilige Hain einer berühmten Göttin namens Derketo stand. Irgendwie mußte Derketo – nach der Überlieferung von gelehrten Syrern – die Göttin Aphrodite beleidigt haben, deren Kult sie geweiht war. Um sich an ihr zu rächen, ließ Aphrodite diese sich in einen Menschen verlieben. Derketo kam bei der Ausübung ihrer kultischen Pflichten oft in Kontakt mit den Gläubigen, die sich dem Aphrodite-Heiligtum näherten, um ihre Opfergaben darzubringen. Eines schönen Tages also verliebt sie sich grenzenlos in einen jungen Syrer. Sie gibt sich ihm hin und wird darauf schwanger. Das ist eine schwere Kränkung Aphrodites, denn wer sich ihrem Dienst geweiht hat, muß jungfräulich und rein bleiben. Als Derketo sich aus dem Liebestaumel befreit hat, wird ihr die ganze Tragweite ihrer Handlungsweise bewußt; kaum ist die Frucht ihrer Sünde geboren, setzt sie das wunderbare Mädchen in einer wüsten Gegend aus; danach tötet sie den Geliebten. Doch die Gewissensbisse und die Scham verfolgen sie, bis sie keinen anderen Ausweg sieht, als sich in den See zu stürzen.

Doch nun geschehen außerordentliche Dinge. Derketo findet nicht den erhofften Tod, sondern wird durch Aphrodite in ein Wesen mit Fischleib und Frauenkopf verwandelt. Darum, so fügt Ktesias hinzu, essen die Syrer niemals Fisch: aus Respekt vor Derketo. Das neugeborene Mädchen wird wie durch ein Wunder gerettet. Am Ort, wo es ausgesetzt wurde, hausten viele Tauben. Diese nehmen sich nun des hilflosen Wesens an. Einige wärmen es mit den Federn ihrer Flügel, andere machen sich auf die Suche nach geeigneter Nahrung.

In jener Gegend wurden viele Schafherden des assyrischen Königs gehalten. Die Tauben fliegen also zu den Ställen und entwenden den Hirten die benötigte Milch; abwechselnd kommen und gehen sie, wobei sie jedesmal einige Tropfen Milch in ihrem Schnabel bergen, um die kostbare Nahrung dann ins Mündchen der Neugeborenen zu träufeln. Als das Mädchen das erste Lebensjahr vollendet hat und nun fester Nahrung bedarf, wissen die Tauben wiederum Rat. Sie picken sich von den Käselaibern in den königlichen Ställen das, was sie für ihren kleinen Schützling bedürfen. Die Hirten bemerken die angeknabberten Laiber und verstecken sich, um eine Erklärung für die seltsame Handlungsweise der Tauben zu finden.

Ungestört lassen die Hirten die Tauben herankommen, als sie dann aber wegfliegen, folgen sie ihnen bis zu ihren Nestern; hier entdecken sie den Grund der fortgesetzten kleinen Diebstähle – ein kleines Mädchen von außerordentlicher Schönheit. Zurückgekehrt berichten die Hirten das Gesehene einem gewissen Simma, dem Hauptverantwortlichen für alle königlichen Herden. Da Simma keine Kinder hat, beschließt er im Einverständnis mit seiner Frau, das kleine Findelkind zu adoptieren. Der Name, den die neuen Eltern ihrem Mädchen geben, lautet «Semiramis». Und an dieser Stelle erklärt uns der gelehrte Arzt Ktesias, daß Semiramis in der syrischen Sprache der leicht abgeänderte Name für «Taube» ist; daher verehren die Syrer die Tauben als Gottheiten.

Soweit die Erzählung, die uns Diodor in seinem zweiten Buch mitteilt. Die Geburt der Semiramis habe ich also nicht ohne Grund zusammengefaßt unter dem Titel «Geburt einer Göttin». Aus dieser Quelle schöpfen viele antike Schriftsteller. Anonymus verdichtet die ausführliche Erzählung von Ktesias/Diodor in die Worte: «Semiramis: die Tochter, wie Ktesias berichtet, von Derketo, der Göttin Syriens, und eines Syrers; sie wurde von Simma großgezogen, einem Diener des Königs Ninos.» Lucius Ampelius: «Semiramis, Tochter der Nymphe Derketo, von Tauben großgezogen.» Athenagoras: «Die Tochter Derketos, Semiramis, ist eine wollüstige und blutdürstige Frau, sie gilt als syrische Gottheit und wird Derketos und der Tauben wegen verehrt.» Dieselbe Tradition findet sich in verknappter Form bei Clemens von Alexandreia, in der Suda und bei Hyginus. Auch Ovid kommt in den «Metamorphosen» auf den Ursprung von Semiramis zu sprechen:

«Sie überlegt – was soll sie berichten? – sie weiß ja so vieles.
Soll sie von dir, o Dercetis aus Babylonien, erzählen,

Welche verwandelt, mit Schuppen die Glieder umkleidet, in
    Teichen
Einst sich getummelt – so glauben in Palästina die Menschen –,
Oder vielleicht, wie der Dercetis Tochter, als Vogel befiedert,
Schließlich die Jahre, die letzten, auf weißem Turme verbrachte,
    …»

Für Ovid ist die Göttin Derketo Babylonierin, gleich danach werden allerdings die Syrer angeführt. Nach Aussage von Lukian in seinem Werk «De dea Syria» stand in Hierapolis in Ägypten ein Tempel, der wahrscheinlich von Semiramis nicht für Juno, sondern für ihre Mutter Derketo gestiftet wurde, eine Göttin mit Frauenkopf und Fischleib. Daher essen auch die Ägypter weder Fische noch Tauben, eben Semiramis', die sich in eine Taube verwandelt haben soll, und ihrer Mutter Derketo wegen. An diese Überlieferung muß auch Ugo Foscolo anknüpfen, wenn er in «Die Haare von Berenice» schreibt: «Die Assyrer und Ägypter, diese uralten Völker, verehrten Diana oder den Mond, da Semiramis in der Medaille der Askaloniter (die Noris mitteilt) mit dem wachsenden Mond über dem Haupt dargestellt ist […] Semiramis mit dem Bilde Derketos, ihrer Mutter […]» Beschließen wir diesen Überblick mit der Aussage von Tzetzes, der uns auch den Namen des Sees mitteilt, den Schauplatz des Geschehens, welches uns Ktesias berichtete: «Eine Prinzessin der Assyrer, mit Namen Derketo, vereinigte sich in Liebe mit einem jungen Syrer. Als sie dann aber schwanger wurde, schämte sie sich, ließ den Syrer verschwinden, brachte das Kind zur Welt und trug es hinaus in die Felder. Sie hingegen stürzte sich in den See Myris, wo sie ertrank. In den Schriften der Syrer wird erzählt, daß sie zu einem Fisch wurde, weswegen die Syrer keine Fische essen.»

Auch Justinus zeigt, selbst wenn er es nicht ausdrücklich feststellt, daß er diese Überlieferung kennt, wenn er behauptet: «Der Ursprung der Juden geht auf die vornehmste Stadt Syriens, auf Damaskus, zurück, von wo auch die Dynastie der assyrischen Könige ausgeht von seiten der Königin Semiramis.» Claudius Iolaos stützt sich auf Alexander Polyhistor und stellt fest, Semiramis sei die Mutter von Judas und Idumea.

Für alle bisher zitierten Autoren – oder, genauer: für den durch sie vertretenen Überlieferungsstrang – ist Semiramis eine Syrerin, eine Askaloniterin. Ihr Name wird dabei in Beziehung gebracht mit dem syrischen Ausdruck für «Taube», was auch Ezechiel in seinem etymologischen Lexikon annimmt. In diese Erklärungsweise fließen sprachliche

Gleichklänge ein – im Semitischen heißt Taube nämlich «simmatu», man denke auch an den Namen des Adoptivvaters: Simma – sowie deutliche mythologische Elemente, wie die wunderbare Errettung des ausgesetzten Mädchens durch die Tauben und die Verwandlung von Semiramis in eine Taube.

Wir vernachlässigen hier zunächst die interessanten religionshistorischen Aspekte der göttlichen Geburt der Semiramis, um unser Augenmerk auf den geschichtlichen Kern zu lenken, woraus die Legende sich entwickelt hat.

Es sei hier gleich daran erinnert, daß das literarische Motiv der göttlichen Geburt und der Errettung durch ein Wunder bei Reichsgründern oder religiösen Erneuerern keineswegs selten ist. In durchaus vergleichbarer, nur leicht abweichender Weise werden die Geburten berichtet: von Sargon von Akkade, dem Begründer des ersten Imperiums in Mesopotamien um das Jahr 2300 v. Chr.; von Moses, dem großen Führer und Reformer, der das jüdische Volk aus der ägyptischen Gefangenschaft befreit um 1200 v. Chr.; von Kyros, dem Gründer des Persischen Reiches um 600 v. Chr.; von den uns räumlich näheren Romulus und Remus, den Gründern Roms. Um ein Beispiel aus der Keilschriftdokumentation anzuführen, sei hier Sargons Selbstdarstellung aus dem epischen Gedicht angeführt, worin seine Taten festgehalten sind:

«Ich bin Sargon, der mächtige König, der König Akkades. Meine Mutter war eine Priesterin; meinen Vater habe ich nicht kennengelernt; der Bruder meines Vaters wohnte auf dem Berg. Meine Stadt war Azupiranu an den Ufern des Euphrats. Meine Mutter, eine Priesterin, empfing und gebar mich im geheimen, sie legte mich in einen Binsenkorb, die Öffnung versiegelte sie mit Pech. Dann überließ sie mich dem Fluß, der Sorge zu mir tragen sollte. Der Fluß ergriff mich und brachte mich zu Akki, dem Wasserträger. Akki, der Wasserträger, erzog mich als seinen eigenen Sohn. Akki, der Wasserträger, machte mich zu seinem Gärtner. Die Göttin Ischtar schenkte mir ihre Liebe: und so gelangte ich zu königlicher Machtausübung.»

Es wechseln die Personen, es ändern sich die Umstände, aber das zentrale Motiv bleibt konstant: Wer zu Großem berufen ist, hat einen dunklen Ursprung, geheimnisvolle Wurzeln, die in die göttliche Welt hinabtauchen – ein Ausdruck dies für die Bewunderung, ja für das ungläubige Staunen gegenüber den außerordentlichen Werken gewisser Persönlichkeiten.

Semiramis' göttliche Geburt und ihre wunderbare Errettung entsprechen einem literarischen Topos. Die Tatsache, daß dieses Motiv auch in der mesopotamischen Literatur anzutreffen ist, wie das epische Gedicht Sargons zeigt, bildet eine weitere Stärkung der Hypothese, wonach der Ausgangspunkt zur griechischen Semiramis-Legende von Erzählungen gebildet wird, die aus Assyrien und Babylonien stammen. Auch außerhalb literarischer Gebilde wird Ähnliches behauptet, wenn die sumerischen und assyrisch-babylonischen Könige auf ihren dunklen Ursprung hinweisen mit der Formulierung in ihren Inschriften: «Ich habe keinen Vater, ich habe keine Mutter.» Das, um ihren Charakter als überirdische Wesen zu unterstreichen, denn sie fahren fort, sich an die Gottheit wendend: «Du bist mein Vater, du bist meine Mutter.» So verleugnen die Herrscher ihren bescheidenen menschlichen Ursprung, um sich mit den Gottheiten gleichzusetzen. Diese Auffassungen gehören dem mesopotamischen Raum an, so daß wir ohne Zweifel gerade hier die Wurzeln der Semiramis-Legende zu suchen haben.

Wer aber war Semiramis wirklich? Woher kam sie? Weder bei den klassischen noch bei den modernen Autoren herrscht eine einheitliche Meinung vor. Für die Alte Welt war Semiramis entweder eine Syrerin aus Askalon oder eine assyrische Prinzessin, Kusine von Ninos, wie es im «Roman von Ninos» steht, oder aber, nach Aussage von Athenaios, lediglich eine Kurtisane am Hofe von Ninos, ohne nähere Bestimmung ihrer Herkunft. Für Plutarch, der diese letzte Hypothese aufnimmt, war Semiramis aus Syrien gebürtig. Abschließend sei noch Macrobius angeführt, der aus ihr paradoxerweise die Tochter von Ninos macht!

Betrachtet man die neuzeitlichen Gelehrten, ist zwar eine vornehmlich einheitliche Blickrichtung festzustellen, wobei allerdings Abweichungen vorkommen. Hinzu tritt nun unsere eigene Hypothese, die gleich vorgestellt werden soll.

Die am meisten verbreitete Meinung, die Eingang gefunden hat in die Handbücher für orientalische Geschichte, ist die, daß Semiramis eine babylonische Prinzessin war. Der Hauptexponent dieser Auffassung ist der Forscher Lehmann-Haupt, welcher in seinen Arbeiten zwei Argumente zur Beweisführung heranzieht. Erstens ist da Herodots Behauptung, Semiramis sei eine Königin von Babylon wie im übrigen auch die andere Königin, die Erwähnung verdient, Nitokris. Hinzu trete eine weitere Quelle, die man Berossos zuschreibt, einem babylonischen Priester zur Zeit von Alexander dem Großen, worin Semiramis unter den babylonischen Königen aufgezählt wird. Das zweite Argument des deutschen Forschers geht von der religiösen Umwälzung aus, die in Assyrien vor sich ging während der Herrschaft von Sammuramat und ihres Sohnes Adad-narari III. – die Einführung des Kultes zu Ehren des babylonischen Gottes Nabu. Einzig eine Prinzessin aus babylonischem Geblüt hätte eine solch tiefgreifende Reform planen und durchführen können. Es war der Versuch, die beiden Reiche Babylonien und Assyrien dauerhaft miteinander zu verbinden. Lehmann-Haupt spinnt seine Hypothese weiter, indem er annimmt, Semiramis sei als Gefangene von Salmanassar III. nach Assyrien gebracht worden, anläßlich seines siegreichen Feldzuges gegen Babylonien im Jahr 850; später sei sie dann Ehefrau von Schamschi-Adad V. geworden.

Wie mehrfach von verschiedenen Gelehrten darauf hingewiesen wurde, sind die durch Lehmann-Haupt angeführten Beweise recht schwach. Daß Herodot Semiramis für eine babylonische Prinzessin hält, braucht nicht zu erstaunen, da doch für die klassischen Schriftsteller Assyrien und Babylonien ein und dasselbe waren, nicht zuletzt auch, weil sie beide zu einer einzigen Satrapie innerhalb des Persischen Reiches vereinigt wurden. Genau genommen muß gesagt werden, daß Herodot vorgehabt hatte, ausführlicher über die beiden erwähnten Königinnen zu sprechen, und zwar in den «Logoi der Assyrer». Und als assyrische Königin erwähnt sie auch Berossos. Dem ersten Argument wird so die Basis entzogen.

Was das zweite betrifft, so scheint mir die unter Semiramis vollzogene religiöse Revolution keinen zwingenden Beweis darzustellen für die babylonische Herkunft dieser Königin. Den Nabu-Kult in Assyrien eingeführt zu haben – was meines Erachtens ein sehr weiser politischer Akt war –, wird vornehmlich dazu beigetragen haben, die Wertschätzung für diese assyrische Königin bei der babylonischen Priesterkaste zu nähren, was dann auf alle Babylonier übergriff, so daß sie sie als eine babylonische Ehrenbürgerin ansahen. Und wenn Semiramis als Gefangene nach Assyrien gekommen wäre, um später in den Rang der Erbprinzen-Gattin erhoben zu werden – das stellte einen für die Beziehung der beiden Länder derart wichtigen Tatbestand dar, daß davon doch Spuren in der synchronistischen Geschichte der assyrischen und babylonischen Könige auffindbar sein müßten! Diese Geschichte wurde am Ende der Herrschaft des Sammuramat-Sohnes Adad-narari III. verfaßt, sie beschreibt detailliert die zwischenstaatlichen Vorgänge und ist uns durch die Assyrer überliefert. Wenn also auch fast alle modernen Forscher der Hypothese von Semiramis' babylonischer Herkunft beipflichten, so erweist sich das entsprechende Beweisfundament als recht wacklig.

Einen interessanten Versuch hat vor einigen Jahren ein anderer deutscher Gelehrter, W. Eilers, unternommen. Von den griechischen Überlieferungen ausgehend, stellte er sich (wie auch schon Lehmann-Haupt) die Frage nach der Umwelt, in der die Semiramis-Legende entstanden sein könnte. Er glaubt sie in Armenien, dem Sitz der alten Urartäer, und in Medien gefunden zu haben. Eilers hat nun in den epischen Gedichten Persiens einige ausfindig gemacht, welche dem Semiramis-Gedicht ähnlich sind, darunter jenes von der Prinzessin Shirin und von Farhad. Ort der Handlung ist Armenien, wo übrigens der Name Semiramis bis heute überlebt hat. Das Romangeschehen (Nizami ist der Autor) läßt sich folgendermaßen zusammenfassen: Shirin ist eine wunderschöne Prinzessin, in die sich ein Jüngling namens Farhad unsterblich verliebt. Dem Heiratsbegehren des jungen Mannes antwortet der mißgünstige König mit dieser Prüfung: er müsse einen Tunnel unter den Berg Bisutun graben, damit die Prinzessin täglich frische Milch erhalten könne. Während der Liebende am Werk ist, erreicht ihn die falsche Nachricht von Shirins Tod. Aus Verzweiflung stürzt er sich vom Berg hinunter und findet selbst den Tod. Falls man Parallelen herausstellen will zwischen dem Semiramis-Epos und jenem von Shirin, so sind diese doch eher vage, was Eilers übrigens auch unumwunden zugibt. Ihm kommt allerdings die Folklore zu Hilfe: Nach uralten Volksüberlieferungen, die sich in diesem Gedicht erhalten haben, wäre Shirin die Tochter einer mächtigen Königin des Nordens, Humai genannt, deren wahrer Name aber Schamiran ist, also Semiramis. Von daher rührt die Annahme der armenischen Herkunft von Semiramis und folglich des urartäischen Ursprungs von Sammuramat, der historischen Semiramis. Für Eilers läßt sich, wenn auch beweisende Elemente fehlen, die Hypothese befürworten, daß Sammuramat eine urartäische Prinzessin gewesen sei, die dann Gattin des assyrischen Königs wurde, um die Verbindung zwischen den beiden bedeutenden Mächten des neunten vorchristlichen Jahrhunderts zu festigen.

Zweifellos ist es interessant festzustellen, wie Semiramis literarische Werke einer Zeit beeinflußt hat, die unserem Mittelalter entspricht; ihre Taten und die daraus entstehenden Legenden waren von prägender Wirkung für die armenischen und iranischen Volksüberlieferungen. Daraus aber ableiten zu wollen, daß Semiramis eine urartäische Prinzessin gewesen sei – wogegen schon der semitische Name Sammuramat spricht, was Eilers zugeben muß –, ist ein hoffnungsloses Unterfangen.

Babylonische Herkunft für die einen, urartäische für die anderen. Fügen wir dem noch den syrischen Ursprung hinzu, den übereinstimmend die griechische Überlieferung behauptet, so werden wir gewahr, wie vertrackt die Frage nach ihrem Herkommen ist. Unlösbar scheint mir das Problem aber nicht. Ja ich bin überzeugt, daß die Wirklichkeit nochmals vor unseren Augen ausgebreitet liegt, und ich wundere mich, wie die offensichtlichste Lösung sich unserem Verständnis entziehen will. Semiramis nämlich ist eine *Syrerin* – wie es mit Nachdruck die klassischen Schriftsteller von Ktesias an behauptet haben und wie es ohne den Schatten eines Zweifels die assyrischen Quellen bestätigen.

Kehren wir zum griechischen Bericht der Geburt von Semiramis zurück; vergleichen wir die historischen Informationen, die darin enthalten sind, mit dem, was wir heute aus den assyrischen Quellen wissen. Befreien wir die Erzählung von allen mythologischen Elementen, so erfahren wir, daß Semiramis gebürtig von Askalon ist, daß sie die Tochter einer Priesterin ist und daß der Oberhirte der königlichen Herden Assyriens sie großzieht und ausbildet. Aber in welchem geschichtlichen Moment ist dieses Geschehen erfolgt? Für den Erzähler steht Askalon, so wie auch der ganze syrisch-palästinische Raum, unter der Herrschaft des assyrischen Königs und war Teil einer Provinz des Reiches, die solcherart integriert war, daß sie direkt durch einen assyrischen Beamten regiert wurde. Dieser Onnes, so geht aus der Fortsetzung des Ktesias-Berichts hervor, wird es auch sein, der einige Jahre darauf dieses Mädchen, das inzwischen zu seltener Schönheit herangewachsen ist, heiraten sollte. Versuchen wir, möglichst genau diese Mitteilungen aufzufassen: Onnes ist assyrischer Gouverneur Syriens, aber später wird er den König auf den Feldzug gegen die Baktrier begleiten, und zwar als ein General, dessen Machtbefugnis gleich nach jener des Monarchen kommt.

Wir können nur staunen über die profunden Kenntnisse der assyrischen Welt, die in der Semiramis-Legende verborgen sind. Nun war es so, daß innerhalb des assyrischen Staates das wichtigste Amt nach dem König durch den «Turtanu», den General-Stellvertreter, eingenommen wurde, den obersten Heerführer also. Dieser begleitete den König stets auf den militärischen Feldzügen, ja führte das Heer oftmals alleine in den Krieg. Zugleich aber war der Turtanu Gouverneur der größten Provinz, jener, die am stärksten von Westen her den Einfällen der Aramäer ausgesetzt war, die sich im ganzen Raum des oberen und mittleren Euphrats sowie in ganz Syrien (mit der Hauptstadt Harran) festgesetzt hatten.

Die scheinbar wenig glaubhafte Feststellung, daß der Gouverneur Syriens zugleich Führer des Heeres sei und damit das zweite Amt im Staat bekleide, erweist vielmehr präziseste Kenntnisse des assyrischen Staatsgebildes im ersten Jahrtausend. Auch die Erwähnung des Oberhirten, der verantwortlich für die königlichen Herden ist und den Inspektionen des Gouverneurs unterworfen, findet eine Bestätigung in den assyrischen Verwaltungsarchiven. Aus diesen nämlich erfahren wir, wie die königlichen Schaf- und Ochsenherden speziellen Beamten anvertraut waren, die jährlich den Provinzgouverneuren über ihr Tun Rechenschaft schuldig waren, damit die genauen Steuern errechnet werden konnten.

Ktesias beschreibt eine Situation, die sich eng an die assyrische Wirklichkeit anschmiegt; mit der Chronologie freilich steht es nicht zum besten, vielleicht weil seine Gesamtsicht der Geschichte losgetrennt ist von der historischen Dimension: Semiramis ist die Ehefrau des Gründers des Assyrischen Reiches, welches sich aber bereits voll etabliert hat. Die geschichtliche Situation, wie sie uns die Erzählung von der Geburt der Semiramis darbietet, entspricht einer Epoche, die später folgt als jene im neunten Jahrhundert, in die Sammuramat durch die geschichtliche Wiederentdeckung plaziert wird. Sicher, Teile des heutigen Syrien – vor allem nach der Eroberung von Bit-Adini durch Salmanassar III., den Schwiegervater von Sammuramat – waren schon zu jenem Zeitpunkt Assyrien einverleibt worden und gehörten zu seinem Provinzensystem. Aber ebenso wahr ist, daß zur Zeit der Geburt von Semiramis Askalon eine unabhängige Stadt war. Erst ein Jahrhundert später sollte sie durch die Assyrer, geführt durch Tiglatpileser III., erobert werden.

Das Städtchen, das nach der Legende die Wiege der künftigen assyrischen Königin beherbergte, gehörte zu den sogenannten fünf Hauptorten der Philister, oft erwähnt in der Bibel sowie in den ägyptischen und assyrischen Inschriften. Regiert wurde es durch einen Prinzen. Zu Beginn des ersten Jahrtausends gelang es der kleinen Stadt unabhängig zu bleiben sowohl vom mächtigen Staat von Damaskus als auch von den beiden Reichen Israel und Juda. Gegenüber Assyrien hingegen befand sie sich in einem Zustand der Fast-Abhängigkeit, wie übrigens alle kleinen Staaten ohne Eigenmacht. Nahte das assyrische Heer, beeilte sich der Prinz, seinen Tribut zu entrichten: dann wurde die Stadt in Ruhe gelassen.

Ktesias' Erzählung ist also glaubwürdig, was den Gesamtrahmen der assyrischen Gegebenheiten betrifft; fragwürdig hingegen wird sie bezüglich eines historischen Abrisses: da die Stadt des glücklichen Ereignisses in jenem Moment von einer anderen politischen Wirklichkeit geprägt ist. Semiramis' Herkunft aus Askalon bleibt vorerst, da unumstößliche geschichtliche Fakten fehlen, ohne Beweisgrundlage.

Anders hingegen verhält es sich mit dem syrischen Ursprung der künftigen Königin Assyriens, deren Name gemäß den Keilschriftüberlieferungen der Inschriften Sammuramat lautet. Lassen wir die akribischen philologischen Untersuchungen der «gelehrten Syrer» (wie Diodor sie nennt) beiseite, die den Versuch unternahmen, den Namen Semiramis mit der assyrischen Bezeichnung für Taube, «simmatu», in Beziehung zu setzen. Sicher ist jedenfalls, daß der Name, wie er auf uns gekommen ist, weder babylonisch noch urartäisch sein kann. Darin stimmen – teils mit vielen Wenn und Aber – alle modernen Forscher überein, selbst jene, die Semiramis' Herkunft aus Babylonien oder Urartu verfechten. In der Tat wäre es doch sonderbar, wenn eine Prinzessin von babylonischem Königsgeblüt zu dieser Zeit einen nichtbabylonischen Namen trüge!

Der Name Sammuramat ist typisch aramäisch und bedeutet «Sammu [= eine Göttin] ist erhaben», wie es seit langem Albright vorschlägt und wie es nun von allen, zögernd, akzeptiert wird. Das bestätigt einerseits den fremden Ursprung von Semiramis, andererseits wird dadurch die Herkunft aus dem Siedlungsgebiet der Aramäer nahegelegt, und zwar aus dem Raum Syrien-Palästina. Von daher die Überzeugung, daß sie Syrerin war, wie es ganz allgemein die griechische Legendenüberlieferung suggeriert.

Nochmals also dürfen wir feststellen, wie überraschend kongruent die legendenhaften Angaben mit jenen der assyrischen Wirklichkeit sind. Für die einen wie für die andern ist Sammuramat-Semiramis eine Fremde, und zwar eine, die aus dem Westen stammt.

Keine Hypothese hingegen läßt sich formulieren in bezug auf die soziale Herkunft des Mädchens, das eines Tages Königin der Assyrer werden sollte. Die griechischen Schriftsteller wollen uns, gerade durch die romanhafte Erzählung ihrer Geburt, vielleicht nahelegen, daß Semiramis aus bescheidenen Verhältnissen stammte oder aus solchen, die sich im Dunkeln verlieren. Umsonst erhoffen wir in diesem Fall Aufschluß aus assyrischen Inschriften oder aus anderen Quellen. Die von Diodor Athenaios zugeschriebene und von Plutarch übernommene Version, nach der Semiramis die Tochter eines Palastsklaven des Königs war, zeigt, wenn sie auch nicht ganz annehmbar ist, doch wenigstens deutlich die ungewisse Herkunft, die Ktesias überspielen will.

Weitere Fragen drängen sich einem auf und verlangen nach Auseinandersetzung, auch wenn die entsprechenden Antworten noch weitgehend unzureichend bleiben müssen. Wie etwa gestaltet sich die Beziehung von Semiramis zu Derketo? Wir sahen, daß sie in der Geburtslegende die Tochter dieses Wesens ist, das später Frauenkopf und Fischleib bekommt. Weiter oben erwähnten wir die Tatsache, daß vor dem Tempel des Gottes Nabu in Kalchu statt der üblichen Schutztiere (Stiere, Löwen) zwei mythologische Wesen ausgegraben wurden, die einen Menschenkopf auf einem Fischleib aufweisen, was bisher ein Unikum für den assyrischen Raum darstellt. Wir fragten uns, ob ein Zusammenhang bestehe zwischen der Semiramis-Legende und den beiden Schutztieren, und sagten: Wenn die Erzählung erfunden ist, so ist sie gut erfunden. Ich wage mich an keine Erklärung für dieses seltsame Zusammentreffen. Mallowan – ausgehend vom Umstand, daß der Gott Nabu Sohn von Marduk ist und dieser seinerseits Sohn von Ea, dem Gott der tiefen Gewässer – kam auf den Gedanken, die Schutztiere als «Fisch-Menschen» zu verstehen, die oft in Siegeln auftauchen, welche mit Ea zusammenhängen. Aber jener Tempel ist Nabu geweiht und nicht Ea. So bleibt diese Frage weiterhin offen.

Ein weiterer Fragepunkt betrifft das Jahr der Geburt von Sammuramat. Freilich, eine präzise Antwort ist kaum denkbar. Auch von den assyrischen Königen ist uns nicht bekannt, wie alt sie wurden. Die Königslisten, unsere einzige Informationsquelle, nennen lediglich die Regierungszeit: das Jahr der Thronbesteigung ist somit bekannt und jenes des Ablebens des jeweiligen Monarchen, mehr nicht. In bezug auf Sammuramat lohnt es sich immerhin, die griechischen Quellen diesbezüglich zu befragen. Da sie hier nicht übertreiben, läßt sich wohl annäherungsweise eine Antwort finden. Die klassischen Schriftsteller überliefern uns übereinstimmend, daß Semiramis 62 Jahre alt wurde. Einige Daten können wir zudem als historisch gesichert betrachten: Schamschi-Adad V., ihr Gatte, herrscht von 824 bis 811, ihr Sohn Adad-narari III. besteigt wahrscheinlich 806 den Thron, auf dem er bis 781 verbleibt.

Angenommen, Sammuramat habe zwischen 60 und 65 Jahre gelebt und sie sei zwischen 790 und 785 gestorben, so kann ihr Geburtsjahr um 850 v. Chr. angesetzt werden. Wir wissen nicht, wann die Hochzeit zwischen Schamschi-Adad und Sammuramat stattfand, auch nicht, ob sie, wie die Legende will, vorher bereits verheiratet gewesen war. Jedenfalls findet der vorgeschlagene Zeitraum 850–785 eine Entsprechung in der Steleninschrift von Assur, worin die Königin stolz auf die drei Herrscher verweist (Salmanassar III., Schamschi-Adad V. und Adad-narari III.), mit denen sie eng verknüpft war und während deren Herrschaft sie selbst wirken konnte.

Die Kindheitsjahre von Sammuramat fallen so ohne Zweifel in die Epoche des höchsten Herrscherglanzes von Salmanassar III. Dank der Vorarbeit seines Vaters Assurnasirpal, eines unermüdlichen Kriegers und weisen Politikers, und als Frucht der eigenen Fähigkeit, Durchhaltekraft und Weitsicht war es Salmanassar gelungen, das aramäische Bollwerk von Bit-Adini zu bezwingen und die syrische Koalition unter Führung von Damaskus so anzugehen, daß sie sich schließlich auflöste. So gelangte ganz Syrien-Palästina unter die teils direkte, teils indirekte Kontrolle Assyriens. Es handelt sich bei Salmanassar um eine sehr edle Herrschergestalt; auf die letzten Jahre seines Lebens fällt ein schwerer Schatten, weil er einem Bürgerkrieg begegnen mußte, den sein ältester Sohn angezettelt hatte. Ihre ersten Lebensjahre verbrachte Sammuramat-Semiramis in einer, sagen wir: unbestimmten, Örtlichkeit von Syrien-Palästina, wohin sicherlich die Kunde von den Taten Salmanassars drang. Auch wenn ihre Geburtsstadt nicht unmittelbar Assyrien unterstellt war, so hatte diese bestimmt den jährlichen Tribut an die neuen Herren zu entrichten, ein schwer lastender Tribut, der die Bevölkerung verarmen ließ. Diese Abgabepflicht bestand nicht immer nur in Form von Geld und Wertgegenständen, sie konnte sich auch auf Männer und, warum nicht, auf Frauen beziehen, deren Assyrien desto mehr bedurfte, je weiter es seine Fangarme in alle Teile der damaligen Welt ausstreckte.

Aus dem Munde des Königs verlauten die Worte: «Ich marschierte zum Meer von Amurru [Mittelmeer], reinigte meine Waffen im Meer; ich erhielt den Tribut aller Könige der Meeresküste.» Wir können da nicht umhin, an das Mädchen zu denken, das anfing, die Gespräche zu hören und zu verstehen, welche sich um die fremden Herren drehten, die von weither gekommen waren. Im Zentrum stand dieser König – eines Tages sollte er ihr Schwiegervater werden –, jetzt noch der von allen gehaßte Feind.

IV

NINOS, DER LEGENDÄRE GATTE

Verkörperung des assyrischen Herrschers

Die archäologischen Grabungen haben, wie wir sahen, der Geschichte die legendäre Semiramis zurückgegeben: in der Person der assyrischen Königin Sammuramat, deren Herkunft in Syrien zu suchen ist. So darf man erwarten, daß es möglich sein wird, in ihrem wirklichen Gatten, Schamschi-Adad V., den legendären, also König Ninos, wiederzuerkennen. Das ist aber nicht der Fall. Ninos ist und bleibt eine mythische Gestalt!

Die modernen Gelehrten haben mehrere Versuche unternommen, Ninos mit bestimmten großen Königspersönlichkeiten aus der langen assyrischen Geschichte zu identifizieren. Wir werden diese Parallelisierungen gerne anführen, aber immer auch darauf hinweisen müssen, daß sie nicht überzeugen können. Während die klassischen Schriftsteller im Falle von Semiramis eine geschichtliche Figur gleichsam idealisiert haben, verliehen sie bei Ninos einer mythischen den historischen Anschein.

Mit solchem realistischem Blick müssen wir die Informationen angehen, die uns die verschiedenen Autoren zu Ninos überliefern. Wir müssen bemüht sein, die Ideologie herauszufinden, die sich hinter der legendenhaften Erzählung seiner Taten verbirgt. Eine Erzählung, die man als episches Gedicht Assyriens bezeichnen kann, aus dem Blickwinkel der Nachwelt gesehen.

Für die Griechen und Lateiner ist Ninos der Begründer des Assyrischen Reiches, des ersten Weltreiches, so daß dieser Herrscher all jene in sich miteinschließt, die zum Aufbau des Imperiums beitrugen. Im legendären Gatten von Semiramis finden sich charakteristische Züge der größten assyrischen Könige des zweiten und ersten Jahrtausends wieder: von Tukulti-Ninurta I. bis zu Sargon II. und Sanherib, ja sogar Assurbanipal, welchen die Griechen gar nicht mochten: der assyrische König, der wirklich Asien ganz beherrschte. Aus diesen Gründen lautet der

Untertitel des Kapitels: Verkörperung des assyrischen Herrschers. Das uns von Ktesias und den nachfolgenden Historikern übermittelte Bild ist jenes des assyrischen Königs mit seinen Hoffnungen, seinen militärischen Eroberungen, seinen sozialen Errungenschaften – dies alles beeindruckte die Alte Welt so sehr, daß beim Fall der ebenso gehaßten wie gefürchteten Hauptstadt Ninive es niemand recht fassen kann. Die Erinnerung daran wird nie verlöschen. Und wenn man fälschlicherweise diese Könige als babylonische bezeichnete, so sind sie doch wieder in voller Kraft auf die geschichtliche Bühne getreten durch die archäologischen Ausgrabungen. In ihren großartigen Inschriften erinnern sie daran, daß Assyrien und nur Assyrien es war, wo das erste Weltreich entstand, was die klassischen Autoren nicht etwa unterschlugen, sondern mehrfach betont hatten.

Die ältesten Informationen über Ninos gibt uns beinahe zufällig Herodot, wenn er seiner als Sohn von Belos gedenkt und als Stammvater der Könige von Lydien. Und ein zweites Mal bezeichnet er ihn als Vater oder Vorfahr des so reichen Sardanapal. Dies ist wahrlich nicht viel. Aber vergessen wir nicht, daß er auch Semiramis nur beiläufig erwähnt. Vielleicht hätte Herodot mehr von Ninos in den versprochenen «Logoi der Assyrer» gehandelt; dieser Teil seines Werkes ist aber nicht überliefert oder blieb gar ungeschrieben. Ktesias ist der Autor, der uns ausführlich über Ninos und seine Taten informiert (wie auch über Semiramis). «Persika» heißt das Werk dieses griechischen Arztes, und wir können es in der «Historischen Bibliothek» von Diodor nachlesen. Insgesamt vier Kapitel des zweiten Buches sind Ninos gewidmet.

Nachdem er die Ägypter behandelt hat, wendet Diodor seine Aufmerksamkeit Asien zu. Er beginnt mit der Epoche, wo Assyrien die beherrschende Macht darstellte. In den ältesten Zeiten war Asien, so berichtet Diodor, von autochthonen Königen regiert, über die uns keinerlei Nachrichten bekannt sind. Der erste Herrscher, von dem bedeutende Taten in die Geschichte eingegangen sind, ist Ninos, König der Assyrer. Er verdient eine ausführliche Würdigung.

Ninos war, so Diodor, von Natur aus kämpferisch und ruhmbegierig. Er verbündet sich, nachdem er ein gutgeschultes Heer aufgebaut hat, mit dem König der Araber, Arieo, um andere Länder zu überfallen. In den ersten drei Feldzügen zieht er nach Süden gegen Babylon, nach Norden gegen Armenien und nach Osten gegen die Meder. Babylon ist eine leichte Beute, und dessen König samt ganzer Familie wird hingemetzelt.

Im Falle von Armenien ergibt sich der König Barzanes, angesichts der großen und angsteinflößenden assyrischen Streitkräfte, freiwillig. Ninos gestattet ihm großzügigerweise, den Thron zu behalten, vorausgesetzt, er liefere ein militärisches Kontingent und stelle die Versorgung des assyrischen Heeres sicher. Mit einer ständig wachsenden Streitmacht zieht Ninos gegen Medien. König Farno stellt sich dem Aggressor auf offenem Feld, aber das assyrische Heer obsiegt. Die Truppen der Meder werden dezimiert; ihr König mit seinen sieben Söhnen und seiner Frau wird gefangengenommen und gekreuzigt.

Alle drei Feldzüge sind große Erfolge, aber Ninos ist noch nicht zufrieden. Sein Wunschtraum ist der Besitz ganz Asiens, seine Siege haben ihn maßlos werden lassen. Nach siebzehn Jahren ununterbrochener Kriege gegen alle möglichen Länder ist Ninos der Herr des größten Reiches im Orient. An dieser Stelle zählt Diodor alle unterworfenen Länder, einer Überlieferung der assyrischen Annalen folgend, auf: «Von den Ländern, die am Meere liegen, und von denen, welche zunächst an diese grenzen, unterwarf er Ägypten und Phönikien, Coelesyrien, Kilikien, Pamphylien und Lykien, samt Karien, Phrygien, Mysien und Lydien; dazu gewann er Troas und Phrygien am Hellespont, Propontis und Bithynien, Kappadokien und die Völker der Barbaren, welche am Pontos [Schwarzen Meere] wohnen bis zum Tanais [Don]; ferner unterwarf er das Land der Kadusier und Tapyrer, der Hyrkanier und Dranger, der Derbiker, Karmanier und Choromnäer, der Borkanier und Parther, und nahm auch Persis und Susiana und das sogenannte Kaspische Land, in welches nur ganz enge Pässe einführen, die deshalb auch Kaspische Tore genannt werden.»

Es gilt hier, wie schon F. W. König feststellte, darauf hinzuweisen, daß die von Ktesias/Diodor gelieferte Aufstellung genau den Ländern entspricht, welche vom Perserreich erobert wurden. Nie erringt nämlich das Assyrische Reich die Ausdehnung, die ihm hier zugeschrieben wird. Kehren wir zu Ninos' Taten zurück. Zwei Länder fehlten noch zur Erfüllung seiner Machtträume: Baktrien und Indien. Während Indien seiner Gattin Semiramis vorbehalten bleiben wird, gelingt Ninos am Ende seiner Laufbahn die Eroberung Baktriens.

Schon einmal hatte Ninos, wohl auf der Welle seiner Siegesserie, versucht, sich Baktriens zu bemächtigen, aber die Unternehmung erwies sich als zu schwer; er verschob die Eroberung auf günstigere Zeiten. Mit reichen Geschenken verabschiedet er seinen arabischen Bundesgenossen und widmet sich – klassischer assyrischer Tradition folgend – den zivilen Bauprojekten. Ninos beschließt, die Hauptstadt zu errichten, die seinen Namen tragen wird: Ninive. Von überallher beruft er die Baumeister, läßt er das Material kommen, und so entsteht Ninive an den Ufern des Euphrats (sic!). Die Mauern, welche die rechteckige Stadt umschließen, sind großartig: so breit, daß oben mit Leichtigkeit drei Wagen nebeneinander fahren können; 1500 Türme von 200 Fuß Höhe weisen sie auf. Wenn man bedenkt, daß der Umfang der Stadt 480 Stadien beträgt, so ermißt man den Stolz des Königs, der Welt größte Stadt erbaut zu haben. Zugunsten der neuen Siedler, die hier wohnen werden, vollzieht Ninos auch eine Agrar- und Verwaltungsreform, damit sie genügend Land zur Bewirtschaftung erhalten.

Nachdem Ninive gegründet ist, kann sich Ninos erneut dem Krieg widmen. Baktrien widersteht ihm noch immer. Eingedenk der negativen Erfahrungen der Vergangenheit, läßt der assyrische König diesmal eine generelle Aushebung in allen seinen Herrschaftsgebieten anordnen – er will ein bedeutend größeres Heer aufstellen als jenes seiner Gegner. Es gelingt ihm, das gigantischste Heer der Geschichte zu versammeln: 1 700 000 Infanteriesoldaten, 210 000 Soldaten der leichten Kavallerie sowie 10 600 Skythen mit Wagen. Diodor versucht auf rührende Weise diese Zahlen glaubhaft zu machen, indem er die bekannten Größen anderer Heere zum Vergleich heranzieht.

Mit diesem Riesenheer beginnt Ninos den Feldzug gegen Baktrien. Der Anfang gestaltet sich schwierig, nicht zuletzt wegen der geographischen Lage des angegriffenen Landes, dessen Zugänge eng sind, weil inmitten von Bergen gelegen. Doch dann richtet das einfallende assyrische Heer solchen Schaden an, daß König Oxyartes sich in seine Hauptstadt Baktra mit dem uneinnehmbaren Kastell zurückziehen muß. Wir erinnern uns: Die nun eintretende Pattsituation wird durch eine wagemutige Frau entschieden, die Frau eines assyrischen Generals – Semiramis. Mit ihrem kühnen Handstreich führt sie das assyrische Unternehmen zum Erfolg. Endlich kann sich Ninos brüsten, auch Baktrien erobert zu haben. Die große Beute an Gold und Silber wird nach Assyrien gebracht.

Die Geschichte nimmt ihren Fortgang: Ninos erlangt Semiramis zur Gattin, die ihm einen Sohn schenkt, Ninyas. Bald stirbt der greise König. Königin Semiramis läßt ihm ein prunkvolles Mausoleum errichten, so hoch, daß man dessen Umrisse weithin in der Euphratebene sehen kann.

Noch zur Zeit von Ktesias war es, obwohl Ninive durch die Meder zerstört worden war, gut erhalten. So endet die Geschichte von Ninos, dem ersten König der Assyrer, dem Begründer des ersten Weltreiches.

Es ist noch nicht der Augenblick, die Ktesias-Erzählung zu analysieren, aber eine Bemerkung sei vorweggenommen. Weiter unten werden wir einige Stellen aus den Annalen von Assurnasirpal II. (dem Vater von Semiramis-Schwiegervater Salmanassar III.) anführen. Die Folgerung, die zu ziehen sein wird: Bei all seinen Übertreibungen und Anachronismen ist es Ktesias nicht gelungen, sich dem wahren Geist des assyrischen Herrschers zu nähern – dieser ist gekennzeichnet durch Unersättlichkeit, Unermüdlichkeit, Wildheit und Grausamkeit. Hätte Ktesias ein einziges Annalendokument irgendeines assyrischen Königs gelesen, so wäre seine Beschreibung ohne Zweifel weit düsterer ausgefallen. Sein Ninos erscheint auf dem Hintergrund der assyrischen Wirklichkeit geradezu als ein milder König.

Aber fahren wir fort und untersuchen wir, wie die anderen Schriftsteller des Altertums sich diese legendäre Gestalt vorgestellt haben. Die ausführlichste Beschreibung der assyrischen Ideologie, die Ninos zur Eroberung von ganz Asien treibt (und die bei Ktesias nur angedeutet ist), liefert uns Justin:

«Am Anfang aller Volks- und Stammesgeschichte lag die Herrschergewalt in Händen von Königen, welche auf die Höhe solcher Machtstellung nicht durch bloße Massengunst, sondern durch ihre bei allen redlichen Menschen anerkannte Rechtlichkeit emporgetragen worden waren. Das Volk selbst war an keinerlei Gesetze gebunden, das Gutdünken der Führenden galt an Gesetzes statt. Seinen Herrschaftsbereich zu schützen mehr als zu erweitern, war Brauch; innerhalb des eigenen Vaterlandes fand jegliche Königsmacht ihre Grenze. Als allererster hat Ninos, der Assyrerkönig, diese alte und gleichsam angestammte Völkersitte durch neue Herrschsucht geändert. Er überzog zuerst seine Nachbarn mit Krieg und machte sich die zum Widerstand noch ungeschickten Völker bis an die Grenzen Libyens hin untertänig.

Zwar waren der Zeit nach noch älter der Ägypter Vezosis und der Skythenkönig Tanaus, von denen der eine nach dem Pontusgebiet, der andere bis nach Ägypten einen Vorstoß unternahm. Aber die Kriege, die sie führten, spielten sich in weiter Ferne ab, nicht im Nachbarland, und nicht nach Herrschaft für sich selbst, sondern nach Ruhm für ihr Volk strebten sie, und zufrieden mit dem Sieg, verzichteten sie auf die Herrschaft über ein fremdes Land. Ninos erst begann damit, das hinzuerworbene Gebiet in seiner ganzen Größe zu beständigem Besitz zu festigen. Nach Unterjochung also der Nächstliegenden und durch den Zuwachs an Machtmitteln ermutigt, griff er nach anderen aus; der letzte Sieg wurde jeweils das Mittel zum folgenden, und so brachte er schließlich die Völker des ganzen Orients unter seine Botmäßigkeit. Seinen letzten Krieg hatte er mit Zoroaster geführt, dem König der Baktrier, welcher als erster die Künste der Magie erfunden, auch den Ursprung des Weltalls erkannt und den Lauf der Gestirne aufs sorgsamste beobachtet haben soll. Ninos nahm ihm das Leben, starb aber gleich darauf selbst, wobei er nur einen noch unmündigen Sohn, Ninyas, dazu seine Gattin Semiramis hinterließ.»

Mit wenigen Pinselstrichen hat uns der christliche Schriftsteller Justin die assyrische Herrscherideologie dargelegt. Sie bestand darin, die Völker zu unterwerfen und sie dann für immer ihrer Unabhängigkeit zu berauben. Das charakterisierte die Könige Assyriens, und der erste, der sie angewandt hätte, sei Ninos gewesen. Diese Gedanken finden ein Echo bei Augustin, bei Orosius und durch diese bei Dante, da er in der «Monarchia» beim Erklären der verschiedenen Regierungsformen auch von jener spricht, die er als «imperium» bezeichnet. Ninos habe, so Dante, das Ziel des Wettlaufs – die Unterwerfung der ganzen Welt – nicht erreicht: die Römer vollbrachten, was ihm mißlang.

Einen andern Aspekt der assyrischen Ideologie unterstreicht Machiavelli: «[…] jene, die Großes geleistet haben, nämlich ihre eigenen Völker bewaffnet: wie Ninos die Assyrer, Kyros die Perser, Alexander die Makedonen.»

Durch diese Zitate sind wohl Motive und Mittel der Assyrer bei ihrem Versuch, die Welt zu erobern, deutlich geworden. Ninos ist der erste König, dem es gelang, ganz Asien in Feuer und Flammen zu setzen. Er unterwarf früher freie Nationen und gliederte sie seinem Reich ein. Wenn wir auch überzeugt sind, daß der solchermaßen beschriebene Ninos die Verkörperung des assyrischen Herrschers schlechthin darstellt, daß er nicht mit einem einzelnen, uns historisch bekannten König gleichzusetzen sei, bleibt doch die Frage, wer diese Gestalt für die klassischen Autoren war. Eine Gestalt, die zugleich reale und mythische Züge aufweist. Zuvor möchte ich aber noch bei zwei Einzelheiten der Geschichte von Ninos verweilen. Nach der Überlieferung von Ktesias/Diodor scheint Ninos eines natürlichen Todes gestorben zu sein; dem widerspricht Orosius, wenn er erwähnt, der König sei von einem Pfeil tödlich getroffen worden bei der Belagerung einer feindlichen Stadt. Man könnte natürlich diesen Unterschied als bloße Variante innerhalb eines legendenhaften Diskurses abtun. Gewiß, die ganze Geschichte von Ninos ist romanhaft gestaltet, immerhin ist es aber doch ein historischer Roman, worin sich wenigstens eine der zwei Hauptgestalten als reale Person erwiesen hat. Warum sollen also nicht auch bei Ninos, der deutlich legendären Figur, mehr oder weniger zufällig, geschichtliche Elemente eingeflossen sein? Mir scheint das der Fall zu sein bei der Information des Orosius. Semiramis-Sammuramat übernahm die Regentschaft für ihren noch zu kleinen Sohn, nachdem sein Vater Schamschi-Adad V. gestorben war. Die assyrischen Quellen sagen nichts aus über die Todesart des Gatten von Sammuramat, aber es ist wahrscheinlich, daß er noch in jugendlichem Alter gestorben ist, während einer Kampagne gegen Babylonien.

Es sei mir erlaubt, drei scheinbar zusammenhanglose Informationen miteinander in Beziehung zu setzen, um ein Bild der Wirklichkeit zu rekonstruieren. Nach Orosius stirbt Ninos im Krieg und hinterläßt einen kleinen Sohn, so daß die Mutter die Regentschaft zu übernehmen hat. Nach Aussage der assyrischen Inschriften stirbt der König während seines Feldzuges gegen Babylonien, wie es scheint unter den Mauern der Stadt Babylon, und hinterläßt einen kleinen Sohn. Die dritte Information liefert uns Valerius Maximus, wenn er von einem Blitzkrieg von Semiramis gegen Babylon berichtet, eine Information, die in allen anderen Quellen fehlt. Und wenn man alle drei Quellen miteinander vermischte? Es macht nämlich den Anschein, daß Schamschi-Adad wirklich während der Kampagne gegen Babylonien gestorben ist und ganz unerwartet den Thron verwaist zurückläßt, eben weil sein Sohn noch klein ist. Die Gattin Sammuramat erfaßt den Ernst der Lage, sie tritt – und dies ist ein absolutes Novum in der assyrischen Geschichte, ja in der Weltgeschichte – an die Stelle ihres Mannes, führt die Kampagne gegen Babylonien zu Ende und übernimmt die Regentschaft für ihren Sohn. Diese Annahme, sie wird auch vom christlichen Schriftsteller Justin geteilt, gibt eine plausible Erklärung für die Abfolge der Geschehnisse und ist historisch glaubwürdig.

Wenden wir uns nochmals Ninos zu. Nach Aussage aller klassischen Autoren ist er der König, der das erste Imperium des Orients gegründet hat. Dieser Vorrang wird ihm von den armenischen Schriftstellern streitig gemacht. Moses von Chorene nämlich ereifert sich in feurigen Worten

– obwohl er zugeben muß, daß Armenien zu Ninos' Zeiten Assyrien unterworfen war – gegen die Behauptung, Ninos sei der erste Herrscher gewesen, der ein Reich gegründet habe. Mehr noch, er wirft dem assyrischen König vor, er habe geschichtliche Dokumente gefälscht, um als der Erste zu gelten: «[…] wie ich vernommen habe, ließ Ninos, unvorsichtiger und egoistischer Mann, eine große Anzahl von Annalen vergangener Epochen, die man an den verschiedensten Orten aufbewahrte, verbrennen. Indem er die Erzählungen der Heldentaten dieser und jener Gestalt so vernichtete, wollte er als der erste Prinz, als der erste Verwirklicher jeglicher Eroberung und Gründung erscheinen. Gleichermaßen veranlaßte er die Zerstörung der Annalen auch seiner eigenen Zeit, damit die Geschichte nur von ihm berichten sollte.»

Bei Ktesias ist Ninos eine ferne, vage Figur – hier wird er nun gar zum Geschichtsfälscher gemacht! Immerhin läßt sich Ninos durch die armenische Tradition ins neunte vorchristliche Jahrhundert einordnen, da er Zeitgenosse von Aram sein soll, dem armenischen König, welcher laut assyrischen Inschriften seinerseits in derselben Zeit lebt wie Salmanassar III., der Schwiegervater Sammuramats. Mehr freilich kommt nicht heraus, denn auch für Moses von Chorene ist Ninos der Sohn von Belos, dem ältesten König der Assyrer.

Ninos: er wird also von den Armeniern als der Sohn Belos' angesehen – dieser aber ist nichts anderes als der Hauptgott Babylons. Die älteste diesbezügliche Quelle stammt von Herodot, der zweimal Ninos erwähnt, wobei er eben feststellt, daß jener der Sohn von Belos ist. Andere antike Autoren bestätigen diese genealogische Annahme, so etwa Augustin, wenn er schreibt: «Ninos, der zweite König der Assyrer, der seinem Vater Belos nachfolgte, dem ersten König jenes Volkes, war bereits an der Macht, als Abraham im Lande der Chaldäer geboren wurde.» Dann fährt er fort: «Als nun Abraham geboren wurde, herrschte Ninos über die Assyrer, deren zweiter König, während Europs König der Sikyonier war. Der erste König der Assyrer war Belos, der der Sikyonier Agyleus.» Er schließt mit einem sehr interessanten Passus: «Darum stand von den drei Reichen, die damals blühten, das der Sikyonier, weil in Europa gelegen, nicht unter der Macht der Assyrer; aber wie hätte ihnen das der Ägypter nicht unterworfen sein sollen, da sie sich ja, wie es heißt, ganz Asiens mit alleiniger Ausnahme Indiens bemächtigt hatten? In Assyrien hatte also die Herrschaft des gottlosen Staates einen Höhepunkt erreicht, und seine Hauptstadt war Babylon, das ist ‹Verwirrung›, der denkbar passendste

Name einer erdgeborenen Stadt. Nach dem Tode seines Vaters Belos, der hier als erster fünfundsechzig Jahre lang regiert hatte, herrschte damals Ninos. Dieser Ninos, der nach seinem Vater das Reich übernahm, herrschte zweiundfünfzig Jahre und saß bereits dreiundvierzig Jahre auf dem Thron, als Abraham geboren ward.»

Der heilige Augustinus bestätigt also nicht bloß Ninos Abkunft von Belos, sondern führt auch ein paar bemerkenswerte Synchronismen an, die der Herrschaft des legendären Königs einigen chronologischen Halt geben sollten. Vor ihm erläutert der Schriftsteller Eusebios (wobei er Nachrichten verschiedener Autoren zusammenträgt), wie man die Bezeichnung Sohn des Belos in bezug auf Ninos zu verstehen hat. Sie meint, wenigstens nach Abydenus, «Nachkomme», denn Ninos wäre der sechste König nach Belos in der Erbfolge: Babius, Anebo, Arbelo, Chaolos und Arbelo II. Im übrigen kennt Eusebios die armenische und andere Überlieferungen, die Ninos unmittelbar auf Belos folgen lassen. Abschließend eine interessante Behauptung von Synkellos: «Da die griechischen Historiker sich nicht einig sind bezüglich der Epochen und der Könige, ist es nicht zufällig, wenn der berühmte Kephalion sagt: ‹Ich fange damit an, daß ich über den Stoff berichte, den andere schon behandelt haben, zunächst von Hellanikos aus Lesbos und Ktesias, dann von Herodot aus Halikarnassos. Seit undenklichen Zeiten herrschten die Assyrer über Asien, unter denen Ninos, Sohn des Belos.›»

Trotz all dem Durcheinander, an das uns die antiken Schriftsteller gewöhnt haben – wundersam, vom heiligen Augustinus zu hören, Babylon sei die Hauptstadt Assyriens! –, Einigkeit herrscht unter ihnen in bezug auf Ninos' Abkunft von König Belos. Anders hingegen, wenn der zeitliche Aspekt des Assyrischen Reiches zur Sprache kommt. Für Ktesias dauerte das Reich, von den Zeiten Ninos' bis zum Tod von Sardanapal, 1300 Jahre, für Velleius hingegen 1072 Jahre. Orosius wiederum sagt, Ninos habe 1300 Jahre vor der Gründung Roms zu regieren angefangen. Die oben angeführten Synchronismen von Augustinus führen leider nicht weiter. Welcher Datierung man immer folgen will: nach der griechischen Tradition muß man den Anfang von Ninos' Herrschaft vor das Jahr 2000 v. Chr. setzen – in eine Epoche, die weit entfernt und anders ist als jene der geschichtlichen Semiramis.

Ninos ist die Idealgestalt des assyrischen Herrschers, die in der Figur des Semiramis-Gatten gleichsam historisiert wurde. Jeder Versuch, diese Gestalt zu konkretisieren, ist zum Scheitern verurteilt. Trotzdem haben neuere Gelehrte den legendären Ninos in die Geschichte getaucht. Man hat ihn nicht mit einem, sondern gleich mit vier historischen Königen identifizieren wollen. Meines Erachtens gehört Ninos der Legende an und ist ihr nicht zu entreißen. Was nicht heißt, daß man in seiner Erzählung keine Anspielungen auf wirklich geschehene Ereignisse finden könnte. Ich selbst habe ja auf eine solche hingewiesen: Ninos' Tod im Krieg. Solche Hinweise auf spezifische Ereignisse müssen isoliert betrachtet werden, außerhalb des generell legendenhaften Kontextes.

Als man die «Assyrische Königsliste» fand, dachte man gleich auch an Ninos aus der Erzählung von Ktesias; fieberhaft suchte man darin nach seinem Namen. Was man fand, war lediglich ein ähnlich klingender Name: Schu-Ninua. E. Forrer stellte die Hypothese der Identität mit dem Ninos der Legende auf. Die Skepsis der andern Forscher basierte auf folgenden Widersprüchen: Glaubt man an die Gleichsetzung Semiramis-Sammuramat, dann befinden wir uns im neunten Jahrhundert v. Chr.; akzeptiert man hingegen die Datierungen der griechischen Schriftsteller, dann haben wir in den Zeitraum vor 2000 v. Chr. zurückzugehen. Schu-Ninua nun hat um 1550 v. Chr. regiert, in einer Epoche, da Assyrien politisch unbedeutend war. Darum war Forrers Gleichsetzung unannehmbar.

Sodann haben sich die Gelehrten auf die Taten des Herrschers konzentriert: seine Feldzüge gegen Babylon, Armenien, gegen die Meder und Baktrier sowie im Aufbauwerk Ninives. Der assyrische Herrscher, der sich am nächsten Ninos annähert, ist, nach F. W. König, Sargon II.; dieser nämlich führte nicht nur die erwähnten Kriege, sondern gründete sich auch eine eigene Hauptstadt. Für Lewy jedoch treffen die aufgezählten Werke genau auf Sanherib zu: bekannt sind seine Zerstörungswut, die er gegen Babylon auslebte, wie auch seine Sorgfalt beim Wiederaufbau von Ninive. Aber dieser Gelehrte räumt ein, daß der Umstand von Ninos' Tod durchaus auf den Ehemann der geschichtlichen Semiramis zutreffen kann, auf Schamschi-Adad. Eine dritte Hypothese legte von Soden vor, indem er Tukulti-Ninurta I., einer der wirklichen Baumeister der assyrischen Macht, ins Auge faßte; das einzige uns überlieferte Epos der Assyrer besingt seine Taten: es waren dieselben, die der legendäre Ninos vollbrachte.

Die Vorschläge zur Identifikation reichen bisher von 1550 (Schu-Ninua) bis 700 v. Chr. (Sanherib). Diese Unsicherheit und Unentschiedenheit haben doch den Vorteil, meine Vermutung zu bestärken, daß es sich bei Ninos um eine legendäre Gestalt handelt, die sich der historischen Analyse entzieht, eben weil sie nicht die Idealisierung einer wirklichen Person, sondern die Verkörperung eines Ideals darstellt. Was von ihm ausgesagt wird, trifft deshalb auf die Mehrzahl der großen assyrischen Könige zu (und von da die vielen Identifikationsmöglichkeiten).

Mit der klassischen Legende von Ninos und Semiramis verbleiben wir im eigentlichsten Muster der antiken Geschichtslegenden: auch dort ist von den beiden Hauptfiguren die eine geschichtlich, die andere mythisch. Der historischen Semiramis wurde ein mythischer Gatte zugesellt, Ninos eben, ein großer Krieger, vorzüglicher Erbauer, aber nunmehr alt und müde – gerade noch vermag er die Liebe der jungen Heroine zu erringen, dann muß er die Bühne des Lebens verlassen. Im sogenannten «Roman von Ninos» ist Semiramis die Hauptfigur, Ninos hingegen eine, wenn auch wichtige, Nebenfigur. Auch Ktesias läßt keinen Zweifel offen: gute sechzehn Kapitel sind den Taten der Semiramis, lediglich vier denjenigen des Ninos gewidmet. Die griechischen erst, die lateinischen Autoren danach haben das Epos von Semiramis geschrieben, nicht von Ninos – denn diese erste Königin hat nicht bloß den Wert der Männer erreicht, sie hat ihn weit hinter sich gelassen und sich dadurch unauslöschlich in die Erinnerung der Menschen eingeschrieben.

Die Ninos-Figur dagegen ist blaß und unscharf, wie es sich für Gestalten zweiten Ranges geziemt. Wenn sich in Ninos die Idealfigur des assyrischen Herrschers verkörpert, so überrascht doch seine Bekanntheit in der antiken Welt. Er ist derart weit von der geschichtlichen Wirklichkeit Assyriens entfernt, daß er beim Vergleich mit irgendeinem der wahren Könige des Reichs gleichsam verschwindet. Und doch stehen seine Taten und die Ideologie, die ihn zur Eroberung von ganz Asien zwingt, am Ausgangspunkt für viele der recht strengen Urteile über das Reich der Assyrer, die man bis heute lesen kann: eine gnadenlose Kriegernation, die das Recht der Völker mit Füßen trat.

Die Erzählung von Ktesias gründet auf Nachrichten, welche die antiken Schriftsteller durch ortsansässige Gewährsleute, Assyrer und Babylonier, vernahmen; diesen mußte noch in lebendiger Erinnerung sein, was einige hundert Jahre zuvor sich ereignet hatte. Ich sagte schon, daß es dienlich sein würde, die Erzählung von Ktesias mit einer der vielen Königsinschriften, welche uns überliefert sind, zu vergleichen. Ich bin überzeugt, daß die direkte Kenntnis dessen, was die assyrischen Könige geschrieben haben, nicht bloß zum wiederholten Male die Glaubwürdigkeit und Klarheit der griechischen und lateinischen Berichte über die Assyrer bestätigen wird, sondern auch wie tief verankert das war, was wir die Königsideologie dieses Volkes genannt haben.

Um den Vergleich zu tätigen, müssen wir zuvor kurz die Hauptereignisse der Ktesias-Erzählungen zusammenfassen, wobei wir besonders auf Ninos' Verhalten achten wollen. Ninos wird uns durch Ktesias als ein kriegerischer, nach Ruhm lechzender König vorgestellt, ein mit dem Erreichten nie Zufriedener, nach immer neuen Erfolgen Strebender. Um die Herrschaft über alle Völker zu erringen, stellt er ein Heer von jungen Soldaten auf, verbündet sich mit einem anderen König und entfesselt eine Serie von Feldzügen. Bemerkenswert ist das Verhalten des assyrischen Herrschers gegenüber den besiegten Königen: den gefangengenommenen König von Babylon samt seinen Söhnen läßt er töten; den unterworfenen König der Meder, Farno, seine Gattin und deren sieben Kinder läßt er kreuzigen, auf den Thron setzt er einen seiner Freunde; auch der König der Baktrier wird, nach Justins Erzählung, im Krieg oder gleich danach getötet. Ein anderes Los trifft den König der Armenier, Barzanes, der sich der Übermacht von Ninos' Heer ohne Kampf beugt: Ninos schenkt ihm das Leben und macht ihn sogar zu seinem Vasallen, der allerdings Soldaten und Verpflegung für das gesamte assyrische Heer zu stellen hatte. In allen eroberten Ländern läßt Ninos Rekruten ausheben.

So können die Methoden und Verhaltensweisen im Krieg des legendären Ninos resümiert werden, wie sie uns Ktesias und andere berichten. Seine Grausamkeit, seine Gnadenlosigkeit und auch seine Vorsicht treten deutlich hervor. Hinzu kommt Ninos' Eifer beim Errichten seiner neuen Hauptstadt Ninive mit ihren Verteidigungswerken, seine reformerische Tatkraft in bezug auf Verwaltung und Landverteilung zugunsten der neuen Siedler assyrischer und nichtassyrischer Herkunft.

Nun wenden wir uns der Selbstdarstellung eines assyrischen Königs zu, derjenigen von Assurnasirpal II. (884–858). Dessen Leistungen und Taten bilden einen integrierenden Bestandteil unserer Monographie, denn ohne jene hätte Salmanassar III. nicht ein Reich erben können, das den Titel Imperium mit Recht trug. Ein Reich, das die historische Semiramis plötzlich lenken sollte, als ihr der Gatte Schamschi-Adad V., der Enkel von Assurnasirpal II., vorzeitig wegstarb. Was dieser König über sich in Worten und Bildern gesagt hat, ist sehr bezeichnend für den assyrischen Charakter. Nicht nur verstehen wir auf diesem Hintergrund die

Ninos-Legende besser, wir bekommen auch den geschichtlichen Rahmen, der den Aufstieg einer Frau zum begehrten assyrischen Thron begleitet, in den Blick.

Ein wichtiger Unterschied zwischen der Art, wie Ninos uns durch die klassischen Autoren vorgestellt wird, und der Selbstdarstellung, wie sie die assyrischen Könige pflegten, also auch Assurnasirpal, muß gleich gesehen werden. Der griechische Diskurs ist durchtränkt von einer säkularisierten Sehweise. In den assyrischen Inschriften hingegen beeilen sich die Herrscher zu betonen, daß sie die Welt des Göttlichen verehren und insbesondere die assyrischen Gottheiten; dadurch wird das Königtum von Assyrien gleichsam sakralisiert. Die Könige sind durch die Götter erwählt; sie unternehmen die Kriege, weil Assur, der Hauptgott Assyriens, es so will; um ihm zu gefallen und in seinem Namen handeln sie. Wie wir sehen, spielt das in einer Umwelt, die sich deutlich von derjenigen unterscheidet, welche die griechischen Schriftsteller schildern. Die assyrischen Herrscher sind alles andere als mild und barmherzig gegenüber den Besiegten – im Gegenteil, indem sie den ausgeklügeltsten Sadismus ins Werk setzen, sind sie sich des Wohlwollens der Götter sicher. Assur nämlich ist ein Gott von kriegerischer Natur. Wie jedes Volk, so haben sich auch die Assyrer ihre Götter nach den Eigenschaften ihres ethnischen Charakters ausgesucht.

So stellt sich Assurnasirpal vor in der Einleitung zu den Annalen seiner langen Regierung:

«Ich bin Assurnasirpal, der mächtige König, der König der Gesamtheit, der König ohne Rivalen, der König aller vier Weltteile, die Sonne der Völker, der Bevorzugte der Götter Enlil und Ninurta, Liebling der Götter Anu und Dagan, Anbeter der großen Götter, der Demütige, der dem Herzen Ninurtas lieb ist, der Prinz, der Auserwählte Enlils, dessen Priesterämter er versieht gemäß seiner Königswahl, der tapfere Held, dessen Schritte alle vom Vertrauen in Assur bestimmt sind, seinem Herrn, und der keine Rivalen kennt unter den Prinzen der vier Weltteile, der wunderbare Hirte, der keine Widerstände fürchtet, der mächtig strömende Regen, den niemand bezähmen kann, der König, welcher all jene unterwarf, die gegen ihn rebellierten, der alle Völker unter seine Herrschaft gezwungen hat, der überstarke Held, der auf den Nacken seines Gegners tritt, der alle Feinde unter seine Füße zwingt, dessen Größe überall Angst verbreitet, der sich im Vertrauen zu den großen Göttern bewegt, seinen Herren, dessen Hand alle Länder erobert, der alle Bergländer unterworfen hat und von ihnen Tribute empfängt, der Geiseln nahm, der über alle Länder seine Macht ausgebreitet hat.

Als Assur, der mich beim Namen nannte und mein Reich groß gemacht hat, seine unbarmherzige Waffe in meine Hände legte. Ich, Assurnasirpal, der hohe Prinz, der die großen Götter fürchtet, der starke Führer, der Eroberer von Städten und Bergen bis an die äußersten Grenzen, der König der Regierenden, der Vernichter des Bösen, der Glorienumstrahlte, der keine Widerstände fürchtet, der König aller Prinzen, der Herr der Herren, der Hirte, der König aller Könige, der hohe Priester, der Auserwählte des Helden Ninurta, der Anbeter der großen Götter, der Rächer, der König, welcher im Vertrauen zu Assur und Schamasch, den Göttern, die ihn beschützen, geradlinig fortschreitet und dabei steile Berge und feindliche Prinzen weggefegt hat wie Schilfrohr, alle Länder unterwerfend, der dem Kult der großen Götter huldigt, dem aufrechten Prinzen, dem die dauernde Sorge für den Tempelkult in seinem Land anvertraut wurde, dessen Werke und Opfer den großen Göttern im Himmel und auf Erden willkommen sind, die ihm für immer die Priesterschaft in den Tempeln zuerkannt haben, derjenige, dessen Waffenglanz und furchteinflößendes Machtgebaren ihn über alle Könige der vier Weltteile erhoben haben, der gegen alle Feinde Assurs im Norden und Süden gekämpft hat und ihnen Tribute und Steuern auferlegt hat, Herrscher über die Feinde Assurs; Sohn von Tukulti-Ninurta, dem Priester Assurs, der alle seine Feinde besiegt hat und ihre Leiber pfählte; Enkel von Adadnarari, dem Priester, dem Vizekönig der großen Götter, der alle seine Widersacher bezwungen hat und seine Herrschaft über alles und alle ausgebreitet hat; Großenkel von Assur-dan, dem Städtebefreier und Tempelerbauer.

Und nun beginnen sich, durch den Willen der Götter, mein Königtum, meine Herrschaft und meine Macht zu entfalten. Ich bin königlich, herrisch, hoheitsvoll, mächtig, geehrt, gefeiert, hervorstechend, hart, tapfer, stark wie ein Löwe, und ich bin heldisch.»

Nicht, daß die Lobrede auf sich selbst hier schon zu Ende wäre, aber wir haben genug erfahren. Assurnasirpal hat sich uns und der Welt mit kalter Akribie als ein mächtiger Herrscher dargestellt, ein erbarmungsloser Feind seiner Gegner, ein Assyrer wahren Geblüts, als ein Liebling der großen Götter und insbesondere Assurs, der ihm die gnadenlose Waffe in die Hand gab.

Während der 24 Jahre seiner Herrschaft hielt der König nie inne;

jedes Jahr stand er persönlich an der Spitze seines Heers, das gegen die verhaßten Feinde zog. Er verbreitete ein derartiges Klima des Terrors, daß die traurige Berühmtheit durchaus berechtigt erscheint, welche die Assyrer bis heute umgibt.

In seiner panegyrischen Einleitung erwähnt Assurnasirpal seine Vorfahren: Vater Tukulti-Ninurta II. (891–884), Großvater Adad-narari II. (912–891), Urgroßvater Assur-dan II. (931–912). Diese Männer sind es, die Assyrien groß gemacht haben, jenes Land, das die Griechen in ihren legendenhaften Erzählungen – wie in jener von Ninos und Semiramis – in Erinnerung behalten werden.

Und doch war die allgemeine politische Situation ums Jahr 1000 v. Chr. für Assyrien nicht die günstigste. Ein frisches Volk hatte sich auf der Bühne des Fruchtbaren Halbmondes gezeigt und besetzte einen weitausgedehnten Raum, der sich von Syrien bis ins südliche Mesopotamien erstreckte. Neue und mächtige Fürstentümer hatten sich herausgebildet und sich an den Ufern von Euphrat und Chabur niedergelassen, ja den Tigris erreicht. Im Norden Assyriens siedeln die Temaniten mit der Hauptstadt Nasibina. Auch das Babylonische Reich wird von diesen Neuankömmlingen überflutet, die sich bis in die Nähe der Hauptstadt wagen und dann sogar den ruhmreichen Thron von Babylon usurpieren. Noch weiter im Süden herrschen unbehelligt die Chaldäer. Was wir hier beschrieben haben, ist die Völkerwanderung der Aramäer, der neuen Gegner der Assyrer im ersten Jahrtausend vor Christus.

Assyrien hatte sich zwar gewehrt, mußte sich dann aber doch in die engen Grenzen zwischen Tigris und Zab zurückziehen. Derart abgeschnitten von den großen Handelsstraßen und aller Geschäfte verlustig gegangen, hatte das Reich einen solchen Grad an Armut erreicht, daß seine Einwohner gezwungen waren, in den Berggebieten des Nordens einen Lebensunterhalt zu suchen. Unbezwingbar aber sind die Assyrer; schon die Tatsache, daß es den Aramäern nicht gelingt, ins Herz Assyriens zu gelangen, zeigt den ganz eigenen Charakter dieses Volkes. Es wartet ab, bis es der Welt vor Augen führen kann, was in ihm für Kräfte schlummern. Unter der Herrschaft von Assur-dan II. (931–912) sind die ersten Zeichen der Wiedergeburt zu beobachten. Dieser König reorganisiert seinen Staat, fördert die Wirtschaft und stärkt das Heer. Mit Erfolg werden die nördlichen Grenzen verteidigt. Ein entscheidender Sieg wurde erfochten über den König von Katmuchi, den man als Gefangenen nach Assur führt, wo er geviertteilt wird. So beginnen die bewaffneten

Auseinandersetzungen mit den Aramäern. Die ganze Brutalität der Assyrer zeigt sich fortan – Massenhinrichtungen, Pfählen sogar der Kinder. Die Gegner Assurs müssen nun zittern, denn die gnadenlose Waffe des Kriegsgottes in den Händen von starken Herrschern wird niemand verschonen. Die totale Vernichtung droht jenen, die sich Assyrien auf dessen Marsch zur Weltherrschaft in den Weg stellen.

Während unter Assur-dan die militärischen Aktionen noch vorwiegend defensiven Charakter haben, wandeln sie sich unter Adad-narari II. (912–891) zur Offensive. Feldzüge gegen Babylon, gegen Stämme im Osten und Norden werden durchgeführt; seine Hauptaufmerksamkeit gilt aber den Handelsstraßen, die es zurückzuerobern heißt, um wie in vergangenen Zeiten ans Mittelmeer zu gelangen. Der Zusammenstoß mit den mächtigen aramäischen Staaten wird unabwendbar. Mit einer Reihe von Kampagnen stürmt Adad-narari gegen das erste aramäische Bollwerk an, aber das Fürstentum von Nasibina und der König Nur-Adad leisten erbitterten Widerstand. Gidara und Chuzirina hingegen, zwei kleine Fürstentümer, kapitulieren vor dieser neuen Raserei, die Adad-narari heißt. Dieser läßt nicht locker, und im sechsten Feldzug wird Nasibina überwältigt: den König sowie die gesamte Bevölkerung der Stadt deportiert man nach Assyrien. Als der assyrische König im folgenden Jahr wieder in dieses Gebiet kommt, beeilen sich alle aramäischen Potentaten, ihre Tribute zu bezahlen. Nun konnte Assyrien zum Euphrat und Chabur blicken; die Umklammerung durch die mächtigen aramäischen Staaten hatte sich gelockert. Das Mittelmeer war nähergerückt.

Adad-narari II. darf mit seinen Erfolgen zufrieden sein, und er ist sich dessen durchaus bewußt, da er zu seinen königlichen Titeln auch die Bezeichnung «König der vier Weltteile» wiederaufnimmt, was nur wenige Herrscher zu behaupten wagten. Nach seinem Tod geht die Macht an Tukulti-Ninurta II. (891–884), den Vater von Assurnasirpal. Seine eher kurze Herrschaft ist gekennzeichnet durch fortgesetzte Feldzüge, die des Vaters Eroberungen sichern sollten. So läßt sich feststellen, daß bei seinem Abtreten Nord, Ost und Süd, vor allem aber der Westen, das Gebiet von Chabur und Euphrat, die Herrschaft Assyriens unwidersprochen hinnehmen müssen.

So gelangt das Reich zur Regierung von Assurnasirpal II. (884–858), dem Vater von Salmanassar III. Wie wir bereits gesehen haben, ist Assyrien unter ihm eine eigentliche Weltmacht. Ebenso deutlich zeigt sich, daß er ein brutaler König ist, vor allem gegenüber jenen, die sich gegen seine Herrschaft auflehnen. In seinen ausführlichen und präzisen Annalen lassen sich die verschiedenen Etappen seines triumphalen Weges verfolgen; dabei erschauert man angesichts der Greueltaten gegenüber den Besiegten. Der Sadismus dieses Herrschers geht so weit, daß er sich nicht mit dem exakten Bericht begnügt, sondern auch eine bildliche Darstellung seiner Untaten anordnet, damit man sie bewundere. Im Königspalast der von ihm erbauten neuen Hauptstadt, und zwar gerade im Thronsaal, läßt er dekorative Kalkplatten mit Reliefdarstellungen anbringen. Auf ihnen sind, neben religiösen Szenen, bis in alle Einzelheiten die bei den Eroberungen von ihm begangenen Barbareien abgebildet. Gepfählte Männer; Soldaten, denen der Kopf abgeschnitten wird, bei andern die Hände und Füße; Soldaten, deren Augen herausgerissen werden; Kinder und Frauen, die man bei lebendigem Leib verbrennt.

Einige Gelehrte schlugen die Deutung vor, es handle sich bei diesen Darstellungen nicht um getreue Abbilder der Wirklichkeit, sondern um Mittel der psychologischen Kriegsführung: Einschüchterungsgebärden, die Widerstrebenden zu beugen. Aber leider berichtet und illustriert Assurnasirpal, ohne viel Kopfzerbrechen, die realen Geschehnisse seiner Machtausübung im Raum des Fruchtbaren Halbmondes.

Den Feinden, die seit langem Assyrien bedrohen, den Babyloniern und Aramäern, gesellen sich neue hinzu: die Urartäer, welche die nordöstlichen, sowie die Meder, welche die östlichen Grenzen Assyriens unsicher machen. Vor allem die Meder sind gefährlich, wenngleich sie noch nicht in einem Einheitsstaat ihre Kräfte gesammelt haben. Aber wunderbarerweise bleibt Assyrien Hegemonialmacht in diesem Teil der Welt. Assurnasirpals Verdienst ist es somit, daß alle positiven Resultate seiner Vorgänger gehalten werden können und dabei zugleich – ein über 200 Jahre alter Traum – das Mittelmeer erreicht wird.

Seine Feldzüge verlangen den Einsatz an allen Fronten. Im ersten Jahr schon zieht er ins südliche Armenien; während er mit den Königen von Nairi ringt, erreicht ihn die Nachricht, daß der aramäische König von Suru, der treu zu Assyrien stand, im Laufe einer Revolte ermordet und durch einen feindlichen König ersetzt worden ist. Assurnasirpal reagiert blitzschnell. Mit Gewaltmärschen erreicht er den kleinen aramäischen Staat, bevor sich die neue Ordnung zu sehr festigen kann. Obwohl die Einwohner bei seinem Erscheinen ihm den Usurpator samt seinen verschworenen Offizieren ausliefern, läßt Assurnasirpal die Stadt in

Feuer und Flammen aufgehen und deren Bevölkerung niedermetzeln. Offen spricht es der König aus – einzig der Terror soll regieren:

«Während ich mich im Land Katmuchi aufhielt, brachte man mir die Nachricht: ‹Die Stadt Suru im Bit-Halupe hat eine Revolte angefangen; sie haben Chamatai getötet, den Gouverneur, und aus Bit-Adini Achia-baba kommen lassen, den Sohn eines Niemand, diesen ernannten sie zu ihrem König.› Mit der Hilfe Adads und der mächtigen Götter, die mein Reich groß gemacht haben, mobilisierte ich meine Infanterie und meine Streitwagen, dann marschierte ich bis zum Ufer des Chabur. […] Ich näherte mich der Stadt Suru im Bit-Halupe. Der Glanz Assurs, meines Herrn, setzte die Stadtbewohner in Angst und Schrecken. Die Stadtober-häupter und die Ältesten kamen mir entgegen, um ihre Leben zu retten, und warfen sich mir zu Füßen, indem sie sprachen: ‹Wenn du töten willst, so tu es! Wenn du willst Gnade walten lassen, so tu es! Vollbringe, was dein Herz begehrt.› Ich nahm Achia-baba gefangen, den Sohn eines Nie-mand, den sie aus Bit-Adini geholt hatten. Getragen durch mein tapferes Herz und meine rasenden Waffen, griff ich die Stadt an. Die Bewohner lieferten mir die mittlerweile eingekerkerten Rebellen aus. Trotzdem ließ ich meine Offiziere den Königspalast und die Tempel besetzen. Sein [des feindlichen Königs] Silber, sein Gold, seine Güter und Reichtümer, Kupfer, Eisen, Zinn, Kupfervasen, die Frauen seines Palastes, seine Töchter, die Rebellen mit all ihren Reichtümern, die Götter mit ihren Schätzen, Edelsteine aus den Bergen, seine Zugpferde, Menschen- und Pferdegruppen, farbige und leuchtende Wollstoffe, Leinengewebe, gutes Öl, Zedern und Gewürzkräuter, Zederplatten, Purpurwolle, seine Wagen, seine Herden, eine Beute so unermeßlich wie die Sterne des Him-mels nahm ich mit mir fort. Auf den Gouverneursthron setzte ich Azi-ilu. Vor dem Stadttor ließ ich einen Turm errichten; die Köpfe aller Rebellen enthäutete ich, und mit dieser Haut überzog ich den Turm; einige von ihnen ließ ich lebendig einmauern im Turm, andere pfählte ich an Stan-gen rund um den Turm, wieder andere enthäutete ich innerhalb meiner Grenzen und hängte ihre Haut an die Mauern. Die Gliedmaßen der Offi-ziere, der königlichen Offiziere, die an der Revolte teilgenommen hatten, ließ ich abschneiden. Achia-baba führte ich nach Ninive, wo ich ihn ent-häutete und seine Haut an die Stadtmauern Ninives hängte.»

Assurnasirpals Eingreifen sollte alle weiteren Revolten durch Abschreckung verhindern. Wenn sie auch exemplarisch wirken soll, so ist doch diese Aktion nicht als Einzelfall zu sehen. Mit schauderhafter

Monotonie berichtet der König nämlich weiter von ähnlichen Greueltaten gegenüber allen Besiegten. Schon bevor er die aramäische Stadt heimsuchte, hatte er sich ins Land Tumme begeben und dort mehrere Städte erobert; die Flüchtenden verfolgte er bis auf einen Bergesgipfel hinauf. «200 ihrer Krieger erlegte ich mit meinem Schwert, die schwere Kriegsbeute trug ich weg wie einen Wollballen; mit ihrem Blut färbte ich den Berg, wie wenn er Wolle wäre, rot; die restlichen von ihnen warf ich in die Schluchten und Abgründe des Berges und füllte sie auf. Ihre Städte verwüstete ich, zerstörte sie und übergab sie den Flammen.» Ein ähnliches Schicksal trifft die Einwohner von Kirruri: 260 Krieger werden enthauptet und ihre Köpfe zu Haufen zusammengeworfen. Die Bergbevölkerung von Uschchu und Pasate ergibt sich – sie werden zur Zwangsarbeit eingezogen.

Im zweiten Feldzug gegen die Stämme der Kaschiari-Berge greift Assurnasirpal die Stadt Kinabu an:

«Mit dem Hauptharst meiner Truppen eroberte ich in einer rasenden Schlacht die Stadt. 600 ihrer Krieger richtete ich mit dem Schwert, 3000 Gefangene ließ ich auf dem Scheiterhaufen verbrennen. Ich ließ niemand am Leben als Geisel. Chulai, den Gouverneur, nahm ich lebend gefangen. Mit ihren Körpern bildete ich Haufen; die Jünglinge und Mädchen ließ ich bei lebendigem Leibe verbrennen. Chulai, den Gouverneur, enthäutete ich, und seine Haut hängte ich an die Mauern von Damdamusa; die Stadt verwüstete ich, zerstörte sie und übergab sie den Flammen. Auch die in ihren Grenzen sich befindende Stadt Mariru eroberte ich: 50 ihrer Krieger richtete ich mit dem Schwert, 200 Gefangene von ihnen ließ ich auf dem Scheiterhaufen verbrennen, zudem tötete ich in der Schlacht 332 Männer des Landes Nirbu.»

Auf unwegsamen Routen nähert sich der König der Stadt Tela, welche – ein neues Baktra der Ninos-Semiramis-Legende – ungewöhnlich gut und stark befestigt ist durch eine dreifache Mauerumgürtung; daher denken die Bewohner nicht an eine Übergabe:

«Ich bestürmte die Stadt mit Wut und Grausamkeit und eroberte sie. 3000 ihrer Krieger richtete ich mit dem Schwert; die ihnen abgenommene Beute, ihre Wertgegenstände, ihre Herden führte ich weg. Viele der Gefangenen ließ ich verbrennen, andere wieder verschleppte ich. Einigen schnitt ich die Hände oder die Finger weg, anderen die Nase, die Ohren, die Glieder, anderen noch riß ich die Augen aus. Die Lebenden trug ich zu Haufen zusammen, die Köpfe der Toten hängte ich an die Zinnen der Stadtmauern, die Jünglinge und Mädchen verbrannte ich lebendigen Leibes. Ich verwüstete, zerstörte und übergab die Stadt den Flammen.»

Der Sturm mit Namen Assurnasirpal verbreitet Angst und Zerstörung, wohin immer er auch gelangt. Entweder man unterwirft sich bedingungslos, oder man wird hingemetzelt. Einige Länder zahlen den Tribut, und die Einwohner werden trotzdem zu Zwangsarbeit verurteilt; andere lehnen sich auf, worauf sie mit gnadenloser Waffengewalt überfahren werden. Während dieses zweiten Feldzuges befestigt Assurnasirpal die Stadt Tuschchan mit Mauern und läßt einen Königspalast erbauen; sie soll als vorgelagerte Stellung für künftige Kriege dienen. Inmitten dieser Berge stößt er auf Assyrer, die ihr Land auf Nahrungssuche verlassen hatten, und macht sie zu Bürgern der neuaufblühenden Stadt.

Im folgenden Jahr muß Assurnasirpal einen Aufstand im Lande Zamua niederschlagen. So verlängert sich die Liste der Massenhinrichtungen immer mehr. Die Militärtechnik wird wirkungsvoller; dank festen Zeltlagern kann sich der König freier bewegen und unvermittelter auf die Feinde losgehen:

«Die Stadt Larbusa, die Festung des Kirtiara und acht Orte der Umgegend eroberte ich. Die Männer flohen und fanden Unterschlupf auf einem unwegsamen Gebirge. Die Spitze dieses Berges gleicht derjenigen eines Eisenschwertes, aber der König mit seinen Truppen bestieg ihn hinter ihrem Rücken. Zwischen die Berge warf ich ihre Körper; 172 ihrer Krieger schnitt ich die Kehle durch, und eine große Anzahl Männer hinterließ ich tot auf den Felsen des Berges. Die ihnen abgenommene Beute, ihre Wertgegenstände, ihre Herden führte ich weg und brannte ihre Städte nieder. Ihre Köpfe sammelte ich auf drei Erhöhungen des Berges, ihre Jünglinge und Mädchen verbrannte ich lebendigen Leibes; danach kehrte ich zu meinem Zeltlager zurück und verbrachte dort die Nacht.»

Jahr um Jahr eilt Assurnasirpal zu den Orten der Revolte, um dem eisernen Gesetz seiner Herrschaft Nachachtung zu verschaffen. Aber auch dort, wo Assyrien keine Gefahr droht, marschiert er hin und unterwirft ganze Staaten. Am Ende seines Lebens kann sich Assyrien so nicht nur an allen Grenzen sicher wähnen – es ist auch fast ins Unermeßliche gewachsen. Die am Chabur und Euphrat gelegenen Uferstaaten der Aramäer haben sich völlig dem neuen mächtigen Herrn unterworfen, so daß nun der Handelsweg wieder geöffnet ist – über Syrien kann der König ans Mittelmeer vordringen, wo er nach einem uralten Brauch seine Waffen reinigt. Und das war auch wahrlich nötig. Die gnadenlose Grausamkeit Assurnasirpals hatte in allen Himmelsrichtungen gewütet; die Hekatomben von Toten und die Massendeportationen hatten das politische und ethnische Antlitz vieler Regionen radikal gewandelt. Assyrien sonnte sich im alten Glanz, die Feinde lagen ihm zu Füßen, die Reichtümer vieler Länder strömten in die Hauptstädte Assur und Ninive. Die verschleppten Völker wurden geschickt ins assyrische Staatsgefüge eingegliedert, und sie vermehrten so das Menschenpotential, dessen man dringend für die Errichtung ziviler Bauten wie auch für immer schlagkräftigere Heere bedurfte.

Die Erzählung der Taten von Ninos, dem ersten Weltherrscher, hält dem Bericht von Assurnasirpal nicht stand. Dieser ist der wahre Ninos, aber er ist viel grausamer und gleichsam assyrischer.

Die Aktivitäten des Herrschers Assurnasirpal beschränken sich nicht auf das militärische Feld. Er will in die Geschichte eingehen auch als Bauherr und Umgestalter. Daher faßt er den Entschluß – ohne freilich die historischen Hauptstädte Assur und Ninive zu vernachlässigen, wo er Paläste und Tempel errichten läßt –, eine neue Hauptstadt zu gründen: Kalchu (das moderne Nimrud). Die englischen Archäologen, welche in zwei Phasen, 1845–1850 und ab 1949, die Stadt ausgegraben haben, brachten neben vielen Kunstwerken auch eine Stele des Königs ans Licht, worin er uns dieses sein Werk beschreibt. Aus ihr spricht ein anderer Assurnasirpal: Er war nicht nur ein Krieger, sondern auch ein Beschützer der Künste, nicht bloß ein eiserner Diktator, vielmehr ebenso ein weiser «Hirte seiner Untertanen». Hätte er uns nicht seine grausamen Annalen hinterlassen, wäre dieser Herrscher möglicherweise als ein großer und kenntnisreicher Mäzen in die Geschichte eingegangen, als ein gewissenhafter Verwalter und als ein Mann, der die Schönheiten des Lebens zu schätzen wußte. Aber nicht diese Seite seines Wesens sollte sich uns einprägen, denn in der Nimrud-Stele kommen wieder an erster Stelle einige Feldzüge zur Sprache, und erst danach werden die Aufbauarbeiten für die neue Stadt detailliert aufgezählt. Die Assyrer, auch

Stele von Assurnasirpal II. aus Nimrud (Kalchu)
mit Erwähnung der Gründung der Stadt Kalchu
und der zehntägigen Festlichkeiten sowie der Speise-
und Getränkeliste für die 70000 Gäste.

Assurnasirpal macht da keine Ausnahme, wollen in erster Linie ihres militärischen Wertes wegen bewundert werden, vor allem anderen sind sie Krieger.

Auf der Stele ist der König stehend wiedergegeben: über ihm schweben die Embleme der beschützenden Reichsgötter, er selbst hält den Kommandostab in der Hand. Nach dieser Selbstdarstellung und dem militärischen Rechenschaftsbericht teilt uns Assurnasirpal dann mit, wie vor allem die Königspaläste erbaut wurden, er beschreibt die wunderbaren Gärten, worin die exotischen Bäume aus den eroberten Ländern gepflanzt werden, den ersten zoologischen Garten der Geschichte, wo man Löwen, Elefanten, Büffel, Strauße und Affen bewundern konnte. Schließlich wird das Einweihungsfest für die neue Stadt geschildert. Daran teilgenommen haben nicht weniger als 69 574 Menschen: die Bewohner der Stadt, assyrische Gäste sowie die Delegationen der fremden Staaten. Zehn Tage lang wurden sie verköstigt. Von den Greueln des Krieges wechselte man anstandslos zu raffinierten Festgelagen.

Lesen wir den Bericht des Herrschers: «Zu Kalchu, meiner königlichen Stadt, ließ ich Tempel errichten, die es vorher nicht gab, die Tempel von Enlil und Ninurta, den Tempel von Ea und Damkina, den Tempel von Adad und Schala, den Tempel von Gula, den Tempel von Sin, den Tempel von Nabu, den Tempel von Ischtar – ‹Herrin des Landes› –, den Tempel der Sebettu, den Tempel von Ischtar-kidmuri, die Tempel der großen Götter ließ ich erneut erbauen und festigte ihren Kult.» Dann zählt er die Geschenke für die einzelnen Tempel auf und wie er diese ausgeschmückt hat: «Die verlassenen Städte, die schon in alter Zeit zerfallen waren, baute ich wieder auf und siedelte dort zahlreiche Bewohner an. Ich errichtete und verschönerte die wichtigsten Paläste meines Landes und füllte sie mit Getreide und Stroh.»

Während in der Nimrud-Stele nur allgemein von erbauten Palästen die Rede ist, erhalten wir durch eine andere Inschrift ein anschauliches Bild: «Die alte Stadt Kalchu, die Salmanassar, König von Assyrien, ein Prinz, der vor mir gelebt hat, errichtet hatte, war zerfallen und lag verlassen da. Diese Stadt habe ich wiederaufgebaut und habe sie bevölkert mit den Stämmen, die ich erobert und unterworfen hatte, Menschen des Landes Suchu, des ganzen Landes Laqe, der Stadt Sirqu jenseits des Euphrats, Menschen von den fernsten Grenzen des Landes Zamua, des Landes Chatti und von Lubarna im Land Pattina. Ich ebnete den alten Tell und grub bis zum Wasserspiegel und stieg hinunter bis auf 120 Tipki.

Einen Palast aus Zeder, Zypresse, Wacholder, Buchsbaum, Maulbeerbaum, aus Pistazien- und Tamariskenholz gründete ich da als meine königliche Residenz und zu meinem ständigen Wohlbehagen. Tiere des Berges und des Meeres ließ ich aus Kalkstein und Alabaster hauen und stellte sie vor die Tore, diese verschönerte ich durch glänzende Kupferüberzüge. Türflügel aus Zeder, Zypresse, Wacholder, Maulbeerbaum, Bronze, Kupfer und Eisen, Beutestücke aus den unterworfenen Ländern, nahm ich in großer Zahl und trug sie dort hinein.»

Die Jagdabenteuer hingegen werden in der Inschrift der Stele erzählt: «Ninurta und Palil, die meine Priesterschaft bevorzugen, vertrauten mir die wilden Tiere an und riefen mich zur Jagd. Ich tötete 450 starke Löwen, 390 Wildbüffel erstach ich [...], mit meinem Wagen erlegte ich 200 Strauße; 30 Elefanten nahm ich mittels Fallen gefangen, ferner 50 Wildbüffel lebend, 140 Strauße lebend, 20 Löwen erbeutete ich. 5 lebende Wildelefanten erhielt ich vom Gouverneur von Suchu und vom Gouverneur von Lubda, die während der Jagd zu meinem Gefolge gehörten. Die Büffel, Löwen, Strauße und Affen, Männchen und Weibchen, sperrte ich in ein Gehege und ließ sie sich vermehren. Ich gesellte Länder dem Lande Assyrien und Völker dem Volke Assyriens zu.»

Darauf folgt die Beschreibung der Einweihungsfeierlichkeiten. Daran nahmen teil: 47 074 Bauleute, die an der Errichtung der neuen Stadt mitgewirkt hatten; 5000 hohe Offiziere aus dem Ausland; 16 000 Einwohner der neugegründeten Stadt; 1500 Staatsbeamte. Diese 69 574 Menschen werden während zehn Tagen vom König verköstigt: 2200 Stück Rindvieh, 16 000 Schafe, 500 Hirsche, 500 Gazellen, 4000 Stück Geflügel, 30 000 Tauben, 10 000 Fische, 20 000 Heuschrecken sowie verschiedene Sorten Brot, Wein, Bier und scharfe Getränke. Es besteht kein Grund, den Schlußworten der Stele nicht zu glauben: «Ich habe für die Dauer von 10 Tagen die Leute von Kalchu zusammen mit den glücklichen Völkern aller Länder feiern lassen; ich habe sie mit Wein berauscht, habe sie gewaschen und parfümiert, ich habe sie mit Ehren bedacht, und dann habe ich sie in Frieden und Freude zurück in ihre Länder geschickt.»

Wie in der Legendenerzählung von Ninos und Semiramis stellt sich auch Assurnasirpal als Krieger und zugleich Bauherr dar. Und wie Ninos dies tat, so bezeichnet der König am Ende seiner Annalen die Grenzen seines neuen Reiches: Im Norden erstreckt sich Assyrien bis ans Herz Armeniens, im Osten bis zum Urmiasee, im Süden gehören dem

Reich zwei Babylon abgewonnene Festungen, im Westen reicht Assyrien bis ans Mittelmeer.

Das Imperium ist gegründet. Assurnasirpal darf mit seinen militärischen und zivilen Unternehmungen zufrieden sein und, endlich, seine letzte Ruhe finden. Als er 858 stirbt, läßt ihn sein Sohn Salmanassar III. in die alte Hauptstadt Assur überführen, wo er in der unter dem alten Königspalast gelegenen Gruft bestattet wird. Deutsche Archäologen haben die assyrischen Königsgräber ans Tageslicht gebracht und auch Assurnasirpals Sarkophag identifiziert: ein Behälter aus basaltartigem Gestein von 3,95 Metern Länge, 1,85 Metern Breite und 1,82 Metern Höhe; auf dem Deckel waren mehrere Ringe befestigt, wodurch die Stricke gezogen wurden, um ihn zu verschieben. Der Transport in die Gruft war sicher mit einigen Mühen verbunden, wog doch der Behälter 20 Tonnen!

Wenn es auch denkbar ist, daß der Sarkophag mit Reichtümern angefüllt gewesen war – spätere Grabräuber haben alles in Brand gesteckt und in tausend Stücke gesprengt –, so erstaunt uns doch seine Strenge. Auch im Tod setzen die Assyrer die Haltung fort, die ihr Leben bestimmte: Kälte und Härte.

Wenn die wahren Assyrer jene sind, die sich aus den eben wiedergegebenen Worten Assurnasirpals abzeichnen, dann wird die griechische Semiramis-Legende nur um so verständlicher: Eine zarte mediterrane Frau wird eines Tages vor die Notwendigkeit gestellt, ein Volk von Kriegern zu lenken; um dies vollbringen zu können, wird sie sich selbst übertreffen müssen und dem Manne angleichen, dem Mann assyrischer Prägung. Semiramis vollbrachte diese übermenschliche Leistung. Den Eigenschaften als Kriegerin aber gesellte sie auch jenen Sinn für den Ausgleich und jene Weisheit zu, die einzig noch das dem Untergang geweihte Reich hätten retten können. Semiramis wurde von den Assyrern jedoch nicht verstanden, sondern erst von den späteren Zeiten.

V

AUF DEM WEG IN DIE HAUPTSTADT

Wir überließen die Semiramis der griechischen Legende den liebevollen Bemühungen des königlichen Oberhirten Simma. Ihre Kindheit und erste Jugend verbringt sie in jenem fernen Paradies an der Küste des Mittelmeeres, während der assyrische Wirbelsturm Zerstörung bringt, wohin auch immer er gelangt. Die aramäischen Festungen wurden entweder weggefegt, oder sie mußten sich unterwerfen. Jetzt ist der Weg zum Mittelmeer hin frei, und das assyrische Heer kennt keine Hindernisse mehr dank Assurnasirpals unermüdlicher Tatkraft.

Das Kind ist zum jungen Mädchen herangewachsen; dessen Schönheit überstrahlt bei weitem jene der Gespielinnen. Semiramis ist nunmehr 15 Jahre alt, reif zur Heirat. Eine vom König angeordnete Inspektion wird dem Stiefvater angekündigt. Der damit beauftragte Beamte heißt Onnes, und die Erzählung bezeichnet ihn als «den ersten der Offiziere des Königlichen Rates» sowie als «Gouverneur von Syrien». Dieser trifft Simma, der ihn in seinem Haus beherbergt. Hier erblickt Onnes die junge Schönheit und ist gleich Feuer und Flamme für sie. Der in Liebe entbrannte Gouverneur Syriens will nicht ohne Semiramis abreisen und bittet Simma um deren Hand. Der Pflegevater stimmt zu.

So macht sich die schöne Syrerin auf die Reise in die Hauptstadt Ninive, wo Onnes sie zur Frau nimmt. Aus der Verbindung werden zwei Söhne geboren: Hyapates und Hydaspes. Semiramis beweist schon bald ihre Klugheit, indem sie dem Ehemann Ratschläge erteilt, die sich alle als segensreich entpuppen.

Soweit die Erzählung von Ktesias/Diodor in bezug auf Kindheit, Jugend und Heirat von Semiramis. Wie diese legendenhafte Geschichte weitergeht, sahen wir im Eingangskapitel. Während des Krieges gegen Baktrien läßt Onnes – da ein Ende des Belagerungszustandes nicht abzusehen ist – seine Frau Semiramis ins Feldlager nachkommen. Nachdem es Semiramis gelungen ist, Baktra zu stürmen, trifft sie mit König Ninos zusammen, der sie vom legitimen Ehemann für sich verlangt. Nachdem sich dieser in seiner Verzweiflung das Leben genommen hat, kann die schöne Syrerin Königin von Assyrien werden. Wir betonten es bereits: Alles Geschehen, vom letzten Begegnen zwischen Semiramis und Ninos bis zur ersten Zusammenkunft von Onnes und dem Mädchen, alles Geschehen ist historisch betrachtet durchaus plausibel. Es herrscht darin eine Übereinstimmung mit den assyrischen Sitten und Gebräuchen, wie sie uns durch die Keilschriftdokumente überliefert sind.

In der assyrischen Dokumentation finden wir zu den zwei Begegnungen – Onnes/Semiramis und Ninos/Semiramis – Parallelen, die beide als zumindest möglich qualifizieren. Wir führten den neuassyrischen Text an, welcher von einem Staatsstreich berichtet, den ein Gouverneur (vielleicht Sargon II.) vom Zaun brach, als ihm der König die Gattin entführt hatte. Wir wiesen ebenso daraufhin, daß der oberste assyrische Heerführer zugleich Gouverneur der westlichen assyrischen Provinz war, jener folglich, die man als die Provinz Syrien bezeichnen könnte. Ebenso fällt die erwähnte Inspektion in die normalen Obliegenheiten eines Gouverneurs.

Die Erzählung von Semiramis' erster Heirat wird zwar nicht durch die assyrischen Quellen belegt, aber durch diese ebensowenig als unmöglich erwiesen.

Ktesias scheint sich, nachdem er von der Heirat der Semiramis mit Onnes berichtet hat sowie von der Geburt der beiden Söhne Hyapates und Hydaspes, überhaupt nicht mehr für diese Kinder aus erster Ehe zu interessieren. Nicht anders verhält sich Anonymus, welcher lediglich das bestätigt, was wir bereits wissen: «Semiramis [...] wurde von Simma erzogen, einem Diener des Königs Ninos, und von Onnes geheiratet, einem königlichen Befehlshaber, sie hatte zwei Söhne.»

Semiramis-Genealogie nach der von Ktesias überlieferten Legende:

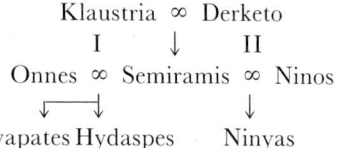

Andere Überlieferungen der Legende geben etwas näheren Aufschluß über die Beziehung der Mutter zu den beiden Söhnen. Sowohl Nikolaos von Damaskos wie auch Moses von Chorene stimmen darin überein, wenn sie berichten, daß die beiden Söhne der Semiramis sich sowohl der betagten Mutter wie auch ihres jüngeren Bruders Ninyas zu entledigen suchten, um auf den Thron zu gelangen; doch ihre Verschwörung wurde aufgedeckt, und ihre eigene Mutter tötete sie. Hier sind wir ganz und gar in der Legende, und wenn wir uns auf die beiden Autoren besinnen, so kann uns der moralische Begleitton nicht verwundern.

Hören wir zunächst Nikolaos von Damaskos: «Als sich Semiramis nach dem indischen Krieg gegen Medien zu bewegte, stieg sie auf einen hohen Berg, der bloß von der einen Seite her zugänglich war, aber auch hier nur mit äußerster Mühe der abgewetzten und rauhen Felsen wegen. Dort oben ließ sie sich einen Thron errichten, von wo aus sie ihr Heer beaufsichtige. Während sie da oben weilte, intrigierte der Eunuch Satibara bei den Söhnen von Onnes gegen sie. Er sagte den beiden Jünglingen, daß ihnen Gefahr von seiten des Ninyas drohe, der sie würde töten lassen, sobald er König geworden sei; sie selbst also müßten ihm zuvorkommen und ihre Mutter töten, um auf den Thron zu gelangen. Ferner hätten sie es als eine schwerwiegende Schande anzusehen, daß die zügellose Mutter, in so hohem Alter, täglich nach jedem Jüngling schmachte, der ihr entgegentrete. Und auf deren Frage: ‹Wie haben wir vorzugehen?› antwortete er, dies sei kein schwieriges Unterfangen. Sie sollten lediglich zu ihr auf den Berg steigen, wenn er ihnen den Befehl dazu gebe (er war nämlich zuständig für die Verbindung der Königin zu ihrem Heer), und sie dann hinunterstürzen. Die drei einigten sich darauf und beschworen es in einem Tempel. Doch hinter dem Altar, wo sie sich getroffen, hielt sich zufällig ein Meder auf, der alles mitanhörte. Er schrieb alles auf ein Fell und ließ dieses der Semiramis bringen. Sie las die Botschaft, und am nächsten Tag stieg sie wieder auf den Berg und ließ die Söhne von Onnes zu sich rufen, und zwar sollten sie bewaffnet zu ihr hintreten. Da rief Satibara voll Freude die Jünglinge herbei und sagte ihnen, die Gottheit käme ihm zu Hilfe, da die Mutter sie bewaffnet zu sehen wünsche. Als sie ankamen, befahl Semiramis dem Eunuchen, zur Seite zu treten, und sprach folgendermaßen zu den Jünglingen: ‹Oh, ihr bösen Söhne eines guten und edlen Vaters, die ihr euch von einem bösartigen Sklaven habt überreden lassen und den Tod eurer Mutter vorbereitet, indem ihr mich hier hinunterwerfen wollt, mich, der die Götter die Macht verliehen haben; ihr werft mich den Berg hinunter, um Ruhm bei den Menschen zu erringen und Könige zu werden, nachdem ihr Semiramis, eure Mutter, und Ninyas, euren Bruder, getötet habt!›»

Hier bricht das Fragment von Nikolaos von Damaskos ab, dafür

85

kommt uns Moses von Chorene zu Hilfe: «Durch ihre Söhne oft getadelt wegen ihrer regellosen und wollüstigen Lebensführung, ließ die Königin sie alle verderben, mit Ausnahme von Ninyas, dem jüngsten. Von der Liebe zu ihren Günstlingen getrieben, überläßt sie ihnen die königliche Macht, ihre Schätze, und sie vernachlässigt völlig ihre Söhne. Ninos, ihr Gatte, war nicht tot, er wurde nicht, wie man erzählt, in seinem Land begraben; vielmehr überließ er angesichts der Verderbnis seiner hinterhältigen Ehefrau dieser das Reich und fand Zuflucht auf Kreta. Als seine Söhne herangewachsen waren, warfen sie ihrer Mutter deren Verhalten vor und hofften, sie erröten zu machen wegen ihrer Laster und teuflischen Handlungen, um sie so zwingen zu können, ihnen Macht und Reichtümer zu überlassen. Die Königin begann zu rasen und ließ sie alle umbringen. Lediglich Ninyas wurde verschont, wie oben erwähnt.»

Bemerkenswert ist das positive Urteil, das die betagte Semiramis über ihren ersten Ehemann fällt, wenn sie ihn – im Gegensatz zu den bösartigen Söhnen – als einen «guten und edlen Vater» bezeichnet. Jenseits aller literarischen Verfälschung bezeugen nämlich diese Worte, daß Semiramis in all den Jahren als Königin Assyriens stets jenem General ein ehrendes Gedächtnis bewahrte, der sie in die Hauptstadt des ersten Weltreiches geführt hatte und ihr so, ohne es zu wollen, die Möglichkeit verschaffte, ins höchste Amt des Staates zu gelangen.

Was beide Erzählungen beschreiben, ist der Versuch der älteren Söhne von Semiramis, Ninyas', ihres jüngeren Bruders, Thronfolge zu verhindern. In jeder erblichen Monarchie und folglich auch in Assyrien gebührte die Thronfolge von Rechts wegen dem ältesten Sohn des Königs. Dieses Gesetz wird, so läßt sich aus den Erzählungen ablesen, durch Semiramis umgangen, wenn sie – nach der Überzeugung der beiden Söhne aus erster Ehe – den jüngsten der Brüder bevorzugt. Sicher, wir befinden uns in der Legende, aber tatsächlich hat sich diese Situation, die Keilschriftdokumente belehren uns diesbezüglich, oft in der assyrischen Geschichte ereignet. Ich erinnere hier nur an drei Fälle, wovon sich der eine sogar auf den Ehemann von Sammuramat bezieht, Schamschi-Adad V. Die letzten Regierungsjahre des großen Salmanassar III. wurden durch einen Bürgerkrieg verdüstert, welchen der älteste Sohn des Königs – den man von der Thronfolge ausschloß – mit Schamschi-Adad ausfocht, den man, obwohl jünger, zum Erben auserkoren hatte. Dasselbe geschieht einige Jahre danach mit der Nachfolge für Sargon II., als man zum Erben den fünften Sohn des Monarchen bestimmt, Sanherib, geboren ebenfalls von einer Syrerin, Naqia, Herodots Nitokris; wie es scheint, geht diese Intrige denn auch auf die Mutter zurück. Asarhaddons Nachfolge schließlich soll Assurbanipal antreten, der Sardanapal der griechischen Legende, der es aber wohlweislich versteht, dem Krieg mit seinen Brüdern auszuweichen.

Wie wir sehen, zeigt uns die armenische Überlieferung mit ihrer romanhaften Erzählung ein durchaus plausibles Ereignis: Die hier symbolisch angedeuteten Geschehnisse widerspiegeln einen tragischen Aspekt des regierenden Herrscherhauses, der sich gerade in der geschichtlichen Epoche, die uns interessiert, ausprägt. Nicht auszuschließen ist folglich, daß die armenische Tradition Nachrichten überliefert, die aus Assyrien selbst stammen. Wir könnten das Netz der Vermutungen noch weiter ausspinnen, aber ich halte es für klüger, hier Halt zu machen, da die assyrischen Quellen Adad-narari III. als einzigen Sohn der geschichtlichen Semiramis erwähnen und sich völlig ausschweigen in bezug auf andere, vermeintliche Söhne. Hinzuweisen bleibt aber auf eine wichtige Information, die uns Moses von Chorene zum Schicksal von König Ninos übermittelt. Während dieser nämlich nach der Legende von Ktesias und von Justinus nach dem Krieg seines hohen Alters wegen stirbt oder im Krieg durch einen Pfeil umkommt, lebt er nach Aussage des armenischen Historikers zur Zeit der Herrschaft von Semiramis weiter, aber im kretischen Exil. Dieser Hinweis muß zusammengesehen werden mit einer anderen Legende von Semiramis, auf die wir bald näher eingehen werden, nach welcher die künftige Königin Assyriens zunächst eine der vielen Konkubinen des Monarchen war, die dank ihrer Schönheit zu höchsten Ehren gelangte.

Um die Analyse der Ktesias-Erzählung zu vervollständigen und um deren Glaubwürdigkeit weiter zu erweisen, greifen wir nun auf das Archiv zurück, das man in Tell Halaf (Guzana) ans Licht brachte; wichtige Informationen lassen sich daraus entnehmen in bezug auf die Organisation eines durch die Assyrer verwalteten Territoriums.

Rekapitulieren wir, was die griechische Legende berichtet: Das Kind Semiramis wird im Hause des königlichen Oberhirten Simma großgezogen; dieser empfängt einen Beamten der Regierung, welcher eine Inspektion durchführt: offenbar handelt es sich dabei um den Gouverneur Syriens, den zweiten Mann im ganzen Reich nach dem König; dieser hohe Funktionär, Onnes, nimmt an den Feldzügen des Königs gerade seines Amtes wegen teil.

Wir sagten, daß das Amt dieses königlichen Beamten jenes des «Turtanu» ist, des wahren Vizekönigs im assyrischen Reich; er war oberster Befehlshaber des Heeres und zugleich Gouverneur der Provinz Harran, der Syrien-Provinz des Reichs. Die in Guzana ausgegrabenen Dokumente, von E. Weidner veröffentlicht, beziehen sich auf die Verwaltung der Provinz während der Herrschaft von Adad-narari III., dem Sohn von Sammuramat, sind also für uns von größter Wichtigkeit.

Guzana wird in den assyrischen Annalen erstmals als aramäisches Prinzipat erwähnt, abhängig von König Abisalamu von Bit-Bachiani. 894 erobert es Adad-narari II. und macht daraus eine assyrische Provinz. Gouverneur der Provinz zur Zeit von Adad-narari III. war Mannu-ki-Assur, der auch aus dem Eponymenkanon bekannt ist, weil er das Eponymenamt 794 bekleidete; die Dokumente werfen ein Licht auf das Verhältnis des Gouverneurs zum König und seinen höchsten Beamten sowie auf die Verwaltung der Provinz.

Wenngleich der Gouverneur ein kleiner König in seinem Land war, unterstand er nicht nur dem assyrischen König und seinen höchsten Funktionären, sondern auch der Kontrolle des Gouverneurs der größeren und wichtigeren Nachbarprovinz Nasibina, der darüber zu wachen hatte, daß die königlichen Befehle durchgeführt wurden. Wir ahnen, wie eisern und hierarchisch der assyrische Staat aufgebaut war.

Mannu-ki-Assur erhält von oben Anweisungen und muß des öfteren Rechenschaft ablegen über seine Verwaltungstätigkeit; zudem ist er auch verantwortlich für das militärische Kontingent, das die Provinz stellen und kriegstüchtig erhalten mußte für die jährlichen Kampagnen des Monarchen.

In einem Dokument lesen wir zum Beispiel, daß der Gouverneur von Guzana die Militärpferde requirieren muß, sechs pro Dorf, und diese dann für den Herrscher bereithalten. Die Order kommt nicht direkt von der Hauptstadt, sondern sie wird ihm durch den Gouverneur von Nasibina übermittelt. Die assyrische Bürokratie war sehr ausgeklügelt: unserem Gouverneur muß der Befehl schriftlich zugesandt werden, so daß der Obergouverneur ihm dasselbe Täfelchen zustellen läßt, das ihm der Postkurier aus der Hauptstadt überbracht hatte. So wie die Römer in späterer Zeit, pflegten auch schon die Assyrer den Übermittlungsdienst mittels berittener Kuriere, die in kürzester Frist jeden Punkt des Imperiums erreichten.

Der Gouverneur von Guzana mußte sich auch seinem Vorgesetzten präsentieren, wenn es dieser befahl. Eine diesbezügliche Quelle läßt uns schmunzeln. Mannu-ki-Assur erhält Befehl, sich nach Nasibina zu begeben, aber er hat absolut keine Lust, seine Residenz zu verlassen. Um seine Weigerung zu kaschieren, läßt er seinem Vorgesetzten mitteilen, er könne nicht den Fluß überqueren, weil dieser Hochwasser führe. Der Gouverneur von Nasibina akzeptiert aber diese Entschuldigung nicht und repliziert, er habe augenblicklich zu kommen: man werde ihm Schläuche am Ufer des zu überquerenden Flusses zur Verfügung stellen. So bleibt endlich Mannu-ki-Assur nichts anderes übrig, als die Reise anzutreten. In den assyrischen Darstellungen kann man Menschen sehen, die beim Schwimmen eben einen solchen aufgeblasenen Schlauch benutzen.

Aber auch der König selbst kann sich direkt an den Gouverneur wenden, wie zum Beispiel als er ihm persönlich mitteilt, er habe Adaderesch in die Stadt einzulassen, welcher in Geheimmission komme. Leider kennen wir den Inhalt jener Mission nicht; jedoch steht fest, daß sich der Herrscher in diesem Fall nicht der offiziellen Kuriere bedienen wollte. Bei anderen Gelegenheiten wird dem Gouverneur die baldige Ankunft des Turtanu angezeigt mit der Auflage, in drei Dörfern der Provinz 15 Pferde einzutreiben, die der Oberbefehlshaber bei seinem Eintreffen übernehmen werde. Schlecht steht es um den Gouverneur, als er die Verantwortung für die schlechte Haltung seiner Truppen zu tragen hat. Hier der Text: «Deine Truppen haben sich scharenweise von der ‹Königsstraße› zurückgezogen. Am zwanzigsten Tag des Monats Tammuz hast Du Dich in der Stadt Sare einzufinden.» Nach Weidners Deutung, die ich teile, beinhaltet dieser Befehl einen Vorwurf, insofern die Truppen von Guzana ihre Aufgabe nicht erfüllt haben, ja sogar sich vom übrigen Heer getrennt und nach Hause abgesetzt haben. Der Marschbefehl nach Sare besagt, daß der Gouverneur diesmal persönlich das Kontingent seiner Provinz wird begleiten müssen auf einen der jährlichen Feldzüge; wahrscheinlich gegen Medien und somit weit weg von seiner Provinz.

Wie man sieht, bestätigt das Archiv von Guzana die Besuchsreisen von hohen Staatsbeamten in die Provinzen sowie auch die Teilnahme von Gouverneuren an den militärischen Kampagnen – genau jene Handlungen, auf die wir bereits mehrmals hingewiesen haben im Zusammenhang der Begegnung von Semiramis mit dem Gouverneur von Syrien Onnes und dann mit König Ninos.

Aus den Quellen geht des weiteren hervor, daß der Turtanu in Guzana sogar ein Haus besaß, wie übrigens auch die anderen hohen Beamten des Staates, ein Haus, das er immer wieder einmal benutzte. Auch ein so hoher Würdenträger kam also gelegentlich bis in die entferntesten Provinzen des Reichs.

Bei der Verwaltung seiner Provinz standen dem Gouverneur die Präfekten der verschiedenen Städtchen und die Dorfvorsteher zur Seite sowie die Leiter der assyrischen Vorposten in den Randgebieten des Reichs. Diese Leiter waren verantwortlich für die Felder, die Herden und die Pferdegestüte sowie für die Soldaten und deren Ausrüstung; die militärische Ausbildung dieser Truppen oblag einem Hauptmann.

Der Gouverneur mußte über alles Geschehen in seiner Provinz informiert sein und Vorkehren treffen, die für den geordneten Fortgang des Ganzen nötig waren. Ein ergötzliches Beispiel erwähnten wir weiter oben, als wir einen Befehl zitierten, worin der Gouverneur anordnete, daß eine Widerspenstige ebenfalls, wie alle anderen Frauen, im Harem zu wohnen habe.

Vor allem anderen ist der Gouverneur aber verantwortlich für die gewichtigen Steuern, welche die Provinz in die Hauptstadt abliefern muß. Eine Order aus der Kapitale verfügt, daß aus Guzana eine Ladung von 40 Goldminen abzugehen habe, also 20 Kilo Gold, welche ein «königlicher Kurier» persönlich geleitet wird. Die Straße ist nicht immer sicher, aramäische Wegelagerer können überall auflauern, und bis zur Hauptstadt ist es weit. Die Anwesenheit des königlichen Kuriers soll den guten Ausgang der Operation gewährleisten. Zunächst muß aber der Kurier darüber wachen, daß der Befehl überhaupt ausgeführt wird! Der assyrische König konnte sich offensichtlich nicht allzusehr auf seine Gouverneure verlassen: deren Hauptsorge war sicherlich nicht das Wohl des Staates, sondern vielmehr ihr eigenes ...

Überlassen wir jetzt den Gouverneur von Guzana seinen Sorgen und vervollständigen wir unseren Bericht über die Begegnung zwischen Semiramis und Onnes, wie die griechische Legende sie uns überliefert. Die von Ktesias erzählte Version ist aber nicht die einzige. Schon Diodor, wir erinnern uns, unterstrich, daß über den Ursprung der mächtigen Königin andere anderes aussagten. Ich möchte nun die beiden andern mir bekannten Überlieferungen näher betrachten, weil ich überzeugt bin, daß auch in diesen wichtige Indizien verborgen sein können, die zur Rekonstruktion der historischen Semiramis beitragen.

Die erste, einem gewissen Athenaios zugeschrieben, verdient es, ungekürzt zitiert zu werden: «Aber Athenaios und einige andere Historiker sagen, daß sie [Semiramis] eine der vielen Kurtisanen war und daß sie vom König der Assyrer ihrer Schönheit wegen geliebt wurde. Zunächst war ihr Einfluß im Palast gering, aber als sie dann in den Rang einer Gattin erhoben wurde, konnte sie den König bewegen, ihr fünf Tage lang die königlichen Vorrechte zuzugestehen. Und Semiramis, nachdem sie Szepter und Königsmantel erhalten hatte, gab am ersten Tag ein großes Fest und herrliches Bankett, während dessen Verlauf sie die Kommandanten des Heeres und die Würdenträger auf ihre Seite zog; den zweiten Tag ließ sie, da Volk und Notabeln ihr als Königin huldigten, ihren Mann verhaften und ins Gefängnis werfen. Da sie von Natur aus eine Frau mit großen Ideen und mit Fähigkeiten war, bemächtigte sie sich des Thrones und blieb Königin bis ins hohe Alter – und vollbrachte viele große Dinge.»

Wenig ist über die Anfänge von Semiramis ausgesagt: Sie war zunächst eine Kurtisane unter vielen, welche dann ihrer Schönheit wegen zur Ehefrau erhoben wurde. Leicht variiert, steht diese Information auch bei Aelianus: «Semiramis, die Assyrerin, wird uns von andern anders überliefert: sie war eine sehr schöne Frau, auch wenn sie sich nicht um ihr Aussehen kümmerte. Als sie vor den assyrischen König trat, man hatte sie ihrer Schönheit wegen kommen lassen, verliebte sich dieser bei ihrem Anblick sofort in sie. Als Geschenk verlangte sie vom König den Königsmantel und die Erlaubnis, fünf Tage über Asien regieren zu dürfen. Und da er versprochen hatte, alles zu tun, was Semiramis wünschte, entzog er sich dieser Bitte nicht. Nachdem sie der König auf den Thron gesetzt, befahl sie, da sie gewahr wurde, daß alle ihr gehorchten, die Bedienten sollten den König töten. So errang sie die Herrschaft über die Assyrer. Dies erzählt uns Dinon.»

Die wichtige Variante dieser Quelle besteht in der Tötung des assyrischen Königs, welcher hier, wie im vorangehenden Text, namenlos bleibt. Nur implizit wird hier Semiramis' Kurtisanenstatus erwähnt. Einig sind sich beide Quellen über die Umstände ihres Aufstiegs zum Thron.

Eine dritte Quelle desselben Traditionsstranges stellt Plutarchs «De amore» dar: «Die Syrerin Semiramis war die Dienerin und Konkubine eines Sklaven, der im Palast von König Ninos geboren worden war. Dieser mächtige Fürst erblickte sie eines Tages und verliebte sich in sie. Solch eine Gewalt und einen Einfluß gewann sie über ihn, daß sie ihn zu bitten wagte: Er möge ihr erlauben, die Geschäfte des Reichs, auf dem Thron sitzend und mit dem Diadem geschmückt, für einen einzigen Tag zu leiten. Ninos willigte ein, er befahl allen seinen Untertanen, ihr zu dienen und ihr zu gehorchen wie ihm selbst. In ihren ersten Befehlen ließ sie Zurückhaltung walten, um so zu prüfen, wie willig die Wachsoldaten seien. Danach, als sie sah, daß diese weder Widerstand noch Zögern zeigten, gab sie den Befehl, Ninos zu verhaften und ihn in Ketten zu legen, schließlich ihn zu töten. Nach dieser Tat herrschte sie glanzvoll über Asia.»

Für Plutarch ist Semiramis eine Syrerin, Konkubine eines Sklaven von Ninos. Das scheint die Überlieferung von Ktesias zu bestätigen, die Semiramis aus Syrien kommen läßt. Im weiteren verlangt Semiramis hier nur einen Tag regieren zu dürfen, wogegen sie in den beiden ersten Quellen für fünf Tage herrschen möchte. Plutarch und Dinon stimmen in bezug auf Ninos' Schicksal überein: bei beiden wird er umgebracht, während Athenaios sich darüber ausschweigt. Alle drei Quellen sind sich einig, was die Schönheit dieser Frau angeht – der König verliebt sich hoffnungslos in sie. Einigkeit auch, was die Modalitäten ihres Aufstiegs betrifft.

Was hier erzählt wird, erfuhr durch einige Gelehrte eine Interpretation als Anspielung auf das babylonische Fest des Neuen Jahres; im Laufe desselben entblößte sich der König – gleich wie Marduk, der Hauptgott des Reiches – all seiner Herrschergewänder, um in diesem Augenblick aufs neue seine Investitur zu erhalten. Ein Fest, an das sich auch die klassischen Autoren erinnern, als der berühmten «Sakaia», während welcher die königliche Amtsverwaltung durch einen Staatsbeamten übernommen wurde.

Mir scheint keinesfalls, daß unsere Erzählung mit diesem Fest des Neuen Jahres etwas zu tun habe; vielmehr sehe ich Verbindungslinien zu einer typisch assyrischen Zeremonie, jener des «Stellvertreter-Königs». In der letzten Periode der assyrischen Geschichte, insbesondere in den Regierungszeiten von Asarhaddon und Assurbanipal, setzte man – wenn die Astrologen eine Mond- oder gar Sonnenfinsternis voraussagten, die das Leben des Königs bedrohte – einen Stellvertreter auf den Thron.

Es sind Dokumente auf uns gekommen, die uns die Wahl des bedauernswerten Stellvertreters schildern. Die Priester erkoren einen Beamten, der die königlichen Gewänder anzuziehen hatte, seine Ehefrau hatte die Königin darzustellen, ein weiterer Beamter markierte den Erbprinzen. Der wirkliche König zog sich unterdessen in die Hauptstadt als ein Quasi-Privatmann zurück und wartete das Kommende ab. War die Gestirnsverfinsterung eingetreten, so führte man die stellvertretenden Darsteller von König, Königin und Erbprinz in den Tod. Der auf dem König lastende Fluch war ja auf den Stellvertreter übergegangen, und dieser mußte büßen, da ja das Orakel nicht in Abrede gestellt werden konnte. Einige Ausnahmen sind überliefert, vor allem in jenen Fällen, wo die vorausgesagte Verfinsterung dann doch nicht eintrat. In der Bibliothek von Ninive sind Keilschrifttäfelchen verwahrt, die uns eine lebhafte Korrespondenz des wirklichen Königs mit seinen Priestern wiedergeben: es ging um das Schicksal eines solchen «Stellvertreters». Einmal gar wurde der erwählte Unglückliche während 100 Tagen auf dem Thron festgehalten – bis man ihn, da sich keine Finsternis einstellen wollte, wieder nach Hause ziehen ließ. Man hat auch die Beschreibung des Begräbnisrituals gefunden, das den getöteten Stellvertreter-Königen zustand. War die Gefahr vorüber, konnte der wahre König sich wieder festlich kleiden und in den Palast ziehen; seinem Regieren waren fortan die Orakel wohlgestimmt. Dieses grausame Ritual weckte unweigerlich auch Kontroversen, vor allem in Fällen, wo ein tüchtiger Beamter sein Leben als Stellvertreter-König vorzeitig beenden sollte. Als wieder einmal ein solcher Skandal die Nation in zwei Lager spaltete, schlugen deshalb die Priester vor, künftig für dieses Amt des Stellvertreters jeweils einen Schwachsinnigen auszuwählen.

Neben den Informationen, die die neuassyrische Periode betreffen, erinnert Kümmel an einen aufsehenerregenden Fall, welcher sich während der ersten Isin-Dynastie ereignete (und worüber die «Babylonische Chronik» berichtet): «König Erra-imitti setzte Enlil-bani, den Gärtner, als Stellvertreter auf den Thron; er setzte ihm auch seine königliche Tiara auf den Kopf. Erra-imitti aber starb in seinem Palast, als er eine zu heiße Brühe trank. Enlil-bani blieb darauf auf dem Thron sitzen und übernahm die Königsherrschaft.» Dieses interessante Geschichtchen entlockt uns ein Schmunzeln über die Tücken solcher Stellvertretungen: der Zufall entpuppt sich als Königsmacher. Viele Gelehrte halten dafür, daß der Gärtner den König bloß für einen Tag hätte ersetzen sollen. Dies wiederum verweist auf Plutarchs Erzählung, wonach Semiramis lediglich einen Tag zu herrschen verlangt hatte.

Diese Zeremonie des «Stellvertreter-Königs» – sieht man vom eben erzählten Geschehnis, welches sich etwa 1900 v. Chr. ereignete, ab – läßt sich für Assyrien erstmals für die Epoche von Adad-narari III., dem Sohn der Semiramis, dokumentieren. Ich bin überzeugt, daß sich die drei oben wiedergegebenen Varianten des Aufstiegs zum Thron von Semiramis auf die Stellvertreterzeremonie beziehen lassen.

Zwischen dem «Sakaia»-Fest und der Zeremonie des «Stellvertreter-Königs» scheint mir die Wahl nur für letztere plausibel. Diese ausgesprochen assyrische Tradition wurzelt freilich ebenfalls in der Legende, aber hier wollen wir nicht die Historizität, vielmehr die Glaubwürdigkeit des Erzählten nachweisen. Dafür sprechen die assyrischen Quellen. Wenn die klassischen Autoren das Bedürfnis verspüren, den Umstand zu erklären, daß eine Königin an der Spitze eines Volkes steht – eine Königin zumal, deren Herkunft sicher nicht königlich ist –, greifen sie, so folgern wir aus dem oben Gesagten, zum Erbe der mesopotamischen, gar assyrischen Überlieferungen; und damit bestätigen sie uns, was sie oft zu verneinen trachten.

In beiden bisher betrachteten Traditionen, jener von Ktesias und jener von Athenaios-Plutarch, ist Semiramis von syrischer Herkunft und, trotz der göttlichen Mutter Derketo, sicher nicht königlichen Blutes. Völlig anders bietet sich uns die Situation dar, wenn wir die dritte Version bezüglich der Ursprünge dieser berühmten Königin heranziehen: den «Ninos-Roman», enthalten in einem Papyrus aus Ägypten und ums Jahr 100 v. Chr. verfaßt. Leider ist der Text nicht vollständig, aber die überlieferten Teile gestatten eine Umrißzeichnung.

Die Helden des Romans sind Ninos, König der Assyrer, gar nicht alt etwa, sondern noch jung und voller Leben: vor allem voller Liebessehnen; die Heroine ist ein holdes Mädchen, seine Kusine, Tochter Derkeias, welche den Prinzen liebt, aber sehr scheu ist. Wenn auch der Name Semiramis nie fällt in den uns überlieferten Fragmenten, so sind sich doch alle Gelehrten einig, daß es sich dabei um die legendäre Semiramis handelt; nicht zuletzt, weil sie die Tochter von Derkeia ist, wohl niemand anders als die Derketo der anderen Überlieferungen.

Am Anfang steht der Entschluß der beiden Liebenden, sich an die entsprechenden Tanten zu wenden, um die Heiratserlaubnis zu erlangen. Zunächst ist es Ninos, der sich zu seiner Tante Derkeia begibt, um ihr mit brennender Rede seine Liebe zur Kusine zu schildern sowie den Wunsch, sie baldmöglichst zu seiner Ehefrau zu machen. Als Heerführer ist seine Zukunft nicht ohne Gefahren, und er möchte gewiß nicht sterben, ohne vorher die Wonnen der Liebe gekostet zu haben. Denn er ist, wie er der Tante berichtet, noch unberührt:

«Hätte ich das bereits getan [nämlich die Lust gestillt], wäre vielleicht die Begierde nach meiner Kusine weniger stark; jetzt hingegen, rein wie ich hergekommen bin, beherrscht mich der Gott und die Kraft meines Alters: wie du ja weißt, bin ich 17 Jahre alt, schon seit einem Jahr habe ich zu den Erwachsenen hinübergewechselt, und doch bin ich bis heute wie ein Knäblein, wenn ich nicht die Macht Aphrodites verspürt hätte. Aber nun, bis wann soll ich verleugnen, daß ich eure Tochter liebe? Meine Gefühle sind im übrigen nicht unehrenhaft; ihr habt es auch selbst versprochen. Daß die Jünglinge dieses Alters reif zur Hochzeit sind, ist doch offensichtlich. Und wieviel bleiben unberührt bis fünfzehn?»

Nach weiteren Argumenten, die seine Tante überzeugen sollen, beschließt Ninos seine Rede so: «Du findest vielleicht, daß ich dreist bin, gewisse Dinge beim Namen zu nennen. Aber unverschämt wäre ich, wenn ich versuchte, das Mädchen im geheimen zu verführen und mir nächtliche, flüchtige Freuden bei ihr holte, im trunkenen Zustande, mit Hilfe eines Dieners oder einer Amme, die von meiner Leidenschaft wüßten. Nicht aber, wenn ich einer Mutter von der Heirat rede, die ich mit ihrer Tochter einzugehen heiß wünsche. Wenn ich jetzt das erbitte, was du mir schon zugestanden hast: daß du nicht auf eine Zeit, die nicht von euch abhängt, die Krönung verschiebst, welche die Hoffnungen betrifft unseres Hauses und unseres Reiches.»

Aus Ninos' Mund kommen Worte voll Gefühl und echter Liebe für die süße Kusine. Und die Tante wartete darauf, denn «nachdem sie einige Schwierigkeiten vorgetäuscht hatte, versprach Derkeia ihm doch ihren Beistand».

Währenddessen befindet sich Semiramis bei Tambe, der Mutter von Ninos. Aber im Mädchen überwiegt eine große Scheu, so daß sie nicht zu sprechen wagt: Sie schaut zur Tante, öffnet den Mund, wie um etwas zu sagen, und schließt ihn dann wieder; Tränen entrollen ihren Augen, und ihre Wangen färben sich rot. Die Tante macht ihr Mut, und als sie sieht, daß das Mädchen kaum ein Wort herausbringen wird, spricht sie selbst: «Ist das Gesetz zu langsam für jene, die reif sind zur Heirat? Mein Sohn wird die Hochzeit beschleunigen. Und nicht einmal zwingen muß man dich, wenn du deshalb weinst!» Sie umarmte freundlich lächelnd das Mädchen und küßte sie. Aber aus Scham brachte dieses nicht einmal da ein Wort heraus. Sie drückte ihr verängstigtes und klopfendes Herz an die

Brust der Tante und küßte sie ohne Unterlaß; mit den Tränen von vorhin und der jetzigen Freude schien sie alles ausdrücken zu können, was sie wollte.

Die Zartheit, die aus diesem Teil der Erzählung durchscheint, macht betroffen. Wir befinden uns in der besten Tradition des griechischen Liebesromans, aber die Reinheit dieses scheuen und unschuldigen Mädchens bewegt uns. Semiramis ist hier nicht die durchtriebene und sinnenhafte Frau der griechischen und armenischen Überlieferung; sie ist einfach ein so schönes Mädchen, daß Ninos sich heiß nach ihr sehnt, aber sie ist zugleich zurückhaltend: für sie ist die Liebe eine innere Flamme, die ihr Herz heftig pochen läßt und ihr Tränen der Rührung entlockt.

Die Mütter stimmen der Heirat von Vetter und Kusine zu. Wenn dann die Erzählung nach einer Lücke wieder einsetzt, befinden wir uns voll im Krieg. An der Spitze des assyrischen Heeres marschiert nun Ninos; die Truppen ziehen gegen Armenien. Beschrieben werden die Kriegsvorbereitungen, der Aufbau des Heeres – 70 000 Mann Infanterie, 30 000 assyrische Reiter, ausgesuchte Soldaten sowie 150 Elefanten – und der mühevolle Marsch nach Armenien. Leicht gelingt der Einfall ins Land; vor der entscheidenden Schlacht läßt Ninos seine Truppen ausruhen. Sodann wird das Heer in Schlachtformation aufgestellt, die Strategie des Heerführers wird dabei im Text dargelegt, und Ninos wartet auf seinen Feind mit den Worten: «Dies ist der entscheidende Augenblick: hier ruhen alle unsere Hoffnungen. Ab heute werde ich entweder ein vergrößertes Reich besitzen oder dasjenige, das mir jetzt eigen ist, verlieren.»

Wir wissen nicht, wie die Schlacht ausgegangen ist. Wenn der Erzählstrang wieder einsetzt, befindet sich Ninos in einer ganz anderen Lage. Es ist von einer Seereise des assyrischen Königs die Rede: seine Flotte hat Schiffbruch erlitten, er selbst hat sich mit wenigen Soldaten retten können. Es muß sich um den Bericht einer anderen Kampagne handeln als jener gegen Armenien. Hier bricht der Text ab.

Wir wollten auch diese dritte Überlieferung zu den Anfängen von Semiramis/Sammuramat zur Kenntnis nehmen, auch wenn – oder gerade weil – es eine völlig anderslautende Tradition ist. Semiramis ist hier ein assyrisches Mädchen, ja sogar mit Ninos näher verwandt. Beide sind jung, sie lieben sich und wollen heiraten. Im «Ninos-Roman» ist wahrscheinlich nicht die Rede von der Kriegerin und Königin Semiramis, sondern wohl bloß von den Kriegen des Gatten. Schon mit 16 Jahren begleitet er den Vater auf den Feldzügen, er scheint dabei bis nach Ägypten gelangt zu sein; mit 17 Jahren, also volljährig nun, befehligt er alleine das mächtige assyrische Heer. Leider bleibt der Text gerade da fragmentarisch, wo von den beiden Feldzügen die Rede ist, jenem gegen Armenien und jenem, der auf dem Meere in einem Desaster endet.

Der Roman ist für uns gerade in seinem ersten Teil interessant. Er muß hier angeführt werden, wo wir uns mit den unterschiedlichen Versionen der Mädchenjahre von Semiramis beschäftigt haben. In der ersten Überlieferung wird sie nach Assyrien geführt als Ehefrau eines hohen Staatsbeamten dieses Landes. In der zweiten Überlieferung ist sie bereits da, ja sie wird in Assyrien geboren als Tochter von Sklaven. In dieser dritten schließlich lebt sie in Assyrien im königlichen Palast als Prinzessin und Kusine des Prinzen.

VI

SALMANASSAR, DER KÜNFTIGE SCHWIEGERVATER

Wie auch immer die Jungmädchenjahre von Semiramis verlaufen sind –
sicher ist, daß sie in Assyrien lebt, in Kalchu oder Ninive, in den Jahren,
da Salmanassar III. regiert. Dies ist der Herrscher, von dem die geschichtliche Semiramis mit Stolz sagt, sie sei seine Schwiegertochter.
858 v. Chr., beim Tod seines Vaters Assurnasirpal II., steigt Salmanassar auf den Thron und regiert bis zum Jahr 824. Seine Herrschaftszeit
ist eine der längsten der assyrischen Geschichte. Das Reich, dessen Basis
durch seine Vorfahren gelegt worden war, erfährt durch ihn eine Festi-
gung und Ausweitung, so daß Salmanassar mit Recht den Titel eines
«Königs der vier Teile der Welt» führt. Während der vollen 35 Jahre seines Herrschens durchstreift er den ganzen Nahen Osten und erlahmt
erst, als er alt ist; aber selbst dann hält Assyrien nicht inne, denn die assyrischen Heere setzen ihre triumphalen Züge fort unter der Leitung des
General-Stellvertreters.

Nicht einmütig ist das Urteil der Historiker über Salmanassar und
dessen Reichsführung. Einstimmig wird er einer der größten Könige der
neuassyrischen Periode genannt, aber der 827 ausgebrochene Bürgerkrieg wegen der Thronfolge wirft einen Schatten auf diesen Herrscher;
von daher einige der wenig schmeichelhaften Beurteilungen seiner Leistung. Wäre dieser Bürgerkrieg nicht ausgebrochen – den der greise
König kaum einzudämmen verstand –, so hätte Assyrien bei seinem Tod
den Höhepunkt der Macht erreicht.

Salmanassar hat uns mehrere Abschriften seiner Annalen hinterlassen, in denen er uns, mit bereits klassisch gewordenen Stilmitteln, informiert über den Verlauf der verschiedenen Feldzüge, über den fortschrei-
tenden Vormarsch seiner Heere in alle Richtungen, aber vor allem nach
Westen gegen Syrien und Palästina. Als Greis kann er sich rühmen, das
Mittelmeer fünfundzwanzigmal erreicht und den Amanus siebenmal
bestiegen zu haben.

Die erste und älteste Ausgabe der Annalen ist jene des Monolithen, die jüngste und ausführlichste jene, die auf dem schwarzen Obelisken reproduziert ist. Wenn uns auch Wanddarstellungen seiner Feldzüge fehlen, so sind sie doch auf dem schwarzen Obelisken figürlich wiedergegeben (dieser ist im übrigen recht bekannt, weil unter den Tributpflichtigen das Reich Israel genannt ist), ferner im wundervollen Kunstwerk, das die Bronzeverkleidungen der Palasttüre von Balawat – dem antiken Imgur-Bel: Sommerresidenz der assyrischen Könige – darstellen (zu bewundern im Britischen Museum London). In allen drei Hauptstädten des Reichs hat man Inschriften dieses Herrschers gefunden; an ihnen läßt sich dessen nicht nur militärisches, sondern auch ziviles Interesse ablesen. Aus ihnen ist zu erfahren, daß Salmanassar eine gänzliche Reform des Staatswesens tätigte; dieser verdankt Assyrien vielleicht auch die Rettung in den kritischen Momenten des Bürgerkrieges.

Wir wollen nun die einzelnen Etappen von Salmanassars erfolgreichem Lebensmarsch abschreiten, wobei wir ihn immer wieder selbst werden sprechen lassen. Wir sagten, daß er ein würdiger Sohn von Assurnasirpal ist, den wir einen wahren Sturmwind nannten: die Grausamkeiten gegenüber den Besiegten – Verstümmelungen, Deportationen, Massenhinrichtungen – werden von Salmanassar mit Zynismus fortgesetzt. Das Gesetz des Terrors herrscht nach wie vor – wer sich vor Assyriens Macht nicht beugt, wird erbarmungslos niedergeworfen. Es wechselt der König, nicht aber die Methode und die Ziele. Heißt der Herrscher nun Adad-narari, Tukulti-Ninurta, Assurnasirpal oder Salmanassar – in ihnen verkörpert sich der assyrische Geist, die gnadenlose Großmacht, welche alle Völker unterwirft und ihnen das heilige Gut der Freiheit raubt. Der nahezu religiöse Fanatismus dieser Herrscher flößt Angst ein: gerade das aber wollen die Assyrer erreichen – Assur, der Gott des Krieges, ist immer und überall der Sieger!

Oben vernahmen wir, wie Assurnasirpal sich voller Selbstlob vorstellte. So nun tut es sein Sohn Salmanassar:

«Assur, der große Herr, der König der Gesamtheit aller großen Götter; Anum, der König der Igigen und der Anunnaki, der Herr der Länder; Enlil, der Erhabene, der Göttervater, der Schöpfer der Welt; Ea, der Herr der tiefen Wasser, dem große Weisheit zusteht; Sin, der König der königlichen Krone, dessen Glanz berühmt ist; Schamasch, der Richter von Himmel und Erde, der hohe Herr der Schöpfung; Ninurta, der Mächtige, der Stolze, der erste der Götter, der Glorreiche; Ischtar, die Herrin des

Krieges und des Kampfes, die die Schlacht liebt; die großen Götter, welche die Schicksalswege bestimmen, welche mein Reich groß gemacht haben und meine Herrschaft erweitert sowie meine Heere und meine Macht – sie sind es, die mir großzügigerweise einen wirkungsvolleren Namen und einen erhabeneren Ruhm verliehen haben als allen anderen Königen.

[Ich bin] Salmanassar, der König der Gesamtheit der Menschen, der Fürst, der Repräsentant Assurs, der mächtige König, der König der insgesamt vier Weltteile, der Lieblingskönig der Götter, die ‹Pupille der Augen› von Enlil, der Tapfere Assurs, der Vorsichtige, welcher Abhänge und Schluchten erkundet, der die Bergeshöhen allüberall betritt, der Tribute und Geschenke an jedem Ort bekommt, der neue Wege bahnt hoch oben und tief unten, vor dessen unbändigem Ansturm die ganze Welt sich jedesmal ängstigt und die Städte erzittern; der mächtige Mann, welcher mit Assurs und Schamaschs Unterstützung, der Götter voller Hilfe für ihn, siegreich voranschreitet und niemand seinesgleichen unter den Königen der vier Weltteile hat, der enge Pfade beschreitet und Berge und Meere überwindet; der Sohn Assurnasirpals, der erhabene Prinz, dessen Priesterschaft den Göttern genehm war und der die Gesamtheit der Länder unterwarf; der reine Nachkomme von Tukulti-Ninurta, der alle seine Widersacher tötete und sie wie eine Sturmflut wegfegte.»

Die Selbstvorstellung Salmanassars III. ist sicher nicht so aufgeblasen wie jene seines Vaters; sie ist konziser und klarer. Dies ist der Stil des Schwiegervaters von Sammuramat: in seinen Annalen läßt er durchblikken, daß die Worte wenig zählen, es sind die Taten, die Geschichte machen. Und seine Taten sprechen für ihn.

Wir wissen es bereits: Seine Feldzüge zielten nach allen vier Seiten der Windrose, aber die Hauptstoßrichtung galt dem Westen, dem Mittelmeer. Wie wenn er die Verläßlichkeit der vom Vater getätigten Eroberungen prüfen wollte, wirft sich Salmanassar bereits im ersten Jahr seiner Regierung zur Küste hin; er erreicht ohne Probleme das Mittelmeer und besteigt den Amanus, wo er Zedern und Zypressen für seine Paläste schlägt. Dieser Feldzug hat Erkundungscharakter, denn auf dem Heimweg erprobt er die Standhaftigkeit verschiedener Fürstentümer, worunter Kargamisch und Bit-Adini. Da wird dem König klar, daß der Weg zum Herzen Syriens und zum Mittelmeer nie sicher sein wird, solange das aramäische Bollwerk Bit-Adini nicht bezwungen ist. Also kehrt er schon im zweiten Regierungsjahr hierher zurück in Begleitung eines kampftüchtigen Heeres; an den Ufern des Euphrats belagert er Til Bar-sip, die Hauptstadt des Bit-Adini. Freilich gelingt es ihm nicht, die gut befestigte Stadt zu stürmen, er verwüstet jedoch ihre Umgebung; dann setzt er seinen Marsch fort, um die Tribute der kleinen Reiche jenseits des Euphrats einzufordern.

Immerhin waren klare Zeichen gesetzt. Der assyrische Bluthund fände erst Ruhe, so war vorauszusehen, wenn das feindliche Reich des Königs Achuni vollständig besetzt sein würde. Im dritten Jahr ist Salma-nassar auch prompt wieder da – diesmal kann er die Hauptstadt Til Bar-sip erobern. König Achuni befindet sich nicht im Palast, denn er hatte sich vorgängig zu einer uneinnehmbaren Festung geflüchtet, Schitam-rat, und so ist das kleine, aber starke Reich noch einmal gerettet. Im näch-sten Jahr, 856, schlägt dann freilich dessen letzte Stunde; der assyrische Herrscher zeigt sich am Fuße der Feste, und es gelingt ihm schließlich, sie zu erobern. Bit-Adini hört auf zu sein; an der Stelle von Til Barsip ersteht eine neue assyrische Stadt, die den Namen des Königs trägt: Kar-Salma-nassar.

So schildert Salmanassar mit knappen Worten die Einnahme von Schitamrat: «Eine Bergesspitze am Euphrat, Schitamrat, die wie eine Wolke vom Himmel hängt, wählte [Achuni] zu seinem Bollwerk. Ich umstellte die Spitze des Berges und erstürmte sie. Achuni mitsamt seinen Göttern, seinen Wagen, seinen Pferden und 22 000 seiner Soldaten ver-schleppte ich mit Gewalt und führte sie in meine Stadt Assur.»

So war der Weg zum Mittelmeer endgültig geöffnet, und durch den neuen Vorposten Kar-Salmanassar hatten sich die Assyrer sicher am Euphrat festgesetzt. Das Zweistromland zwischen Tigris und Euphrat war nun vollständig in assyrischer Hand; die Handelsstraßen von Nord-mesopotamien hatten die frühere Sicherheit wiedererlangt. Salmanassar kann jetzt nach Syrien-Palästina schauen, der Heimat von Semiramis, sowie nach dem fernen Ägypten.

Aber bevor er diese neuen Territorien angreifen kann, muß er die Grenzen im Norden und Osten sichern. Schon während der Periode, da er vornehmlich im Westen beschäftigt war, hatte sich der König nach Norden bis zum Urmiasee vorgewagt, um seinen Tribut vom Lande Gil-zanu einzufordern. Im selben Jahr der endgültigen Eroberung von Bit-Adini dringt der assyrische König nach Armenien vor, und hier kommt es zum ersten Kampf mit Aramu, dem König von Urartu, der eine Nieder-lage erleidet. Im Jahr 855 ist Salmanassar erneut am Ufer des Urmiasees:

hier findet auf dem Wasser die erste Schlacht der Assyrer gegen den König Niqdira von Ida statt. Um sich auf dem Wasser fortzubewegen, benutzen die Assyrer Schlauchboote, während die Eingeborenen Papyrusbarken einsetzen; das Ergebnis des Kampfes wird so beschrieben: «Ich habe inmitten des Meeres ein Gemetzel veranstaltet, seine Soldaten habe ich gefangengenommen.» 854 kommt es, wiederum im Norden, zu einem Sieg über den Herrscher von Schubria. Durch diese Feldzüge hat Salmanassar die nördlichen und östlichen Grenzen abgesichert: jetzt kann er sich ungestört der Verwirklichung seines Traumes widmen, der endgültigen Eroberung von Syrien-Palästina.

Die syrischen Staaten hatten unterdessen aber die assyrische Gefahr erkannt; sie waren ein Kampfbündnis eingegangen, das von den Königen von Hama und Damaskus angeführt wurde und dem insgesamt 14 Reiche angehörten. Die erste Gegenüberstellung findet im Jahr 853 in Qarqar am Orontes statt: auf der einen Seite das kampferprobte assyrische Heer, auf der anderen die Streitkräfte der Alliierten, worunter zum erstenmal kamelreitende Araber zu finden sind. Salmanassar berichtet ganz knapp, daß er die Oberhand behalten und 25 000 Gefangene gemacht habe.

Die Wirklichkeit sieht anders aus. Die Schlacht, die nach dem Wunsche von Salmanassar den assyrischen Einfluß über ganz Syrien-Palästina hätte ausdehnen sollen bis nach Arabien, diese Schlacht führt nicht zum erhofften Resultat. Die kleinen, aber starken aramäischen Staaten kämpfen wie die Löwen – Salmanassar muß mit leeren Händen abziehen.

Er wird noch mehrmals versuchen, dieses Ziel zu erreichen, doch der Widerstand wird stets erbittert sein, so etwa 849. Da setzt Salmanassar alles auf eine Karte und versammelt im Jahr 845 ein Heer von 120 000 Mann, mit dem er den Feind endgültig vernichten will. Hier seine Beschreibung:

«Im vierzehnten Jahr meiner Regierung habe ich eine Generalaushebung in meinem Reich angeordnet; mit einer Truppenzahl von 120 000 Einheiten überquerte ich den Hochwasser führenden Euphrat. Zu jener Zeit versammelten Adad-idri von Damaskus und Irchuleni von Hama zusammen mit den zwölf Königen der unteren und oberen Meeresküste ihr unermeßliches Heer von 360 000 [?]. Als sie vor mein Angesicht kamen, kämpfte ich gegen sie und besiegte sie. Ihre Wagen zertrümmerte ich, ihre Pferde lähmte ich, ihre Kriegsmaschinen nahm ich mit. Um ihr Leben zu retten, flüchteten sie in die Berge.»

Die geballte Kraft des assyrischen Heeres sollte den Sieg garantieren, aber die Allianz der kleinen aramäischen Staaten vermochte, wenngleich mit gewaltigen Verlusten, den Feind zurückzuweisen. Dies gibt auch Salmanassar zu. Der assyrische Traum einer Herrschaft über die Länder am Mittelmeer mußte ein weiteres Jahrhundert auf seine Verwirklichung warten. Bis zu Tiglatpileser III., dem ersten Beherrscher der Länder im Westen.

Unterdessen führen innere Streitigkeiten Hasael auf den Thron von Damaskus, und die Koalition bricht auseinander: darauf hatte Salmanassar gelauert. Im Jahr 841, im achtzehnten Jahr seiner Herrschaft, holt er zu einem neuen Schlag aus. Er zieht nach Syrien, wo das kleine, aber unbezwingbare Königreich Damaskus auf ihn wartet. An zwei Schauplätzen hat der assyrische König zu kämpfen: vor der Stadt Damaskus sowie beim Berg Hermon, wo sich der neue König verschanzt hatte. Doch Damaskus schlägt alle Angriffe zurück, und der König verharrt in seinem Bollwerk. So bleibt dem assyrischen König nichts anderes übrig, als seine Wut an den wunderbaren Fruchtgärten der Ebene bei Damaskus auszulassen. Einen letzten Versuch unternimmt Salmanassar 838 – und erneut hält Damaskus, ganz auf sich selbst gestellt, stand!

Der kleine syrische Staat konnte Salmanassar daran hindern, sich Eroberer von Syrien zu nennen. Sein Traum bleibt Traum. Von diesen Mißerfolgen darf ein kritisches Urteil nicht absehen; die Meldungen von den überwältigenden Siegen, die in den Annalen der verschiedenen Herrscher aufgezeichnet sind, werden dadurch um einiges korrigiert. Zwar erhält Salmanassar von allen anderen Königen der Küste Tribute – worunter Byblos, Tyros, Sidon und auch Jehu von Israel –, aber wohl wegen des mutigen Widerstandes durch den kleinen Staat von Damaskus wird Syrien zunächst nicht assyrische Provinz.

An den anderen Grenzen freilich ist das assyrische Heer siegreich, wie etwa im Nordwesten: dank dem Falle von Bit-Adini war die Verbindung zum Mittelmeer und zum Amanusgebirge fest in assyrischer Hand. Das war sozusagen der untere Weg zur Küste. Nun wollte Assyrien auch die Kontrolle über den oberen Weg, welcher Anatolien durchzieht, bekannt in der Geschichte als der «assyrische Korridor». Einige Länder unterwerfen sich hier gleich und bezahlen regelmäßig ihren Tribut; aber Que, das die berühmte Kilikische Pforte kontrollierte, sowie Tabal im Taurus wollten sich der assyrischen Vorherrschaft nicht beugen. In mehreren Feldzügen bereitet Salmanassar 834 seinen Angriff auf Tarsus vor, das er dann erobert und mit einem ihm treuen Prinzen auf dem Thron für sich sichert. Somit unterwirft sich Que, und die Kilikische Pforte fällt in assyrische Hände. Ques Fall hat zur Folge, daß alle anderen Staaten, unter Einschluß von Tabal mit seinen 24 Königen, den Tribut von nun an entrichten; in Melidu errichtet man eine assyrische Festung. Der assyrische Korridor, die Königsstraße, die Dschezirastraße sind nunmehr in Salmanassars festem Besitz: dadurch sind das Mittelmeer und die anatolischen Bergwerke jederzeit ohne Hindernisse erreichbar.

Auch im Norden war Salmanassar erfolgreich. Die Feldzüge von 856 und 854 gegen Völker Armeniens und vor allem gegen den König von Urartu – die neue Macht, welche über ein Jahrhundert lang allen assyrischen Königen Sorgen macht – haben wir bereits erwähnt. Auf einem seiner Feldzüge gen Norden erreicht Salmanassar die Quellen des Tigris, wo er zur Erinnerung eine Inschrift zurückläßt (am selben Ort, an dem Jahrhunderte früher bereits Tukulti-Ninurta I. eine solche eingravieren ließ). 844 ist er erneut im Norden und dringt nach Nairi ein, gelangt schließlich ins ferne Daiaeni; überall kassiert er Tribute oder plündert ohne Skrupel.

An den östlichen Grenzen herrscht Ruhe. Schon in den ersten Jahren der Herrschaft war das Land Zamua unterworfen worden; 843 kehrt Salmanassar nochmals dahin zurück und dringt nun bis Parsua, Ellipi und Namri vor:

«Im 16. Jahr meiner Regierung ging ich von der Stadt Arbela aus und durchquerte die Kullarberge; im Lande Zamua bemächtigte ich mich der Festungen. Vom Herzen des Zamualandes bis zum Lande Manna machte ich Eroberungen; vom Lande Manna bis zur Stadt Allabria – aus Schurdira, einer Festung des Prinzen Janziburiasch von Allabria, schleppte ich weg: Eine goldene Türe, die Haremsfrauen seiner Paläste, seinen reichen Palastschatz –, von der Stadt Allabria bis zur Stadt Parsua, von der Stadt Parsua bis zur Stadt Abdadani, von der Stadt Abdadani bis zur Stadt Chaban legte ich alles in Feuer, als sei ich Girra. Der Schrecken meiner Herrschaft breitete sich über ihnen aus.»

In den folgenden Jahren zog das assyrische Heer mehrmals nach Osten, um Aufstände niederzuwerfen, wie jener von Namri 835, oder um die Herrschaft zu erweitern. Als der greise König nicht mehr persönlich das Heer leiten konnte, beauftragte er damit den General-Stellvertreter, den Turtanu Dajjan-Assur. So führte der Turtanu die Truppen während zweier Kampagnen gegen östliche Länder, wobei die Assyrer ein neues

Volk kennenlernten: die Mannäer. Dem Turtanu oblag auch die Aufgabe, wieder einmal Aramu, den unbezwingbaren König von Urartu, zum Gehorsam anzuhalten.

In den Annalen von Salmanassar finden wir eine Zusammenfassung all der Kriegsbeute aus den ersten 20 Jahren seiner Herrschaft: «111 610 Kriegsgefangene, 82 600 getötete Feinde, 9920 Pferde und Esel, 35 565 Stück Rindvieh, 19 690 Esel, 184 755 Schafe.» Hier nicht aufgezählt sind alle erbeuteten Gegenstände und große Mengen an Edelmetallen, die den Feinden abgenommen wurden. Aber bereits das Aufgelistete zeigt, wie einträglich die Feldzüge und Raubüberfälle gegen feindliche Länder waren.

Noch unerwähnt blieben bis jetzt Salmanassars Beziehungen zum Süden, also zum Staate Babylon. Zweimal greift der assyrische König in die Staatsgeschäfte des südlichen Nachbarn ein, freilich nicht aus eigenem Antrieb. Zur Zeit der Herrschaft von Marduk-zakir-schumi revoltiert dessen Bruder Marduk-bel-usate gegen ihn und erringt die Hälfte der Reiches. Der legitime König fühlt sich beraubt; er wendet sich an Salmanassar und bittet um seinen Beistand. Ein erstes Mal kommt daraufhin Salmanassar 851 mit seinen Truppen und behält gegen den Rebellen im Kampf die Oberhand: er nimmt ihm zwei wichtige Städte seines neuen Reiches ab, Me-Turnat und Lachiru. Im folgenden Jahr führt er einen entscheidenden Schlag gegen die Stadt, welche der Usurpator als Residenz gewählt hat:

«Im 9. Jahr meiner Herrschaft, anläßlich meiner zweiten Kampagne», so berichtet uns Salmanassar, «eroberte ich die Stadt Gananate. Marduk-bel-usate zusammen mit allen Rebellen streckte ich mit meinen Waffen nieder. Ich begab mich nach Babylon und brachte Gastgeschenke für Babylon, Borsippa und Kuta. Ich drang ins Land der Chaldäer und eroberte ihre Städtchen, so gelangte ich zum Meer, das den Namen ‹Bitterer See› trägt. Die Tribute von Adini aus Bit-Dakkuri und von Muschallim-Marduk aus Bit-Ukani, Silber, Gold und Elfenbein bekam ich in Babylon.»

Das Eingreifen Salmanassars hat den Zweck erreicht: Durch den Tod des Usurpators wurde der Weg frei für die vollständige Wiederherstellung der alten Ordnung in Babylon. Der assyrische König ergreift die Gelegenheit, den drei heiligen, das Königtum garantierenden Städten Babylon, Borsippa und Kuta seine Reverenz zu erweisen, und dann, um erstmals die chaldäischen Stämme im Süden anzugreifen. So gelingt es ihm, die «Bittere See», den Persischen Golf also, zu erreichen.

Salmanassar maß seiner Intervention in Babylon so große Bedeutung zu, daß er sie verewigen ließ in den Reliefszenen des Thronsockels von Kalchu. Die Unterwerfungsgebärden verschiedener Könige sind dargestellt, vor allem auch jene der Chaldäerfürsten, die dem assyrischen König huldigen; in der Mitte kann man Salmanassar, König Assyriens, und Marduk-zakir-schumi, König Babylons, bewundern, wie sie sich die Hand reichen.

So kann sich Salmanassar rühmen, die drei großen Meere erreicht zu haben: das Mittelmeer, den Persischen Golf sowie das Meer des Nordens, den Urmiasee. Er selbst berichtet uns von der Schlacht auf dem See Urmia und von einer Kreuzfahrt auf dem Mittelmeer während eines seiner Kriegszüge gegen Damaskus.

Sein Vater Assurnasirpal hinterließ uns neben den Berichten in den Annalen eine genaue Beschreibung seiner Feldzüge in den Skulpturen seines Palastes in Kalchu. Salmanassar hingegen zog es vor, sie durch zwei außerordentliche Kunstwerke in unser Gedächtnis einzugraben: den schwarzen Obelisken sowie die Bronzetüren von Balawat. Es handelt sich um eigentliche historische Quellen, denn sie vermitteln uns einen Querschnitt der Tätigkeiten des assyrischen Königs.

Der schwarze Obelisk ist bearbeitet wie eine dreistöckige Zikkurat, er mißt 2 Meter in der Höhe, ist an der Basis 60 und oben 40 Zentimeter breit. Auf fünf Bändern sind die Tributpflichtigen herausgemeißelt mit ihren «Geschenken»; die Inschriften, welche sich darunter befinden, erlauben die Identifikation der dargestellten Persönlichkeiten und der überbrachten Gegenstände, sie ermöglichen dadurch auch den Vergleich mit den Nachrichten zu denselben Geschehnissen, wie sie uns die Annalen überliefern. Im ersten Streifen ist der Tribut von Gilzanu, einem Lande beim Urmiasee, dargestellt, der 856 stattfand: Der tributbringende König kniet vor Salmanassar und küßt den Boden, welchen dieser zertritt; der assyrische König steht, stützt den Bogen auf dem Grund auf und umfaßt mit seiner Rechten etliche Pfeile, hinter ihm stehen einige Wächter. Gilzanus Gabe besteht, wie die Inschrift bestätigt, aus Gold, Silber, Zinn, Tongefäßen, Kupfer, einem Szepter für den König, Pferden und Dromedaren. Das zweite Band ging in die Geschichte ein, stellt es doch den Tribut des «Hauses Omri», also Israels, dar, welcher 841 geleistet wurde. Jehu, König Israels, hat sich vor Salmanassar auf den Boden

Obelisk von Salmanassar III.
aus schwarzem Alabaster.
Darauf dargestellt sind die von
den Fürsten der unterworfenen
Länder dem assyrischen Herr-
scher geleisteten Tribute; zu
sehen ist unter anderem Jehu,
König von Israel.

geworfen, während jener einer Gottheit ein Trankopfer darbringt. Neben den Würdenträgern sieht man Untertanen von Jehu, die Gold, Silber, einen Teller aus Gold, eine Tasse aus Gold, Goldkelche, Krüge aus Gold und Zinn, ein Szepter für den König sowie Waffen darbringen. Das dritte Band betrifft den Tribut von Musri: Barfüßige Männer mit einem langen Hemd bringen dem assyrischen Herrscher ihre Gaben, nach Aussage der Inschrift Dromedare, Büffel, Rhinozerosse, Antilopen, weibliche Elefanten, Affen und Paviane. Im vierten Streifen sind dargestellt die Suhei aus dem Gebiet des mittleren Euphrats mit ihren Gaben: Silber, Gold, Goldkrüge, Elfenbein, Waffen, farbige Stoffe und Stoffe aus Leinen. Im letzten Band beobachten wir die Tributpflichtigen von Pattina, die Silber, Gold, Zinn, leuchtendes Kupfer, Tonbehälter und solche aus Kupfer, Elfenbein und Buchsbaum als Gabe bringen.

Die Kupferplatten auf dem Tor des Palastes von Balawat, dem antiken Imgur-Bel, wo die assyrischen Herrscher den Sommer verbrachten, sind ein bedeutendes Kunstwerk. Die beiden Holzflügel waren je 1,6 Meter breit und 6,1 Meter hoch, wozu noch zwei hölzerne Türpfosten kamen; bedeckt waren sie durch 6 Bronzebänder mit Reliefverarbeitung. Jedes Band, 28 Zentimeter breit und 2 dick, ist in zwei Streifen unterteilt, so daß die Darstellungen auf eine Höhe von 13 Zentimetern eingraviert sind. Alle Szenen rufen die siegreichen Kriege Salmanassars in Erinnerung.

Eindrücklich ist die Zartheit und Genauigkeit der Ausarbeitung; die kruden Szenen erreichen niemals die Grausamkeit derjenigen, die Assurnasirpal in Auftrag gab. Allerdings darf uns dieser Unterschied nicht darüber hinwegtäuschen: Salmanassar war sicher nicht anders als sein Vater, auch er säte überall Vernichtung. Und wenn die Versionen der Annalen, die wir oben zitiert haben, sprachlich zurückhaltender sind als die schauerliche Ausdrucksweise des Vaters, so gibt es doch auch andere Fassungen, in denen auch er sich roher vernehmen läßt und dadurch seinen wahren Charakter verrät. Erinnern wir uns bloß seines Fazits für die ersten zwanzig Regierungsjahre: «111 610 Kriegsgefangene, 82 600 getötete Feinde.» Nicht auszuschließen ist, daß unter diesen mehr als hunderttausend Menschen, die gezwungenermaßen ihr Vaterland verlassen mußten und nach Assyrien verschleppt wurden, auch die künftige Schwiegertochter zu finden ist. Eine schöne Syrerin, in die Hauptstadt gebracht, um das königliche Harem zu bereichern – in die sich aber gleich der Erbprinz verlieben und aus ihr die Königin Assyriens machen wird, die große Sammuramat.

Salmanassar III. war brutal wie sein Vater. Und doch widerspiegelt der Stilwechsel einiger Annalen tatsächlich auch einen gewissen Wandel seiner Person. Was ihn kennzeichnet, ist die Liebe zur Kunst sowie ein verstärktes politisches Denken. Ja, seine veränderte Auffassung vom Staat macht aus Salmanassar einen *Herrscher, der sich deutlich abhebt von dem Typus seiner Vorgänger*. In ihm bahnt sich nämlich die Einsicht an, daß zwar die Kriege ein Mittel sind, um Assyrien groß zu machen und zu erhalten, daß aber wahre Größe nicht bloß auf einem starken Heer fußen kann. Er will, daß die Idee «Assyrien» sich in den Köpfen der Besiegten festsetze. Gleichsam die ganze Welt soll assyrisch werden und sich dann dementsprechend auch fühlen; ferner soll es keinen Unterschied geben zwischen den Bewohnern des Kernlandes und jenen neuen Assyrern, die durch die Kriege dazugewonnen wurden. Alle sollen sie gleiche Pflichten, aber auch gleiche Rechte haben. Die neuen Provinzen des Reichs sollen nicht weniger geachtet sein als die alten und glanzvollen Provinzen des ehemals kleinen Assyrien. Jeder Mann soll stolz sein – wie es später bei den Römern der Fall sein wird –, sagen zu können: Ich bin ein assyrischer Bürger.

In der Tat haben die assyrischen Könige stets die Notwendigkeit erkannt, daß die neuen Assyrer sich mit der alten Bevölkerung vermischen. Der Satz, welcher in den Annalen die Nachricht der Deportationen begleitet, ist dafür ein Indiz: «Ich zählte sie zum assyrischen Volk.» Dies ist mehr als ein rituelles Bekenntnis; es drückt sich darin der feste Wille aus, alle Menschen zu Assyrern zu machen. Es scheint, als wollten die assyrischen Könige mit diesem Ausspruch irgendwie ihr Tun rechtfertigen; sie haben eine Mission zu erfüllen, den Herrschaftsbereich Assurs zu erweitern. Salmanassar fühlt das ganze Gewicht dieser seiner Mission und die ungeheure Verantwortung, die auf ihm lastet: Wohl sind die Kriege nötig, aber dringender stellt sich die Aufgabe, derart verschiedene Völker unter eine Regierung zu bringen.

Lediglich wenn wir eine neue Auffassung, ja ein neues Ideal der Beziehungen zwischen Siegern und Besiegten voraussetzen, können wir den sozialen Aufstieg Sammuramats einerseits, den blutigen Bürgerkrieg in den letzten Jahren der Regierung Salmanassars andererseits verstehen. Unbestreitbar wird durch die Heirat des Erbprinzen mit einer Fremden politisches Neuland betreten. In den Augen der alten Aristokratie der Hauptstädte war es ein schimpflicher Verstoß, daß die künftige Königin keine Assyrerin war. Man kann sich fragen, ob unter die Ursachen der

Bronzeverkleidung der Balawatpforten (Ausschnitt)
mit der Reliefdarstellung der wichtigsten Feldzüge von
König Salmanassar III.

Phönikisches Elfenbein aus Kalchu. Frauenkopf,
vom Entdecker «Mona Lisa von Nimrud» genannt.

Abspaltung der aristokratischsten Provinzen des Reichs nicht auch die Heirat zwischen Schamschi-Adad und Sammuramat zu zählen sei – eine unerwünschte Verbindung für die «wahren» Assyrer.

Aber versuchen wir, die beiden neuen Verhaltensweisen bei Salmanassar genauer zu bestimmen. Auf die Bronzebeschläge der Türe von Balawat haben wir mehrfach hingewiesen; aber es gibt noch weitere Beispiele für den raffinierten Geschmack des Schwiegervaters von Semiramis. Der von ihm in Kalchu erbaute Palast, er diente vornehmlich als militärisches Arsenal, weist in seinen Königsappartements Malereien auf sowie aus Elfenbein geschnitzte Paneele mit Intarsien, die äußerst kostbar sind. Wenn die Archäologen auch nicht alle Intarsien genau datieren können, so stammen doch einige von ihnen zweifellos aus der Periode von Salmanassar. Diese Intarsien – ihre Stile und die dargestellten Motive weisen auf verschiedene Handwerksschulen hin: ägyptische, phönikische, syrische – zeigen die verschiedensten mythologischen Szenen wie auch Bilder des wirklichen Lebens. Unvergeßlich die sogenannte «Mona Lisa von Nimrud» mit ihrem vollen und runden Gesicht, den zum Lächeln ansetzenden Lippen, dem deutlichen Kinn und dem Augenpaar unter schwarzen Brauen, das den Betrachter sanft durchdringt. Oder auch die Szene der Kuh, die ihr Kälbchen ableckt, während dieses von ihr Milch trinkt. Oder der Löwe, der den Äthiopier zerfleischt.

Dieser Dekorationsstil, der sich über die verschiedenen Flügel des königlichen Palastes hinzog, erweckte keine düsteren Gedanken, wie dies im väterlichen Palast der Fall war, sondern entließ die Besucher in heiterer Stimmung. Trat man durch die Zeremonientür ein, so blickte man auf die gegenüberliegende Wand, welche vollständig mit emaillierten Plättchen dekoriert war. Sie bildeten einen wunderbaren Bogen aus lauter Motiven der Pflanzen- und Tierwelt, in der Mitte das Bild des Königs, der sich einem anderen König in offensichtlich friedlicher Absicht zuwandte; oben war das Emblem des Gottes Assur angebracht. Die Elfenbeinintarsien und diese Darstellung erweckten ohne Zweifel den Eindruck, daß die Assyrer nicht bloß Krieger waren, sondern auch das Schöne zu pflegen wußten, unter der rauhen Schale auch zarte Gefühle verbargen.

Salmanassar kümmerte sich nicht nur um Kalchu, wo er neben dem Arsenal-Palast auch mehrere Tempel errichten ließ, er dachte auch an die alte Hauptstadt Assur, die er mit neuen und mächtigen Mauern umschloß. Er erneuerte auch das wichtigste Stadttor, die Tabirapforte.

Und in den Inschriften belehrt er uns in assyrischer Geschichte, indem er die Tätigkeiten der Vorgänger-Könige zum Wohl der Hauptstadt in Erinnerung ruft und dabei um 1000 Jahre zurückblickt.

Eine Inschrift lautet: «So waren die Mauern meiner Stadt Assur, die alten Mauern, die Tukulti-Ninurta hatte erbauen lassen, der Sohn Salmanassars, zu Ruinen zerfallen; ich habe sie wiederhergestellt, habe neue Fundamente graben lassen.» Der hier erwähnte Tukulti-Ninurta herrschte von 1242 bis 1206, er war der Sohn Salmanassars I. (1272–1243). Eine andere Inschrift: «So waren die Mauern meiner Stadt Assur, die alten, welche Kikkia, Puzur-Assur, Ikunum, der Sohn von Erischu, Enlil-nasir, der Sohn von Puzur-Assur [gebaut hatten] zu Ruinen zerfallen; ich habe sie wiederhergestellt.» Um hier zeitlichen Aufschluß zu erhalten, müssen wir die «Assyrische Königsliste» befragen: Kikkia ist der 28. König der Liste, Puzur-Assur der 30., Erischu I. der 33., und man kann ihn auf das Jahr 1852 datieren, Ikunum, sein Sohn, belegt den 34. Platz und beginnt seine Herrschaft 1812; mit Enlil-nasir erreichen wir den 62. Platz (1454–1442), sein Vater Puzur-Assur III. regierte von 1468 bis 1455.

Mit dieser Aufzählung hat uns Salmanassar in die Zeit Assyriens zurückgeführt, die in große Dunkelheit getaucht ist, weil jegliche schriftlichen Quellen darüber fehlen. Dieser Rückgriff ist aber von tiefer Bedeutung, indem die Könige, welche vorangegangen sind, erwähnt werden. In einer dynastischen Abfolge, die gleichmäßig und ohne Schrecken erfolgt, ist der Rückbezug auf die Vorfahren normal, und aus ihm erwächst der Stolz des Erben. Die Dynastie erfährt dadurch eine Konsolidierung.

Die Lage in Assyrien ist aber eine andere: Usurpatoren haben oft die Macht an sich gerissen. Kaum, daß einmal 100 Jahre vergehen ohne Führungswechsel, wenn dies nicht schon innerhalb derselben Generation geschieht. Aber gerade im neunten Jahrhundert werden der «Eponymenkanon» und auch die «Assyrische Königsliste» verfaßt. In diesem geschichtlichen Moment empfinden die Assyrer die Notwendigkeit, sich ihres historischen Herkommens zu vergewissern; es ist der Augenblick des *Übergangs vom Reich zum Imperium*. Früher hatte Assyrien keine Berufung zur universalen Herrschaft verspürt, aber mit der Politik, die der Gründer der Dynastie Assur-dan II. (935–912) verfolgte und die seine Nachfolger unbeirrt fortsetzten bis eben zu Salmanassar III. – dem einzigen wahren Schöpfer des Imperiums, insofern er unbehelligter Herrscher über Länder und Meere war –, mit dieser Politik wächst auch das Bedürfnis, diese neue Vision der Herrschaft zu rechtfertigen. Man weiß nichts Besseres, als eine dynastische Abfolge zu stiften und zu dokumentieren, welche geradlinig und konsequent ihre Wurzeln ganz tief in der Vorzeit hat.

So wird Salmanassar nicht nur der stolze Erbe von Assurnasirpal II., dem Neffen von Tukulti-Ninurta II. und Großneffen von Adad-narari II., sondern zugleich der legitime Nachfolger einer unermeßlichen Anzahl von Königen, den Königen Assyriens, welche seit je das Szepter der Macht in Händen hielten.

Bemerkenswert ist, wie sich die Assyrer in dieser ihrer geschichtlichen Vision durchaus weltlich geben. Das Königtum kommt für sie, im Gegensatz zu den Sumerern des dritten Jahrtausends, nicht vom Himmel, sondern ist etwas, was der menschlichen Sphäre zugehört. Und wenn auch die Herrscher immer wieder betonen, die Götter hätten ihr Reich groß gemacht, Assur haben sie als Könige auserwählt – sie fühlen sich doch durch kein göttliches Mandat legitimiert und gebunden, sondern lediglich durch die assyrische Tradition. Zwar bezeichnet sich der Herrscher als der Repräsentant des Gottes Assur, aber dieser Gott ist jener des Krieges und konnte sich als solcher nicht in die mesopotamische Götterwelt eingliedern; so bleibt die Beziehung der Könige zu Assur eine politische und nicht eigentlich religiöse. Die sumerische und babylonische Auffassung vom Königtum ist eine völlig andere. Für jene ist der König vor allem der «Hirte der Völker», für die Assyrer hingegen scheint er der Bestrafer zu sein.

Salmanassar erweist sich als eine komplexe Figur, deren Handlungsmotive genau ergründet sein wollen. Sein Verhalten wird sich auch auf seine direkten Nachfolger übertragen. Die assyrische Ideologie von Tiglatpileser III., Sargon, Sanherib bis zu Assurbanipal ist kaum verständlich, wenn man nicht die Lebenskeime aus der Periode von Salmanassar III. mitberücksichtigt.

Etliches wäre noch über die sozialen und ökonomischen Verwirklichungen des Schwiegervaters von Semiramis zu berichten – wie etwa die Einrichtung von Gouverneursstellen in den eroberten Ländern – oder auch über seine ausgedehnten Jagdvergnügen. Wir wollen aber nun noch seine letzten Herrschaftsjahre genauer betrachten. Diese werden leider durch einen Bürgerkrieg verdüstert, einen eigentlichen Sezessionskrieg, angeführt durch den ältesten Sohn Assur-dan-apli. Es ist im 31. Jahr seiner Regierung, 827 v. Chr. also, als den in Kalchu weilenden König die traurige Nachricht erreicht. Schlimm ist die Lage durch den Umstand, daß Assur und Ninive, die beiden andern Hauptstädte, an der Revolte teilnehmen.

In den offiziellen Aufzeichnungen Salmanassars findet sich keine Spur dieser sechs Jahre dauernden Revolte. Wir sind über sie informiert durch die Schriften von Schamschi-Adad V., der, nach dem Tod des Vaters mitten im Bürgerkrieg, sich mit seinem Bruder und den wichtigsten assyrischen Städten messen mußte, bevor er zusammen mit der Gemahlin Sammuramat den Thron besteigen konnte. Diese tragischen Ereignisse werde ich noch ausführlich behandeln; hier wollen wir nach dem Verhalten des Königs fragen.

Obwohl in den offiziellen Schriften nichts darüber zu lesen ist, kann man Rückschlüsse ziehen aus einigen von ihm ergriffenen Maßnahmen. Der alte Löwe läßt sich durch die Provokation nicht entmutigen: von Kalchu aus leitet er eine stille, ja gleichsam unterirdische Gegenrevolte, die aber deswegen nicht weniger wirksam ist. Es ist eine Art Nervenkrieg; schließlich müssen die Rebellen weichen, da es ihnen nicht gelungen ist, den Alten zu verdrängen. Im übrigen ist es noch nie vorgekommen, daß ein assyrischer König auf den Thron verzichtet hätte, nur der gewaltsame Tod kann das bewirken. Die Tatsache, daß Salmanassar eines natürlichen Todes stirbt im Jahr 824, wohl aus Altersschwäche, zeigt, daß er der wahre Sieger ist.

Wie verhält sich der König in diesen letzten Lebensjahren? Obwohl alt und müde – hatte er doch die Heeresleitung, um sich endlich ausruhen zu können, dem General-Stellvertreter übergeben, dem Turtanu Dajjan-Assur –, sieht er sich gezwungen, die Zügel der Macht wieder fest in seine Hände zu nehmen. Ein Indiz liefert uns der Eponymenkanon. Wie wir uns erinnern, enthält der Kanon die Liste der Beamten, die jährlich dem Kult der Gottheiten vorstanden sowie dem Staate selbst. Diese Funktionen wurden ausgeübt durch die Gouverneure der wichtigsten Provinzen, ferner durch die vier großen Würdenträger – den General-Stellvertreter (Turtanu), den Palastherold (Nagir ekalli), den großen Mundschenk (Rab schaqe) und den großen Intendanten (Abarakku) – und natürlich durch den regierenden Herrscher. Bei jedem Neubeginn einer Herrschaft wird die Reihenfolge der eponymen Gouverneure unterbrochen: sie fängt von vorne an mit dem neuen König, mit den vier Würdenträgern und dann von neuem mit den Gouverneuren der Provinzen. Wie das Auswahlverfahren funktionierte, ist nicht sicher festzustellen, aber es ist sehr wahrscheinlich, daß man den Zufall spielen ließ: in einem Behälter waren die Würfel gesammelt mit den Gouverneursnamen, der herausgezogene Würfel bezeichnete den Gewählten. Für die Würdenträger allerdings scheint man nicht dieses Verfahren angewandt zu haben, da die Ordnung ihrer Abfolge beinahe konstant ist. Der König selbst jedenfalls war diesem Zufallsverfahren nicht unterstellt, war er doch Rechtens stets der erste einer neuen Eponymenserie.

Das Gesagte wird teilweise bestätigt durch den Fund eines Würfels aus Terrakotta mit einer schönen Beschriftung:

Assur, der große Herr,	des Landes Mehrani,
Adad, der große Herr:	des Landes Uqi,
Würfel	des Berges der Zedern;
von Jachalu,	Hauptinspektor.
der große Intendant	In seinem Eponymat,
von Salmanassar,	[beim Herauskommen] seines Würfels
	möge die Ernte des Landes Assyrien
König von Assyrien,	blühend und üppig sein
der Gouverneur	Im Angesicht Assurs und Adads
der Stadt Kipschuna,	möge sein Würfel
des Landes Qumeni,	herauskommen.

In dieser Inschrift des großen Intendanten Jachalu – er war Eponym zweimal, 833 und 824, unter der Herrschaft Salmanassars, und einmal, 821, unter der Herrschaft Schamschi-Adads V. – wird der Wunsch geäußert, der Würfel möge herauskommen und die Zeit seines Eponymats möge für das Land segensreich sein. Man kann sich gut vorstellen, daß solche Würfel mit Stolz von ihren Besitzern aufbewahrt wurden, als Erinnerungsstück der erfolgten Wahl. Denn das Eponymat war zwar eine Bürde, aber offensichtlich eine sehr begehrte … Die Prozedur scheint so vor sich gegangen zu sein, daß man die Würfel in einen Behälter mit engem Hals brachte, um darauf durch eine Auf-und-ab-Bewegung den Austritt eines Würfels zu bewirken.

Die absolute Neuigkeit, die uns der alte König kurz vor seinem Tod beschert, um der Revolte wirksam zu begegnen, ist folgende: Er faßt den Entschluß, ein zweites Mal die Funktion des Eponymen zu übernehmen. So wird die Sequenz nach dem dreißigsten Regierungsjahr unterbrochen, und Salmanassar ist im Jahr 827 neuerdings zum Eponymen ernannt. Ein Akt dies von außerordentlicher politischer Wichtigkeit. Die Revolte bricht im Jahr 827 aus, im selben Jahr interveniert der König. Aber Salmanassar ist nicht allein, als er diesen unerhörten Entschluß faßt, der die Traditionen des Staates radikal verändert: die großen Würdenträger sind auf seiner Seite. Der General-Stellvertreter, der Großintendant, der Großmundschenk und der Palastherold unterstützen die Aktion des Herrschers uneingeschränkt, und in den folgenden Jahren übernehmen auch sie wieder das Eponymat: 826 der General-Stellvertreter, 825 der Palastherold, 824 der Großintendant, 823 der Großmundschenk.

Dieser Rat der Vier schließt sich also in keiner Weise der Revolte an. Wie eine kompakte Mauer beschützen sie den König. Die Rebellion schleppt sich drei Jahre hin, erreicht aber die erträumten Ziele nicht. Der König hatte ihr durch sein Handeln die institutionelle Basis entzogen, sein Sohn Schamschi-Adad wird dann mit den Waffen seinen Bruder besiegen wie auch die beiden Hauptstädte und die revoltierenden Provinzen.

Bis zuletzt hat Salmanassar gekämpft. Zunächst um aus Assyrien ein Imperium zu machen, dann um die Institutionen des Staates zu retten. Auf seine Herrschaft mag dieser und jener Schatten fallen, aber nicht auf ihm, sondern auf Assyrien lastet die Schuld. Es hatte den Wandel der Zeit nicht begriffen, nicht verstanden, sich dem neuen imperial-kosmopolitischen Geist anzupassen. Salmanassar III. verkörpert das Ideal des Herrschers: an ihm wird sich die schöne Syrerin, seine Schwiegertochter Semiramis, orientieren können in den schweren Momenten, die ihr bevorstehen.

VII

DIE HAUPTSTÄDTE DES REICHS

Assur, Ninive, Kalchu

Sowohl die von Ktesias überlieferte Legende von Ninos und Semiramis wie auch die ganze nachfolgende griechische und lateinische Literatur, welche sich für diese zwei Gestalten interessiert, bezeichnen einstimmig Ninive als die Hauptstadt des ersten Weltreiches. Und Semiramis, die es ihrem Ehemann, dem Gründer dieser Stadt, gleichtun wollte, ließ es sich nicht nehmen, eine eigne Stadt zu bauen: Babylon.

Ninive und Babylon stehen in der Geschichte symbolhaft für die beiden Reiche der Assyrer und Babylonier. Ninive ist die letzte Hauptstadt des Assyrischen Reiches, die bevorzugte Residenz von Sanherib und seinen Nachfolgern bis zu ihrer Zerstörung im Jahr 612, da das ruhmreiche Imperium für immer verschwand. Babylon seinerseits ist, mit seiner tausendjährigen Tradition, die Kapitale des Reiches im Süden; sie wurde zunächst von Kyros erobert, 539, und dann durch Alexander den Großen im Jahr 331.

Im Gegensatz zu den Babyloniern hatten die Assyrer nicht eine Hauptstadt, sondern immer *mehrere Städte von herausragender Bedeutung,* die von Fall zu Fall von den Königen zum Sitz der Zentralregierung auserwählt wurden. Einige Könige gar rühmten sich ausdrücklich, neue Hauptstädte gegründet zu haben mit Palästen, Tempeln und Privatbehausungen.

Wenden wir uns nun dieser Frage zu, nicht zuletzt natürlich, um zu erfahren, in welche Stadt die junge Syrerin mit Namen Semiramis geführt wurde, als sie, aus Syrien-Palästina kommend, in Assyrien eintraf. Wo lebte sie als Gemahlin des Königs, wo als Königinmutter zur Zeit Adad-nararis III.? Nach Aussage der Legende wurde Semiramis nach Ninive geführt, in die Stadt von Ninos, wo sie auch ständig lebte, zumindest bis sie sich ihre eigene Hauptstadt Babylon bauen ließ.

Die historische Wirklichkeit ist eine andere. Neben den zwei ältesten und ruhmreichsten Hauptstädten Assur und Ninive kamen im Laufe der

Jahrhunderte weitere Städte hinzu, die dieses Privileg für sich beanspruchten, so Kar-Tukulti-Ninurta (von Tukulti-Ninurta I. erbaut), Kalchu (von Assurnasirpal II.) und Dur-Scharrukin (von Sargon II.). Wo mag Semiramis/Sammuramat residiert haben? Zwei von diesen Städten fallen aus der Betrachtung: jene von Tukulti-Ninurta I., weil sie bald wieder verlassen wurde, jene Sargons, weil sie zu diesem Zeitpunkt noch nicht gegründet war. Aber die anderen drei – Assur, Ninive, Kalchu – können, wenigstens grundsätzlich, als Wohnorte der Königin in Frage kommen.

Geschichtliche Nachrichten helfen uns, endgültige Aussagen zu machen über die Hauptstadt zur Zeit von Schamschi-Adad und Sammuramat. Sagen wir es gleich: Die Legende hat wenigstens teilweise recht. Salmanassar III. residierte sowohl in Ninive wie in Kalchu; aber wir wissen auch, daß sich Schamschi-Adad gerade einen neuen Palast in Ninive errichten ließ, um dort hinzuziehen, welcher aber nicht mehr fertig wurde infolge seines frühen Todes. So scheint es wahrscheinlich, daß Sammuramat zugleich in Kalchu, wo sie einen Palast besaß, den Sitz der Königin, wie auch in Ninive wohnte, eben dort, wo der neue Palast im Entstehen war. Aus verschiedenen historischen Indizien darf man aber schließen, daß in der Epoche Salmanassars und seiner Nachfolger Ninive die strukturelle und geistige Hauptstadt des Reichs war – und geblieben ist bis zum völligen Zusammenbruch Assyriens. Erst als Ninive fällt, ist die Welt davon überzeugt, daß Assyriens letzte Stunde gekommen ist.

Als in der Mitte des letzten Jahrhunderts die ersten Grabungen im historischen Boden Assyriens begannen, wußten die Erforscher nicht, daß es im Alten Reich viele Hauptstädte gegeben hatte. Sie suchten voller Eifer Ninive. Erst als man die Keilschrift entziffert hatte und die Inschriften der Könige, die an verschiedenen Orten ausgegraben wurden, lesen konnte, erfuhr man den antiken Namen der Städte und ihre Bedeutung in der Geschichte Assyriens. So stellte sich heraus, daß Nimrud (der jetzige Name) nicht das biblische Ninive sein konnte, sondern einer Stadt namens Kalchu [biblisch Kalach] entsprach, die von Assurnasirpal II. gegründet worden war. Ninive ruhte unter dem Hügel Nebi Junus, «Grabmal Jonas», in der Nähe von Mossul.

Die älteste Hauptstadt ist *Assur*. Durch sie erhielt sowohl das Volk wie das Königreich seinen Namen. Mit Recht kann man in dieser Stadt den Keim erblicken, aus dem jene Macht hervorging, die schließlich ein Weltreich werden sollte. Der Name der Örtlichkeit, die seit Jahrhunderten schon verlassen ist, lautet heute Qalat Schergat; zu Beginn des Jahrhunderts haben dort deutsche Archäologen gründliche Grabungsarbeiten geleistet.

Die Stadt liegt am rechten Tigrisufer am Nordabfall des Dschebel Maqlub. Auf einem Hügel gelegen, der von zwei Seiten wasserumflossen ist durch den Tigris und dessen Seitenarm und sich zudem in die umliegende Ebene ausbreitet, auf diesem Hügel gelegen, bot die Stadt eine ideale Lage für die Überwachung der Gegend, wo sich zwei wichtige Karawanenstraßen kreuzten, jene nach Chabur und jene nach Nasibina. Zum Fluß hin fällt diese Erhöhung steil ab, so daß sie gut zu verteidigen ist. Das mag wohl den ersten Anstoß zur Besiedlung gegeben haben, die ins dritte Jahrtausend zurückreicht.

In der Epoche, die uns hier interessiert – also etwa 800 v. Chr. –, wird Assur als die älteste und repräsentativste Hauptstadt des Reichs geehrt, wenngleich die Könige nicht mehr hier residieren. Diese alte Kapitale wird durch die Könige aber weiterhin gepflegt – wie es etwa der Fall ist für Salmanassar III. –, indem sie ein Teil der Kriegsbeute dorthin bestimmen, und zwar hauptsächlich zugunsten der Tempel von Assur und Adad. Assur ist für die Könige die Stadt der ewigen Ruhe. Die Könige lassen sich nämlich in der Monarchengruft unter dem alten Palast begraben. Sicher ist dies der Fall bei Assurnasirpal, dem Vater von Salmanassar III., und bei Schamschi-Adad V., dem Gatten der Semiramis.

Alle Könige Assyriens, nicht bloß jene des neunten Jahrhunderts, nennen sich stets Herrscher von Assur. Die Hauptstadt nämlich ist Synonym für das Königreich, dieses wiederum identifiziert sich mit seiner Hauptstadt. Auch wenn taktische Erfordernisse die Wahl anderer Städte erzwingen werden, bleibt doch Assur die Hauptstadt par excellence, und seine Bewohner werden immer gewisse Privilegien genießen, wie etwa die Befreiung von den Steuern. Und da die Geschichte der Stadt engstens mit dem Reich verknüpft ist, haben alle Traditionen hier ihren Ursprung.

Das wichtigste Dokument, nicht zuletzt auch wegen seiner ideologischen Implikationen, ist zweifellos die «Assyrische Königsliste». Die Aufstellung der Könige, welche in Assyrien geherrscht haben, wurde letztmals redigiert – und genau in dieser Fassung ist sie uns überliefert – im neunten Jahrhundert: eine Abschrift nämlich endet mit dem Namen des Königs Assur-narari V., eine andere mit jenem von Salmanassar V. Von jedem erwähnten König werden die Regierungszeit sowie die

Abstammung genannt, fast als handelte es sich um eine einzige erbliche Königsdynastie. Die Liste führt alle geschichtlichen Könige an, die durch zeitgenössische Dokumente belegt sind; sie geht aber auch in historische Perioden zurück, deren Verhältnisse nur teilweise geklärt waren oder gar völlig im dunkeln lagen. Zu dieser Erklärung gelangten die Forscher, die die Namen der ersten Könige deuteten. Die Liste beginnt mit einer Aufzählung von 17 Königen, von denen es heißt, sie hätten «in Zelten gewohnt»; dieser Ausdruck wird einstimmig als Hinweis auf deren Nomadentum interpretiert. Diese «Könige» wären dann Vorsteher von Sippen, die weder in Städten lebten noch urbane Kultur kannten, Könige, die strenggenommen nicht als solche zu bezeichnen sind. Darauf folgen 10 Könige mit der Bestimmung: «deren Väter bekannt sind». Von jedem wird denn auch namentlich der Vater angeführt, womit die genealogische Betrachtungsweise einsetzt. Übrigens wird nicht etwa die Reihenfolge Vater–Sohn–Enkel mitgeteilt, sondern die umgekehrte: Sohn–Vater–Großvater. Dann kommt eine Gruppe von Königen mit dem Hinweis: «insgesamt 6 in den Ziegelsteinen bezeugte Könige, deren Eponyme überdeckt sind». Der Ausdruck «in den Ziegelsteinen bezeugt» meint, daß diese Herrscher Backsteine hatten brennen lassen, auf denen ihr Name eingepreßt war. Dies war eine Angewohnheit, die die Könige aller Zeiten kannten. Dank ihr sind wir heute in der Lage, einem bestimmten König diesen Palast oder jenen Tempel zuzuweisen; die Backsteine dienten nämlich für alle Arten von Bauten. Die zweite Bemerkung «deren Eponyme überdeckt sind» macht deutlich, daß die Institution des Eponymats sehr alt sein mußte in Assyrien. Mit dem König, welcher den 33. Platz in der Liste einnimmt, beginnt die Serie der Herrscher, von denen sowohl die Abstammung wie die Regierungszeit angegeben sind. So geht es dann weiter bis zum 107. beziehungsweise 109. König der Liste, die letzten genannten also. Manchmal erwähnt die Liste wichtige Ereignisse oder auch Wechsel von Dynastien; von einigen Königen wird sogar ausdrücklich gesagt, daß es sich um Usurpatoren handelt, wie jene von Nummer 42 bis 47, die «Söhne eines Niemand» heißen.

Die Gelehrten sind der Meinung, daß die Liste zur Zeit von Schamschi-Adad I. abgefaßt wurde. Dieser, einer der glanzvollsten Könige, war eigentlich ein Usurpator gewesen und wollte mit der Liste seinen Aufstieg rechtfertigen. Von daher die verdrehte Genealogie der Herrscher, die nach den 17 Königen der Zelte kommen. Schamschi-Adad nennt sich

Sohn von Ilu-kabkabi, welcher den 25. Platz in der Liste einnimmt, während er selbst sich auf dem 39. befindet. So wird deutlich, wie Kraus mit Recht ausführt, daß hier bewußt gemogelt worden ist: mit dem Kunsttrick der verdrehten Genealogie – die nicht vorwärts schreitet, sondern zurückkrebst – sollten die Leser nicht merken, daß Schamschi-Adad, wie das sein Platz auf der Liste zeigt, ein Usurpator war.

Kehren wir zu den 17 Königen der Zelte zurück, die den Gelehrten so viel Kopfzerbrechen verursachten – und künftig, wie ich meine, noch mehr verursachen werden. Die Grundüberlegung, die die Ratlosigkeit verursacht, ist folgende: Der Ausdruck «Könige, die in Zelten gewohnt haben» bezieht sich eindeutig auf das Nomadentum und verträgt sich somit schlecht mit städtischer Kultur. Man stünde somit vor einem klaren Anachronismus oder zumindest einer terminologischen Verwirrung, denn die richtige Gleichung müßte heißen

König : städtische Kultur = Sippenoberhaupt : Zelt.

Mir will nicht scheinen, daß die alten Assyrer einem Anachronismus aufgesessen sind noch daß sie sich falscher Begriffe bedient haben. Sind sie denn verpflichtet, in ihrer Terminologie unsere Vorstellungen von der Entwicklung der Zivilisation einfach zu übernehmen? Schon der von den Semiten verwendete Terminus für «Stadt» sollte uns zum Nachdenken anregen: Während es für die Sumerer eindeutig so ist, daß die Stadt ein wohl abgegrenzter und allseits abgeschlossener Ort war – der sumerische Ausdruck «uru» wird piktographisch mit zwei rechtwinklig überlagerten Rechtecken dargestellt –, wußten die vom Nomadentum herkommenden Semiten, die den ihren Gewohnheiten nicht entsprechenden Terminus aus dem Sumerischen übersetzen mußten, nichts Besseres, als «uru» mit ihrem «ahl», das im Assyrisch-Babylonischen zu «alum» wurde, gleichzusetzen, was aber «Zelt», «Zeltlager» bedeutet.

Assur selbst wird in den ältesten Texten nie mit dem von uns verwendeten Namen bezeichnet, sondern einfach mit «alum». Für mich liegt

1 Tempel für das Fest des Neuen Jahres.	*5 Terrassentempel von Anu und Adad.*
2 Steppe.	*6 Tempel des Gottes Assur.*
3 Stadtgraben.	*7 Terrassentempel von Enlil.*
4 Neuer Palast.	*8 Alter Palast.*

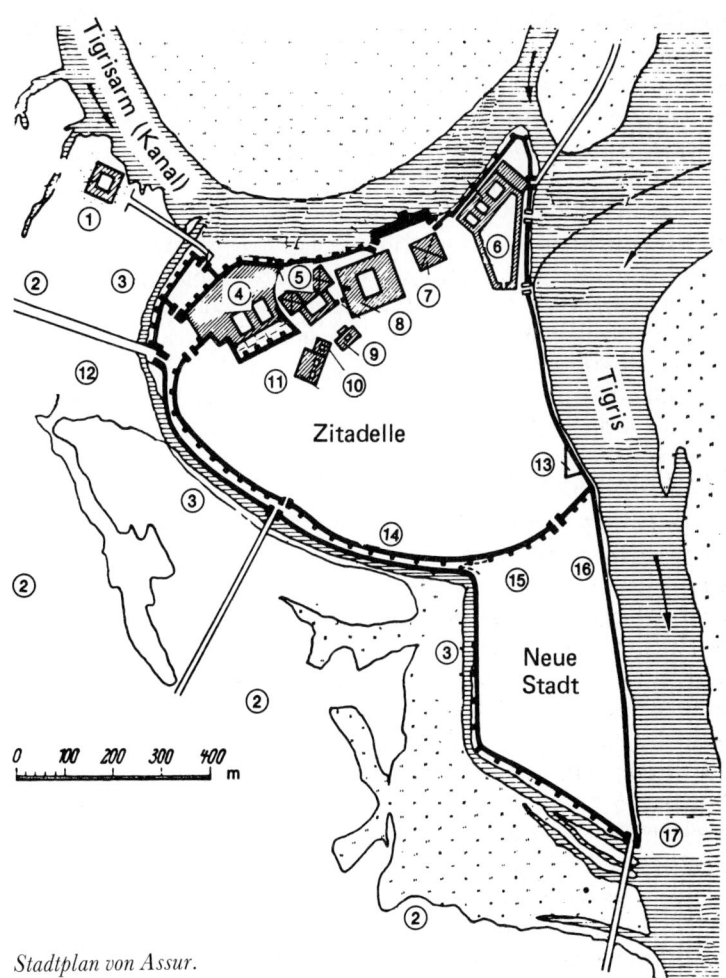

Stadtplan von Assur.

9 *Tempel von Sin und*
    Schamasch.
10 *Tempel von Ischtar.*
11 *Tempel von Nabu.*
12 *Tabirator.*

13 *Palast des Erbprinzen.*
14 *Verstärkungsmauer.*
15 *Ort der Stelen.*
16 *Mauer am Flußufer.*
17 *Tigristor.*

also im Ausdruck «Könige, die in den Zelten gewohnt haben» ein Hinweis und eine Anspielung auf den generellen Begriff «alum», der von den Assyrern selbst zur Bezeichnung ihrer Stadt Assur gewählt wurde. Der Kompilator der «Assyrischen Königsliste» erinnert sich sehr wohl der Ursprünge seiner Vorfahren und weiß genau, vielleicht besser als wir, wieso Assur einfach «alum» hieß (was wir heute mit «Stadt» übersetzen und dadurch mit unserem Bedeutungsgehalt füllen).

Wozu dieser ausführliche Exkurs, wird man sich fragen. Was, zumindest in bezug auf die Inschriften, als eine ahistorische Epoche erschien, ist auf dem Weg – dank den Archiven mit den Keilschrifttafeln, die in Ebla zum Vorschein kamen –, zu einer sehr wichtigen geschichtlichen Epoche zu werden. Wir befinden uns in der Zeit, 2500 v. Chr., wo man einmütig die Semiten in die Nomadenrolle verwies, ohne Städte und bar jeder urbanen Kultur – jetzt erfahren wir auf einmal, daß sie vielmehr eigentliche Handelsimperien gegründet hatten, die allüberall in der bekannten Welt ihre Verbindungen hatten.

Für mich wurde es zu einer sehr schönen Überraschung, in den Ebla-Täfelchen den Namen der Stadt Assur zu entdecken, ja sogar ein kleines Kapitel ihrer wunderbaren Geschichte. Die Namen der Stadt und des gleichnamigen Gottes Assur waren in den Täfelchen von Abu Salabich dokumentiert, und zwar in der Götterliste und dann im «Geographischen Atlas» des Nahen Ostens. In Ebla ist nicht bloß die Stadt bezeugt, man fand auch ein hochinteressantes Dokument: ein internationales Handelsabkommen zwischen dem Königreich Ebla und dem Königreich Assur. Falls meine Hypothese richtig ist, haben wir da auch die Erwähnung des Königs von Assur, Ja-dud, was die ursprüngliche Form des Namens Tudija, des ersten Königs der «Assyrischen Königsliste», wäre. Aus anderen Dokumenten erfahren wir, daß der Herrscher Assurs, vor der Begründung der Dynastie durch Tudija, König von Mari war, der den Titel «König von Mari und Assur» trug. Assur löst sich von Mari dank dem militärischen Eingriff von Ebla: so nimmt die Dynastie von Assur ihren Anfang, welche durch die Assyrer in exemplarischer Form rekonstruiert wird.

Die Archive von Ebla führen uns in die Mitte des dritten Jahrtausends vor Christus zurück. Aus ihnen läßt sich bezeugen, daß Assur zu dieser Zeit nicht nur schon als Stadt existierte, sondern bereits Hauptstadt eines Reichs war. Die archäologischen Grabungen haben Schichten aus dieser Epoche zutage gefördert, zeitgenössische Inschriften freilich konnte man keine finden. Nur aus dem Munde späterer Herrscher erfahren wir, daß bestimmte Tempel, Paläste und sonstige Bauten zum erstenmal von diesem oder jenem Vorgänger errichtet wurden. Der Tempel von Assur, von Iluschuma und seinen Nachfolgern wiederaufgebaut, wird Uschpia zugeschrieben, dem zweitletzten der 17 Könige der Zelte; die Mauern Assurs werden durch Salmanassar III. dem 28. König der «Königsliste», Kikkia, zugeschrieben.

Der Tempel von Assur stammt offenbar aus dieser uralten Zeit; er wurde in den folgenden Jahrhunderten mehrmals restauriert. Eine rechteckige Zella bildete den heiligen Raum; der Türe gegenüber, in einer Nische, stand die Götterstatue. Dank den Grabungen können wir die verschiedenen Phasen der Stadtentwicklung verfolgen. In den schlechten Zeiten wurde fast nichts gebaut, und die bestehenden Bauwerke zerfielen. Aus der Zeit vor 2000 wurde ein weiterer Tempel identifiziert, jener von Ischtar, zudem fand man Figürchen und Standbilder aus Terrakotta sowie Reste von Privatbehausungen.

Um 1900 kommt die Stadt zu größerer Bedeutung durch die Gründung einer neuen Dynastie (Stammvater ist Puzur-Assur); einen glanzvollen Höhepunkt erlebt sie unter Schamschi-Adad I., in diese Epoche gehören der Tempel Assurs, die große Zikkurat, der Königspalast (genannt Alter Palast) und die Mauern der Stadt. Der Tempel Assurs ist nunmehr zu einem achitektonischen Komplex angewachsen; seine Form war nach wie vor rechteckig (110 × 60 Meter), umschloß aber bereits zwei Innenhöfe. Dem nördlichen Hof, den man durch ein Prachttor erreichte, war die Zella benachbart. Der Königspalast war eine quadratische Anlage von 100 Metern Länge und Breite. Sie umfaßte viele Innenhöfe sowie eine Folge von Privatgemächern, die von einem zentralen Hof größeren Ausmaßes ausgingen, einem Hof, der als Versammlungsraum für die öffentlichen Zeremonien diente. Bloß Spuren fand man von der großen Zikkurat sowie von den Stadtmauern, die Salmanassar restaurieren ließ.

Auch in der mittelassyrischen Zeit ist Assur weiterhin Hauptstadt; die Könige dieser Epoche haben uns etliche Zeugnisse ihrer Bautätigkeit zugunsten von heiligen und profanen Zwecken hinterlassen. Besonders bemerkenswert sind die zwei Stelenserien, jene der Könige und jene der Beamten, die zwischen den äußeren und inneren Stadtmauern errichtet wurden. Unter diesen Stelen, wir erinnern uns, fand man jene von Sammuramat.

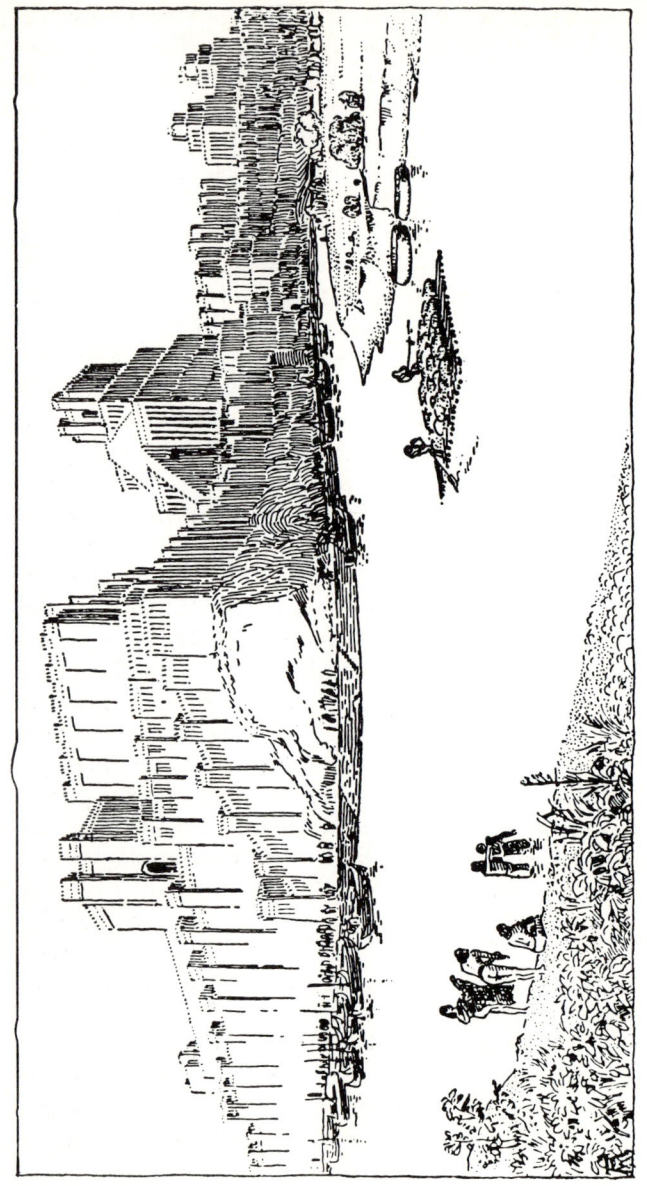

Vermutetes Aussehen der Stadt Assur, vom Tigris her.

In dieselbe Epoche fällt der neue Königspalast sowie der Ischtar-Tempel, die Tukulti-Ninurta erbauen ließ, einer der größten assyrischen Könige. Funde aus dieser Zeit sind Elfenbeinplatten mit Intarsien, die geflügelte Tiere und eine Gottheit zwischen exotischen Pflanzen darstellen. Die Stadtmauern werden verstärkt, vor allem ums Eingangsportal herum. Unter Tiglatpileser I. baut man den Tempel von Anu und Adad, ein architektonischer Block mit Zentralhof, von wo die zwei Rampen abgehen, die zu den Terrassentempeln führen. Diesem König verdankt man auch die Schaffung der ersten assyrischen Bibliothek, bekannt als Bibliothek von Assur, mit geschichtlichen, historischen und auch religiösen Dokumenten.

Nachdem eine Periode der Dekadenz überwunden war, kam es zu den Aktivitäten von Salmanassar III. im neunten Jahrhundert. Er läßt die Gruft unter dem alten Königspalast erstellen, erneuert von Grund auf die Außenmauern, baut einen Tempel für Ischtar und restauriert die große Zikkurat. Weder Schamschi-Adad noch sein Sohn Adad-narari bemühten sich um Assur, aber ihre Nachfolger, insbesondere Sargon und Sanherib. Letzterer zog zwar für sich Ninive vor, wollte aber, daß Assur – Symbol der assyrischen Macht – in Ehren gehalten werde. 614 v. Chr. fällt Assur.

Eine tragische Ironie bestimmt Salmanassars III. Verhältnis zu dieser Stadt: Gerade der Herrscher, der sich am meisten für die alte Hauptstadt verwandt hat, muß am Lebensschluß die Revolte ihrer Bewohner erfahren. Assur ist an der Spitze der rebellierenden Städte. Vielleicht war eines der Motive ihrer Unzufriedenheit die Wut ihrer Bewohner, denen sich nunmehr unmißverständlich zeigte, daß die wirklichen Hauptstädte Assyriens Kalchu und Ninive waren, daß ihre Stadt, trotz allen Privilegien, nur noch eine zweitrangige Rolle zu spielen hatte. Assur war für die neuen Herrscher der Ort der Väter geworden, die Stadt, wo sie selbst dereinst ihre letzte Ruhestätte haben wollten.

Ninive ist, was Alter und Bedeutung betrifft, die zweite Hauptstadt des Assyrischen Reiches. Und am Schluß, auch die Semiramis-Legende bestätigt es uns, wird das Imperium untrennbar mit dem Namen dieser Stadt verbunden sein.

Die geographische Lage Ninives ist eine der besten: in Tigrisnähe (8 Kilometer vom heutigen Flußlauf), inmitten einer äußerst fruchtbaren Zone, der natürliche Schnittpunkt aller Verbindungsstraßen des Nahen Ostens; im Norden und Osten durch eine Hügelkette geschützt, im Süden und Westen durch die Steppe.

Der Name der Stadt ist im «Geographischen Atlas» von Abu Salabich und von Ebla bezeugt in der Form «ni-nu^{ki}», die so stark an den Namen in der Semiramis-Legende erinnert. Die Grabungen förderten urgeschichtliche Bebauungsreste zutage, die nun auch durch die Erwähnung in Ebla bestätigt sind.

Ninive hat aber offenbar nicht immer zum Assyrischen Reich gehört, denn es wird nur in jenen Epochen erwähnt, da es wirklich integrierender Bestandteil des Staates war. So wissen wir zum Beispiel, daß Schamschi-Adad I. dort einen Tempel für Ischtar erbauen ließ, woraus man auf eine direkte Kontrolle dieses Königs über die Stadt schließen kann.

Ninive wird erst spät zur definitiven Hauptstadt erkoren, und zwar unter Sanherib. Bis zu diesem Zeitpunkt ist sie zwar eine wichtige Stadt, aber sie beherbergt nicht den Sitz der Regierung. Wenn einige Könige sie dennoch bevorzugen, so liegt das an der strategischen Lage der Stadt.

Die archäologische Ausgrabung Ninives setzte in der Mitte des letzten Jahrhunderts ein, zunächst durch die Franzosen und bald darauf durch die Engländer. Die Entdeckung der Stadt ist für immer mit dem Namen des englischen Gelehrten Layard verbunden, der auch die Identität von Kalchu mit Nimrud nachwies. Als er an einem der beiden Tell der antiken Stätte grub, stieß er schon bald auf ein Gebäude, das dank den Inschriften als Palast des Sanherib erkannt wurde. Dieser Palast wies zwar deutliche Zerstörungen auf, aber es gelang Layard, 71 Räume ans Tageslicht zu bringen, worin man Kriegsdarstellungen fand; in zwei kleinen Zimmern zudem eine große Anzahl von Keilschrifttafeln. Sondierungen im unbewohnten Teil des Tell Nebi Junus lassen Layard Inschriften von Adad-narari III., Sanherib und Asarhaddon finden.

In der Zwischenzeit hatten sich Engländer und Franzosen darüber geeinigt, den andern nahegelegenen Tell, jenen von Qujundschik, unter dem der Großteil der antiken Stadt lag, zu halbieren: die Franzosen sollten den nördlichen, die Engländer den südlichen Teil ausgraben. Der Forscher Rassam, 1852 nach Mossul zurückgekehrt, hielt sich nicht an die Abmachung. Nachts fängt er an, im französischen Abschnitt zu graben – indem er vom englischen Teil aus einen Stollen dahin vortreibt. Und hier stößt er auf den eigentlichen Schatz von Ninive: den Palast von Assurbanipal mit seinen unzähligen Mauerblöcken, auf denen Kriegs-

Ninive

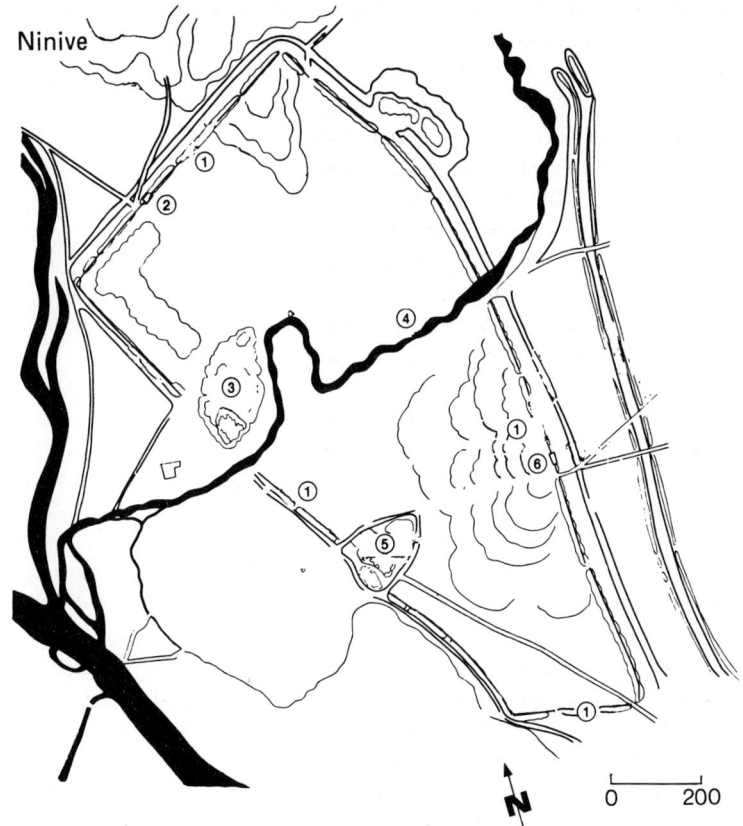

Plan von Ninive.

1 Stadtmauer.
2 Nergal-Tor.
3 Tell Qujundschik (Zitadelle).
4 Fluß Chosr.
5 Tell Nebi Junus (Arsenal).
6 Schamasch-Tor.

und Jagdszenen dargestellt sind – besonders berühmt die Reliefs mit der Löwenjagd –, und die Reste der Bibliothek von Ninive, ein kulturelles Erbe von unschätzbarem Wert. Angesichts dieser Bedeutung bringt es Rassam nicht über sich, auf seine Piratenbeute zu verzichten: er konfisziert im Namen der englischen Regierung die Funde. Nach über hundert Jahren nimmt man das Ganze nicht mehr so ernst, aber die Tatsache bleibt bestehen: Rassam hat sicher viele Verdienste, seine Mißachtung des Berufsethos ist trotzdem unverzeihbar.

Wer heute nach Ninive kommt, kann schon von weitem die Stadtmauern bewundern, die von Engländern und Irakern wiederaufgebaut wurden. Sie vermitteln einen Eindruck von der Umgürtung der Stadt im 8. und 7. Jahrhundert v. Chr. An den Stellen, wo die Mauern nicht erneuert wurden, kann man die rechteckigen Reste der antiken Befestigung sehen (auf einer Länge von 12 Kilometern).

Unter den Königen, die sich für Ninive eingesetzt haben, müssen wir den Ehemann von Sammuramat nennen; er hat, laut einer Inschrift seines Sohnes Adad-narari III., den Bau eines eignen Palastes begonnen, den dann der Sohn endigte. Noch einmal erfährt die griechische Legende von Semiramis eine unerwartete Bestätigung: Aus der Erzählung von Ktesias geht hervor, daß Ninos sich entschloß, eine Hauptstadt zu bauen, Ninive. Sicher, die Legende spricht vor allem von den mächtigen Mauern Ninives, die man in Wirklichkeit Sanherib zuschreiben muß, aber die keilschriftliche Mitteilung vom Palastbau des Semiramis-Gatten in dieser Stadt bleibt doch recht interessant.

Vor Schamschi-Adad hatten schon andere Herrscher der zweiten Hauptstadt des Reichs ihre Aufmerksamkeit gewidmet. Assurnasirpal beispielsweise ließ in Ninive den Tempel der Ischtar erbauen, und sicherlich trug er auch bei zur Errichtung der Tempel von Nabu, von Adad und von Assur. Von Salmanassar wissen wir, daß er – obwohl durch ihn Assur baulich erweitert und verschönert wurde – lieber in Ninive weilte. So genoß diese Stadt bereits vor Sanherib eine besondere Behandlung; dieser König dann weihte sie zur Hauptstadt des Imperiums. Ninive wurde zum Symbol Assyriens.

Ein gigantisches Bauwerk, das Sanherib verwirklichte, ist das System der Wasserzufuhr, das die Stadt Ninive genügend versorgte. Zunächst kanalisierte er den Lauf des Flusses Chosr auf einer Strecke von 16 Kilometern, dann verknüpfte er diesen mit einem Netz von 18 Kanälen, die das Wasser von den Abhängen des Berges Musri einfingen. Um mögliche Hochwasser zu verhindern, wurde oberhalb von Ninive ein künstlicher Sumpf errichtet; bevölkert wurde dieses Auffangbecken mit wilden Vögeln und Tieren, an seinen Ufern pflanzte man verschiedenste Arten von Bäumen. Als später der Palast fertig wurde, genügte diese Wasserzufuhr nicht mehr den gestiegenen Bedürfnissen. Da ließ Sanherib eine noch größere Anlage errichten: das Aquädukt von Dscherwan. Vom Berge Tas bringt es das Wasser bis zum Chosrfluß, der bis zur Peripherie der Stadt fließt; hier sind Parks und Gärten angelegt, die Sträucher und Bäume aus all den eroberten Ländern prägen ihr Aussehen. Ohne Zweifel ein außergewöhnliches Werk – und es erinnert uns erneut an die Legende von Semiramis, etwa da, wo berichtet wird, sie hätte Aquädukte dieser Art für Ekbatana errichten lassen. Das Aquädukt von Sanherib, das amerikanische Archäologen mindestens teilweise ans Tageslicht gebracht haben, kann durchaus Vorbild für das in der Legende erwähnte geworden sein.

Sanherib gab der Stadt ein neues Gepräge; er sorgte für ihre Erweiterung, ließ großzügig angelegte Plätze und Straßen bauen, vor allem errichtete er die Königsstraße, die über 30 Meter breit und von Stelen gesäumt war. Unter diesem König erreicht Ninive den Glanz, der die Stadt zusammen mit der Schwester und Rivalin Babylon durch die Jahrhunderte hindurch berühmt machen sollte.

Nimrud, das antike Kalchu, ist die dritte Hauptstadt des Assyrischen Reiches. Vor allem die Hauptstadt in jener Epoche, die uns hier besonders interessiert: Semiramis, die schöne Syrerin, wurde zweifellos nach Kalchu geführt, und hier wurde sie die Königin Assyriens.

Kalchu wurde als neue Hauptstadt von Assurnasirpal II. erbaut. Von eher rechteckiger Form, hatte die Stadt eine Ausdehnung von 2 Kilometern. Der Tigris floß an ihrer westlichen Seite, an der südlichen ein Bewässerungskanal, der das Wasser aus dem Oberlauf des Zab in die Stadt führte; mächtige Mauern schützten die beiden restlichen Flanken. Die wichtigsten Tempel und Paläste befanden sich in der südwestlichen Zone, das Militärarsenal stand im südöstlichen Teil. 1845 beginnt die Ausgrabung in Nimrud: noch sah man die Reste der antiken Zikkurat, und Layard startet seine Sondierungen genau im höchsten Punkt des Tell. Gleich stößt er auf den später als nordwestlicher Palast identifizierten Bau der Königsresidenz Assurnasirpals. Die Kolosse, welche das Hauptportal des Palastes bewachten, werden ans Tageslicht befördert:

*Einer der geflü-
gelten Stiere vor
dem Eingang des
königlichen Pala-
stes von Assurna-
sirpal II. in Kal-
chu: Sie sollten
die bösen Geister
fernhalten.*

geflügelte Stiere und Löwen, die man jetzt im Britischen Museum bewundern kann. Ferner die Wandreliefs mit den Schilderungen der Grausamkeiten, die dieser Herrscher im Krieg verübte, sowie verschiedene Statuen. Der englische Archäologe findet auch Reste von Wandmalereien, die aber zugrunde gingen, weil man sie damals nicht zu konservieren wußte. Zwei Jahre darauf bei einer neuen Ausgrabung gelingen ihm weitere Palastfunde: jener von Adad-narari III. (Westpalast), jener von Asarhaddon (Nordwestpalast) mit den Reliefdarstellungen der Kriege von Tiglatpileser III. Auch die Entdeckung des sogenannten Zentralpalasts von Salmanassar ist Layard zu verdanken sowie des schwarzen Obelisks, der sich ganz in der Nähe befand. Gerade in dieser Zeit wurde dem englischen Archäologen klar, daß er nicht Ninive erforschte – wie er bis dahin angenommen hatte –, sondern die Stadt Kalchu.

In den folgenden Jahren wurde die Ausgrabung Rassam anvertraut. Dieser legt Tempelanlagen frei (hundert Jahre später werden sie als der neue Nabu-Tempel identifiziert, den Adad-narari III. errichten ließ, also der Sohn von Sammuramat) und findet dabei die Statuen des Gottes Nabu, die der Gouverneur der Stadt Kalchu in Auftrag gegeben hatte. In den Inschriften ebendieser Skulpturen, wir erinnern uns, konnte man zum erstenmal den Namen Sammuramat lesen, den Namen der geschichtlichen Semiramis. Ab 1854 ist Loftus für die Ausgrabungen verantwortlich; er legt einen weiteren Palast frei, den sogenannten verbrannten Palast, worin man erstmals Elfenbeinintarsien findet.

Noch aber war die Wiederentdeckung Kalchus nicht abgeschlossen. Wiederum sind es die Engländer, denen der Ruhm weiterer wunderbarer Entdeckungen gebührt. Ab 1949 beginnen sie neue Grabungen, und Mallowan, der Leiter, richtet zunächst seine Aufmerksamkeit auf den hundert Jahre zuvor von Layard entdeckten Zentralpalast. Hier, in einem Seitenzimmer des Thronsaales, findet er die Stele von Assurnasirpal, worin dieser die Gründung der Stadt beschreibt und an das zehntägige Eröffnungsfest erinnert. Im selben Palast findet Mallowan zwei Brunnen, deren Inhalt sich als Schatz entpuppen sollte. Im einen ruhte das älteste Buch der Geschichte. Es handelt sich um eine Abfolge von mindestens 15 Tafeln aus Holz oder Elfenbein, die mittels eines Goldgelenks zusammengehalten werden; die einzelnen «Blätter» weisen eine Wachsschicht auf, worin in Keilschrift ein 1000-Zeilen-Dokument eingeritzt ist. Ein Hinweis zu Beginn teilt uns mit, daß das Buch für den Palast von Sargon II. in Chorsabad bestimmt war. Nicht minder wichtig sind die Funde aus dem zweiten Brunnen: hier waren die berühmt gewordenen Elfenbeinarbeiten von Nimrud, auf die wir im Zusammenhang mit Salmanassar III. hingewiesen haben.

Mallowan entreißt dem Boden die Kanzlei des nordwestlichen Palastes, den Ninurta-Tempel, den sogenannten verbrannten Palast sowie den Nabu-Tempel mit dem anschließenden Gouverneurspalast. Die englischen Archäologen wollen durch ihre wissenschaftlichen Forschungen erhellen, wie die Assyrer des neunten vorchristlichen Jahrhunderts lebten.

Das Finderglück ist ihnen auch darin hold. Aus den Täfelchen, die sie in den verschiedenen Räumen der ausgegrabenen Paläste vorfinden, können sie das Funktionieren der Provinz Kalchu rekonstruieren, ja die ganze Staatsorganisation. Der sensationellste Fund wartete auf die Engländer in der nordöstlichen Ecke des Tells, die noch nie genauer untersucht worden war. Es handelt sich um das Militärarsenal von Kalchu, das seine Entdecker «Salmanassar-Fort» nannten.

Gebäude dieser Art mußte es in allen drei Hauptstädten der neuassyrischen Epoche gegeben haben, also auch in Ninive und in Chorsabad, aber das Arsenal von Ninive befindet sich wohl unter den modernen Bauten von Nebi Junus und kann nicht ausgegraben werden; aus einer Inschrift von Asarhaddon sind wir über seine Existenz informiert. Aus demselben Dokument geht auch die Funktion eines solchen Gebäudes hervor: «Militärisches Lager zur Sammlung von Pferden, Maultieren, Kriegswagen, Waffen und Kriegsbeute.» Jedes Jahr kam der König ins Lager, um die Generalinspektion durchzuführen.

Der «ekal mascharti», wie er auf assyrisch hieß, war also der Versammlungsort für das Heer vor den jährlichen Feldzügen (darauf spielt sicher die griechische Legende an, wenn sie uns berichtet, daß Ninos eine Generalaushebung im ganzen Land durchführte). Die von überall herbefohlenen Soldaten kamen in die Hauptstadt, wurden mit Waffen und Proviant versorgt und machten sich dann auf den Weg zu den verschiedenen Fronten.

Das Arsenal von Nimrud nahm eine Oberfläche von 300 × 200 Metern ein und war auf allen Seiten von derart hohen und starken Mauern umgeben, daß es wie eine richtige Festung ausgesehen haben muß. Das Arsenal umfaßte fünf Abteilungen sowie in der Mitte einen großen Hof für die Appelle, wo auch ein Thron für den König aufgestellt war.

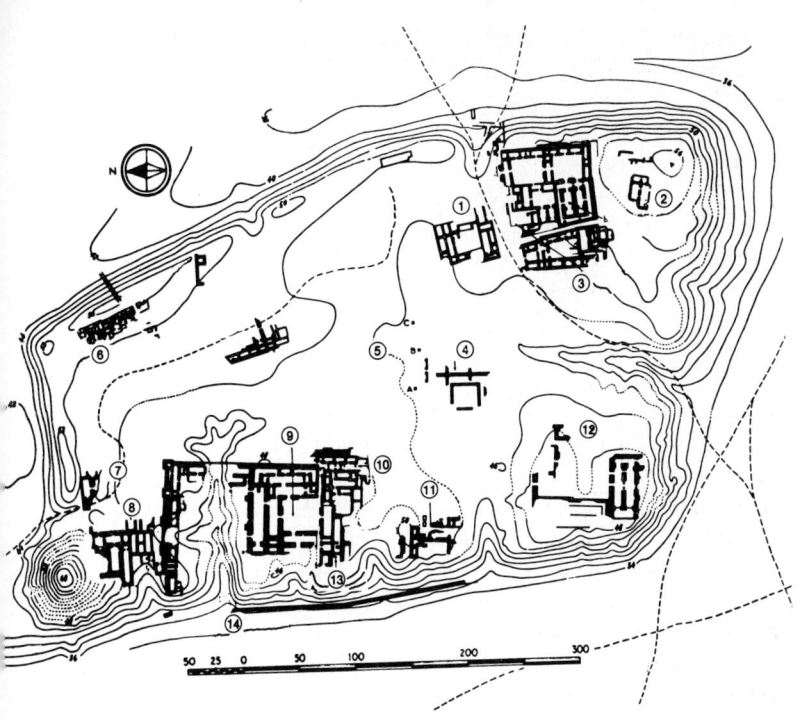

Plan von Nimrud (Kalchu).

1 *Gouverneurspalast.*
2 *Nabu-Tempel (Ezida).*
3 *Abgebrannter Palast.*
4 *Zentraler Palast.*
5 *Obelisken.*
6 *Wohnhäuser.*
7 *Ischtar-Tempel.*

8 *Ninurta-Tempel.*
9 *Nordwestpalast.*
10 *Brunnen.*
11 *Palast von Adad-narari.*
12 *Südwestpalast.*
13 *Brunnen.*
14 *Mauer am Flußufer.*

Basrelief am Throne von Salmanassar III.,
dem Schwiegervater von Sammuramat,
im Zeughaus von Nimrud (Kalchu).
In der Mitte die Könige von
Assyrien und Babylonien beim Händedruck
zur Besiegelung von Frieden und Freundschaft
zwischen den beiden Nationen.

Die Höfe des Nordteils waren von Werkstätten für Zimmerleute, Schlosser und Gerber umgeben; in einigen dieser Räume fand man gut erhaltene Werkzeuge, Waffen und Rüstungen. In einem andern Teil des Arsenals waren die Verwaltungsräume, die Schlafsäle für Offiziere und Soldaten sowie Lebensmittelmagazine untergebracht. Größere Magazine waren um einen dritten Hof gruppiert. Sie dienten sicherlich der Verproviantierung der Truppen während der Feldzüge.

Die ganze Südseite des Forts war durch die Königsresidenz von Salmanassar ausgefüllt; darin waren untergebracht: Die Säle für Zeremonien, zu denen man direkt vom zentralen Innenhof Zugang hatte; Räume, die dem öffentlichen Verkehr des Monarchen dienten, Audienzsäle, Thronsaal; ferner die Privaträume der königlichen Familie.

Im Thronsaal fanden die Engländer den wichtigen Sockel zum Königsthron mit den Reliefdarstellungen, die die Tributübergabe syrischer und chaldäischer Staaten zeigen sowie, in der Mitte, die historische Begegnung von Salmanassar III. mit dem König von Babylon, Mardukzakir-schumi: die beiden geben sich gerade die Hand! Wir haben bereits dargelegt, wie Salmanassar III. wohl wie kein anderer begriffen hatte, daß die verschiedenen Völker kaum mit Gewalt allein, sondern viel eher mit einem neuen Bewußtsein zusammengehalten werden konnten. Mit dem Bewußtsein, daß die Unterschiede zwischen alten und neuen Assyrern unwichtig geworden waren, daß sie vielmehr stolz sein durften, Assyrer zu sein. Wir stellten auch fest, daß seine Untertanen ihn nicht verstanden. Nur eine junge und schöne Syrerin, die von den fernen Stränden des Mittelmeers hierher gekommen war, erfaßte die Tragweite dieser Gedanken des greisen Monarchen.

Semiramis hat sicher oft, wenn sie in den Thronsaal von Kalchu eintrat, diese Szenen betrachtet, zunächst als scheue Ausländerin, dann aber als Assyrerin, ja als Gattin des Erbprinzen. Vielleicht hat sie gerade in diesem Raum den Plan zur völligen Befriedung der beiden Bruderstaaten ausgedacht. Dieser Händedruck zwischen dem König von Assur und dem König von Babylon sollte einen Freundschaftspakt besiegeln, der allein die beiden Reiche vor der Zerstörung retten konnte! Zweier Reiche, die während zweier Jahrtausende die Geschichte des Fruchtbaren Halbmondes bestimmt hatten. Die Entdeckungen der Engländer wurden vervollständigt durch die Auffindung, in den Lagerräumen des südwestlichen Teils, einer ganzen Kollektion von Elfenbeinintarsien; sie dienten wohl zur Dekoration von Möbeln und Wänden.

Die Archive mit den Keilschrifttäfelchen verraten uns, daß in diesem so vielfältigen Gebäude ums Jahr 800 auch zwei Harems und ein Haus für die Königin untergebracht waren, und zwar im Flügel der Königswohnung. Die Behausung für die Königin war zweifellos jene für Sammuramat/Semiramis, die die Geschicke des Reichs, das nun von ihrem Sohn Adad-narari III. gelenkt wurde, sorgsam beobachtete. Gerade in Kalchu hat die Semiramis der griechischen Legende, die geschichtliche Sammuramat, wohl ihre schönsten Jahre verbracht. Die offiziellen Dokumente lassen die Herrscher als sichere, stolze und königliche Figuren erscheinen – und doch verraten dann kleine Einzelheiten die von ihnen durchlebten düsteren Momente, die von ihnen genährten Hoffnungen. Die syrischen und phönikischen Elfenbeinarbeiten mußten doch unweigerlich in der schönen Syrerin die Erinnerung ans heimatliche Land wachrufen, an die blühenden Strände des Mittelmeers. Beim Spazieren in den Gärten, beim Betreten der verschiedenen Säle, beim Einschlafen im Bett hat sie sicher oft sehnsüchtig auf die mythologischen oder naturalistischen Darstellungen der Intarsien aus Elfenbein geschaut. Vielleicht berührten ihre Hände die wunderschönen Sphingen, den Baum des Lebens oder die Figuren wie die «Mona Lisa» von Nimrud: das war ihre nie vergessene, nie abgelehnte Welt. Und indem sie aus den andern Teilen des Palastes den Lärm der Offiziere und Soldaten herüberdringen hörte, sind ihr wohl die Tränen gekommen im Wissen, daß die Hälfte dieses enormen Heeres aus Syrien-Palästina stammte, ihrem geliebten Ursprungsland.

Adad-narari teilt uns mit, daß sein Vater den Bau eines Palastes in Ninive begonnen hatte. Denkbar ist, daß es gerade Semiramis gewesen war, die ihren Gatten dazu bewogen hatte, um Kalchu verlassen zu kön-

Pläne von Chorsabad und der Zitadelle.

1 Zitadelle.	*7 Aufgang.*
2 Stadtmauer.	*8 Sebettu-Tempel.*
3 Tore.	*9 Königspalast.*
4 Terrassentempel.	*10 Zeughaus.*
5 Palast von Sargon.	*11 Mauer der*
6 Nabu-Tempel.	*Zitadelle.*

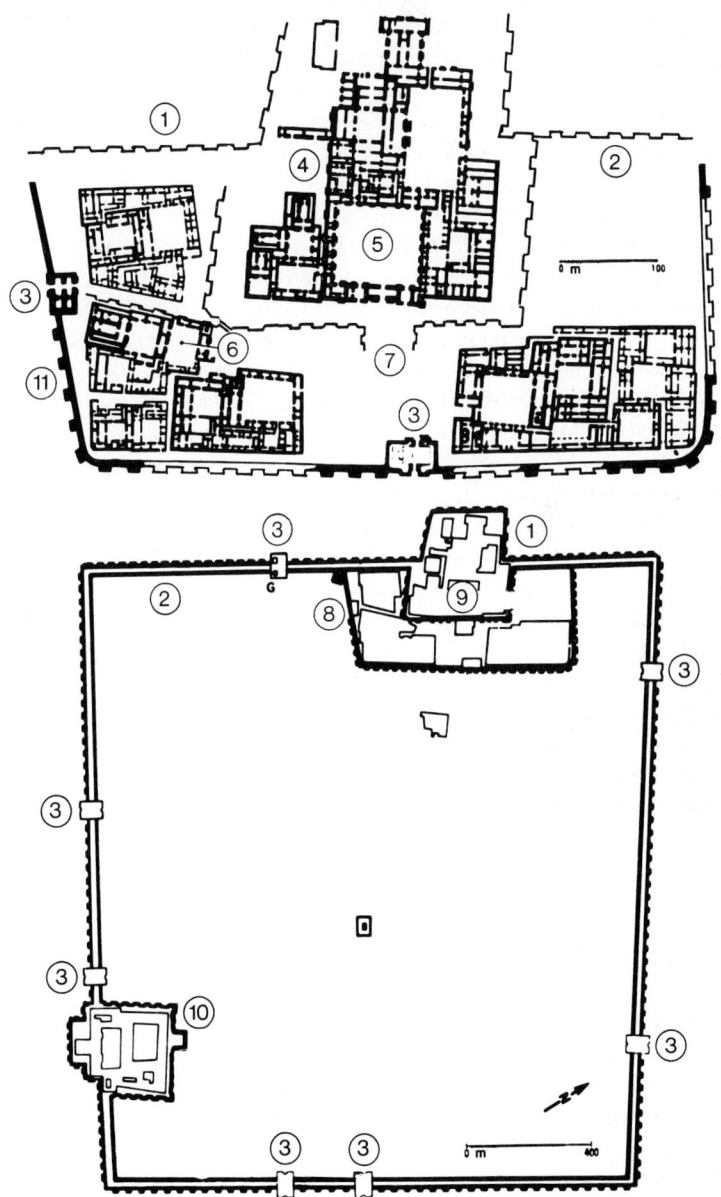

nen und nach Ninive zu ziehen. Doch ihr Traum ging nicht in Erfüllung, sie verbrachte ihr Leben immer in Kalchu.

Um die Übersicht zu vervollständigen, müssen wir noch auf eine weitere Hauptstadt hinweisen, die allerdings nach der Regierungszeit von Sammuramat entstand: auf Chorsabad, erbaut nach dem Willen von Sargon II.

Die Entdeckung dieser weiteren Hauptstadt ist ein Verdienst der Franzosen, insbesondere des Italofranzosen Botta, der in Mossul französischer Konsul war. Eines Tages berichteten ihm die Arbeiter, sie hätten auf einem Hügel in der Nähe des Flusses Chosr, 19 Kilometer nördlich von Mossul, antike Skulpturen entdeckt. Botta beginnt 1843 mit den Grabungen, und schon bald stößt er auf den Königspalast von Sargon. In den Sälen entdeckt er Reliefs, die jenen sehr ähnlich sehen, welche die Engländer in Nimrud gefunden hatten. Der Palast erhob sich auf der einen Ecke der Fläche, die für die neue Hauptstadt bestimmt war; diese Fläche war quadratisch und wurde von mächtigen Mauern mit zinnenbekränzten Türmen umgeben. Sieben Tore gaben den Zugang frei in die Stadt. Der Kern des Palastes bestand aus einer wohlbewehrten Zitadelle, die die königlichen Wohnungen sowie öffentliche Gebäude enthielt. Spätere Erhebungen stellten fest: Der Palast hatte 209 Räume, die sich um 31 Höfe gruppierten; in der Nähe erhoben sich die Zikkurat und drei weitere Tempel.

Wie die Engländer, so wollen auch die Franzosen die entdeckten Schätze ins Vaterland bringen: Kolosse ähnlich denjenigen von Nimrud, Platten mit Reliefs, wovon einige bemalt, wunderbare Statuen. In 235 Kisten wird all dies verpackt und auf Kähne verladen, die nach Basra fahren sollen, von wo die Ladung dann nach Paris zu gelangen hätte. Doch bei Kurna wird der Konvoi mit den fünf Schiffen von arabischen Stämmen angegriffen, die miteinander im Krieg sind. Alles versinkt in den Fluten und ist unwiederbringlich verloren. Glücklicherweise war schon eine Ladung früher nach Europa gelangt, die zwei geflügelte Stiere enthielt (Britisches Museum).

1938 haben amerikanische Gelehrte die Ausgrabungen wieder aufgenommen. Sie bringen zwei Stadttore ans Tageslicht, wovon eines von geflügelten Stieren und Genien bewacht, und einige Skulpturen. Besondere Beachtung findet das Arsenal der Stadt, es ist ähnlich demjenigen von Nimrud. Als die Amerikaner das bereits von den Franzosen bearbeitete Gebiet nochmals untersuchen, stoßen sie auf weitere Tempel,

Behausungen, Straßen und Plätze dieser Hauptstadt, die in einer Generation erbaut und dann sofort wieder verlassen wurde. Sargons Sohn, Sanherib, beachtete die vom Vater gegründete Hauptstadt überhaupt nicht – wohl weil er seinen Vater tief haßte –, er wandte seine ganze Aufmerksamkeit Ninive zu.

Bevor wir unseren Überblick der assyrischen Hauptstädte beenden, müssen wir noch ein kleines Städtchen erwähnen: Imgur-Bel, das moderne Balawat. Die assyrischen Herrscher pflegten dort ihre Sommertage zu verbringen, also sicher auch Sammuramat.

1878 sondierte Rassam in Balawat, es liegt 40 Kilometer östlich von Mossul; er entdeckte dabei vier imposante Türflügel mit bronzenen Verkleidungen (wir sprachen bereits davon). Zwei Flügel gehen auf Assurnasirpal, zwei auf Salmanassar zurück. Kürzlich sind zwei weitere Flügel gefunden worden (Irak-Museum in Bagdad): auch sie sind bronzeverkleidet und dienten wohl als Eingangspforten des königlichen Palastes oder eines Tempels des Städtchens.

Die Betrachtung der glanzvollen Orte Assyriens, und besonders seiner drei Hauptstädte Assur, Ninive und Kalchu, vermittelt uns eine präzise Anschauung von Charakter und Wunschvorstellungen dieses Volkes. Es besaß ein starkes Bewußtsein für seine lange Tradition, seine militärische Begabung und seinen Willen zur Weltherrschaft – noch nach 3000 Jahren ist das spürbar. Assur ist dabei der Ursprungskern des Staates, der Ort, wo die ersten Assyrer jenen Marsch begannen, der sie schließlich, nach intensiven kämpferischen und Handelsaktivitäten, zum ersten Weltreich machte. Die Herrscher der neuassyrischen Periode fühlen sich dann ihren Vorfahren verbunden und durch sie legitimiert, sie suchen ihre letzte Ruhestätte in dieser Stadt der Väter. Nimrud, das antike Kalchu, flößt uns Angst ein. Von seinen Mauern, aus seinen Palästen spürt man den Terror, den diese Könige und diese Heere ausübten, indem sie Opfer säten, jeden Widerstand wegfegten und ganze Länder annektierten. Noch heute vermeint man im Arsenal den Lärm der Waffen, die Rufe der Soldaten, die starke Stimme des Monarchen zu hören, der zum Heldentum aufruft im Namen Assurs, des Gottes der Kämpfe. Ninive schließlich, die glanzvolle, die erhabene Stadt, das Zentrum der Welt; aber gezeichnet von der brutalen Zerstörung durch die Meder. Deren Grausamkeit, die allen Bewohnern von Ninive den Tod bringt, ist die Antwort der Unterdrückten an die verhaßten Aggressoren.

VIII

DAS ASSYRISCHE IMPERIUM

Gliederung des Staates und Wirtschaft

«Er wird euer König und euer Herr sein. Er kann den Mächtigen erniedrigen, den Schwachen emporheben, der es verdient dem Tode zuführen und begnadigen, wen er für würdig erachtet. Ihr werdet auf ihn hören und jeden seiner Befehle ausführen. Ihr werdet keinen andern König, keinen andern Herrn gegen ihn aufwiegeln.»

Durch diese Imperative, diese trockenen Befehle – sie sind Teil des von allen Untertanen und Verbündeten abgelegten Schwurs bei der Verkündung Assurbanipals zum Erbprinzen – wird die Art des assyrischen Königtums definiert, einer absolutistischen Auffassung der Macht, die die Basis bei der Bildung des Assyrischen Imperiums sein wird.

Die Gelehrten haben sich oft gefragt, welche Grundüberzeugungen die Assyrer befähigt hätten, sich ein Weltreich zu erobern, vom Demawend bis nach Ägypten und vom Mittelmeer bis zum Persischen Golf. Sie fragten auch nach den Strukturen, die es ihnen möglich gemacht haben, so viele so unterschiedliche Völker zu regieren. Man forschte auch nach den Schwächen dieses Systems, die dessen Auflösung schließlich bewirkt haben.

Wir folgten dem unabwendbaren Vordringen der assyrischen Heere in alle Richtungen; wir hörten den Berichten der Könige zu, wie sie ihre militärischen und zivilen Errungenschaften darlegten; wir besuchten die verschiedenen Hauptstädte des Reichs. Wir fragten nach dem Charakter, den Überzeugungen und Gefühlen der Assyrer als Herren der Welt.

In den Geschichtsbüchern wird der Brutalität und Grausamkeit der Assyrer das größte Gewicht beigemessen, die kriegerische Natur dieses Volkes und der unstillbare Machthunger seiner Könige sollen das assyrische Phänomen des ersten Jahrtausends erklären. Wenn man von den durch sie verübten Völkermorden, von den barbarischen Verstümmelungen, von den Massendeportationen hört und von der dabei angewandten Konsequenz, dann ist das Urteil gefällt: sie sind die wahren

Imperialisten und ihre Könige die wirklichen Repräsentanten des orientalischen Despotismus.

Der Leser fragt sich vielleicht, was diese Überlegungen mit Semiramis zu tun haben? Wir haben jedoch darauf aufmerksam gemacht, daß die Heirat des Erbprinzen mit einer Fremden, einer Syrerin, eine Art Revolution bedeutete. Wir sprachen auch schon vom fünf Jahre dauernden Bürgerkrieg, der die letzten Lebensjahre von Salmanassar III. verdüsterte. Da muß man sich als Historiker fragen, ob diese Ereignisse nicht vielleicht im Zusammenhang stehen mit der völlig unorthodoxen Wahl von Schamschi-Adad, der sich, gewiß mit Billigung seines Vaters, eine nichtassyrische Prinzessin oder gar eine Fremde von unköniglichem Geblüt zur Frau nahm? Zweifellos, eine Antwort zu finden wird nicht leicht sein, schweigen sich doch die offiziellen Quellen über Gründe und Motive aus, die zu bestimmten Veränderungen geführt haben. Hier hat unser kritischer Spürsinn einzuspringen, der uns das Schweigen, die Auslassungen, die Anspielungen der offiziellen Annalisten deuten hilft.

Die Legende von Ninos und Semiramis ist, wenn auch erfunden – aber sie ist es nicht ganz! –, so doch einem festen Kern entsprungen, den es zu umreißen gilt. Darum machen wir uns hier einige Gedanken über den assyrischen Staat und seine Wirtschaft: Wir wollen wissen, welches die Weltanschauung der Assyrer war, mit der sich die Frau aus dem Mittelmeerraum auseinanderzusetzen hatte. Wir wollen sodann die Wirkung ergründen, die sich aus dieser Blutauffrischung ergab.

Eine Analyse des assyrischen Staates muß unweigerlich mit einer Prüfung der Idee des Königtums beginnen. Die eingangs zitierten Sätze beziehen sich zwar auf einen Herrscher des siebten Jahrhunderts, sie widerspiegeln aber auch gut die Situation im neunten. Für die Assyrer ist der Souverän die höchste Autorität, die einzige des Staates, ja dieser Staat selbst. Der König, nur er, hat die Entscheidungsbefugnis über Leben und Tod aller. Der assyrische Staat gliedert sich in zwei klare Größen: Der König des Landes und das Volk des Landes. Dazwischen ist nichts. Der Souverän greift in alle Fragen ein und entscheidet sie; das Volk kann sich in jeder Angelegenheit an den Herrscher wenden. Diese Auffassung ist uns so fern, daß wir Mühe haben, sie wirklich zu verstehen.

Wie aber ist das Selbstverständnis des Herrschers? Wie läßt sich seine Funktion charakterisieren? Wir haben das Selbstlob vernommen, das sich Assurnasirpal und Salmanassar (Sammuramats Schwiegervater) dargebracht haben. Vielleicht dachten wir dabei, es handle sich um überhebliche, großsprecherische Menschen. Und doch stellten wir fest, daß sie im Gebrauch der Kennzeichnungen sehr präzise vorgingen. Den Titel «König der vier Teile der Welt» – vielleicht der begehrteste – finden wir nämlich im Selbstporträt ganz bestimmter Könige wie Assurnasirpal und Salmanassar, die diese Auszeichnung durch ihre Eroberungen auch wirklich verdient haben, nicht aber in der Anrede von Herrschern wie Schamschi-Adad V. und Adad-narari III. Woraus zu folgern ist, daß wir die Bedeutung jeder Bezeichnung genau zu untersuchen haben. Ein Satz, der in allen Einleitungen zu den Berichten über die Militärkampagnen des neunten Jahrhunderts steht, ist jener, der besagt, daß der Krieg «auf Befehl des Gottes Assur» begonnen und jede Handlung «mit Hilfe des Gottes Assur» vollbracht wird. Dieser Gott marschiert – so zeigen es uns die Kriegsdarstellungen jener Epoche – «an der Spitze des Heeres», und vor der Schlacht überreicht er dem König «seine unbarmherzige Waffe».

Folglich ist der assyrische Herrscher der «Priester Assurs», der Verwalter von dessen Macht, sozusagen der Arm des göttlichen Kopfes und der Verwirklicher der Pläne Assurs, die die Allherrschaft erstreben. Alle Völker haben die Vorherrschaft Assurs zu anerkennen, wer diese Unterwerfung verweigert, wird vernichtet, denn er ist des Lebens nicht würdig. Auch in den Traktaten wird dies ausdrücklich festgehalten: «Jedes Dokument, das das Siegel Assurs trägt, des Götterkönigs, wird von euch nicht angezweifelt werden; er ist vor euch, und ihr werdet ihm dienen als eurem Gott.» Die hier zugrunde liegende Idee ist weniger jene eines Monotheismus-Versuchs als vielmehr diejenige des «Heiligen Krieges». Aus jedem Herrscherwort strahlt ein religiöser Fanatismus, der konstitutiv ist für die assyrische Machtideologie.

Der Historiker hat nicht zu werten, er hat lediglich den Geist ausfindig zu machen, der bestimmte Handlungsweisen auslöst. Der assyrische Geist kann mit der Idee gleichgesetzt werden, daß die ganze Welt unter Assurs Hoheit zu stellen sei und daß Assurs König der Garant des Gottes sei. Das sagt uns auch Sanherib, wenn er nach Abschluß eines Palastbaues behauptet: «Es wurde vollbracht für mein Leben, für die Gesundheit der Nachkommen, für die Vernichtung meiner Feinde, für das Blühen der Ernten Assyriens und zur Genugtuung des Gottes Assur.» Alljährlich beim Fest des Neuen Jahres schrieb das Ritual vor, daß der Herrscher den Treueeid zu leisten habe: Er gelobte völligen Gehorsam und beschwor seinen ungebrochenen Willen, Assurs «Grenzen zu erweitern».

Der assyrische König muß also mit seinen Heeren neue Territorien erobern und diese dann unter seiner Herrschaft halten. Zwei nicht leichte Aufgaben, bedingen sie doch das Regieren des Reichs bei gleichzeitigem Ausführen von Feldzügen, die den kategorischen Imperativ des Eroberns verwirklichen sollen.

Es muß gleich vorausgeschickt werden, daß *eine klare Trennung zwischen zivilem und militärischem Bereich nicht möglich ist*. Und zwar gerade weil die assyrische Ideologie dies nicht vorsieht: wie der König so sind auch alle seine Beamten für beide Bereiche verantwortlich. Aus den Archivdokumenten zur Provinz Guzana erinnern wir uns, daß der assyrische Gouverneur zugleich für die Verwaltung seiner Provinz zuständig ist wie auch für die Führung des Militärkontingents. Diese zweifache Aufgabe hängt, wie wir sehen werden, eng mit dem System des Militärdienstes im Assyrien des neunten Jahrhunderts zusammen. Auch in der Semiramis-Legende wird gesagt, daß der Offizier des Königs, der sie geheiratet hat, Gouverneur Syriens war, zweiter Mann im Reich nach dem Souverän und Militärkommandant. Sowohl die assyrischen Dokumente wie die Aussage der Legende stimmen also in diesem Punkt überein. Sie widerspiegeln die reale Ausübung der Macht in Assyrien.

Was zum Königtum gesagt worden ist, läßt auch die völlige Freiheit des Herrschers bei der Wahl seiner Beamten, ja seines Nachfolgers deutlich werden. Gerade die Revolutionen des neunten Jahrhunderts haben die Konsequenz gezeitigt, daß die Thronfolge, der heikelste Aspekt des Königtums, nicht mehr dem Prinzip der Erstgeburt zu gehorchen hatte. Der greise König konnte – entgegen der Tradition, die den ältesten Sohn als Erbprinzen festlegte – als Nachfolger denjenigen seiner Söhne küren, der ihm am geeignetsten schien, dem bürdevollen Amt eines «Priesters des Gottes Assur» zu genügen. Daß dies zu Neid und manchmal zu offener Rebellion führte, beweist uns die bewegte Geschichte der assyrischen Dynastie in ihrer letzten glanzvollen Periode. Ebenso machtvollkommen durfte der König seine Beamten auswählen, seine Minister und Gouverneure. Hier zeigt sich einer der interessantesten Aspekte der assyrischen Eigentümlichkeit – bestimmendes Prinzip jeder Wahl, vom kleinsten Beamten bis zum höchsten Amt, ist die fachliche Qualifikation. Sicherlich wurden Familienverhältnisse und Vermögen mitberücksichtigt, aber entscheidend blieb das Können des zu Wählenden.

Der Eponymenkanon bestätigt uns ohne den Rest eines Zweifels, bei all seiner Kürze und Einfachheit, daß sich der Herrscher anläßlich seiner

Inthronisation seine höchsten Beamten unabhängig von den Vorlieben seines Vaters aussuchte. Minister und Gouverneure werden ausgewechselt – und doch funktioniert das System weiter, und zwar gut. Es handelt sich in den meisten Fällen auch nicht um Wechsel, die durch Erreichen der Altersgrenze bedingt sind. Bloß bei Schamschi-Adad V. und dann immer mehr bei seinen Nachfolgern beobachten wir das Verharren einiger Beamten in ihren Stellungen bei gleichzeitigem starkem Machtzuwachs. Die von Tiglatpileser III. durchgeführten institutionellen Reformen, die rigoros von seinen Nachfolgern angewandt wurden, erneuern das oben erwähnte Prinzip der herrscherlichen Freiheit bei der Wahl seiner Mitarbeiter. Tatsächlich war die Situation, wie sie sich unter Sammuramat herausgebildet hatte, für das Funktionieren des Staates nicht besonders günstig.

Die Lektüre der assyrischen Quellen bestätigt uns, daß der Staat wirklich blühte unter diesem bürokratischen System. Nicht daran ist er schließlich zugrunde gegangen, sondern vielmehr an den zu ehrgeizigen Plänen der Assyrer und ihrem unersättlichen Machthunger. Die Institutionen funktionierten bis zum Schluß, aber die Assyrer stießen auf Gegner, die noch kriegerischer und stärker waren als sie selbst, so daß sie militärisch zum Erliegen kamen.

Der Freudenschrei, der den Fall Ninives begleitete, markierte nicht nur die Freude der Unterdrückten über die durch die Meder ausgeführte Rache, sondern zugleich auch die Hoffnung auf Befreiung vom eisernen Joch, unter das die Assyrer sie gezwungen hatten.

Die Assyrer waren brutal im Krieg und ebenso unerbittlich im Verwalten des Staates. Die Funktionäre dienten einem Fiskus, der das Volk täglich ärmer werden ließ, um den König, den Staat zu bereichern – auf Kosten sowohl der neu bezwungenen Völker wie auch der ursprünglichen Assyrer.

Administrativ war Assyrien in Provinzen aufgeteilt, diese in Distrikte, die wiederum kleinere, gemeindeartige Einheiten umfaßten. Über die Provinzen wachte der König zusammen mit dem Rat der vier «Großen des Reichs». Diese «Großen des Reichs» lassen sich mit den Emiren der Sultane vergleichen oder auch mit unseren modernen Ministern. Aber jeder Vergleich muß unbefriedigend bleiben, weil er die ganz spezifische Struktur des assyrischen Staates nicht berücksichtigen kann.

Diese vier Großen haben eigene Namen, trotzdem läßt sich in wenigstens zwei Fällen nicht mit Sicherheit feststellen, welche Haupttätigkeit sie ausgeübt haben. Das erste und sicher ehrenvollste Amt ist jenes des «Turtanu», des «General-Stellvertreters», der die assyrischen Heere als oberster Kommandant befehligt. Danach folgt in der Hierarchie das Amt des «Rab schaqe», des «Großen Mundschenks»; danach jenes des «Nagir ekalli», des «Palastherolds», und endlich das Amt des «Abarakku», des «Großen Intendanten». Diese vier Männer üben zusammen mit dem König die Macht aus. Der «Turtanu» war der Heeresgeneral während der Feldzüge, zudem ersetzte er den König, wenn dieser verhindert war. Dies geschah beispielsweise während der Regierung von Salmanassar III., als der bereits greise König seine Heere dem Turtanu Dajjan-Assur anvertraute und ihn dann auch in seinen Annalen ausdrücklich erwähnte. Normalerweise ist der Herrscher, laut der offiziellen Annalistik, stets an der Spitze seiner Heere, das heißt, es werden ihm die Erfolge der Kriege zugeschrieben, auch wenn er zu Hause bleibt und seine Generäle an die Front schickt. Wenn Salmanassar seinen Turtanu in den Annalen namentlich nennt, so ist das eine Ausnahme von der Regel, die bei seinen Nachfolgern eine gewisse Nachahmung findet – was aber nicht ohne gefährliche Folgen für die königliche Autorität sein wird.

Die Legende von Semiramis beschreibt deren Gatten auf diese Weise, daß man berechtigt ist, in ihm einen Turtanu zu sehen, den zweiten Mann im Reich nach dem König.

Auch der «Große Mundschenk» erfüllt oft militärische Aufgaben, dem offiziellen Bericht der Annalen gemäß. Die Archäologen sehen in der dritten Persönlichkeit, die in den Kriegsdarstellungen der Wandreliefs in den assyrischen Palästen dargestellt ist (neben dem König und dem Turtanu), ebendiesen «Mundschenk» verewigt. Da er im Gegensatz zu den andern Figuren ohne Bart abgebildet wird, hat man die Hypothese geäußert, er sei ein Eunuch. Mir scheint unwahrscheinlich, daß er dann ein solches Amt beanspruchen dürfte. In den Texten von Nimrud wird von den «Boten des Großen Mundschenks» gesprochen. Von daher dürfte man vielleicht vermuten, daß zu seinen institutionellen Aufgaben die Pflege der Beziehungen zu andern Staaten gehörte.

Der «Palastherold» war der Beamte, der die militärischen Aushebungen einberief, die königlichen Dekrete verbreitete und allen Sitzungen vorstand, in denen Fragen von nationaler Wichtigkeit behandelt wurden.

Der «Große Intendant» beaufsichtigte vornehmlich die Finanzen des Staates. Er kontrollierte alle Steuer- und Einnahmenregister; an ihm war es, die Provinzgouverneure zu ermahnen, die vorgeschriebenen Zahlungen zur Hauptstadt weiterzuleiten.

Wenn auch eine klare Trennung nicht möglich ist, so lassen sich doch den vier «Großen» vier Kernzonen ihrer Kompetenz zuweisen: Das Kriegsministerium unterstand dem Turtanu, die inneren Angelegenheiten dem Nagir ekalli, die auswärtigen Beziehungen dem Rab schaqe und die Finanzen dem Abarakku. Diese Reihenfolge bezeichnet auch ihren Rang in der Staatshierarchie (darüber gibt uns der Eponymenkanon Auskunft). Bis zu Salmanassar V. finden zwischen den beiden letzten Ämtern Fluktuationen statt. Mit Sargon II. und Sanherib wird diese Ordnung völlig über den Haufen geworfen: diese beiden Könige verbannen die vier «Großen» aus dem Eponymenkanon.

Aus den assyrischen Quellen geht klar hervor, daß es nicht einen Turtanu gibt, sondern zwei; man nannte sie rechter Turtanu und linker Turtanu. Da es sich dabei um eine militärische Stellung handelte, liegt die Deutung nahe, daß dadurch die Kriegsaufstellung der Assyrer gemeint ist: der König führte die mittlere Armee, die beiden Turtanus den rechten oder den linken Flügel. Was nun aber doch verblüfft, ist die Tatsache, daß auch die anderen drei Ämter doppelt besetzt waren; es gab also *ständig zwei Beamte mit demselben Titel*. In den Eponymenkanon kommt allerdings nur einer der beiden; der andere, «Nummer zwei», wie die Dokumente ihn ausdrücklich benennen, erfüllte also die Funktionen des Stellvertreters. Die vier «Großen» waren (wie wir noch sehen werden) Provinzgouverneure und erfüllten zugleich militärische Aufgaben, so daß sie wohl sehr oft unterwegs und fern von ihrem Hauptsitz waren. Daher die Notwendigkeit einer Stellvertretung; sobald der eigentliche Amtsinhaber wieder abreisen mußte, sprang sofort «Nummer zwei» mit denselben Kompetenzen ein. Es handelt sich dabei um eine Eigentümlichkeit der assyrischen Bürokratie. Und dies um so mehr, als beinahe sämtliche Ämter, so macht es den Anschein, doppelt besetzt waren, nicht bloß die Staatsspitze.

Wenden wir uns nun dem Erbprinzen zu, der bisher nicht unter den Mitgliedern des Großen Rates genannt worden ist. In der historischen Epoche, die uns hier näher interessiert, schweigen sich die offiziellen Dokumente sogar über den Namen des Erbprinzen aus! So sind wir denn gezwungen, Quellen aus späteren Jahren zu Rate zu ziehen, um die Rolle zu rekonstruieren, welche der künftige Souverän gespielt hat. Sanherib informiert uns, daß der zur Thronfolge auserwählte Sohn in einem speziellen Haus erzogen wurde, dem «bit reduti», dem «Haus der Nach-folge», wo man den Prinzen auf seine künftige Aufgabe als König vorbe-reitete. Wir wissen ferner, daß er an den Feldzügen seines Vaters teilneh-men durfte. Weiter durfte er den Sitzungen des «Großen Rates» beiwoh-nen und dort auch das Wort ergreifen. Dem Erbprinzen wurden wichtige Aufträge erteilt (jenen eines Gouverneurs vergleichbar), wie etwa die Pflege der Beziehungen zu anderen Staaten. Wir haben bereits darauf hingewiesen, daß gerade in dieser Periode der König bei der Ernennung seines Nachfolgers jenen unter seinen Söhnen bevorzugte, der ihm am geeignetsten schien, das Regierungsamt auszuüben; wohl auch spiegeln sich darin die enorm gewachsenen Ansprüche, die nunmehr ein Impe-rium stellte, kaum mehr vergleichbar mit dem einstigen kleinen König-reich Assyrien.

Betrachten wir nun jene Beamten, die als Zwischenglied dienen und in der Hauptstadt leben. An erster Stelle ist der «Sukkallu» zu nennen, der als Sprecher des «Großen Rates» dessen Beschlüsse auch auszufüh-ren hat. Einige Gelehrte sehen darum in ihm sogar ein weiteres, fünftes, Mitglied des «Großen Rates». Sein vollständiger Titel lautet «Sukkallu rabiu», «Großwesir»; auch dieses Amt war doppelt besetzt. Danach fol-gen in der Hierarchie der «Schreiber des Königs», der «Palast-Majordo-mus» und der «Große Kommandant». Ihre Aufgaben sind: Das Verfas-sen aller offiziellen Dokumente (die der Palastherold dann ausruft oder weiterleitet), die Aufsicht über das ganze Zivilpersonal im Dienste des Staates, die militärische Beratung des Königs. Großwesir und Großer Kommandant sind zugleich auch Gouverneure von Provinzen.

Ein ganzes Heer von Beamten führt die Befehle dieser hohen Würden-träger aus: Transportbeamte, königliche Garden, Steuerbeamte, Justiz-beamte und Verwalter der Lebensmittel.

Der Leser wird sich vielleicht fragen, ob ein derart großer und auch komplexer Apparat denn auch wirklich funktioniert habe. Die Assyrer verfügten aber offensichtlich über einen klaren und präzisen Geist, der ihnen bei der Ausübung der jeweiligen Ämter zugute kam. Selbst der komplizierte und verästelte Verwaltungsweg, der von der lokalen Behörde zur Provinzverwaltung und dann schließlich zur Zentrale in der Hauptstadt führt, vermag den geringsten Untertanen nicht daran zu hin-dern, daß er sich nötigenfalls mit seinen Sorgen direkt an den König wen-det und es auch tun darf. Die solchermaßen abgeschickten Klagebriefe bleiben nicht auf irgendwelchen Zwischenstufen stecken, abgefangen durch Beamte, sondern gelangen an ihr Ziel. Trotz den vielen Ämtern und der Verdoppelung mancher Chargen war und blieb die assyrische Bürokratie wirkungsvoll. Jeder Inhaber einer Stelle wußte, daß er bei ungenügender Leistung sein Amt verlieren konnte, ob er nun Gouverneur war oder bloß ein Hirte der königlichen Herden.

In Abhängigkeit von der Zentralregierung – die sich aus dem Großen Rat und den andern oben erwähnten Würdenträgern zusammensetzte – und in enger Zusammenarbeit mit ihr wirkten die Regierungen der einzelnen Provinzen. Die Gouverneure der Provinzen hatten Rechenschaft abzulegen sowohl über den zivilen wie militärischen Zustand ihres Verwaltungsgebietes, und zwar gegenüber dem König wie dem Großen Rat. Wir erinnern uns der Dokumente aus dem Provinzarchiv von Guzana. Daraus ging hervor, daß die Befehle des Königs und des Großen Rats vom Gouverneur von Nasibina an jenen von Guzana weitergeleitet wurden. Deshalb läßt sich folgern, daß die Gouverneure von größeren Provinzen eine Art Kontrollfunktion ausübten über die weniger wichtigen Provinzen und ihre Verwaltungen.

Der Gouverneur einer Provinz trägt den Titel «Schaknu», «der Vorgesetzte»: er ist verantwortlich für das ihm anvertraute Territorium, zusammen mit seinem Stellvertreter («Nummer zwei»). An der Seite des Gouverneurs finden wir oft einen weiteren Beamten, der «Bel pichati» heißt, also «Haupt des Distrikts». Eine klare Trennung zwischen den Aufgaben von Gouverneur und Distriktschef läßt sich nicht leicht ausmachen; einige Gelehrte sind der Ansicht, daß der erste an der Spitze der Provinz steht und zudem die militärische Verantwortung für die Verteidigung innehat, während der letztere für die eigentlich zivilen Bereiche zuständig sei. Nach der Reform von Tiglatpileser III. – er selbst war einstmals ein Gouverneur – verschwinden die Gouverneure, und nur die «Distriktshäupter» bleiben im Amt, mit geringeren Befugnissen als die vormaligen Gouverneure. In der uns interessierenden Epoche sind es diese zwei Beamten, die für die Steuerabgaben, die Ablieferungen von Gütern an die Zentralregierung, die Aushebung von Männern für den Kriegsdienst sowie für kollektive Arbeiten verantwortlich sind.

Aus den Verwaltungsdokumenten wird eine Aussage der Semiramis-Legende aufs schönste bestätigt: Als die Königin den Beschluß faßte, die neue Hauptstadt Babylon erbauen zu lassen, beauftragte sie ihre Freunde, einen Teil der Arbeiten selbst zu übernehmen. «Um die Ausführung dieser Bauwerke schneller voranzutreiben», so lesen wir in Ktesias' Bericht, «teilte sie jedem ihrer Freunde einen Abschnitt zu und lieferte das nötige Material, sie gab den Befehl, innert einem Jahr mit den Arbeiten fertig zu sein.» Nun, so merkwürdig es scheinen mag, als die Mauern von Kalchu zu errichten waren, wurde jedem Provinzgouverneur ein Abschnitt zugeteilt, für den er zuständig war. Jeder mußte sein Stück Stadtmauer hochziehen. Von dieser merkwürdigen Arbeitsteilung erfahren wir durch ein Dokument, das die gegenseitigen Beschuldigungen zweier Gouverneure über ein Stadtmauerstück enthält, das gleich nach der Fertigstellung zusammengestürzt war. Assyrische Quellen und Legendenbericht weisen wieder einmal erstaunliche Übereinstimmungen auf.

Den Gouverneuren und Distriktoberhäuptern waren die «Rab alani», die «Vorsteher kleiner Städte», unterstellt, welche wiederum verschiedene Provinzbeamte anwiesen: so den Verantwortlichen für die Steuer, den Verantwortlichen für das Getreide, den Wachtkommandanten, den Verantwortlichen für das Militärkontingent sowie den Verantwortlichen für die Tiere. Eine der Hauptaufgaben der Provinzverwaltung war also die Steuereinnahme für die Zentralregierung. Damit sind wir beim zweiten Punkt unseres Kapitels: der Wirtschaft des Reiches.

Zur rationellen und gründlichen Nutzung aller Reichtümer der verwalteten Gebiete hatten die Assyrer detaillierte Listen erstellt, die Auskunft gaben über die Besitzverhältnisse sogar in den kleinsten Dörfern des Reichs. Das zeigt uns die Vermögensliste von Harran. Darin werden nicht bloß die verschiedenen Immobilienwerte aufgeführt – Häuser und vornehmlich landwirtschaftlich genutzte Ländereien –, sondern es werden alle Personen, die darin wohnen, aufgezählt, mit Alter und Berufstätigkeit. So war dem Staat ein klarer Überblick über die Einnahmen seiner Untertanen gegeben, woraus sich dann die abzuliefernden Steuern zuhanden der Zentralregierung ergaben. Der Gouverneur hatte diese weiterzuleiten.

Aber es ist offensichtlich, daß ein schöner Teil der Steuereinnahmen in der Provinz blieb – für die dortigen Bedürfnisse sowie für die Privatschatulle des Gouverneurs. Die begehrte Stellung eines Provinzgouverneurs war nämlich sehr lukrativ; es handelte sich dabei um eine Art Belohnung für die dem Staat geleisteten Dienste. Darum waren die Mitglieder des Großen Rates zugleich Gouverneure der wichtigsten Provinzen des Reichs.

Forrer verdanken wir eine Studie, die die Einteilung des Assyrischen

Reichs in Provinzen, deren Namen sowie deren Gouverneure unter den verschiedenen Königen darstellt. Ergänzend dazu tritt Kesslers Untersuchung über die nördlichen und nordwestlichen Provinzen des Reichs, mit interessanten Angaben über die Ausdehnung der wichtigsten Provinzen, jener also, die den vier Großen zugesprochen wurden.

Im neunten vorchristlichen Jahrhundert, und zwar zur Zeit von Salmanassar III. und Schamschi-Adad V. – dem Schwiegervater und dem Ehemann von Sammuramat –, war das Reich in mindestens 26 Provinzen unterteilt (wie aus dem Eponymenkanon hervorgeht; hier wurden nach dem König und den vier Großen die Gouverneure der Provinzen aufgezählt): Assur, Isana, Rasappa, Tille, Provinz des «Rab schaqe», Nasibina, Harran, Tuschchan, Amedi, Kar-Salmanassar (alle in Mesopotamien gelegen und den Kern um Assur umfassend, den Norden und den Westen bis zu Syrien); im nordöstlichen Teil, zwischen Tigris und Zab gelegen: Kalchu, Ninive, Schibaniba, Schibchinisch, Rimusi, Parnuna, Kurbail, Sallat, Si'me; im Gebiet zwischen dem großen und kleinen Zab finden wir: Arbailu, Kirruri, Kalzi, Provinz des «Nagir ekalli»; im Osten: Arzuchina, Zamua, Arrapcha.

Harran wurde dem «Turtanu» zugeschlagen, Kar-Salmanassar dem «Abarakku». Somit verfügten die vier Großen des Reichs über die vier größten und einträglichsten Provinzen. Diese befanden sich vornehmlich in strategisch wichtigen Gebieten: im Norden, im Nordwesten und im Osten. Auch der Großwesir ist sicherlich Vorsteher einer Provinz (wenngleich nicht eruiert werden konnte, welche von den 26 erwähnten es war).

Mit dem Anwachsen des Reichs kamen immer neue Territorien hinzu; so etwa Guzana, das unter Adad-narari III. Provinz ist, während dies zur Zeit Salmanassars noch nicht der Fall war. Die obige Aufzählung kann deshalb keine vollständige Genauigkeit beanspruchen. Aus den Stelen der Gouverneure und aus den königlichen Edikten wird nämlich deutlich, daß derselbe Gouverneur mehrere Provinzen regieren durfte und daß die Grenzen derselben durch die jeweiligen Monarchen revidiert werden konnten. Immerhin: Die drei Hauptstädte Assur, Ninive und Kalchu waren zugleich Provinzhauptstädte und bildeten den Kern des Reichs.

An der Spitze der Stadtverwaltung stand ein Kollegium von Magistraten, «Chazannuti» genannt. In den großen Städten, wie etwa Ninive, bestand dieses Kollegium aus drei Mitgliedern, ansonsten aus zwei: dem

Bürgermeister und seinem Stellvertreter, deren Aufgabe es war, die Ein- und Ausfuhr der Güter zu kontrollieren sowie der Justizverwaltung vorzustehen. Bei Beschlüssen, die das allgemeine Interesse betrafen, mußte der Bürgermeister den Ältestenrat einberufen oder jenen der Familienoberhäupter. Im Dienste der Stadtverwaltung stehen der Stadtschreiber, die Wächter und die Ordnungskräfte.

Man hat sich überlegt, wie die Funktionen eines Beamten mit dem Namen «Scha muchi ali» – gewöhnlich als «Majordomus» übersetzt, aber wörtlich bedeutet der Ausdruck «Derjenige, der an der Spitze der Stadt steht» –, wie dessen Aufgaben also zu umschreiben wären. Einige Gelehrte sehen in diesem Amt eine Art Gegenstück zum Bürgermeisteramt mit Kontrollfunktionen, andere eine bloße Verdoppelung. Es ist nicht auszuschließen, daß dieser «Majordomus» ein Vertreter der Zentralregierung war und die lokalen Beamten der Provinzverwaltung kontrollierte. Nach Garellis Hypothese hätte man sich eine doppelte Führung der staatlichen Geschäfte vorzustellen: die normale Verwaltung, ausgeführt durch die örtlichen Amtsträger und dem Provinzgouverneur unterstellt, welcher über sein Gebiet der Zentralregierung Rechenschaft ablegt; und eine außerordentliche Hierarchie der «Boten», welche, auf allen Stufen die Verwaltung überwachend, dann entsprechende Berichte an den Großwesir in der Hauptstadt ablieferten. So hätte der Großwesir auf seinem Schreibtisch sowohl die gewöhnlichen Rechenschaftsberichte der Provinzgouverneure wie auch die Überwachungsprotokolle seiner «Boten» im ganzen Reich. Daraus kann er sich dann ein genaues Bild der Situation im Land machen, um seinen König zu informieren.

Betrachtet man die wichtigsten Ämter auf den drei Ebenen: Zentrale, Provinz, Einzelstadt, so gewinnt man den Eindruck einer vollkommenen Zentralisierung. Wir befinden uns vor einer Pyramide, an deren Spitze der König steht. Von diesem gehen alle Direktiven aus, die über Zwischenstufen bis an die Basis gelangen; bei ihm treffen die Informationen aus allen Teilen des Reichs ein. Der assyrische Monarch kümmerte sich sicher stark um die Außenpolitik, er vernachlässigte deswegen aber nicht die Probleme des Inneren: alle Ernennungen standen ihm zu, wobei er die Fähigkeit der Kandidaten sowie deren Loyalität gegenüber der herrschenden Dynastie vornehmlich berücksichtigte. Gerade dieses letztere Prinzip konnte maßgebend sein – unbekannte Männer konnten an die Spitze des Staates berufen werden, während mächtige oft zurückgestuft, ja vergessen wurden. Daß es in Assyrien auch Unrechtmäßigkeiten,

Intrigen und Verleumdungen gegeben hat, beweisen die assyrischen Urkunden selbst; aber insgesamt funktionierte die gigantische bürokratische Maschinerie sehr gut und erhöhte auf wirkungsvolle Weise den Reichtum des Staates.

Welches waren die Quellen des Reichtums? Wie wurden sie verwaltet und bewirtschaftet? Es ist wichtig festzustellen, welches die Einnahmen des Staates waren, hing doch von ihrem regelmäßigen Fließen das Leben der Hauptstädte ab sowie vor allem die Aufstellung der riesigen Heere, welche in den jährlichen Feldzügen die Ausweitung des Reichs zu bewerkstelligen hatten. Der wachsende Bedarf an Reichtümern jeder Art und an Konsumgütern hängt mit dem Erwerb neuer Territorien und Untertanenvölker zusammen. Das Kriegführen ist ein selbstverständlicher Imperativ für jeden assyrischen Herrscher. Auf der anderen Seite aber muß derselbe König an die Ernährung seiner unübersehbaren Völkerschaften denken. So gilt es immer mehr, das Gleichgewicht zwischen erworbenen Reichtümern und zu verteilenden Reichtümern zu bewahren. Das assyrische System funktionierte, solange dieses Gleichgewicht bestand; als es jedoch ins Wanken geriet, führte dies zu einem langsamen, aber schließlich zerstörerischen Auflösungsprozeß der Wirtschaft.

Der Zusammenbruch Assyriens hängt ohne Zweifel auch mit wirtschaftlichen Problemen zusammen. Zwei Erklärungsversuche scheinen mir bisher am einleuchtendsten zu sein. Die beiden Hypothesen schließen sich nicht aus, sondern ergänzen sich. Für die sowjetische Gelehrte Jankowska hat die Instabilität des Imperiums wesentlich mit der verfehlten internationalen Handelspolitik der Assyrer zu tun. Der englische Wissenschaftler Postgate betont das nicht weniger virulente Problem der übermäßigen Konzentration von Reichtum und Menschen in den Hauptstädten zu Lasten der Peripherie. Beide Aspekte sind relevant, und ich bin überzeugt, daß sie beide dem Zusammenbruch Assyriens vorgearbeitet haben.

Jeder vom König geführte Krieg endet mit der Aufzählung der Kriegsbeute an Menschen und Gütern; der dabei wiederkehrende Satz, wir hörten es bei Assurnasirpal und Salmanassar, lautet: «Sein Vermögen, seine Güter ohne Zahl habe ich weggeführt.» Aber auch die Angaben über die von den Vasallen- und Untertanenstaaten entrichteten Tribute geben Aufschluß über die jedes Jahr nach Assyrien fließenden Güter. Die sowjetische Forscherin trug aus den offiziellen Annalen der assyrischen Könige folgendes wirtschaftliche Bild zusammen. Die Assyrer erhalten Silber und Gold aus Ägypten, aus Gaza, Aschdod, Juda, Israel, Damaskus, Tyrus, Sidon, Arwad, Zypern, Melidu, Kummuchi, Gurgum, Que, Tarsus, Tyana, Tabal, Unqi und Pattina, Bit-Agusi, Chatti, Bit-Adini, Til Abna, Asalli, Guzana, Bit-Halupe, Bit-Bachiani, Nasibina, Bit-Zamani, Schubria, Musasir, Gilzanu, Zamua, Chalman, Karduniasch, Kaldu, Suchu, Chindanu, Laqe, Elam und aus arabischen Gegenden. Sie entziehen den reichen und armen Ländern diese beiden Metalle, die die Grundlage bilden für den Güterverkehr – so daß die Handelsaktivitäten sich anderswohin verlagern, außerhalb der Einflußzone Assyriens. Ähnliches geschieht mit den landwirtschaftlichen Gütern und jenen der Herdenhaltung, mit den Mineralien und metallurgischen Produkten, mit den Textilien und Holzprodukten.

Die zunehmende Verarmung der unterworfenen Völker verhindert mehr und mehr den Austausch innerhalb der assyrischen Einflußzone. Das doch so reiche Assyrien verliert immer spürbarer alle jene profitablen Quellen, die mit dem Handel verknüpft sind.

Diesen externen Faktoren sind jene hinzuzufügen, die aus der inneren Situation herrühren (wie sie Postgate herausgearbeitet hat): Das ständige Zunehmen der Staatsangestellten, die keine produktive Tätigkeit ausüben, so vor allem alle Verwaltungsbeamten und die Angehörigen des Heeres. Dieses gleichsam künstliche Element inmitten Assyriens war völlig abhängig von den Einfuhren an Gütern aus der Peripherie. Die immer größeren Bedürfnisse der Zentralregierung, ja sogar der Provinzen an Lebensmitteln ließen den Druck auf die Landwirtschaftszonen ansteigen, so daß diese ständig ärmer wurden, nicht zuletzt weil Staat und Provinz ihre Probleme durch fortwährende Erhöhungen der Steuern zu lösen versuchten. Das assyrische Steuersystem ist in der Tat eines der schlimmsten, die es je gegeben hat.

Die inneren Quellen des Reichtums bestehen aus den Domänen des Staates und dem Privateigentum. Diese königlichen Domänen wurden von den Beamten unter sich aufgeteilt, als Belohnung für die von ihnen dem Staat geleisteten Dienste. Das private Eigentum war in den Händen von reichen Familien, Gouverneuren und Mitgliedern des königlichen Hauses. Sie befriedigten damit ihre Bedürfnisse, sie bezahlten damit ihre Dienerschaft, sie bereicherten sich aber auch damit. Da ein spezielles königliches Edikt fehlte, wurde jede einzelne Getreideernte einer rigorosen Besteuerung unterworfen, die das Getreide selbst sowie das Stroh betraf. Auch die Zucht von Tieren entging dem assyrischen Fiskus nicht. Vor allem waren die Pferde fast ausschließlich zu militärischen Zwecken bestimmt; sie waren, zusammen mit ihren Reitern, in den verschiedenen Provinzen stationiert. Zudem wurden alle Transaktionen zwischen Privaten besteuert (darüber finden sich allerdings in den assyrischen Dokumenten nur undeutliche Spuren).

Die staatlichen Organe auf allen Ebenen – Stadt, Provinz, Zentralregierung – wandten diese direkte Besteuerung an. Daneben gab es noch eine zweite Art, die Güter der Peripherie ins Zentrum zu locken, es handelt sich um den Brauch der «Tempelgaben». Der König konnte Einzelpersonen oder Institutionen von der Bezahlung von Steuern befreien, wenn sie die entsprechende Summe den Tempeln spendeten. So gelangte ein Teil des Reichtums zu den Tempelverwaltungen, die sicherlich damit ihr Personal bezahlten.

Zu diesen zwei Arten der Besteuerung kam noch eine dritte Quelle, welche die gigantische Staatsmaschinerie in Gang hielt: die reichen Tribute der Vasallenstaaten sowie die sogenannten «Huldigungsgaben» für den assyrischen Herrscher, die ihm von Untertanen und Verbündeten zukamen. Das Assyrische Reich hat es nicht verstanden, aus den opulenten Gaben und den rigoros eingezogenen Steuergeldern und Abgaben sinnvollen Nutzen zu ziehen. Die Gier nach Reichtum von Wenigen, die über jedes vernünftige Maß mächtig werden, die ständig zunehmende Verarmung der peripheren Gebiete und endlich die Unzufriedenheit des alten assyrischen Bürgertums, das sich nicht mehr als privilegierte Klasse betrachtet – dies alles bildet wohl eine der Wurzeln der fortwährenden Unruhen und Rebellionen der letzten glänzenden Periode des Imperiums, eine der Ursachen, die schließlich zum Kollaps führen.

Als wichtiges Korrektiv in einer Situation, die jeden Tag prekärer wurde, kann man die Edikte deuten – Schenkungen und vor allem Steuerbefreiungen –, die Adad-narari III., Sammuramats Sohn, erließ. Der klassische Fall besteht in der Schenkung öffentlicher Domänen mit dazugehöriger Steuerbefreiung an gewisse Untertanen, hohe Beamte natürlich, deren Dienste so belohnt wurden. Dann gibt es in der assyrischen Geschichte Beispiele von Steuerbefreiung ganzer Städte, so etwa Assurs, dessen Bevölkerung seit je keine Tribute zu entrichten hatte – und die auf die Barrikaden stieg, als Salmanassar V. den Versuch unternahm, dieses Privileg abzuschaffen. Auch Harran und Babylon mußten dasselbe Privileg besitzen; wie auch Dur-Bel-harran-bel-usur, dessen Befreiung von den Abgaben erstaunlicherweise ein Gouverneur festlegt.

Diese Schenkungen dürfen nicht als großzügige Gesten des Königs gedeutet werden, sondern sie sind der Ausdruck der schwierigen Lage des Staates, der seine Beamten zu bezahlen Mühe hatte. Einige Edikte befreien Untertanen vom Dienst, den jeder Assyrer dem Staat schuldig war. Wie Postgate gezeigt hat, war es dann so, daß der Betreffende statt des Dienstes dem Staat eine entsprechende Geldsumme zu bezahlen hatte.

Dieses Ausgleichsmittel und die Befreiung von Schulden gegenüber dem Staat sollte allzugroße Ungleichheiten unter den treuen Untertanen verhindern und möglichst viele Assyrer an den König binden.

Unser abschließendes Urteil kann nicht positiv sein. Das Assyrien des neunten Jahrhunderts hatte zwar die Verwaltungsstrukturen geschaffen, die zunächst einem Reich, dann einem Imperium angemessen waren. Dieser Staat unterließ es aber, ein ökonomisches Modell zu entwickeln, das die fruchtbare Nutzung des überall Eroberten in Gang gesetzt hätte, und dies vor allem im Handelssektor, in dem Assyrien in früheren Zeiten doch so geschickt gewesen war. Man kann wohl die Welt erobern, sie will dann aber auch sinnvoll regiert sein! Ein starkes Heer ist sicher wesentlicher Bestandteil beim Aufbau eines Imperiums; später freilich braucht es auch die entsprechende Geistesverfassung, um mit Erfolg herrschen zu können. Und diese scheint Assyrien gefehlt zu haben.

IX

DAS ASSYRISCHE HEER

Programmatische Grausamkeit und Massendeportationen

Das Assyrische Imperium, welches die Könige seit dem Jahr 1000 langsam, aber unermüdlich aufbauen, wird von zwei Säulen gestützt: der auf eine kleine Elite konzentrierten Machtausübung sowie einem disziplinierten, effizienten und tapferen Heer.

Wie wurde ein assyrisches Heer ausgehoben, wie ausgebildet und geführt? Welche Waffen standen ihm zur Verfügung? Was für Techniken und Strategien wurden angewandt? Welche Kraft stand hinter jener Wirklichkeit, die wir als assyrischen Krieger bezeichnen? Diese und ähnliche Fragen stellen sich ein, freilich auch andere, tief beunruhigende. Wie soll man die Grausamkeit, ja den Sadismus erklären, der einem aus den Kriegsberichten deutlich entgegentritt? Das Phänomen der so akribisch durchgeführten Massendeportationen, wie soll man es deuten?

Bevor wir die assyrischen Dokumente näher betrachten, lohnt es sich, wiederum die von Ktesias/Diodor überlieferte Semiramis-Legende zu befragen. Gerade zu Beginn der Erzählung lesen wir, daß König Ninos, der seine Kriege vorausplant, die tüchtigsten Jünglinge seines Reichs im Soldatenhandwerk unterweist. Hier bildet sich der Kern des Heeres von Ninos, das aber sicherlich die vom König erträumten Unternehmungen nicht allein in Angriff nehmen kann. So verbündet sich der assyrische Herrscher mit den Königen der Araber. Eine zweite Phase zeichnet sich beim Armenien-Feldzug ab; der sich unterwerfende König muß sich verpflichten, ein militärisches Kontingent zu stellen sowie um die Versorgung des assyrischen Heeres bemüht zu sein. So wächst das Heer von Sieg zu Sieg an. Es kann sich aber immer noch nicht mit jenem des baktrischen Königs messen. Ninos sieht sich gezwungen, eine allgemeine Aushebung in allen von ihm eroberten Ländern durchzuführen; auf diese Weise kommen zusammen: 1 700 000 Infanteriesoldaten, 210 000 Kavalleristen und 10 600 Skythen, welche die Kriegswagen führen.

Diodor bemüht sich, die Glaubwürdigkeit dieser Zahlen zu erweisen, indem er sie mit der Größe von Heeren Persiens, Roms und von Syrakus vergleicht. Was uns hier interessiert, ist die solchen Ziffern zugrunde liegende Idee. Der assyrische Herrscher ordnet, um ein Heer zu bekommen, das seine Ziele verwirklichen kann, eine generelle Aushebung in seinem Reich an; vorher hat er bereits seine Untertanen angewiesen, Hilfskräfte und Verpflegung für die Soldaten zu liefern.

Interessant ist es, festzustellen, daß sich Ninos genau so verhält wie die assyrischen Könige der imperialen Epoche. Auch diese lassen jährlich Rekruten ausheben; auch diese bedienen sich der Kontingente, welche die unterworfenen Könige zu stellen haben; auch diese schließlich erheben von den Ländern, die sie durchqueren, Proviantlieferungen für das Heer. Die Erzählung von Ktesias/Diodor gilt sowohl für das assyrische wie für das persische Heer – wichtig ist die Beobachtung, daß dieses Modell sich nicht sehr von der historischen Wirklichkeit entfernt, die uns hier interessiert.

Obwohl über das assyrische Heer und seine Militärstrategie gute Untersuchungen vorliegen, bleiben viele Fragen noch ungelöst, denn die verschiedenen Hypothesen der Gelehrten widersprechen sich oft. Für das neunte Jahrhundert kommt noch die Schwierigkeit hinzu, daß wir nicht über Verwaltungsdokumente verfügen, sondern uns lediglich auf die Annalen der Könige Assyriens stützen können.

Die Herrscher von Assur-dan II. bis Assurnasirpal II. und von Salmanassar III. bis Adad-narari III. teilen uns den unaufhaltsamen Vormarsch der assyrischen Heere mit, ihren unbezweifelbaren Wert, die nicht zu widerlegenden Siege und ihre grenzenlose Grausamkeit. Wenn wir uns fragen, welche Generäle einen bestimmten Sieg errungen haben, welchen tapferen Offizieren die Eroberung eines strategisch wichtigen Ortes oder gar eines Landes zu verdanken sei, so lautet die Antwort der Annalen immer wieder – der assyrische Herrscher oder zumindest der General-Stellvertreter, der an Stelle des Königs das Heer führt. Ebenso ergeht es uns, wenn wir bestimmte Truppenteile zu unterscheiden trachten: immer zeigt sich uns der assyrische König ganz allein. Alle Siegernamen werden stets im dunkeln bleiben, denn so will es die offizielle Annalistik. Der einzige Sieger ist Gott Assur sowie derjenige, in dessen Hände die «gnadenlose Waffe Gott Assurs» gelegt wurde, sein Priester, der assyrische König. Trotzdem finden sich in den Annalen genügend Hinweise, die es uns erlauben, die assyrische Militärtechnik in den Blick zu bekommen, welche mächtige Staaten unterwerfen und ganze Nationen wegfegen half.

Bestand das Heer Assyriens aus Berufssoldaten, oder setzte es sich aus einfachen Untertanen zusammen, die einer jährlichen Aushebung unterstanden? Die Könige Assurnasirpal und Salmanassar berichten, daß sie vor den jährlich stattfindenden Kampagnen jeweils eine Aushebung im Land anordneten; man gewinnt den Eindruck, als habe der Großteil des Heeres aus Aushebungskontingenten und nicht aus Berufssoldaten bestanden. Dieses Prinzip galt in der Tat bis zum Ausgang des Imperiums, wenn auch mit Tiglatpileser III. und seinen Nachfolgern eine Reform in Kraft tritt, die deutlich Berufsmilitärs vorsieht, Soldaten, welche dauernd Dienst leisten.

Zweifellos gab es auch vor Tiglatpileser ausgewählte Truppenkontingente, welche vornehmlich denjenigen Provinzgouverneuren zugewiesen wurden, deren Territorien am stärksten den feindlichen Angriffen ausgesetzt waren; ferner waren meist in der Hauptstadt Gardekorps des Königs stationiert. Der Hauptteil des Heeres bestand jedoch eindeutig aus Aushebungstruppen. Nach Postgate – wobei wir freilich die Tatsache im Auge behalten müssen, daß «das Heer weitgehend auf die Aushebung von Reichsuntertanen angewiesen war, die diesen Dienst als Teil ihrer normalen Pflichten ansahen» – kann man drei Kategorien von Soldaten unterscheiden: 1. Berufsmilitärs, welche dauernd Dienst leisten, 2. Aushebungssoldaten, 3. Reservisten, die nur bei außerordentlichen Aushebungen herangezogen wurden und für außergewöhnliche Feldzüge.

Die erste Kategorie ist genau umschrieben. Bei der zweiten hingegen bedarf es einer Begriffsklärung. Auf assyrisch werden die Aushebungssoldaten mit «sab scharri» bezeichnet, wörtlich: «Männer des Königs», was aber die Wörterbücher mit «Diener des Königs» übersetzt haben – dies hat nicht wenig Verwirrung in bezug auf ihre Funktion gestiftet. Der Ausdruck muß als «Soldaten des Königs» wiedergegeben werden. Diese Bedeutung wird durch assyrische Briefe bestätigt, die von Aushebungen in verschiedenen Teilen des Reichs berichten, welche aus militärischen Gründen oder zum Wachtdienst in besonderen Situationen nötig wurden. Folgender Briefauszug mag dies beispielhaft beleuchten: «Nun kann ich, sobald der König mir schreibt, losziehen; ich schickte Boten, und meine ‹Männer des Königs› befinden sich in Bereitschaft.» Das Schreiben muß sich auf einen militärischen Feldzug beziehen. Aus anderen Briefen läßt sich der Kampfcharakter dieser «Männer des Königs» ersehen: «Im ganzen sind 370 Männer: 90 davon ‹Männer des Königs›, 90 Reservisten und 190, die die vom König angeordnete Arbeit verrichten.» Hier wird also eine klare Unterscheidung getroffen. Zum selben Schluß, daß die «Männer des Königs» wirkliche Soldaten sind, kommt man durch ein weiteres Dokument, dessen Verfasser in militärische Operationen gegen die Chaldäer verstrickt ist: «Ich gestatte den ‹Männern des Königs› nicht, das Mehl zu gebrauchen, welches für den Feldzug bestimmt ist.»

Zumindest einige dieser Männer sind für die Wagen verantwortlich, wie aus einem weiteren wichtigen Dokument aus Nimrud herauszulesen ist. Es führt die Truppen auf, die in der Provinz Mat-Zamua dem Gouverneur unterstellt sind; 630 Assyrer, wovon 449 Kavalleriesoldaten und Wagenbetreuer, den Rest bilden die Schreiber und das Zivilpersonal; von den Nichtassyrern sind 360 Gurräer und 440 Ituräer. Gesamthaft umfaßt das Provinzpersonal 1430 «Männer des Königs». Die «Männer des Königs», so läßt sich folgern, stellten das Provinzkontingent dar und waren in verschiedenen Truppenkorps eingesetzt: die Assyrer bei der Kavallerie und den Wagen, zudem bei der Verwaltung, die Nichtassyrer dienten in der Infanterie.

Die Assyrer leisten ihren Dienst in den besten Truppengattungen, der Reiterei und der Wagenstreitmacht, die Nichtassyrer hingegen werden als Infanteristen eingesetzt. Was den Lebensunterhalt der «Männer des Königs» betrifft, so war er ihnen durch den König das ganze Jahr hindurch garantiert, auch außerhalb der Militärkampagne. Während des Feldzugs erhielten sie eine spezielle Verproviantierung. Der fortgesetzte Lohnbezug ist schon deshalb angebracht, weil sie als Betreuer von Pferden und Wagen das ganze Jahr beschäftigt waren. Aus den Listen der Pferdeinspektionen erfahren wir, daß die «Männer des Königs» mit ihren Pferden in die Städtchen und Dörfer der verschiedenen Provinzen disloziert wurden: sie mußten folglich durch den jeweiligen Gouverneur unterhalten werden. Auch Ausländer, wie wir sahen, stellten einen Teil des assyrischen Heeres; sie waren sicher Berufssoldaten, somit wurde auch ihr Sold vom Staat garantiert. Noch kennen wir den Bestand dieses Heeres nicht, aber man kann voraussehen, daß ein gut Teil der Agrarproduktion des Reichs den «Männern des Königs» zugewiesen wurde.

Die dritte Soldatenkategorie bilden die Reservisten, die nur bei besonderen Anlässen einberufen wurden. So wohl, als Salmanassar III. im Jahr 845 eine generelle Aushebung anordnete, wodurch dann ein Heer von 120 000 Mann zusammenkam. Auch die Reservisten beziehen vom Staat einen Sold, der ihre stete Verfügbarkeit entschädigt.

Man wird sich vielleicht fragen, was denn all diese Menschen taten, wenn die Zeit des Feldzugs vorbei war – die politische und militärische Situation im neunten Jahrhundert war aber so geartet, daß sie eine ständige Mobilität bedingte, die kaum Untätigkeit gestattete. Zwar sprechen die Könige von nur einem jährlichen Feldzug; die Verteidigung der Provinzen einerseits und andererseits die Kriege an verschiedenen Fronten führten trotzdem zum ununterbrochenen Einsatz der «Männer des Königs».

In jedem Dorf war ein Reichsoffizier stationiert, dessen Aufgabe es war, alle Männer einer Aushebungsinspektion zu unterziehen. Die von ihm erstellten Verzeichnisse gingen an den Gouverneur, der zugleich Kommandant des in seiner Provinz anwesenden Truppenkontingents war. Wir wissen bereits, daß der Gouverneur persönlich für die Leistungsfähigkeit seiner Soldaten verantwortlich war und mit ihnen auch an den Feldzügen des Königs teilzunehmen hatte. Den Gouverneuren unterstellt waren die Hauptleute, denen Gruppen von 10 Soldaten zugewiesen wurden (nach Tiglatpilesers III. Reform Kompanien von 50). Der Gouverneur konnte zwar einen Hauptmann absetzen, riskierte aber, eine Untersuchung des Königs damit auszulösen, da die Hauptleute der Zentralgewalt unterstanden.

Die diensttauglichen Männer konnten sich in gewissen Fällen von dieser Pflicht loskaufen, durch Geld oder in Naturalien. Diese Zahlung erfolgte jährlich und entsprach ungefähr dem Sold für einen Aushebungssoldaten. Freilich bedurfte es eines von der Zentralregierung erlassenen Dekrets, um vom Dienst befreit zu werden. Einzelne Bürger, einzelne Gemeinden, aber auch ganze Provinzen konnten von dieser Regelung profitieren. Wir erwähnten bereits die Steuerbefreiungsdekrete für die Provinz Assur: diese Befreiung erstreckte sich auch auf den Aushebungsdienst.

Ebenso wie das wachsame Auge des Souveräns auf jedem Dorf ruht, wo die entsprechenden Funktionäre die Aushebungslisten stets nachführen, so verfolgt es auch die Bestände an Pferden, der dafür zuständige Beamte heißt «muscharkisu». Im neunten Jahrhundert stellen die Pferde eine unverzichtbare Komponente der assyrischen Kriegsmaschine dar; im Gegensatz jedoch zum Menschen-«Material», das fast unerschöpflich erscheint, da mit jeder Eroberung neue Massen hinzukommen, sind und bleiben die Pferde ein kostbares Gut. Die assyrische Landwirtschaft setzte keine Pferde ein, so wurden im Land selbst auch keine gezüchtet;

man mußte nach auswärtigen Bezugsquellen Ausschau halten. So etwa ließ Asarhaddon Expeditionen nach Medien ausführen, um dort Pferde zu beschaffen. Bei jedem Feldzug achtete das siegreiche assyrische Heer darauf, neben Wertgegenständen und Menschen auch Pferde, Maulesel und Esel zu erbeuten. Diese werden auch ausdrücklich im Tributkatalog erwähnt, den der König den unterworfenen Ländern aufzwingt. Alle diese Tiere wurden auf die verschiedenen Provinzen verteilt, deren Gouverneure dann verantwortlich waren, daß sie und ihre Betreuer eine ausreichende Versorgung erhielten.

Bei militärischen Aushebungen forderte der dafür zuständige Regierungsbeamte alle Pferde mit den dazugehörigen Wagen und Führern aus allen Dörfern an: dann setzten sich schier endlose Kolonnen Richtung Zentralsammelstelle des Heers in Marsch. Postgate liefert uns eine interessante Aufstellung über die Pferdeverschiebungen im Assyrischen Reich. Wie Verwaltungstexte, die mit den offiziellen Annalen übereinstimmen, bestätigen, stammen sie entweder aus Beutezügen, Tributen und Geschenken oder aus dem Lande selbst, nämlich vom Heer, aus der Reserve, aus Privatbesitz und schließlich aus den Kontingenten der einzelnen Provinzen. Alle diese Pferde werden dann auf drei Arten verwendet. Erstens und vorwiegend für die jährlichen Militärkampagnen, wo sie, zusammen mit den Reitern und Wagen, der leichten Kavallerie und der Wagenstreitmacht zugeteilt sind. Zweitens behält die Zentralverwaltung eine Reserve an Pferden in speziellen Unterkünften. Und drittens bekommen die Provinzverwaltungen ein Pferdekontingent für den Postdienst, zu Verteidigungszwecken oder ganz einfach als «Gäste», für deren Betreuung sie zu sorgen haben.

Im neunten Jahrhundert – unter Assurnasirpal – findet eine Reform des Heeres statt, vor allem in bezug auf die angewandten strategischen Konzeptionen, wodurch es zweifellos stärker und noch unüberwindbarer wird. In den vorhergehenden Perioden hatten die assyrischen Könige diese Strategien nicht anwenden wollen, die es ihnen vielleicht erlaubt hätten, schon früher die Idee des Imperiums zu verwirklichen. In der mittelassyrischen Epoche bis etwa 900 v. Chr. legten die Heerführer vor allem Wert auf die Geschwindigkeit und Wendigkeit im Zuschlagen. Die Assyrer suchten mit Vorliebe die Schlacht auf offenem Felde; war eine Stadt gut befestigt, so ließen sie sie meist unbehelligt und zogen weiter. Unter den Vorgängern von Assurnasirpal kündigt sich die Wende an: Das Heer eignet sich nach und nach alles an, was seine Unbesiegbarkeit fördert. Von nun an werden auch Straßen in die schwer zugänglichen Berge gebaut, so daß die Streitwagen dorthin gelangen können. Weiter üben die Assyrer das Klettern, um auch hohe Gipfel zu bezwingen. (Wir erinnern uns in den Beschreibungen an das ständig wiederkehrende Bild der kaum einnehmbaren Festung auf steilsten Felsen.) Auch lernen die Soldaten, die Flüsse zu überqueren. Alle diese Vorkehrungen dienten dem einen Ziel – das Heer sollte an jedem Ort einsatzfähig sein!

Unter Assurnasirpal sind die Neuerungen noch bedeutsamer. Der König will das Problem der befestigten Städte radikal angehen. Er läßt eigentliche Belagerungsmaschinen bauen; auf den Kriegsdarstellungen kann man öfters die gegen Stadtmauern eingesetzten Sturmböcke sehen. Vor den feindlichen Mauerringen werden zudem bewegliche Kampftürme errichtet. Jeder Widerstand soll mit Gewalt gebrochen werden. Auch der Streitwagen erfährt eine Änderung. Hatten bis anhin zwei Männer darauf Platz genommen – der Führer und der mit Pfeil und Bogen ausgerüstete Kämpfer –, so sind es nun drei: der dritte beschützt mit seinem Schild (so zeigen es die Darstellungen) seine beiden Mitstreiter; die Zahl der Zugpferde wird ebenfalls auf drei erhöht. Bis zu diesem Zeitpunkt war die Hauptstadt der Ausgangspunkt der militärischen Operationen; von nun an werden die Einsätze von speziell errichteten Operationsbasen aus gestartet, die es erlauben, zur Nacht wieder dorthin zurückzukehren mit der eventuellen Beute. Das erleichtert die Aktionen und garantiert Schnelligkeit im Angreifen des Gegners. So werden nun an den verschiedenen Orten Festungen oder gar befestigte Städte errichtet. Die Hauptstädte bleiben aber Sammelstellen für die ausgehobenen Männer und Tiere. So ließ Salmanassar in Kalchu das Arsenal erbauen, welches die königlichen Wohnungen, aber auch die Unterkünfte der Truppen sowie die Magazine für den Proviant und die Reparaturwerkstätten für die Waffen enthielt; große Innenhöfe ermöglichten die Appelle.

Diese Reformen erlaubten es dem Heer fortan, zu allen Einsätzen in Höchstform anzutreten. Die Assyrer erlangten dadurch einen beträchtlichen Vorsprung gegenüber den anderen Völkern. Sicher, auch das assyrische Heer mußte Niederlagen einstecken, konnte die ihm gesetzten Ziele nicht immer erreichen, so etwa im Fall von Salmanassars III. vergeblichem Versuch, Damaskus zu bezwingen. Insgesamt aber ist dieses Heer kaum mehr zu besiegen. Nichts wird dem Zufall oder der Improvisation überlassen. Zum Beispiel übernehmen spezialisierte Kavallerieeinheiten die Auskundschaftung, so daß das Hauptheer genau erfährt, womit es zu rechnen hat.

Das Heer setzte sich aus der Kavallerie, den Streitwagentruppen und der Infanterie zusammen. Die Infanteristen sind die größte Gattung. Sie gliedert sich in drei Abteilungen: die traditionsreichen Bogenschützen, die Lanzenwerfer und die Schleuderer. Die Wandreliefs im Königspalast von Kalchu lassen uns die assyrische Infanterie deutlich vor Augen treten; die beliebteste Waffe war in dieser Epoche Pfeil und Bogen (einige Gelehrte behaupten sogar, daß sie in allen Perioden in Gebrauch geblieben ist).

Wir können festhalten: Die Kavallerie diente sowohl als Angriffstruppe mit Lanzen oder Pfeilen als auch, in kleinen Einheiten, zur Feindbeobachtung. Auf den Streitwagen waren meist Krieger mit Pfeil und Bogen. In Schleuderer, Lanzenwerfer und Bogenschützen war die Infanterie gegliedert.

Wie war die Kriegsordnung dieses Heeres? Oberbefehlshaber der Truppen auf dem Feld war der König, ihm zur Seite standen die beiden «General-Stellvertreter», Turtanus, je auf der rechten und linken Flanke. Das Heer war also in drei Flügel aufgeteilt. Unter diesen drei Generalstabschefs rangierten dann die eigentlichen Generäle, «rab reschi». Diese Befehlshaber der drei Heeresteile können an der Spitze der Heere wirken, stellvertretend für den Generalstab. Auf der nächstunteren Stufe finden wir die Befehlshaber der Kontingente aus den verschiedenen Provinzen sowie der Zentraltruppe, wir können sie mit dem Oberstenrang kennzeichnen. Dann folgten die Kommandanten der verschiedenen Gattungen – Reiterei, Streitwagentruppe, Infanterie –, ihnen unterstellt waren schließlich die Hauptleute, welche Gruppen zu 10 Soldaten leiteten.

Aus den Berichten der Könige lassen sich überhaupt keine Detailinformationen gewinnen; dafür geben wirtschaftliche Dokumente einigen Aufschluß. Ein Brief aus Kalchu enthält folgende Aufstellung:

11 Reitknechte
12 «dritte Männer»
30 Bogenschützen
53 Wagenlenker
total: 106 Mitglieder der Wagenmannschaft.

Kinnier Wilson versucht anhand dieser Liste eine genaue Gliederung der assyrischen Streitwageneinheit zu eruieren. Die 106 Mitglieder der

Mannschaft entsprechen zwei Gruppen mit 53 Personen und 53 Streitwagen (50 Wagen sowie 3 Wagen der Kommandanten: jener des «rab kisri», «Befehlshaber der Streitwagen», und jene der beiden Hauptleute, die je 50 Männer befehligen auf 25 Streitwagen). Aufgrund dieser Rechnung kommt der Gelehrte zur Hypothese der zwei Streitwagengruppen, die uns helfen kann, klarer zu sehen.

Bis Tiglatpileser, wir erwähnten es schon, bestand die kleinste Einheit des Heeres aus einer Gruppe von 10 Männern, die den «Führer der 10 Soldaten» an ihrer Spitze hatte. Aus den aufschlußreichen Archiven von Guzana stammt ein Text, der die Ausrüstung einer solchen Gruppe auflistet: «1 Wagen, 4 Pferde, 2 Esel, 10 Bogen, 10 Dolche, 10 Lanzen, 10 Helme, 10 Köcher, 10 Schilde, 10 Kutten, 10 Schultergehänge, 10 Gurte, 1 Ochs und 10 Schafe.» Jetzt können wir uns einen assyrischen Soldaten in Kriegsmontur vorstellen, mit seinem Helm, der Kutte mit Gürtel, mit Köcher und Bogen, einer Lanze und einem Dolch. Das Dokument erwähnt auch die Fleischzuteilung: ein Ochs und zehn Schafe. Der Wagen mit den vier Pferden und die Esel dienen offensichtlich zum Transport von Mehl, Wein und Bier.

Wenden wir uns nun der zahlenmäßigen Größe des assyrischen Heeres zu. Die von Ktesias/Diodor überlieferte Angabe, Ninos habe für seinen Feldzug gegen Baktrien zwei Millionen Soldaten zusammengebracht, ist offensichtlich imaginär. Glaubwürdiger klingt, was Salmanassar III. berichtet: 120 000 Mann, die durch eine außerordentliche Aushebung im ganzen Land zusammenkamen. Bedenkt man, daß es sich um einen aus dem Rahmen fallenden Feldzug handelte, und bezieht man Angaben aus späteren Perioden mit ein, so darf man vermuten: das assyrische Heer des neunten Jahrhunderts zählte an die 60 000 bis 70 000 Soldaten. Die Angaben zum Kontingent der Provinz Mat-Zamua sprechen von 1445 Männern, wobei es sich sehr wahrscheinlich um Berufssoldaten handelt; daraus kann man die genannte Gesamtzahl errechnen, wenn man alle Provinzen berücksichtigt. Unter Sargon II. sind es dann bereits 200 000. Auf diese große Zahl kommt Manitius (und Saggs stimmt ihm zu) dank einem wirtschaftlichen Text, welcher das von Sargon der neuen Provinz Kummuchi zur Verfügung gestellte Kontingent nennt: 150 Wagen, 1500 Reiter, 20 000 Bogenschützen, 1000 Lanzenwerfer. Wenn so eine einzige Provinz über eine Garnison mit rund 30 000 Soldaten verfügen konnte, dürfte die jährliche Aushebung tatsächlich an die 200 000 Mann erbracht haben.

Mit jedem Sieg vergrößerte sich dieses Heer. Unter Asarhaddon und Assurbanipal zählt es rund eine halbe Million Soldaten. Ein furchterregendes Heer, das es sich erlauben konnte, auch das ferne Ägypten anzugreifen sowie bis ins Innere Persiens und Kleinasiens vorzudringen. Ein langsames, aber konstantes Anwachsen läßt diese Streitmacht immer unüberwindbarer werden.

Fast nichts ist uns über die Militärstrategie von Assurnasirpal, Salmanassar und Schamschi-Adad bekannt. Jedenfalls waren sie erfolgreich und legten die Basis des Imperiums. Sargon II. verrät uns dafür, welche Strategie er anwandte, um in seinem achten Feldzug die beiden verbündeten Heere von Urartu und Zikirtu zu bezwingen. Das starke assyrische Heer muß eine Verteidigungslinie zwischen den Bergpässen überwinden, die der feindliche Oberbefehlshaber, König Ursa, errichtet hat. Sargon berichtet, daß die Moral seiner Truppen angesichts dieser Situation recht gedämpft war; er selbst kann, der ungewohnten Frontbeschaffenheit wegen, die taktische Kontrolle über die verschiedenen Truppenteile nicht aufrechterhalten. Zunächst versucht Sargon auf der ganzen Frontlinie vorzudringen, aber offensichtlich ohne Erfolg. König Mitatti von Zikirtu freilich ist mit den strategischen Vorkehrungen seines urartäischen Verbündeten nicht einverstanden: Statt auf eine Auseinandersetzung der Heere in unwegsamer Gegend zu warten, läßt er seine Truppen zurückziehen und Stellung hinter dem assyrischen Heer beziehen. So droht Sargons Truppen ein Kampf auf zwei Fronten. Er entschließt sich zu einem nächtlichen Reiterangriff auf die urartäische Verteidigungslinie – die er erfolgreich durchbricht: dadurch ist das feindliche Heer gespalten, dessen Kontakt zu Ursa wird blockiert. Mit dem Gros des assyrischen Heeres greift Sargon nun die einzelnen Teile der feindlichen Truppen an, welche bald entmutigt zurückweichen. Als Mitatti mit seinen frischen Truppen eintrifft, werden diese durch die flüchtenden Alliierten überrollt. Sargon kann so einen überwältigenden Sieg feiern, eine Folge der von ihm angewandten Taktik des getrennten Angriffs.

Wie befestigte Städte belagert und erstürmt wurden, können wir auf den Wandreliefs der Paläste Assurnasirpals II. in Kalchu und auf Salmanassars III. Bronzetüren in Balawat ersehen. Auf einem Relief in Kalchu ist Assurnasirpal dargestellt, wie er, auf dem von drei Pferden gezogenen Streitwagen, sein Heer anführt: der König schnellt eben einen Pfeil gegen den Feind, während man hinter ihm die anderen Kriegswagen sieht. Der Angriff wird von einer Kompanie Streitwagen unter königlicher

Aufbau einer Streitwagenformation (nach Kinnier Wilson)

Oberbefehlshaber der Streitwagen / Wagenlenker / Reitknecht

Hauptmann / Wagenlenker / dritter Mann   Hauptmann / Wagenlenker / dritter Mann

Wagenlenker	Wagenlenker	Wagenlenker
Bogenschütze	Bogenschütze	Bogenschütze
Wagenlenker	Wagenlenker	Wagenlenker
Bogenschütze	Bogenschütze	Bogenschütze
Wagenlenker	Wagenlenker	Wagenlenker
Bogenschütze	Bogenschütze	Bogenschütze
Wagenlenker	Wagenlenker	Wagenlenker
Bogenschütze	Bogenschütze	Bogenschütze
Wagenlenker	Wagenlenker	Wagenlenker
Bogenschütze	Bogenschütze	Bogenschütze

Wagenlenker
dritter Mann
Wagenlenker
dritter Mann
Wagenlenker
dritter Mann
Wagenlenker
dritter Mann
Wagenlenker
dritter Mann

Wagenlenker
Reitknecht
Wagenlenker
Reitknecht
Wagenlenker
Reitknecht
Wagenlenker
Reitknecht
Wagenlenker
Reitknecht

Wagenlenker
dritter Mann
Wagenlenker
dritter Mann
Wagenlenker
dritter Mann
Wagenlenker
dritter Mann
Wagenlenker
dritter Mann

Wagenlenker
Reitknecht
Wagenlenker
Reitknecht
Wagenlenker
Reitknecht
Wagenlenker
Reitknecht
Wagenlenker
Reitknecht

Leitung angeführt, deren Aufgabe es ist, eine Bresche in die Linie des Feindes zu schlagen; dahinter folgt die Infanterie; auf den beiden Flügeln operieren die Reiter, die das feindliche Heer gleichsam in die Zange nehmen sollen. Auf einer anderen Darstellung sieht man die Reiterei im Einsatz: Zwei Kavalleristen sind einander zugeordnet, der eine hält die Zügel der beiden Pferde, während der andere die Pfeile abschießt. Der assyrische Reiter ist mit Bogen und Köcher, mit Schwert und Schild ausgerüstet; er ist barfuß, sein Pferd ungesattelt.

Auf vielen Reliefs sind assyrische Kriegsmaschinen abgebildet. In der Zeit Assurnasirpals erscheint der Sturmbock als schweres Gefährt auf sechs Rädern; der Holzaufbau war gegen außen mit rechteckigen Metallplatten abgesichert, er gipfelte in einem beweglichen Turm, von wo aus die Bogenschützen ihre Pfeile gegen die Feinde auf den Mauern abschossen, um so die eigenen Leute unten am Sturmbock möglichst zu beschützen. Eine andere Abbildung zeigt alle Techniken, die angewandt wurden, eine Stadt zu erobern. Auf der einen Seite erblickt man mit Kettenhemden und Schilden beschirmte Bogenschützen, die ganze Wolken von Pfeilen gegen die Verteidiger abschießen. Zugleich sieht man den Sturmbock mit dem beweglichen Turm in Aktion. Andere Soldaten graben einen Tunnel unter die Festungsmauer, um in die Stadt zu gelangen; wieder andere demolieren mit Lanzen und Spitzhacken den niederen Teil der Mauer. Mittels einer Leiter wird schließlich auch der Versuch unternommen, den Mauerwall zu überwinden. Ein weiteres Relief zeigt die Verteidiger, wie sie mittels Ketten, die von der Stadtmauer hinuntergelassen werden, den Angriff des Sturmbocks zum Stehen bringen; die assyrischen Angreifer bemühen sich ihrerseits, die Räder von den Ketten zu befreien. Oft schießen die Assyrer beim Angriff Feuerpfeile in die belagerte Stadt, damit deren Holzdächer in Brand geraten.

Das bisher Geschilderte ist alles auf den Wandreliefs enthalten, die Assurnasirpal II. in Auftrag gab. Von seinem Sohn sind uns die Bronzeverkleidungen der Balawat-Tore überliefert. Eine detaillierte Beschreibung lohnt sich, weil die dargestellten militärischen Aktionen von Salmanassar zum Teil das schon Gesagte bestätigen, zum Teil neue Informationen bieten:

Linker Flügel:

1. a) Der Angriff auf die syrische Stadt Parga mit einem von Bogenschützen unterstützten Sturmbock; rechteckiges Feldlager der

Assyrer; Streitwagen, Bogenschützen und Lanzenwerfer beim Sturmangriff auf die Stadt Ada in Syrien.

b) Die eroberte Stadt Qarqar am Orontes. Die Gefangenen und die Beute werden Salmanassar vorgeführt, der auf seinem Thron sitzt. Streitwagen und rechteckiges Lager.

2. a) Marsch zu den Quellen des Tigris; Unterwerfung eines Lokalfürsten durch den König; Darbringung der Gaben.

b) Das Kulisi-Volk aus der Quellregion des Tigris wird massakriert; Opferungen bei den Quellen.

3. a) Arzaschkun, die Hauptstadt Urartus, wird angegriffen und in Brand gesteckt.

b) Der Tribut von Gilzanu – Pferde, Ochsen, Kamele – wird dem König gebracht; Marsch auf die Stadt Gilzanu von einem rechteckigen Feldlager aus.

4. a) Marsch und Angriff auf Arne, Hauptstadt des Bit-Agusi in Syrien, zwischen Euphrat und Orontes; rechteckiges Feldlager.

b) Syrische Gefangene und Kriegsbeute; rechteckiges Feldlager; Marsch und Überfall auf eine Stadt des Bit-Agusi.

5. a) Tribut von der Stadt Kargamisch gebracht; assyrische Wagen.

b) Tribut der Stadt Kargamisch; rechteckiges Feldlager.

6. a) Vom König aus Unqi gebrachter Tribut im Orontestal; rundes Feldlager.

b) Tribut des Königs von Unqi; rechteckiges Feldlager.

Rechter Flügel:

1. a) Belagerung und Erstürmung von Aschtamaku, Hauptstadt von Hama; Belagerung und Angriff auf Hama.

b) Marsch aus einem runden Feldlager auf Hama; Gefangene aus Hama.

2. a) Auf Kähnen herbeigeschaffter Tribut der Stadt Tyros; assyrische Wagen.

b) Angriff auf die Stadt Chazazu zwischen Kargamisch und Orontes; Tribut dieser Stadt.

3. a) Überquerung eines Flusses auf einer provisorischen Brücke. Salmanassar nimmt in Babylon die Unterwerfung des Oberhauptes von Bit-Dakkuri entgegen.

b) Rechteckiges Feldlager; Marsch, Überquerung eines Flusses auf einer provisorischen Brücke; Unterwerfung der Babylonier.

4. a) Marsch und Angriff auf Dabigu, Hauptstadt des Bit-Adini in Syrien.

   b) Rundes Feldlager; Marsch und Angriff auf Dabigu; Sturmbock auf sechs Rädern; gepfählte Gefangene.

5. a) Zerstörung und Brand einer Stadt in Urartu.

   b) Marsch und Angriff auf eine Stadt in Urartu; Gefangene.

6. a) Stele des Königs, errichtet am Ufer des Vansees in Urartu; assyrische Wagen auf den urartäischen Bergen.

   b) Rundes Feldlager; Marsch und Angriff auf Sugunia, eine Stadt in Urartu; Gefangene.

Für den Fortgang unserer Analyse des assyrischen Heeres interessant sind die Szenen, welche die Grausamkeit der Assyrer dokumentieren. Neben Darstellungen von gepfählten Kriegsgefangenen kann man ganz deutlich assyrische Soldaten sehen, wie sie mit dem Schwert Kopf, Hände und Füße der Gefangenen abschneiden. Königliche Sekretäre berechnen anderswo die Zahl der Besiegten, indem sie die Haufen abgeschlagener Köpfe registrieren. Grauenvolle Bilder!

Nachdem wir uns Gliederung und Effizienz, Kampfkraft und taktisches Geschick des assyrischen Heeres klargemacht haben, gilt es nun, die Massendeportationen sowie das traurige Phänomen der Brutalität dieses Volkes zu untersuchen.

Obwohl die Assyrer nicht die ersten und einzigen gewesen sind, die Massendeportationen ins Werk setzten, ist es sicherlich so, daß sie dieses Mittel, vor allem ab dem neunten Jahrhundert, äußerst systematisch und brutal anwandten. So wurden sie in den Augen der Nachwelt zu den wahren Urhebern dieser anrüchigen Gepflogenheit. Wenn wir in den Annalen von Sanherib lesen, er habe nach der Einnahme Jerusalems im Jahr 701 «200150 Menschen, große und kleine, Männer und Frauen, Pferde, Maulesel und Esel, Kamele und Schafe ohne Zahl als Beute weggeführt», dann wird uns bewußt, daß die Massendeportationen für die Assyrer das übliche Mittel darstellen, um auch die kleinsten Regungen künftiger Aufstände bei den unterdrückten Völkern zu verhindern. Die Nachrichten über Massendeportationen reichen weit zurück: Adadnarari I. (1307–1276) brüstet sich, er habe die Bürger von Irrite nach Assur deportiert; Salmanassar I. (1274–1245) spricht von 14400 abgeführten Gefangenen; Tukulti-Ninurta I. (1244–1208) behauptet, er habe 28800 Hethiter nach Assyrien gebracht; Tiglatpileser I. (1114 bis 1076) deportierte verschiedene Völker in sein eigenes Land.

Für das neunte Jahrhundert und die Zeit danach geben uns die Annalen der assyrischen Könige sowie die Wandreliefs ihrer Paläste manchmal sogar zahlenmäßigen Aufschluß über die von fast allen Herrschern durchgeführten Deportationen. Der Gelehrte Oded hat in einer Studie alle diese Angaben systematisch zusammengestellt, hier seine Ergebnisse:

Massendeportationen durch die Assyrer (nach Oded)

König	Anzahl Deportationen	Anzahl Deportierte (total)	(partiell)	Fälle ohne Angabe über die Anzahl Deportierter
Assur-dan II.	2	–	–	2
Adad-narari II.	1	–	–	1
Tukulti-Ninurta II.	2	–	–	2
Assurnasirpal II.	13	12 900		5
Salmanassar III.	8	167 500		3
Schamschi-Adad V.	6	36 200		2
Adad-narari III.	1	–	–	1
Tiglatpileser III.	37	368 543	25 055	19
Salmanassar V.	1	–	–	1
Sargon II.	38	217 635	21 650	24
Sanherib	20	408 150	61 000	17
Asarhaddon	12	–	–	12
Assurbanipal	16	–	–	16
insgesamt	157	1 210 928	107 705	105

Den traurigen Rekord hält ohne Zweifel Sanherib, der nahezu eine halbe Million Menschen deportiert hat; an die zweite Stelle tritt Tiglatpileser III. mit fast 400 000; an dritter Stelle kommt Sargon II. mit beinahe 250 000; und schon auf dem vierten Rang treffen wir Salmanassar III. an, den Schwiegervater Sammuramats, mit 167 500 Verschleppten. Berücksichtigen wir die Fälle, wo keine Angaben über die Anzahl Deportierter vorliegen, und wenden wir das statistische Prinzip an, so dürfte die Zahl insgesamt verschleppter Menschen während dieser beiden Jahrhunderte rund 4,5 Millionen betragen. Wie man die Zuverlässigkeit solcher Zahlen auch immer einstufen mag – die Tatsache bleibt bestehen, daß wir es mit der Deportation von mehreren Millionen Menschen zu tun haben!

Die Quellen informieren genauestens über die Herkunft, das Alter und die soziale Schicht der Deportierten sowie über ihren Bestimmungsort. Bis zu Sargon II. war die Erwähnung von Deportierten immer vom Spruch begleitet «ich zählte sie zum Volk von Assur», während von Sanherib ab diese Standardwendung wegbleibt. Wohl eines der Hauptmotive für die Deportationen war zunächst der Wille, Volk und Heer Assyriens fortwährend größer und stärker werden zu lassen, um immer neue Länder erobern zu können. Aber selbst die plausibelsten Gründe können nichts am Umstand ändern, daß diese Deportationen gelinde gesagt inhuman waren.

Fragt man nach den Herkunftsgebieten der Verschleppten, so zeigt sich, daß die Assyrer ohne Vorlieben oder Unterscheidungen operierten. Zum Bestimmungsort: Viele der deportierten Menschen dienen dazu, die neuen Hauptstädte des Reichs zu bevölkern sowie ganz allgemein das assyrische Territorium; ebenso viele aber werden einfach von ihrer Heimat in andere, fremde Gebiete verschleppt. So werden frisch eroberte Länder von der einheimischen Bevölkerung geleert und mit völlig fremden Völkern neu besiedelt – die Syrer werden nach Urartu deportiert, die Urartäer umgekehrt nach Syrien und so weiter. Alle Bevölkerungsteile werden ohne Unterschied verschleppt: Männer und Frauen, Erwachsene und Kinder, die niederen Schichten wie auch die Honoratioren der Städte.

Die Strafe für Aufstände gegen die assyrische Herrschaft steht an erster Stelle unter den direkten Veranlassungen zur Deportation. König Assurbanipal etwa droht dem König von Elam: «Da Ihr diese Leute nicht zurückgedrängt habt, werde ich kommen und Eure Städte zerstören. Ich werde das Volk von Susa, Madaktu und Chidalu verschleppen.» Ein zweites Motiv ist der Wunsch, mächtige Rivalen zu liquidieren und Widerstandszentren zu schwächen. Lediglich in vereinzelten Fällen sind die Assyrer bereit, an eroberten Orten jene Bürger, die der assyrischen Macht zu dienen versprechen, weiter dort wohnen zu lassen; diese müssen im übrigen jederzeit mit dem Tod rechnen, falls sie nicht die ausschließlichen Interessen der Eroberer vertreten. Ein weiteres Motiv ist die bereits erwähnte Absicht, das assyrische Heer zu vergrößern sowie die Baukolonnen und die landwirtschaftlichen Betriebe zu verstärken.

Die Assyrer bemühten sich, vor allem in der frühen Zeit, die fremden Völkerschaften, die in ihr Land kamen, zu assimilieren. Auch den Fremden standen die hohen Ämter im Staat offen: der «neuen Assyrer» sind nicht wenige, die wichtige Beamtenstellen im Reich einnehmen. Die assyrischen Könige gestatteten ohne Einschränkung die Heirat zwischen Assyrer und Nichtassyrer; Salmanassar III. erlaubte sogar dem Erbprinzen, sich mit einer Fremden, einer Syrerin, zu vermählen – mit Sammuramat, der Semiramis der griechischen Legende. Dieser Fall ist freilich eine hervorstechende Ausnahme, aber er kann doch ein Indiz dafür sein, daß die assyrischen Könige nicht nur Strenge walten ließen bei den Deportierten.

Wie dem auch sei: Niemand hat das Recht, ganze Völker ihrem heimatlichen Boden zu entreißen, um Assyriens Gebiete dichter zu besiedeln oder, vielleicht noch schlimmer, um sie in ihnen völlig fremde Landschaften zu verschleppen. Wie diese Deportationspraxis im übrigen für Assyrien selbst gefährlich wurde, zeigen die Ereignisse seiner Geschichte. Die neuen Völker verspürten im ganzen keinerlei Treuepflicht gegenüber der Zwangsheimat, sie warteten vielmehr mit Ungeduld auf mögliche Befreier. Sie nutzten geringste Anlässe, um Unruhen und Rebellionen sogar in den Hauptstädten des Reichs zu entfachen, die allerdings gerade mit Fremden gefüllt worden waren.

Solang Assyrien stark blieb, konnte es alle auseinanderstrebenden Kräfte und Tendenzen im Land, die von den Massen unzufriedener Deportierter genährt wurden, unter Kontrolle halten. Wenn anfangs die Deportationen zumindest von seiten der Assyrer eine plausible Motivation besaßen, so veränderten sich die Gegebenheiten so stark, daß der Ausspruch «ich zählte sie zum Volk von Assur» als Provokation und nicht mehr als Versprechen wirken mußte. So begannen selbst die Hauptstädte des Reichs, für die Feinde Assyriens heimlich Partei zu ergreifen.

Dies um so mehr, je öfter die Kolonnen der Deportierten zerstörte, niedergebrannte Städte hinter sich gewahrten sowie ihre Soldaten und ihre andern Mitbürger im erbärmlichsten Zustand: lebend gepfählt und enthäutet, auf die unmenschlichste Art gemartert und verkrüppelt. Damit sind wir beim letzten, traurigsten Aspekt der assyrischen Kriegführung. Wenn wir die Berichte über die militärischen Aktionen und Feldzüge in den Annalen lesen, finden wir neben der genauen Aufzählung der durchgeführten Deportationen die nicht weniger präzise Auflistung aller verübten Verstümmelungen an Soldaten und wehrlosen Zivilpersonen, aller Hinrichtungen.

Wie von Soden unterstreicht, setzt die Vorliebe, mit vielen Detailangaben von den Massakern unter den feindlichen Völkern zu berichten, mit Salmanassar I. ein. Dieser König ist der erste, der sich mit dem bezeichnenden Titel «Zerstörungswaffe der großen Götter» schmückt; diesen Ehrentitel werden sein Sohn Tukulti-Ninurta I. übernehmen und dann auch noch Assurnasirpal II. und Salmanassar III. Er behauptet, daß er nach der Schlacht gegen Chanigalbat und die Achlamu die «nuppulu»-Strafe für 14 400 Personen verhängte. Aus den Texten Assurnasirpals II. läßt sich erschließen, daß mit «nuppulu» das Blenden des Feindes gemeint ist. Die Wandreliefs von Kalchu bestätigen dies: Sie zeigen den assyrischen Soldaten, wie er dem vor ihm knienden Feind mit einer Lanze ins Auge sticht. Es handelt sich dabei nicht um eine vollständige Blendung, sondern um eine dauernde Verletzung, die den verhaßten Feind wohl zum Militärdienst, nicht aber zur Zwangsarbeit unfähig macht. Angesichts derartiger Szenen überkommt uns eine Empfindung von Abscheu. Und es sind nicht die einzigen Grausamkeiten der Assyrer. Wir erwähnten bereits die Köpfe, Hände und Füße abschneidenden Soldaten Assyriens. Das Bild der Militärbuchhalter, die die Anzahl abgetrennter Köpfe statistisch erfassen, dokumentiert die zynische Kälte dieses Volkes.

Aus den Annalen Assurnasirpals und seiner Nachfolger erfahren wir von Massakern, von Pfählungen auf den Mauern eroberter Städte, von lebendig eingemauerten Feinden oder von solchen, denen man die Haut abgezogen hat, um sie auf bewegliche Türme zu hängen, die man vor die feindlichen Städte fuhr, von Knaben und Mädchen – es handelt sich offensichtlich um Kinder, deren Transport die Beweglichkeit der Deportiertenkolonnen beeinträchtigt hätte –, die man lebendigen Leibes verbrannte. Dies alles mit größter Genauigkeit, ja geradezu mit Sorgfalt beschrieben – das negative Urteil dadurch bestätigend, das in allen Geschichtsbüchern über die Assyrer gefällt wird.

Die Versuche von zwei Gelehrten wie von Soden und Saggs, das Bild eines grausam-barbarischen Volkes wenn nicht zu verändern, so doch zumindest auf menschlichere Ausmaße hin zu reduzieren, haben etwas Rührendes an sich. Nach Meinung des ersten Forschers muß man den erzieherischen Charakter einer bestimmten Art von Beschreibungen und besonders der Darstellungen in den königlichen Palästen nicht aus dem Auge verlieren: Die Besucher sollten von den barbarischen Szenen derart in' Angst und Schrecken gejagt werden, daß jede rebellische Regung gegen den assyrischen Herrscher schon im Keime erstickt wurde. Es handelte sich dabei also um ein psychologisches Mittel zur Einschüchterung der fremden Untertanen. Sicher war das auch beabsichtigt – die Tatsache bleibt aber bestehen, daß die Assyrer die von ihnen selbst beschriebenen Greueltaten wirklich begangen haben. Man kann ihnen nicht gleichsam gegen ihren Willen mehr Menschlichkeit zuschreiben, als sie in Wahrheit hatten.

Saggs versucht gar die Assyrer zu rechtfertigen, indem er daran erinnert, daß sie nicht die einzigen gewesen seien, die im Krieg Grausamkeiten begangen hätten, und er verweist auf Beispiele jüngeren Datums im Iraq und ganz allgemein auf die Geschichte unserer Epoche. Aber das negative Urteil über die Assyrer kann dadurch nicht besser werden.

Jede Bemühung, die assyrischen Greueltaten als weniger schrecklich darzustellen, ist meiner Ansicht nach deplaziert und unhistorisch, sie steht im Widerspruch zur Mentalität der Täter. Die Assyrer wollen ja gerade als grausame, brutale Menschen gelten, sie betrachten sich als den ausführenden Arm der zerstörerischen Macht von Gott Assur, dem Kriegsgott, als die irdischen Statthalter zweier weiterer angsteinflößender Kriegsgottheiten: Ninurta und Adad. Der assyrische König verwirklicht durch seine Person die Zerstörungs- und Ausrottungspläne der Götter. Im Gegensatz zu den Herrschern anderer Völker bezeichnet sich jener Assyriens nicht als «Hirte des Volkes», sondern als «Rächer im Auftrag von Gott Assur», als verheerender Sturm und eiserner Herr über die Völker.

Das in den Königsinschriften gern gebrauchte Bild vom «Terror des assyrischen Königtums», der sich wie ein Todesmantel über die Feinde ausbreitet, so daß sie schaudernd vor Angst auf die Knie fallen vor dem herannahenden König, zeigt uns an, daß die Assyrer sich zur Weltherrschaft berufen fühlten und diese durch Gewalt und Terror zu erringen trachteten. Der unabwendbare Vormarsch der assyrischen Heere bedeutete für alle Völkerschaften ein unerbittliches Joch oder die totale Vernichtung. Assyrien wollte keine Verbündeten, es wollte allein die Herrschaft über die bekannte Welt antreten.

Dieser Traum wurde leider volle Wirklichkeit im ersten Jahrtausend dank einem äußerst effizienten Heere, dessen Führung Königen und Generälen oblag, die auf der Höhe der sich stellenden Aufgaben waren. Man kann aber nicht die Welt auf Dauer beherrschen, ohne die Mentalität zu ändern in bezug auf Unterdrückung und Terror. Die Assyrer erwiesen sich als unfähig zur Wandlung. Bis zuletzt haben sie an die Macht der Waffen geglaubt – und durch diese kamen sie zu Fall.

Sammuramat, die Semiramis aus der Legende, erkannte diese Schwäche des assyrischen Systems. Sie leitete eine institutionelle Reform in die Wege, die zu einer neuen Konzeption des Königtums hätte führen sollen, zu einem gewandelten Verhalten den Untertanen gegenüber, zu einer kulturellen Entwicklung des wilden Kriegervolkes. Aber Semiramis war Nichtassyrerin, und ihre Vorstöße wurden von den verstockten Generälen nicht verstanden, die weiterhin an die alles regelnde Kraft der Waffen und an den Krieg glaubten.

X

KAMPF UM DIE NACHFOLGE

Schamschi-Adad, der Ehemann

Das Volk Assyriens besaß eine solche innere Kraft, daß es über ein Jahrtausend lang alle Angriffe von außen überlebte. Seine Grenzen mochten sich ausdehnen oder zusammenziehen, je nachdem, ob an der Spitze des Staates ein starker oder schwacher Mann stand, aber niemals gelang es Fremden, bis ins Herz Assyriens einzudringen. Weder den Aramäern zu Beginn des ersten Jahrtausends vor Christus noch den Urartäern im achten Jahrhundert. Dies bildet das nationale Bewußtsein, das eigentlich Kennzeichnende der Assyrer. Meisterhaften Ausdruck fand es in den zwei tragenden Säulen der Zivilorganisation und der Militärordnung, zunächst im assyrischen Kernland selbst, dann in seiner Projektion, dem Imperium.

Die in der zivilen und militärischen Führung durchgespielten Reformen dienen der Anpassung an die ständig sich vergrößernden Aufgaben und Verantwortlichkeiten der neuen Herren der Welt. Salmanassar III., der Schwiegervater von Sammuramat/Semiramis, war ohne Zweifel einer der weitsichtigsten Herrscher, die Assyrien je besaß. Seine lange Regierungszeit ist wohl durch eine Unzahl von Feldzügen gekennzeichnet, die die Eroberungen seines Vaters Assurnasirpal II. festigen und ausweiten, aber welch tiefer Unterschied in den Charakteren dieser beiden reichsstiftenden Könige! Die Handlungen mögen ähnlich erscheinen, der Geist ist ein anderer ebenso wie die Haltung gegenüber den Besiegten. Während Assurnasirpals einzige Sorge seinen «armen Assyrern» gilt, wie er sie selbst nennt – jenen zu Weltherrschern Berufenen, die sich auf die unwegsamen Berge hatten flüchten müssen, um zu überleben –, versucht Salmanassar III., bei aller Beachtung der heiligen Überlieferungen, den schwierigen Prozeß der Assimilation zwischen Besiegten und Altassyrern in Gang zu bringen. Seine Politik ist dem Prinzip verpflichtet, daß alle Untertanen gleich sind, nämlich Assyrer.

Wir erwähnten bereits, daß Salmanassars zukunftsweisende Ideen nicht allgemein akzeptiert wurden. Eine offene Rebellion brach aus. Gerade als der assyrische Staat durch die siegreichen Kriegszüge seines Königs einem Höhepunkt entgegenzusehen schien, stürzte die Revolte das öffentliche Leben in eine tiefe und lähmende Krise.

Man schreibt das Jahr 827, das 31. Regierungsjahr von Salmanassar. Der greise und müde Herrscher weilt in Kalchu, als ihn die Nachricht erreicht, daß 27 Städte, worunter Assur und Ninive, die beiden Hauptstädte des Reichs, unter der Führung seines Sohnes Assur-dan-apli offen gegen den König revoltieren. Doch der König wird nicht von allen verlassen, die Vier Würdenträger des Reichs, die Mitglieder des Großen Rates in corpore sind auf seiner Seite und übernehmen der Reihe nach aufs neue das Eponymat gleich nach dem Herrscher selbst.

Die Informationen über diese Revolte sind uns im Eponymenkanon sowie vor allem in den Annalen von Schamschi-Adad V. (einem der jüngeren Söhne von Salmanassar: 824 übernimmt er beim Tod des Vaters die Regierung) überliefert. Über die eigentlichen Ursachen dieses so weitreichenden Aufstands weiß man sehr wenig. Wir wollen uns bemühen, die verschiedenen Erklärungsversuche gegeneinander abzuwägen und zu konkretisieren.

Olmstead vertritt die Ansicht, der nicht mehr ganz junge Sohn Assurdan-apli sei in seinem Stolz verletzt worden durch die Geschehnisse der letzten Regierungsjahre seines Vaters. Auf den Feldzügen muß er seinen Vater oft begleitet haben; Olmstead identifiziert Assur-dan-apli sogar mit der Figur, welche zusammen mit dem König in den Wandreliefs des Palasts von Kalchu auf dem Wagen fährt. Doch in den letzten Jahren erfolgt der unaufhaltsame Aufstieg des General-Stellvertreters Dajjan-Assur, der im Namen des greisen Königs die Militärkampagnen führt und sogar – dies ist ganz neu – ausdrücklich in den Annalen des Herrschers erwähnt wird. «Im siebenundzwanzigsten Jahr meiner Regierung bot ich meine Streitwagen und Truppen auf. Dajjan-Assur, den Turtanu, den Oberbefehlshaber meiner ausgedehnten Truppen, setzte ich an die Spitze meiner Truppen gegen das Land Urartu.» Und ebenfalls in den folgenden Jahren. «Im achtundzwanzigsten Jahr meiner Regierung, als ich mich in Kalchu aufhielt, brachte man mir die Nachricht, daß die Leute des Pattina-Landes Lubarna, ihren Herrn, getötet und Surri, den illegitimen Prätendenten, zum König erhoben hatten. Ich übertrug Dajjan-Assur, dem Turtanu, dem Oberbefehlshaber meiner ausgedehnten Truppen, die Führung meiner Truppen und schickte ihn dorthin.» – «Im einunddreißigsten Jahr meiner Regierung wandte ich zum zweiten Mal mein Gesicht Assur und Adad zu [übernahm ich zum zweiten Mal das Eponymat], und zu jener Zeit, ich weilte gerade in Kalchu, übertrug ich Dajjan-Assur, dem Turtanu, dem Oberbefehlshaber meiner ausgedehnten Truppen, die Führung meiner Truppen und setzte ihn an deren Spitze.»

Nicht weniger als fünf Jahre führt der Turtanu die assyrischen Heere im Namen des Königs, und ihm werden ausdrücklich die Siege gegen Urartu und Pattina zuerkannt. Olmstead meint nun, der Sohn habe diesen Aufstieg und die Glorifizierung durch die königlichen Annalen dem Turtanu mißgönnt. Er habe darum eine Revolte angezettelt, die auch vom alten Bürgertum des Reichs mitgetragen wurde sowie von einigen bedeutenden Provinzen. Mich überzeugt diese Deutung nicht; der bloße Neid sollte zu einem Konflikt geführt haben, der in den Bürgerkrieg mündete; auch bleibt dabei unklar, weshalb die nobelsten und reichsten Provinzen die Partei des Sohnes ergriffen. Olmsteads Deutung paßt zu seiner ungerechten Einschätzung Salmanassars III., den er für verweichlicht und untauglich hält – was mit der historischen Wirklichkeit nicht übereinstimmt. Olmstead hält den Turtanu für den wahren starken Mann, der nicht nur die Feldzüge, sondern den ganzen Staat leitet, so daß die Revolte des Sohnes zusammen mit der alten und neuen bürgerlichen Klasse einer Restauration gleichkäme. Dem Forscher Gadd gemäß läge der offenen Rebellion des Sohnes Assur-dan-apli die Tatsache zugrunde, daß der greise König ihn, den ältesten Sohn, von der Thronfolge ausgeschlossen hatte zugunsten des jüngeren Schamschi-Adad. Von Soden fügt dem Groll des ältesten Sohnes noch ein weiteres Motiv hinzu: Spannungen mit der führenden Schicht Assyriens.

Mir erscheinen die Hypothesen von Garelli und Schmökel plausibler. Für den ersten, er folgt darin Goossens' Analyse, manifestiert sich in der Revolte der schwelende Konflikt zwischen dem Kleinbürgertum und den Machthabern des Staates. Als Folge der Siege bilden sich neue Provinzen, die reicher und mächtiger sind als die traditionellen; das Interesse richtet sich naturgemäß auf diese aus. Die alteingesessenen Assyrer streben nach den neuen Reichtümern und den entsprechenden Gouverneursposten; aber privilegiert sind die Mitglieder des Großen Rates und an deren Spitze der General-Stellvertreter Dajjan-Assur: der zweite Mann im Staat und Gouverneur der reichsten Provinz mit der Hauptstadt Harran. Gegen ihn sowie gegen die drei weiteren Mitglieder des Rats – den

Großen Intendanten, den Palastherold und den Großmundschenk – richtet sich die Rebellion des ältesten Sohnes von Salmanassar. Das erklärt, wieso die Mitglieder des Großen Rates geschlossen gegen den Sohn und für den König Partei ergreifen und weshalb die Einwohner der stolzesten Städte Assyriens – wie Assur, Ninive und Arbela – sich an die Spitze der Revolte stellen. So tritt die Spaltung ein: Auf der einen Seite das alte und adlige Assyrien, auf der anderen die Zentralgewalt des Staates und die neuen Provinzen. Es handelt sich also, wie Garelli mit Recht feststellt, um eine Wachstumskrise – um eine so tiefgreifende freilich, daß der Staat für 80 Jahre in seinen Grundfesten erschüttert war.

Wichtiger als die Machtkonzentration beim Turtanu, die Garelli auch anführt, scheint mir ein anderes Motiv. Schmökel nennt als Ursachen des Bürgerkrieges die Freundschaftspolitik Salmanassars gegenüber Babylonien, die in der Heirat der babylonischen Prinzessin Sammuramat mit dem Erbprinzen Schamschi-Adad gipfelt; die Rivalität zwischen den beiden Söhnen des Königs; der Neid Assurs und Ninives auf das bevorzugte Kalchu, die Härte der vom König ergriffenen Steuermaßnahmen. Meines Erachtens hat dieser Gelehrte ins Schwarze getroffen, wenn er in die Rebellionsursachen auch die Heirat des Erbprinzen mit einer Fremden miteinschließt. Einer Fremden, die mit großer Wahrscheinlichkeit – wegen ihres aramäischen Namens und der einhelligen Überlieferung, die als Sammuramats Geburtsstadt Askalon an der Mittelmeerküste bezeichnet – syrischen Ursprungs ist.

Der Unmut im Reich war offensichtlich schon weit verbreitet, das alte Assyrien hegte zweifellos Neidgefühle gegenüber der neuen bürgerlichen Klasse, die zwar keine Adelsprädikate, aber dafür große Macht und Reichtümer besaß. Der erfolgreiche Turtanu mag wohl als Repräsentant dieser neuen Führungsschicht die Lage verschärft haben. Ich glaube aber, daß der zündende Funke, der die Revolte zur Explosion brachte, in der politischen Entscheidung lag, die Heirat des Erbprinzen mit einer fremden Frau – zudem mit einer Syrerin! – zu erlauben, wenn nicht sogar zu wollen.

Seit zweihundert Jahren liegen die Assyrer mit den Aramäern im Krieg, und nun gewährt der greise Herrscher einer Schwiegertochter aramäischen Ursprungs den Eintritt ins Königshaus. Eine unerhörte Tat, die das Blut des assyrischen Adels in Wallung bringt. Ja, der Nationalstolz ist dadurch verletzt – daher nimmt es nicht wunder, daß Assur, die heilige Stadt des Reichs, sich an die Spitze der Revolte stellt. So wird der weitsichtige politische Entschluß des Königs von den starren Assyrern nicht verstanden und vom älteren Sohn Assur-dan-apli, der wegen seines Ausschlusses vom Thron dem Vater sowieso grollt, offen abgelehnt. Alle Voraussetzungen zum Aufstand sind gegeben: 26 Städte treten zu Assur über und verweigern dem König die Gefolgschaft.

Aber die Weisheit und der Weitblick Salmanassars, der die Heirat von Schamschi-Adad mit Sammuramat, der Syrerin, stiftet, heben diesen Herrscher über alle assyrischen Könige des ersten Jahrtausends hinaus. Die Mitglieder des Großen Rates billigen seinen Entschluß, und vor allem scheinen die aramäischen Staaten die Absichten des alten Königs unterstützen zu wollen. Sie nutzen den assyrischen Bürgerkrieg nicht aus, um sich gegen den geschwächten Unterdrücker zu erheben, sondern bleiben dem Reich treu ergeben.

Sammuramat, die Semiramis aus der Legende, wird von Anfang an zum Stein des Anstoßes. Die Assyrer empfangen sie keineswegs mit Freude, ja sie stößt auf offene Ablehnung. So weiß das knapp über zwanzig Jahre junge syrische Mädchen beim Eintritt in die königliche Residenz zu Kalchu, daß nicht nur die Verantwortung als künftige Königin Assyriens auf sie wartet, sondern auch die Abneigung der meisten Assyrer. Aber die Schöne verliert den Mut nicht. Sie ergreift sofort die Möglichkeit, dem jungen Prinzen, ihrem Gemahl, als Beraterin beizustehen. Vielleicht ist es auch ihrem Einfluß zu verdanken, daß es diesem schließlich gelingt, die Parteienkämpfe und Wirren des Bürgerkriegs zu befrieden.

Sicher, was hier ausgesprochen ist, verbleibt im Bereich der Hypothesen. Aber es gehört auch zu den Pflichten des Historikers, die durch fehlende Quellen verbleibenden Dunkelstellen durch Deutung noch der unscheinbarsten Indizien möglichst aufzuhellen. Wenn wir nun vernehmen, daß Schamschi-Adad sich mit Babylonien verbündet, um die Rebellion unter Kontrolle zu bekommen, so können wir kaum umhin, an einen Einfluß Sammuramats zu denken, die stets nach einem dauerhaften Frieden mit Babylon getrachtet hat.

So beginnt Semiramis am Hof gleich ihre stille Wirkung auszuüben auf die Entscheidungen, die das Schicksal des Reichs bestimmen, und sie erweist sich auf der Höhe ihrer Aufgaben, zunächst als Königin und dann als Königinmutter. Bei alledem vergißt Sammuramat ihren Schwiegervater Salmanassar nicht. Sie belohnt die Großzügigkeit seiner politischen Entscheidung, sie ins Königshaus aufzunehmen, indem sie mit

*Stele von Schamschi-
Adad V., dem Gatten
von Sammuramat, aus
Nimrud (Kalchu).*

Stolz auf ihrer Stele verkündet: «Schwiegertochter Salmanassars, des Königs der Vier Weltteile.» Sie fühlt sich nicht nur als Assyrerin, sondern versteht sich auch als wichtige Mitgestalterin der politischen Pläne des großen Salmanassars: Wiederaussöhnung mit Babylonien und den aramäischen Staaten.

Bevor wir die Ereignisse der Thronübernahme durch Schamschi-Adad V. (824–811) genauer betrachten, gilt es, den jungen Prinzen vorzustellen, auf dessen Schultern die Erbschaft seines Großvaters Assurnasirpal II. und seines Vaters Salmanassar III. lasten wird. Lassen wir ihn gleich selbst sprechen:

«Ich bin Schamschi-Adad, der mächtige König, der König der Gesamtheit, der keine Rivalen kennt, der Wächter der Tempel, der Verwalter der heiligen Orte, der Herr aller Länder, der Ordner aller Dinge, der Führer, dessen Namen die Götter schon vor Urzeiten nannten, der heilige Priester, der unentwegt für Escharra sorgt, der die Kulte der Tempel aufrechterhält, dessen Aufmerksamkeit dem Aufbau von Ehursagkurra und dessen Sorge den andern Tempeln des Landes gilt; der Sohn Salmanassars, des Königs der Vier Weltteile, des siegreichen Rivalen aller Prinzen aller Länder und desjenigen, der alle Länder unterworfen hat; Enkel Assurnasirpals, der Tribute und Geschenke aus allen Regionen [der Welt] erhielt.»

Vergleichen wir diese lobende Selbstdarstellung mit denjenigen des Großvaters Assurnasirpal und des Vaters Salmanassar, so zeigt sich doch ein gewisser Unterschied in der Titelgebung und im Geist, der dahintersteckt. Wenig politische, dafür um so mehr Titel, die den Herrscher als fromm und gewissenhaft darstellen, indem er sich um den Wiederaufbau der Tempel und um die Erhaltung des Kultes bemüht.

Schamschi-Adad präsentiert sich uns nicht als Krieger, als der Auserwählte Assurs, dessen gnadenlose Waffe er zu ergreifen hätte; beim Erwähnen der Vorgänger meidet er alle Ausdrücke, die an Grausamkeit und Barbarei erinnern könnten. Sicherlich erscheint der assyrische Herrscher noch nicht als weiser König und Hirte seines Volkes, aber die langsame Wende, die gerade Schamschi-Adads Vater einleitete, beginnt sich auch in der Titelgebung auszuwirken. Zwar kein radikaler Wechsel im Gebrauch der Macht oder in der Behandlung der Feinde – irgend etwas immerhin ist in Mentalität und Königsidee in Bewegung geraten.

Schon vor seinem Machtantritt hatte sich Schamschi-Adad V. bewährt, als er an der Seite seines Vaters die Revolte von 827 zu bekämpfen anfing. Falls die von allen Historikern behauptete Tatsache stimmt, daß er nämlich noch in jungen Jahren gestorben ist, so zählte er beim Ausbruch des Bürgerkrieges nur etwa 25 Jahre – und doch wird ihm, nicht den Generälen, die Aufgabe übertragen, die Rebellion zu bezwingen.

Während der Eponymenkanon bis zum Jahr 828 die jährlichen Feldzüge König Salmanassars erwähnt, bringt er ab 827 und bis zum Jahr 822 mit eisiger Kälte und Distanziertheit lediglich ein einziges unheilschwangeres Wort: «sichu», Revolte! Dieser sechsmal nacheinander gebrauchte Begriff läßt die tiefe Krise deutlich werden, die Assyrien bedrohte. Und entsprechend drastisch waren die vom alten König ergriffenen Maßnahmen, vor allem die Wiederaufnahme des Eponymats im selben Jahr, als die Revolte ausbricht. Der alte Löwe nimmt den Kampf auf, weil er sich im Recht glaubt. Als er 824 stirbt, ist das assyrische Königtum noch sein, nicht an die Rebellen geht es über, sondern an den von ihm auserwählten Prinzen. Diesem verdanken wir auch die folgende Beschreibung der unheilvollen Ereignisse:

«Als Assur-dan-apli, zur Zeit von Salmanassar, seinem Vater, schlecht handelte, indem er Empörung, Rebellion und Intrigen förderte, brachte er es so weit, daß das Land revoltierte und zum Krieg rüstete, er zog das Volk Assyriens im Norden und im Süden auf seine Seite, säte Zwietracht, trieb die Städte zur Rebellion und machte sich zu Kampf und Krieg fertig; Ninive, Adia, Schibaniba, Imgur-Bel, Ischabri, Bit-erpitia, Schimu, Schibchinisch, Parnuna, Kipschuna, Kurbail, Tidu, Nabulu, Kachat, Assur, Urakka, Sallat, Chuzirina, Dur-balati, Dariga, Zabban, Lubda, Arrapcha, Arbailu, zusammen mit Amedi, Til Abne, Chindanu, insgesamt 27 Städte und ihre Befestigungen, die sich gegen Salmanassar erhoben hatten, den König der Vier Weltteile, meinen Vater, und die sich auf die Seite von Assur-dan-apli gesellt hatten: auf Befehl der großen Götter, meiner Herren, habe ich jene zur Unterwerfung gezwungen.»

Laut dieser Beschreibung von Schamschi-Adad ist das Haupt der Revolte sein Bruder Assur-dan-apli. Die Motive bleiben im unklaren. Aber deutlich ersichtlich werden die Stoßrichtung – nämlich König Salmanassar III. – und das Ausmaß: die Aufzählung von 24 assyrischen sowie von 3 neu hinzugekommenen Städten läßt aufhorchen. Das alte Assyrien ist gegen, das neue (mit Ausnahme der drei Städte) ist für den König. Drei Jahre kämpft er an der Seite seines jüngeren Sohnes; als er 824 stirbt, fällt die ganze Verantwortung auf den jungen Herrscher, der noch zwei Jahre mit dem Aufstand wird ringen müssen. In der eben zitierten Inschrift verrät er uns nicht, wie es ihm gelang, die Rebellion endlich niederzuwerfen. Andere Dokumente und die Ausgrabungen helfen uns aber weiter.

Die Grabungen in Ninive brachten ein babylonisch verfaßtes Dokument ans Licht, das man als einen Allianz- oder zumindest Nichtangriffspakt identifiziert hat; geschlossen wurde er von Schamschi-Adad V. mit Marduk-zakir-schumi, König Babyloniens. Wie Weidner richtig feststellt, muß dieses Dokument die politische Situation zu Beginn von Schamschi-Adads Herrschaft widerspiegeln. Die noch andauernde Revolte ließ ihn diesen wichtigen Schritt tun, der ihm einen, wenn auch befristeten, Frieden mit Babylon einbrachte. So konnte er alle seine Kräfte nach innen richten. Das Abkommen – von dem nur ein Teil der Klauseln sowie die Verdammungsformel überliefert sind – ist ansonsten ganz zugunsten der Babylonier abgefaßt. So die Klausel, worin sich der assyrische Herrscher verpflichtet, dem babylonischen König die Landesflüchtigen auszuliefern, und jene andere, worin er zusagt, den Worten eines gewissen Marduk-rimanni kein Gehör zu leihen. Der Herrschertitel, und das ist erstaunlich, wird nur dem babylonischen König zugestanden; womöglich noch gravierender ist die bloße Nennung von babylonischen Gottheiten in der Verdammungsformel: Marduk, Nabu, Enlil, Ninlil, Ea und Schamasch. Das undatierte Dokument könnte möglicherweise noch in die Zeit fallen, da Schamschi-Adad Erbprinz war; dies würde das sonderbare Fehlen des Königstitels erklären.

Im Jahre 822 belagert der junge König Assur, die heilige Stadt, das Herz der ganzen Revolte. Die deutschen Archäologen, die Assur ausgegraben haben, entdeckten Spuren von Schamschi-Adads Belagerung: unter den Stadtmauern fanden sie zahlreiche Pfeile und in den Mauern selbst Spuren der Spitzhackenschläge, womit die königstreuen Truppen gegen die Wälle angingen.

Nun setzt auch die Berichterstattung durch den Eponymenkanon wieder ein. Schamschi-Adad übernimmt gleich das Amt des Eponymen. Die kriegerischen Handlungen der 13 Jahre Herrschaftszeit sind nach Norden, Osten und Süden gerichtet. Zweifellos die wichtigsten Feldzüge sind jene gegen Babylon. Wenn auch in umgekehrter Reihenfolge, so werden doch diese drei Richtungen im legendären Bericht über Ninos, den Gatten der Semiramis, ebenfalls genannt in bezug auf seine Eroberungsziele.

Die ersten drei Feldzüge richten sich gegen das Land Nairi, wo die Bevölkerung, eine Folge des Bürgerkrieges in Assyrien, sich weigerte, den Tribut zu leisten. In dem ersten Feldzug, der König führt ihn selbst an, gilt es, die assyrische Oberhoheit wiederherzustellen. Dies gelingt ihm auch spielend, so daß er nach Beendigung der militärischen Aktion stolz verkünden kann, die während der Herrschaft seines Vaters geltenden Grenzen seien wieder in Kraft:

«In meinem ersten Feldzug, da ich gegen Nairi zog, erhielt ich von allen Königen von Nairi Zugpferde zum Tribut. Zu jener Zeit warf ich wie ein Netz auf Nairi in seinen äußersten Grenzen. Das Territorium Assyriens von Paddira im Land Nairi bis zu Kar-Salmanassar, das Kargamisch gegenüberliegt, von Zaddi an der Grenze zu Akkade bis zu Enzi, von Aridu bis zum Land Suchu hat sich, auf Befehl von Assur, Schamasch, Adad und Ischtar, den mit mir verbündeten Göttern, zu meinen Füßen niedergeworfen.»

Die genaue Aufzählung des assyrischen Territoriums mitsamt seinen Grenzen im Norden, Westen und Süden, die zu Füßen des Königs liegen, bezeichnet das definitive Ende des Bürgerkrieges. Die fünf Jahre des Machtvakuums sind überwunden, der neue König ist Herr der Lage. Nun können die Assyrer an ihre gewohnte Expansionspolitik denken.

Das Land Nairi wird zu einem Pufferstaat zwischen dem mächtigen Urartu im Norden und Assyrien, das sich aber noch nicht sicher genug fühlt. Eine weitere militärische Kampagne wird in die Wege geleitet. Sie soll bis zur nördlichen Grenze Nairis vordringen, wo Urartu anfängt:

«Bei meinem zweiten Feldzug wurde Mutarris-Assur, der General, ein fähiger und erfahrener Soldat, durch mich beauftragt, ich sandte ihn gegen Nairi zusammen mit meinen Truppen und dem Zeltlager. Er marschierte bis zum Oberen Meer der untergehenden Sonne: 300 Städte von Scharsina, Sohn des Mektiara, 11 wichtige Städte mit 200 Dörfern von Uschpina eroberte er. Die Bewohner tötete er; das von ihnen Erbeutete: ihre Güter, ihre Reichtümer, ihre Götter, ihre Söhne und Töchter nahm er mit. Ihre Städte verwüstete, zerstörte er und steckte sie in Brand. Auf dem Rückweg machte er die Bewohner von Sumbu nieder. Von allen Königen Nairis erhielt er als Tribut Zugpferde.»

Nach diesem zweiten Feldzug war der Norden für Assyrien sicher geworden. Urartu trachtete noch nicht nach einem Zusammenstoß mit dem assyrischen Koloß. Die Herrscher von Nairi beeilen sich, ihre jährlichen Tribute abzuliefern, als der assyrische König sie zu Beginn des dritten Feldzuges aufsucht. Nun gilt Schamschi-Adads Interesse dem Osten. In den Annalen sind diese Unternehmungen so zusammengefaßt, als hätten sie sich alle im selben Jahr abgespielt, aber aus dem Eponymenkanon erfahren wir, daß der König an dieser Front tatsächlich fünf Jahre lang engagiert war. Nach dem Bericht des Königs handelte es sich um eine Reihe von ununterbrochenen Erfolgen, und wir haben keinen Grund, daran zu zweifeln. Ziele wie Methoden sind dieselben geblieben wie zur Zeit seiner Vorgänger. Hier des Königs eigene Darstellung:

«Die Missi: der fürchterliche Glanz von Assur, meinem Herrn, blendete sie. Vor dem schrecklichen Glänzen meiner Waffen ergriffen sie voller Angst die Flucht. Sie verließen ihre Städte und stiegen auf unwegsame Berge. Als ihre Festungen erwählten sie drei Gipfel, die wie Wolken vom Himmel herabhängen, wo kein Vogel im Flug sich je niederläßt. Ich nahm ihre Verfolgung auf; ich eroberte diese Bergesgipfel. In einem einzigen Tag schoß ich wie ein Adler auf sie nieder, ich tötete eine große Anzahl von ihnen. Das von ihnen Erbeutete: ihre Güter, ihre Reichtümer, ihre Herden, ihre Esel, ihre Schafe, Zugpferde, Kamele mit zwei Höckern ohne Zahl nahm ich aus den Bergen mit hinunter. 500 Städte ihrer Umgebung verwüstete, zerstörte und steckte ich in Brand.»

Wir haben diese Passage bereits weiter oben zitiert, um des literarischen Bildes wegen: der König, der die Berge bei der Verfolgung seiner Feinde erklimmt. Ein Motiv, das sich in der griechischen Legende von Semiramis wiederfindet.

«Ich marschierte auf Gizilbunda zu. Die Stadt Kinuku eroberte ich, und ich verwüstete, zerstörte und brannte sie nieder. Die Bischbizida-Berge durchquerte ich. Titamaschkas von Sasiaschu und Kiaras von Karsibutu Tribute empfing ich: sie bestanden aus Zugpferden. Alle Völkerschaften von Gizilbunda wurden überwältigt vom fürchterlichen Glanz meiner Majestät und vom Auftreten meiner unbesiegbaren Heere: sie verließen ihre zahlreichen Städte. In Urasch, ihrer Festung, suchten sie Zuflucht. Ich stürmte und eroberte jene Stadt. Mit dem Blut ihrer Krieger färbte ich die Plätze ihrer Städte wie Wolle. 6000 von ihnen habe ich getötet. Pirischati, ihren König, zusammen mit 1200 seiner Soldaten fing ich lebend. Das von ihnen Erbeutete: ihre Güter, ihre Reichtümer, ihre Herden, ihre Schafe, ihre Pferde, Silbergefäße, solche aus strahlendem Gold und aus Kupfer ohne Zahl nahm ich mit. Den Tribut von Engur aus Sibara empfing ich. Mein königliches Bild ließ ich in heldischer Pose in Stein hauen: die Macht Assurs, meines Herrn, meinen Ruhm, den Wert meiner in Nairi vollbrachten Taten ließ ich darin eingravieren. In Sibara, ihrer Festung, im Lande Gizilbunda, ließ ich sie [die Stele] aufrichten.» «Ich marschierte gegen das Land der Meder. [...] sie flüchteten auf den Weißen Berg. Ich marschierte ihnen nach. 2300 Männer Chanasirukas, des Meders, tötete ich. Ich nahm ihm 140 seiner Reiter weg. Seine Güter, seine Reichtümer ohne Maß brachte ich nach Assur. Seine königliche Stadt mitsamt 1200 von seinen Dörfern verwüstete und zerstörte ich und steckte sie in Brand.»

Eine weitere erfolgreiche Unternehmung wird gegen das Land Aranziasch geführt. «Munsuarta von Aranziasch mitsamt 1070 seiner Krieger machte ich mit meinem Schwert nieder. Mit ihren Körpern füllte ich die Schluchten und Abgründe der Berge. Ihre Söhne, ihre Töchter, ihre Güter, ihre Herden, ihre Schafe nahmen die Heere meines Landes als Beute mit. Ihre Städte verwüstete, zerstörte und steckte ich in Brand.»

Der Bericht über die militärischen Aktionen des Königs im Norden und Osten wird abgeschlossen durch die Liste aller tributpflichtigen Könige von Nairi sowie durch die Behauptung, der assyrische König habe gedonnert wie Gott Adad und damit den Untertanen eine schreckliche Angst eingejagt. Diese Feldzüge dauerten bis zum Jahr 816. Nun sind auch die Grenzen nach Osten abgesichert. Schamschi-Adads Verdienst ist es zweifellos, wenigstens für den Augenblick die stolzen Pläne der zwei größten Gegner Assyriens – Urartäer im Norden, Meder im Osten – in die Schranken gewiesen zu haben. Die Geschichte lehrt uns, daß Assyrien sich Urartu widersetzen konnte, daß es aber zwei Jahrhunderte später durch die Meder, die sich dazu mit den Babyloniern verbündet hatten, seinen Untergang finden wird.

Die Assyrer schätzten die Gefahr der Isolation, in die sie ihre Politik trieb, zu gering ein. Auch Schamschi-Adad konnte oder wollte nicht zugeben, daß die Staatsräson ein anderes Verhalten gegenüber dem Babylonischen Reich nahegelegt hätte. Die Quellen schweigen sich natürlich darüber aus, wenn wir aber die Verhaltensweisen von Schamschi-Adad und Sammuramat betrachten, können wir uns gut die hitzigen Diskussionen vorstellen zwischen den beiden Ehegatten in bezug auf die babylonische Frage. Sammuramat plädiert für eine Fortsetzung der von Schwiegervater Salmanassar eingeschlagenen Friedenspolitik – die es Schamschi-Adad immerhin ermöglicht hat, die Rebellion im eigenen Land zu bezwingen –, ja sogar für eine Intensivierung derselben. Ihr Mann hingegen empfindet nur als Assyrer und betrachtet den unglei-

chen Vertrag mit Marduk-zakir-schumi, den er zu Beginn seiner Herrschaft hat unterzeichnen müssen, als große Schmach. Schamschi-Adad
sinnt auf Rache. Von 815 an widmet er die letzten Jahre seines kurzen
Lebens vier Feldzügen gegen Babylonien. Freilich: Auf den verhaßten
Marduk-zakir-schumi I. wird er nicht mehr stoßen, denn seit 822 regiert
dessen Nachfolger Marduk-balassu-iqbi.

«Auf meinem vierten Feldzug, im Monat Simanu, gab ich am fünf-
zehnten Tag den Befehl, gegen Karduniasch [dies ist vom 15. Jahrhun-
dert an der klassische Name Babyloniens] zu marschieren. Den Fluß
Zabban überquerte ich. Zwischen den Städten Zaddi und Zabban über-
stieg ich den Bergpaß. Drei wilde Löwen habe ich erlegt. Über den Ebich-
Berg gelangte ich nach Me-Turnat, das ich eroberte. Der fürchterliche
Glanz Assurs und Marduks, der Götter, meiner Herren, überwältigte die
Stadt. Sie warfen sich mir zu Füßen. Diese Völker samt ihrem Hab und
Gut sowie ihren Göttern deportierte ich in mein Land und zählte sie zu
meinem Volk.»

Der Marsch des assyrischen Heeres durch die Region jenseits des Tigris gestattet dem König, Pausen einzuschalten, um sich, wie seine Vorgänger, der Löwenjagd zu widmen. So erreicht er schließlich die Festung
Me-Turnat im Diyala-Gebiet, die er einnehmen kann. Aber zu einer
Konfrontation mit dem babylonischen Heer ist es noch nicht gekommen,
da Marduk-balassu-iqbi mit seinen Truppen genau an der Grenze Babyloniens auf Schamschi-Adad wartet.

«Den Fluß Turnat überquerte ich bei Hochwasser. Qarne, seine
königliche Stadt, mitsamt 200 Dörfern der Umgebung zerstörte, verwüstete und steckte ich in Brand. Den Jalman-Berg überstieg ich. Die Stadt
Dibina eroberte ich. Der schreckliche Glanz Assurs überwältigte sie. Sie
warfen sich mir zu Füßen. Drei Führer mit ihrem Volk, ihrem Hab und
Gut nahm ich aus jener Stadt mit. Die Städte Datebir und Izduja, welche
seitlich der Stadt Gananate liegen, mitsamt 200 Dörfern der Umgebung
eroberte ich und tötete 330 Einwohner. Die Beute: ihr Hab und Gut sowie
ihre Götter nahm ich mit fort. Ich zerstörte ihre Plantagen. Ihre Städte
verwüstete, zerstörte und steckte ich in Brand. Die Bevölkerung, die vor
meinen fürchterlichen Waffen geflüchtet war, fand Schutz in ihrer
Festung Qiribtu. Jene Stadt stürmte und eroberte ich. 500 von ihnen
tötete ich. Die Beute: ihr Hab und Gut, ihre Götter, ihre Herden, ihre
Schafe nahm ich mit mir fort. Die Stadt verwüstete, zerstörte und steckte
ich in Brand.»

Das assyrische Heer näherte sich auf gefährliche Weise dem Herzen Babyloniens, da die Grenzfestungen eine nach der andern fallen. So gelangt Schamschi-Adad nach Dur-Papsukkal, einem der wichtigsten Zentren des Babylonischen Reichs:

«Alle Bewohner Akkades, die vor dem fürchterlichen Glänzen meiner mächtigen Waffen und dem Auftreten meiner nicht aufzuhaltenden Truppen Angst bekommen hatten, flüchteten zusammen mit den Einwohnern von 457 Dörfern der Umgebung nach Dur-Papsukkal, der königlichen Stadt. Diese ist inmitten von Seen gelegen, wie ein Baumstrunk im Fluß, und konnte deshalb von meinen Heeren schlecht erreicht werden. Jene Stadt eroberte ich auf meinem Vormarsch. 13 000 ihrer Soldaten tötete ich mit meinem Schwert. Ihr Blut ließ ich wie Wasser auf den Platz jener Stadt fließen; die Körper der Kämpfenden sammelte ich zu Haufen. 3000 nahm ich lebend gefangen. Sein königliches Bett, seinen königlichen Thron, den Palastschatz, die Frauen seiner Paläste, sein Hab und Gut sowie alles Bewegliche aus seinen Palästen ohne Zahl nahm ich aus jener Stadt mit fort. Seine gefangengenommenen Krieger übergab man den Soldaten meines Landes wie Heuschrecken. Jene Stadt verwüstete, zerstörte und steckte ich in Brand.»

Der letzte babylonische Vorposten ist damit gefallen. Dem König bleibt keine andere Wahl, als sich dem assyrischen Angreifer auf offenem Felde zu stellen.

«Marduk-balassu-iqbi vertraute der Vielzahl seiner Armeen und stellte die Truppen von Kaldu, Elam, Namri und Arumu neben sein überaus großes Heer. Er marschierte mir entgegen, um mir eine Schlacht zu liefern. Am Ufer des Daban-Flusses, gegenüber von Dur-Papsukkal, versammelte er alle seine Truppen zur Schlacht. Ich kämpfte gegen ihn. Er wurde durch mich besiegt: 5000 Männer seiner Horden tötete ich mit meinem Schwert, 2000 nahm ich lebend gefangen; 100 seiner Wagen, 200 Kavalleristen, sein königliches Zelt, sein Feldbett nahm ich mit fort.»

So endet die Kampagne vom Jahr 815 gegen das Land Karduniasch. Die Assyrer sind bis zum babylonischen Kernland vorgedrungen und haben auf offenem Feld das babylonische Heer geschlagen. Hier bricht der eben zitierte Annalentext aus Kalchu ab. Die Informationen zu den folgenden Feldzügen liefert uns eine Stele, die man in Assur ausgegraben hat. Vom Rückmarsch des vierten Feldzugs erfahren wir noch, daß Schamschi-Adad nach dem Sieg weitere babylonische Nebenstellungen erobert und reichste Beute mit nach Hause bringt.

Über den Feldzug von 814 berichtet neben der Stele auch ein «Gottesbrief». Solche Dokumente kommen in der neuassyrischen Periode in
Gebrauch: Der König schickt gleichsam einen schriftlichen Feldzugs-
bericht an Gott Assur, seinen Herrn, in dessen Namen er ja das Heer
angeführt hat. Berühmt ist der «Gottesbrief», worin Sargon II. seinen
achten Feldzug gegen Urartu beschreibt. In unserem Fall sind die
Berichte von Stele und «Brief» nahezu gleich; lediglich ein für Assyrien
günstiges Orakel wird im «Brief» zusätzlich erwähnt. Hören wir, was uns
die Stele von Assur berichtet:

«Auf meinem fünften Feldzug zog ich zum zweitenmal nach dem
Land Karduniasch. Den Zab-Fluß überquerte ich, durch das Ebich-
Gebirge marschierte ich, den Fluß Turnat überschritt ich bei Hochflut.
Qarne, Padnu, Makurrite, drei seiner Residenzstädte, nebst 250 Dörfern
der Umgebung verwüstete, zerstörte und steckte ich in Brand. Den Paß
des Chaschimur-Gebirges überwand ich. Marduk-balassu-iqbi, den
König von Karduniasch, packte die Angst angesichts des schrecklichen
Glanzes von Assur, meinem Herrn, und beim Auftritt meiner unbesieg-
baren Waffen. Völlig geblendet verließ er Gananate, seine befestigte
Stadt, und um sein Leben zu retten, suchte er Zuflucht in der Stadt
Nemetti-Scharri. Ich verfolgte ihn und richtete ein Blutbad unter seinen
Leuten an; seine Streitwagen, sein Pferd [...] nahm ich ihm weg. Inmit-
ten seiner Stadt entfesselte ich einen Kampf, ein Blutbad richtete ich an
ihrem Tore an, ihre Baumpflanzungen schnitt ich ab. 255 Dörfer der
Umgebung verwüstete, zerstörte und steckte ich in Brand. Nach dem
Land Deru zog ich. Deru, die große Stadt, deren Fundamente fest wie ein
Gebirge gefügt sind [...] eroberte ich. Die Gottheiten Anu-rabu, Nana,
Scharrat der Stadt Deru, Mar-biti vor dem Haus, Mar-biti inmitten des
Flusses, Buruqu, Gula, Urkitu, Schukania, Ner-etagmil, Sakkud der
Stadt Bube, die Götter, die Deru bewohnen, samt ihrem Besitz [nahm ich
mit fort] [...] Marduk-balassu-iqbi verschonte ich [...], sie erhoben sich,
um mir einen Kampf zu liefern [...], zusammen mit den Rebellen, die mit
ihnen waren, faßte ich sie und führte sie nach Ninive, meiner befestigten
Stadt, bei lebendigem Leibe schindete ich sie [...]»

Die Erzählung weist gegen Ende Lücken auf; jedenfalls kehrte
Schamschi-Adad auch aus diesem Feldzug siegreich nach Hause zurück.
Der erneute Zusammenstoß mit dem König von Babylon endete nochmals zugunsten der Assyrer; ihr König schenkte dem feindlichen König
das Leben. Während die Assyrer sich auf dem Rückmarsch befinden,

stirbt der babylonische König, sein Nachfolger auf dem Thron heißt Baba-acha-iddina. Schamschi-Adad anerkennt aber den neuen Herrscher nicht.

Im Jahr 813 zieht das Heer wiederum nach Babylonien. Es belagert die Stadt, in der sich der neue König verbarrikadiert hat, und erobert sie. Der König samt Söhnen und Töchtern sowie den Honoratioren Babyloniens kommt als Gefangener nach Assyrien. Hier bricht die Erzählung der Stele von Assur ab. Aus der babylonisch-assyrischen synchronistischen Geschichte erfahren wir aber, daß Schamschi-Adad nun endlich in Babylon einziehen und auch die heiligen Städte besuchen kann, wie das sein Vater getan hatte; er opfert den Gottheiten der drei Städte Babylon, Borsippa und Kuta. Die Erzählung fährt fort mit dem Marsch des assyrischen Königs nach dem Chaldäerland, wo er den Tribut der dortigen Scheiche in Empfang nimmt. Wie uns die synchronistische Geschichte mitteilt, wurden dann neue Grenzen zwischen Assyrien und Babylonien festgelegt, natürlich zugunsten der Assyrer.

Schamschi-Adads Rache an Babylonien ist vollzogen. Assyrien ist aufs neue Herrin über ganz Mesopotamien. Der noch junge König kann für sich in Anspruch nehmen, die Grenzen des Reichs nach allen Windrichtungen hin gesichert zu haben. Nun kann er an den Wiederaufbau im eigenen Land denken. Unterdessen hatte ihm seine Gattin Sammuramat einen Sohn geboren, der wie sein Urahn den Namen Adad-narari erhielt. Wann das glückliche Ereignis stattgefunden hat, wissen wir nicht. Er ist wahrscheinlich kurz nach der Thronbesteigung des Vaters geboren, etwa im Jahr 822, so daß Adad-narari 813 neun Jahre alt gewesen wäre.

Sammuramat und die assyrischen Herrscher

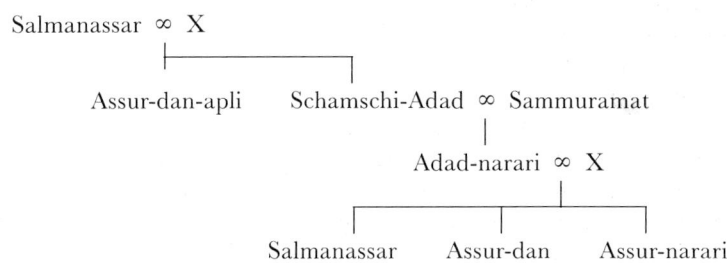

Die Inschriften von Schamschi-Adad sind nicht zahlreich; fest aber steht, daß er, gleich den andern Königen, die Bauten in den drei Hauptstädten nicht vernachlässigte. Sowohl in Assur wie in Nimrud restaurierte er mehrere Tempel; in Ninive begann er mit dem Bau eines neuen Königspalastes. Dorthin wollte er sicher mit Frau und Söhnchen ziehen, doch der Palast blieb unvollendet.

Was geschah im Jahr 812? Die offiziellen Annalen schweigen sich darüber aus; der Eponymenkanon berichtet uns von einem neuen Feldzug des Königs, diesmal gegen die Stadt Babylon. Die von Schamschi-Adad diktierten Grenzen mißfielen dem neuen König Babyloniens, er setzte eine Revolte gegen Assyrien ins Werk. Schamschi-Adads Gesinnungen sind nun, im Gegensatz zum Vorjahr, alles andere als freundlich. Er will Babylonien unterwerfen. Mitten in der Schlacht wird der assyrische König tödlich getroffen. Er stirbt vor den Toren der Stadt Babylon.

Eine heikle Situation für das Assyrische Reich – der König gestorben, der Thronfolger noch minderjährig. Das Gespenst einer völligen Lähmung oder gar eines Staatsstreichs bedroht Assyrien. Zugleich glaubt Babylonien, seine Stunde sei gekommen. Kaum jemand denkt an die Königsgattin Sammuramat.

Zum erstenmal in Assyrien und, nach der Legende, in der Weltgeschichte überhaupt ruht die ganze Regierungsverantwortung auf den Schultern einer Königin. Sammuramat erweist sich der unerwartet auf sie zugekommenen Aufgabe gewachsen. Sie ergreift die Zügel der Macht in Namen des minderjährigen legitimen Thronfolgers und erhält dabei die volle Unterstützung des Großen Rates.

Als erste Aufgabe gilt es, die gefährliche Revolte in Babylonien niederzuringen. Erneut schweigen die offiziellen assyrischen Quellen; zu Hilfe kommen uns die Semiramis-Legenden, die uns eine plausible Rekonstruktion der Ereignisse gestatten. Nicht Ktesias berichtet darüber, sondern Valerius Maximus, der eine von den bekannten abweichende Tradition aufnimmt:

«Als Semiramis, die Königin der Assyrer, beim Kämmen die Nachricht erhielt, in Babylon sei ein Aufstand ausgebrochen, begab sie sich sofort, obwohl ein Teil ihres Haars noch ungeordnet war, dahin, um die Stadt einzunehmen, und erst als die Stadt wieder beruhigt war, vollendete sie ihre Frisur. Darum wurde in Babylon eine Statue errichtet, die sie in jenem Zustand zeigt, als sie Hals über Kopf rächend eingreifen mußte.»

Diese vom Ktesias/Diodor-Roman so abweichende Überlieferung wurde mit Vorliebe von späteren Dichtern und Malern wiederaufgenommen. Petrarca stellt im «Trionfo della fama» Semiramis folgendermaßen dar:

«Dann sah ich die hochherzige Königin:
Den einen Zopf geflochten, den andern lose noch
Eilte sie zur Beute Babylon.»

Ein Gemälde Guercinos zeigt Semiramis in eben dieser Haltung.

Die Erzählung von Valerius Maximus erweist sich, wenn auch romanhaft dem Effekt verpflichtet, als ziemlich genaue Entsprechung zu den wirklichen Ereignissen. Als Sammuramat die traurige Nachricht vom Tod des Ehegatten auf dem Schlachtfeld vernimmt, zögert sie nicht und eilt sofort nach Babylonien. Dort bezwingt sie, an der Spitze des assyrischen Heeres stehend, die Revolte und stellt die Ordnung wieder her. Dann kehrt sie ruhmvoll nach Assyrien zurück, den Leichnam des gefallenen Gatten mitführend.

Schamschi-Adad wurde in der Hauptstadt Assur begraben, in der königlichen Gruft, wo schon der Großvater Assurnasirpal lag. Sein Sarkophag – er ist bescheidener als derjenige des Ahnen – wurde durch die deutschen Archäologen restauriert, die ihn in tausend Stücken aufgefunden hatten (Staatliche Museen zu Berlin, DDR). Die Semiramis-Legende berichtet, daß Ninos in einem majestätischen Mausoleum begraben wurde, das die Gattin für ihn in Ninive erbauen ließ.

Die junge Königin Sammuramat wird nun manches Jahr das Reich regieren. Der künftige König Adad-narari ist nämlich erst zehn Jahre alt, als sein Vater stirbt. Erstmals herrscht also eine Königin allein über das Land, und zudem eine, deren Herkunft nicht assyrisch ist. Eine aramäische Frau, die erst wenige Jahre zuvor von dem fernen Ufer des Mittelmeeres nach Assyrien gekommen ist. Die internationale politische Situation ist ruhig dank den siegreichen Feldzügen Schamschi-Adads. Im Innern sind die durch den langen Bürgerkrieg geschlagenen Wunden geheilt. Wie aber wird die assyrische und nichtassyrische Welt auf die Nachricht reagieren, daß sich auf den ruhmreichen Thron Assurs eine Frau gesetzt hat?

XI

NINIVE UND BABYLON

Zwei antagonistische Zivilisationen

Schon mehrmals wurde erwähnt, daß zwischen den beiden mesopotamischen Reichen – Assyrien im Norden, Babylonien im Süden – eine enge Verbindung bestand. Wir stellten fest, wie klug und weitblickend Salmanassars III. Politik in bezug auf Babylonien gewesen ist, wir setzten ein Fragezeichen hinter die Entscheidung seines Sohnes, des Ehegatten von Sammuramat, das Reich im Süden wieder anzugreifen, um Assyrien die Vorherrschaft über das Zweistromland zu sichern. Sicherlich wahrte Semiramis Distanz zum blinden Eifer Schamschi-Adads; als wahre Erbin der Politik Salmanassars trachtete sie vielmehr nach einer unauflöslichen Versöhnung der beiden Reiche.

Doch die kurzsichtige und engherzige Politik der Herrscher im Norden wie im Süden setzte sich immer wieder durch. Ninive fiel unter den vereinigten Schlägen der Meder und Babylonier im Jahr 612 v. Chr. Und als diese letzteren glaubten, endlich die unbehelligte Vorherrschaft über Mesopotamien und über die Reste dessen, was einmal das erste Weltreich gewesen war, errungen zu haben, wurden sie ihrerseits 539 v. Chr. von einer noch größeren und stärkeren Macht überrollt, von den Persern.

Als Historiker stellt sich einem die Frage: Hätten die beiden Reiche gerettet werden können? Welche Fehler wurden begangen? Wieso haßten sich Assyrer und Babylonier bis zu dem Grad, daß sie nach der unbedingten Unterwerfung, ja nach der vollständigen Vernichtung des Widersachers trachteten?

Salmanassars III. Friedenspolitik gegenüber Babylonien erweist dann ihren Sinn, als Schamschi-Adad V. dank einem Nichtangriffspakt mit dem südlichen Nachbarn den Bürgerkrieg im eigenen Reich wirkungsvoller angehen kann. Aber es wird derselbe Schamschi-Adad sein, der gegen Schluß seiner Regierungszeit den Pakt bricht und sich anschickt, Babylonien zu erobern. So erleidet das Unternehmen des Vaters Schiffbruch. Wehmütig denkt man an die Darstellung auf dem

Relief des Thronsockels von Kalchu: die Könige von Assyrien und Babylonien, wie sie sich freundschaftlich die Hand drücken.

Auch Sammuramat empfand wohl Schmerz, wenn sie den Thronsaal betrat im Königspalast zu Kalchu in jenen Jahren, da ihr Ehemann unentwegt gegen Babylonien zog. Daß Schamschi-Adads antibabylonische Politik negativ zu bewerten ist, bestätigt auch der Historiker Brinkman aus Chicago: Gerade diese assyrischen Attacken hätten einen Dynastiewechsel in Babylonien provoziert, der dieses südliche Reich in die Arme der Chaldäer trieb – jener Völker also, die später Ninives Fall bewirkten. Sammuramat versuchte, zunächst als Regentin, dann als Königinmutter Adad-nararis III., vermittelnd einzugreifen, um die Freundschaft der beiden Völker anzubahnen. Auf ihre Initiative geht die religiöse Reform zurück, die den Kult des Gottes der Weisheit und der Kultur, Nabu, offiziell in Assyrien einführte.

Die späteren Ereignisse bringen die mutigen Initiativen dieser Königin zu Fall. Tiglatpileser III., Sargon II. und besonders Sanherib führen eine Politik in bezug auf Babylonien, die von der Verachtung und vom Haß geprägt ist. Sowohl Asarhaddon wie auch Assurbanipal werden versuchen, die eigentlich irreparablen Schäden in den Beziehungen zwischen den beiden Völkern wenigstens zu mildern. Aber die Babylonier ihrerseits warten nur darauf, für die vielen erlittenen Demütigungen – so vor allem die Zerstörung Babylons durch Sanherib – Rache zu nehmen.

Die politischen Absichten von Sammuramat-Semiramis waren sehr weitblickend. Gerade diese Tatsache hätte bedingt, daß die Assyrer ihr eigenes Selbstverständnis geändert, daß sie letztlich die Überlegenheit Babylons gegenüber Ninive anerkannt hätten. Wie konnte das den stolzen Assyrern gefallen? Sammuramats Einsicht widerspiegelt sich in der Semiramis-Legende. Indem diese Überlieferung Semiramis zur Gründerin Babylons macht, drückt sie die echte Anerkennung der Nachwelt für die Politik der weisen Sammuramat aus. Ktesias läßt Ninive durch Ninos erbauen – und damit Semiramis ihrem Ehegemahl nicht nachstehe, errichtet sie ganz neu die Stadt Babylon. Für Ktesias sind es somit zwei Schwesterstädte, zwei Hauptstädte desselben Reichs, beide majestätisch und glanzvoll in friedlicher Konkurrenz miteinander lebend.

Die geschichtliche Wirklichkeit war leider anders! Ninive und Babylon sind die Verkörperungen von zwei Welten, die kaum zu versöhnen waren. Ninive repräsentiert das politische Machtzentrum Mesopotamiens, Babylon hingegen ist und bleibt der kulturelle Mittelpunkt des

Zweistromlandes. Die Assyrer sind wohl die mächtigeren und ihre Heere die bestorganisierten. Die Babylonier werden sie jedoch immer in Schatten stellen mit der Feinheit ihrer Schöpfungen in allen Bereichen der Kultur. Ein fundamentaler Unterschied zwischen diesen beiden Völkern, der jahrhundertelange Spannungen mitverursachte und ein Zusammengehen verhindert hatte.

Betrachten wir die politische und kulturelle Entwicklung dieser beiden Völker durch die Jahrhunderte, kommen wir zum Schluß, daß die Assyrer gegenüber den Babyloniern an einem Minderwertigkeitskomplex litten, der sich vor allem im allgemein kulturellen wie auch im spezifisch religiösen Bereich äußerte. Wenn die assyrischen Könige, die Babylonien erobern, sich verpflichtet fühlen, die Tempel der drei heiligen Städte Babylon, Borsippa und Kuta aufzusuchen, handelt es sich um viel mehr als bloße Höflichkeitsbesuche, denn sie kommen als Empfangende.

Wenn auch unsere Sympathie Babylonien gilt, wegen seiner kulturellen Errungenschaften, so müssen wir doch anerkennen, daß die Assyrer einige Male versucht haben, sich der babylonischen Hochkultur zu nähern. Salmanassar III. und Sammuramat hofften die atavistischen Ablehnungsmechanismen der beiden Völker zu überwinden, doch die ethnische Diskrepanz war wohl zu groß. Vielleicht haben die Assyrer die falsche Methode angewandt, immerhin waren sie es, welche in friedlicher Absicht die Hand den Babyloniern entgegenstreckten. Die politischen Fehler einiger ihrer Könige sowie die Verstocktheit der Babylonier verhinderten die Verwirklichung dieses Traumes.

Wie vertragen sich denn die von mir so gelobten Versöhnungsversuche Sammuramats mit der von mir ebenfalls akzeptierten Erzählung von Valerius Maximus, die durch den assyrischen Eponymenkanon abgestützt wird, daß die erste Handlung der allein regierenden Königin die Erstürmung Babylons gewesen ist? Hätte Sammuramat in jener bestimmten Situation nachgegeben, als gerade der assyrische König, ihr Ehegemahl, vor den Mauern Babylons gefallen war, hätte es für die Geschicke des Assyrischen Reichs leicht fatale Folgen haben können. So stellte sie zunächst ihre persönlichen Ansichten hinter die bisher von ihrem Mann geführte Politik zurück. Daß Sammuramat auch in solchen Kategorien der Staatsräson denken konnte, bezeichnet ihre politische Statur und macht sie zur bedeutendsten aller Königinnen des Orients.

Daß Assyrer und Babylonier verschieden sein mußten, ergibt sich aus ihrer unterschiedlichen historischen Entwicklung. Wenn wir von Assyrern sprechen, sind wir sicher, daß es sich über einen Zeitraum von zwei Jahrtausenden hinweg um dasselbe Volk handelt. Die zahlreichen Völkerwanderungen seit ungefähr 2000 v. Chr. – zunächst der Amurru, dann der Mitanni und um die erste Jahrtausendwende der Aramäer – vermochten die ethnische und territoriale Integrität der Assyrer nie in Frage zu stellen. Ein Umstand, der auf wenige Völker zutrifft. Die babylonische Situation ist völlig anders. Der einheitsstiftende Faktor ist hier die Hauptstadt Babylon. Die Völker selbst hingegen wechseln ständig ab: zunächst setzen sich die Amurru fest, dann die Kassiten, später die Aramäer und endlich die Chaldäer; ethnisch in keiner Weise verwandte Völkerschaften, so daß man meinen könnte, von Babyloniern zu sprechen, sei unstatthaft. Und doch hat es die Stadt Babylon dank ihrer kulturellen und religiösen Tradition verstanden, alle Neuankömmlinge zu assimilieren. In ihrem Namen fühlten sie sich vereint: die gemeinsamen Erben einer stolzen Überlieferung.

Die Assyrer führten bei ihren Annäherungsversuchen – da sie sich ja kulturell unmöglich auf dieselbe Ebene stellen konnten – politische Gemeinsamkeiten zwischen Assyrien und Babylonien an. Zunächst betonte man die seit mehreren Jahrhunderten herrschende Friedenssituation zwischen den beiden Reichen; darauf nahm ein Dokument Bezug, das gerade während der Regierungszeit von Adad-narari III., dem Sohn Sammuramats, verfaßt wurde. Später, unter Assurbanipal, wurden synchrone Listen der assyrischen und babylonischen Herrscher aufgestellt, beinahe wie um die Untrennbarkeit der Geschicke beider Reiche zu beweisen. Es handelt sich hier um zwei sehr bedeutende Dokumente. Die Assyrer bemühen sich, die politischen Divergenzen zwischen Assyrien und Babylonien auszugleichen, und betonen die große Gemeinsamkeit in der Ausübung der Macht zwischen dem Norden und dem Süden Mesopotamiens.

Die Assyrer, und nur sie, dachten an eine Verschmelzung der beiden Reiche. Tiglatpileser III. und sein Sohn Salmanassar V. werden die babylonische Krone aufsetzen, wobei sie als Könige von Babylonien einen anderen Namen annehmen, vielleicht, um den Stolz der Babylonier nicht allzusehr zu verletzen. Später, nach dem dunklen Kapitel Sanherib, lassen Asarhaddon und Assurbanipal einen königlich-assyrischen Prinzen auf den Thron zu Babylon steigen. Bezeichnend, daß sich die Assyrer, die berüchtigt waren für ihre rücksichtslose Brutalität gegenüber der Souveränität anderer Länder, im Fall des Babylonischen Reichs

Blick auf die Mauern von Babylon, die Nebukadnezar II. errichten ließ.
Die Backsteine sind mit Reliefdarstellungen von wilden und mythologischen
Tieren verziert.

nichts dergleichen haben zuschulden kommen lassen. Sanheribs zerstörerischer Einfall in die Heilige Stadt Babylon wird dann von seinem Sohn Asarhaddon scharf verurteilt: Sanheribs Tötung wird als göttliche Rache für sein schreckliches Sakrileg gedeutet.

In diesem Zusammenhang ist auch folgendes interessant: Schamschi-Adads Bericht über seinen vierten Feldzug, es ist sein erster gegen Babylonien, weist in der Terminologie eine revolutionäre Neuerung auf. Die assyrischen Herrscher haben ihre Feldzüge stets im Namen und auf Befehl des sie beschützenden Gottes Assur unternommen. Schamschi-Adad sagt nun ausdrücklich – und es ist das erstemal in einer assyrischen Inschrift! –, daß er seine Kampagne nicht nur mit der Hilfe Assurs, sondern auch Marduks, des babylonischen Hauptgottes, beginnt. Es macht wirklich den Anschein, als hätten die sicher stürmischen Gespräche zwischen den Ehegatten hier ihren Niederschlag gefunden. Schamschi-Adad verzichtet zwar nicht auf seinen Plan, leiht jedoch den Einwendungen Sammuramats insofern Gehör, als er auch den babylonischen Gott um Unterstützung anfleht. So wird, zumindest in seinen Augen, der Feldzug nicht als Aggression, sondern als Befriedungskampagne des Landes unter assyrischer Schutzherrschaft dargestellt. Die Babylonier freilich sahen das anders und kämpften wie die Löwen für ihr Reich.

Betrachten wir nun die oben erwähnte synchronistische Geschichte Assyriens und Babyloniens genauer. Aufgefunden wurde sie in Assurbanipals Bibliothek in Ninive. Entstanden ist sie aber wahrscheinlich unter Adad-narari III., dem letzten im Dokument erwähnten assyrischen König. Der Text umfaßt rund 700 Jahre Geschichte; es geht vornehmlich um die wechselseitigen Beziehungen der beiden Reiche und um die Grenzziehungen durch verschiedene Herrscher nach jeweils mörderischen Bruderkriegen. Der eindeutig propagandistische Charakter dieses proassyrischen Dokuments erhellt gerade aus der Schlußklausel: «Ein künftiger König, den die Babylonier auf den Thron heben werden, möge über Sieg und Eroberung schreiben können. Er möge seinen Blick ständig auf dieses Dokument gerichtet haben, damit es nicht in Vergessenheit gerate. Der Weise, der es in die Hand nimmt, möge dem darin Berichteten Gehör schenken. Assyriens Ruhm werde ewig verkündet, die schlechten Taten von Sumer und Akkade sollen auf der ganzen Welt bekannt gemacht werden.»

Mit dem Ausdruck Sumer und Akkade umschreibt der Text das Land Babylonien, den Erben der alten Staaten Sumer und Akkade. Die

Schlußklausel enthüllt die Absicht dieses Dokuments: Ausgehend von der klaren Unterscheidung zwischen Gut und Böse, sind in den gegenseitigen Beziehungen die Babylonier stets die Bösen, die Assyrer hingegen immer die Guten gewesen. Die Ursache aller Kriege zwischen den zwei Staaten wäre jedesmal bei den Babyloniern zu suchen, die in unstatthafter, wenn nicht gar frevelhafter Weise den unantastbaren Friedenspakt gebrochen hätten. Auch ohne daß uns die Babylonier ein ähnliches Dokument aus ihrer Sicht überliefert haben, ist es gut möglich, die historische Wirklichkeit zu eruieren. Dank den Keilschriftquellen, die uns zur Verfügung stehen, kann man ohne weiteres sagen, daß es die Assyrer waren, die fast immer mit ihrer aggressiven Politik Unruhe in diese zwischenstaatlichen Beziehungen brachten. Die Behauptung schließlich, daß «die assyrischen und babylonischen Völker zusammenlebten wie gute Brüder», die im Verlauf des Dokuments gewagt wird, klingt in unseren Ohren falsch, ja zynisch.

Wie ist der Text aufgebaut? Gewöhnlich sind jene Könige Assyriens und Babyloniens erwähnt, die Grenzziehungsverträge miteinander abgeschlossen haben. So in den ersten zwei Fällen: «Kara-Indasch, König von Babylonien, und Assur-bel-nischeschu, König von Assyrien [1416–1408], schlossen Pakte und legten Schwüre ab in bezug auf dieses Territorium. Puzur-Assur, König von Assyrien [1468–1455], und Burnaburiasch, König von Babylonien, legten einen Eid ab und bezeichneten die Grenzen ihres Territoriums.»

Mit diesen Beispielen erinnert der Text an weitentfernte Epochen der beiderseitigen Geschichte, die von Freundschaft und gutem Willen gekennzeichnet scheinen. Aber gleich folgen Ereignisse aus bewegten Zeiten: «In der Periode von Assur-uballit, König von Assyrien [1362 bis 1327], erhoben sich die Kassiten gegen Karachardasch, König von Babylonien, Sohn Muballit-scheruas, der Tochter von Assur-uballit, und töteten ihn. Auf den Königsthron setzten sie Nazibugasch, den Sohn eines Niemand. Assur-uballit marschierte gegen Babylonien, um Karachardasch, den Sohn seiner Tochter, zu rächen. Er tötete Nazibugasch, den König Babyloniens. Kurigalzu den Jungen erhob er zur Königswürde, den Sohn von Burnaburiasch, und setzte ihn auf den Thron des Vaters.» Hier geht es nicht mehr um Grenzen, sondern der Eingriff dient dem Schutz der babylonischen Dynastie, mit welcher der assyrische König verwandtschaftlich verbunden ist.

Alles andere als friedlich sind die Beziehungen zwischen Enlil-narari

(1326–1317) und Kurigalzu, zwischen Adad-narari I. (1304–1273) und Nazimarutasch, zwischen Assur-rescha-ischi I. (1132–1115) und Nebukadnezar I., zwischen Tiglatpileser I. (1114–1076) und Marduk-nadinache. Offen spricht der Text von Kriegen zwischen den beiden Ländern, die natürlich von den bösen Babyloniern provoziert waren und regelmäßig von Assyrern gewonnen wurden.

Es folgt eine Epoche unterschiedlicher Beziehungen. Zunächst wird einer der seltenen Momente brüderlicher Eintracht geschildert: «Zur Zeit von Assur-bel-kala, König von Assyrien [1073–1056], und von Marduk-schapik-zeri, König von Babylonien, herrschte Freundschaft und voller Frieden zwischen ihnen. Zur Zeit von Assur-bel-kala, König von Assyrien, wurde Marduk-schapik-zeri, König von Babylonien, aus seinem Land verjagt. Auf den Thron setzten sie Adad-apla-iddina, Sohn von Esagil-schaduni, Sohn eines Niemand. Assur-bel-kala, König von Assyrien, nahm die Tochter Adad-apla-iddinas, des Königs von Babylonien, zur Frau und führte sie mitsamt ihrer reichen Mitgift nach Assyrien. Die Völker Assyriens und Babyloniens lebten wie gute Brüder zusammen.» Diesmal anerkennt der assyrische König, obwohl er mit dem Vorgänger gute Beziehungen unterhalten hat, den Usurpator, ja zum Zeichen der Freundschaft heiratet er eine seiner Töchter. Anders hingegen verhält sich Adad-narari II. (912–891) gegenüber dem babylonischen König Schamasch-mudammiq und seinem Nachfolger Nabuschum-ischkun: Diesmal ist es offener Krieg, und wiederum siegen die Assyrer und erzwingen eine Grenzkorrektur zu ihren Gunsten.

Die letzten drei assyrischen Herrscher, mit denen sich die synchronistische Geschichte befaßt, sind Salmanassar III., der Schwiegervater, Schamschi-Adad V., der Ehemann, und Adad-narari III., der Sohn Sammuramats. Es lohnt sich, den Text zu lesen, auch wenn uns die Fakten teilweise schon bekannt sind:

«Zur Zeit von Salmanassar, König von Assyrien [858–824], und von Nabu-apla-iddina, König von Babylonien, schlossen diese Freundschaft und vollen Frieden. Zur Zeit von Salmanassar, König von Assyrien, wurde Nabu-apla-iddina, König von Babylonien, aus seinem Land verjagt. Marduk-zakir-schumi setzte sich auf den Thron seines Vaters. Marduk-bel-usate, sein Bruder, revoltierte gegen ihn und eroberte [...]-daban. Da halbierten sie sich das Land Akkade. Salmanassar, König von Assyrien, kam Marduk-zakir-schumi, dem König von Babylonien, zu Hilfe. Er tötete Marduk-bel-usate, den Rebellen, mitsamt seinen Truppen sowie den Frevlern, die sich ihm angeschlossen hatten. [...] Kuta, Babylon [...]»

Aus den Königsannalen vernehmen wir, was nach dem Sieg über den Rebellen geschah: Salmanassar III. besuchte die heiligen Tempel des Landes, er nahm die Tribute der Prinzen von Kaldu und Babylonien entgegen.

«[...] er führte eine Belagerung durch. Jene Stadt eroberte er. Baba-acha-iddina mitsamt seinem Besitztum und seinen Palastschätzen nahm er nach Assyrien mit. Der, Lachiru, Gananate, Dur-Papsukkal, Bit-reduti, Me-Turnat, viele Städte Babyloniens zusammen mit ihren Festungen eroberte er. Ihre Götter, eine reiche Beute: Anu-rabu, Chum-chummia, Beltu von Der, Beltu von Akkade, Schimalia, Nergal, Anunitu, Mar-biti von Maliku nahm er mit fort. Er begab sich nach Kuta, Babylon, Borsippa und spendete reine Opfer. Darauf stieg er nach Kaldu hinunter, wo er den Tribut der Chaldäerprinzen empfing. Er stationierte seine Männer im Land Babylonien [...]. Durch Vereinbarungen legten sie die Grenzen beider Länder fest.»

Was hier geschildert wird, ist die sechste Kampagne von Schamschi-Adad gegen Babylonien. Der assyrische König begnügt sich nicht damit, die Stadt Babylon zu erobern, er nimmt die Götter der Besiegten mit fort – eine Handlung, die allgemein als Sakrileg betrachtet wurde mit schlimmen Folgen.

«Adad-narari, König von Assyrien [...] unterwarf [...] ein Blutbad in [...] sein Heer und die Götter [...] die deportierten Völkerschaften ließ er zu ihren Ursprungsorten zurückkehren. Einen Teil der Steuern in Getreide gab er ihnen zum Lebensunterhalt. Die Völker von Assyrien und Babylonien lebten wie gute Brüder. Bezüglich der Grenzen und des Territoriums schlossen sie Verträge ab.»

Den fehlenden Anfang der Erzählung ergänzt uns der Eponymenkanon. Adad-narari erstattet den Babyloniern ihre Götter und Völkerschaften zurück, die sein Vater nach Assyrien verschleppt hatte. Ohne Zweifel hat bei dieser Entscheidung der Einfluß seiner Mutter Sammuramat einen gewichtigen Anteil. Die von Schamschi-Adads Gattin verfolgte Freundschaftspolitik gegenüber Babylonien beginnt mit der Wiedergutmachung der von ihrem Ehemann angerichteten Schäden und wird in der Einführung des Nabu-Kultes in Assyrien gipfeln.

Das zweite Dokument ist die «synchronistische Liste der babylonischen und assyrischen Könige». Unter Assurbanipal verfaßt, führt diese

Liste nebeneinander die Könige Assyriens und Babyloniens auf, und zwar für einen Zeitraum von über 1200 Jahren. Sie beginnt mit Erischu I. von Assyrien und Sumu-lael von Babylonien (1852–1813) und endet mit Assurbanipal, König von Assyrien, und Kandalanu, König von Babylonien (647–627). Trotz ihrem Lakonismus stellt diese chronologische Auflistung – sie wurde in sehr vielen Exemplaren gefunden – ein äußerst wertvolles Dokument dar. Es gestattet die Festlegung der Chronologie beider Reiche. Und es ist ein weiterer Ausdruck jener Anschauung, daß beide Staaten unauflöslich miteinander verbunden seien.

An dieser Stelle muß nun von Assyriens großer Tat gesprochen werden, die das kulturelle Erbe ganz Mesopotamiens bewahren half. Wir erwähnten bereits das assyrische Minderwertigkeitsgefühl gegenüber den Babyloniern. Den weltgeschichtlich bedeutsamen politisch-militärischen Taten der Assyrer stand auf geistigem Gebiet eine völlige Leere gegenüber. Literarische, philosophische, religiöse Schöpfungen lagen diesem Volk fern, wohingegen die Babylonier zu allen Zeiten herausragen durch ihre literarischen Fähigkeiten und die Tiefe ihrer Gedanken. Sie sind die wahren Erben und Repräsentanten der gesamtmesopotamischen Kultur. Die Mythen, Epen und die Gedichte, die Lehr- sowie die religiöse Dichtung der Sumerer tragen das unauslöschliche Zeichen Babylons. Das einzige literarische Genre, das die Assyrer schufen, ist die Geschichtsannalistik (ergänzt und bereichert durch Bildzyklen).

Und doch ist es das Verdienst eines assyrischen Königs, Assurbanipals (668–etwa 627 v. Chr.), diesen ganzen Reichtum bewahrt und der Nachwelt überliefert zu haben. Assurbanipal war ohne Frage einer der bedeutendsten Könige, die Assyrien je hatte; zu seinen Qualitäten als Heerführer kommen seine ausgeprägten kulturellen Neigungen und sein aufgeklärtes Wesen hinzu. Er erteilt den Schriftgelehrten und Schreibern seines riesigen Reiches den Auftrag, alle verstreuten Texte zu sammeln – auch jene in der unverständlichen sumerischen Sprache –, damit sie in seiner Bibliothek in Ninive aufbewahrt werden können. Hinter dem Sammeltrieb steht der Wunsch, das jahrtausendealte literarische Erbe der mesopotamischen Völker, vor allem der Sumerer und Babylonier, vor dem Vergessen zu retten. Assurbanipal selbst ist stolz, daß er nicht nur fließend Babylonisch, sondern auch Sumerisch lesen kann.

Die Auffindung der Bibliothek von Ninive durch englische Archäologen ist eine Sternstunde in der Kulturgeschichte der Menschheit. Durch die 20 000 Tontäfelchen, die man nach zweieinhalb Jahrtausenden aus dem Schutt des zerstörten Ninive ans Tageslicht holte, beginnen die Assyrer und Babylonier zu uns zu sprechen. Die Lektüre dieser Texte versetzt uns in Staunen über die große Schöpferkraft der Mesopotamier. Aus dem Dunkel der Vergangenheit tauchen Epen wie dasjenige von Gilgamesch auf; mythologische Schöpfungen wie die Erzählung von der Sintflut, nah verwandt mit derjenigen des Alten Testamentes; Erzählungen über den Ursprung des Universums, über die Erschaffung des Menschen und über das Leben im Jenseits; Hymnen an die verschiedenen Götter, so vor allem an Schamasch, den Gott der Gerechtigkeit, und an Ischtar, Göttin der Liebe; gelehrte Dichtungen wie das Werk, das stark an den biblischen Hiob denken läßt; die Traktate über Mathematik und Astronomie, wodurch die Chaldäer schon in der klassischen Antike berühmt waren.

Alle Werke, die man in Assurbanipals Bibliothek auffand, sind Früchte des babylonischen Denkens und seiner Assimilationskraft, sie sind zudem alle im babylonischen Idiom verfaßt. Die Schaffung dieser Bibliothek, die getreue Erfassung und Abschrift aller in ganz Mesopotamien auffindbaren Texte und Dokumente durch Assurbanipals Schreiber ist wahrscheinlich der größte Beitrag, den die Assyrer zur Verständigung mit den Babyloniern geleistet haben. Mit der Übernahme und Bewahrung der babylonischen Werke schlugen die Assyrer den richtigen Weg ein, um sich der vielfältigen Geisteswelt der Völker im Süden anzunähern. Doch die angerichteten Schäden im politischen Bereich waren wohl irreparabel. Und zudem war keine Zeit mehr da, um eine Politik der Brüderlichkeit zu verwirklichen. Die Chaldäer nämlich, die neuen Herren in Babylon, fühlten sich kaum mehr an die glanzvolle kulturelle Tradition der Babylonier gebunden: sie glichen viel eher den stolzen und kriegerischen Assyrern, so daß ein Zusammenstoß fast unabwendbar war. So wird nun der Spieß umgedreht: Nicht mehr die Assyrer sind die Angreifer, sondern die Chaldäer attackieren. Zwanzig Jahre nach Assurbanipals Tod fällt Ninive unter dem vereinigten Ansturm von Medern und Chaldäern. Daher rührt Brinkmans strenges Urteil über Schamschi-Adads unsinnige Politik. Letztlich ist es die Schuld der Assyrer, daß sich in Babylonien jene Verhältnisse herausbilden, die den Ruin Assyriens bewirken werden.

Was Assurbanipal betrifft, so müssen wir seinen hohen politischen Sinn und sein ausgeprägtes kulturelles Bewußtsein bewundern. Hätte er früher gelebt, gleich nach Salmanassar III. und Sammuramat, wäre die

Geschichte Assyriens und Babyloniens vielleicht anders verlaufen. Wenn Assurbanipal auch in seinen unmittelbaren Plänen Schiffbruch erlitt, so hat er doch über die Jahrtausende in unsere Zeit gewirkt und uns durch seine Bibliothek den Reichtum des kulturellen Erbes Mesopotamiens überliefert.

Die Überschrift dieses Kapitels lautet «Ninive und Babylon. Zwei antagonistische Zivilisationen». Ninive ist eine Zivilisation, die ganz auf der Tat aufgebaut ist, Babylon steht für eine Kultur des Denkens; Ninive erobert sich ein Imperium, Babylon wird ein Imperium erst errichten können, nachdem es die Kunst des Krieges von den Assyrern gelernt hat. Babylons Ruhm wird immer mit seinen literarischen Schöpfungen verknüpft sein. Eine Verschmelzung der beiden Geisteshaltungen, der ausgesprochen militärischen und der ausgeprägt geistigen, war vielleicht nicht möglich. Das Unternehmen, das sich einige assyrische Könige vorgenommen hatten, überstieg ihre Kräfte. Diese beiden Völker waren zu verschieden. Im Grunde waren sie sicher keine Brudervölker.

XII

EINE FRAU AN DER MACHT

Die Regentschaft der Semiramis

Der vorzeitige Tod des Gatten Schamschi-Adad V. unter den Mauern von Babylon im Jahr 812 und das noch zarte Alter des Sohns Adad-narari schufen ein plötzliches Machtvakuum in Assyrien. Wie leicht wäre das Land in schlimme Wirren geraten, wenn nicht die energische und noch junge Sammuramat aus eigenem Antrieb die Regierungsgewalt übernommen hätte: die Regentschaft über das Reich bis zur Volljährigkeit des Erbprinzen.

Sammuramat-Semiramis tritt sofort an die Stelle ihres gefallenen Mannes und bezwingt an der Spitze des assyrischen Heeres die babylonische Revolte. Das Glück ist ihr hold, und so kann sie mit berechtigtem Stolz nach Kalchu zurückkehren, im Herzen freilich noch die Trauer um den geliebten Mann.

Vielleicht war es gerade dieses entschlossene und blitzschnelle Handeln, welches die ganz auf den Mann ausgerichtete assyrische Gesellschaft überzeugte, daß Sammuramat befähigt war, das Land in dieser schwierigen Stunde zu lenken. Die Großen des Reichs, allen voran die Vier Staatsminister – der General-Stellvertreter, der Großintendant, der Großmundschenk, der Palastherold – schenken der Königin ihr Vertrauen und ihre Unterstützung.

So kann sich Sammuramat ihren Untertanen und der ganzen Welt mit der Inschrift präsentieren, die man in Assur ausgrub. Auf ihrer Stele führt sie die Titel auf, die ihr als Legitimation zur Machtausübung als Regentin dienen. Sie läßt sich nicht «Königin von Assyrien» nennen, sie ergreift also nicht einen Titel, der ihre eigenen Untertanen hätte schockieren können; sie behält jenen andern, der ihr als Königsgattin zukam: «Königliche Frau von Schamschi-Adad, König der Gesamtheit, König von Assyrien». So wird die Tradition voll gewahrt. Aber von nun an werden alle kommenden Königinnen Assyriens sich bemühen, diesen stolzen Titel tragen zu dürfen, mit dem, dank der Regentschaft Sammuramats, auch eine besondere Funktion innerhalb des Staatsapparats verbunden ist. Doch die junge Königin will ihr neues Amt noch fester untermauern, indem sie sich gleich mehrfach im dynastischen Herkommen verankert. Da sich Sammuramat nicht wie die sonstigen assyrischen Könige auf Vater und Großvater beziehen kann, nennt sie sich stolz: «Mutter von Adad-narari, König der Gesamtheit, König von Assyrien» sowie «Schwiegertochter von Salmanassar, König der Vier Teile der Welt». Keine andere assyrische Königsgattin hat so etwas gewagt.

Diese Steleninschrift ist die einzige uns bekannte Originalinschrift Sammuramats. Über ihre Zeit als Regentin, ihre Kriege und ihre zivilen Werke besitzen wir lediglich indirekte Nachrichten aus dem Eponymenkanon und aus den Inschriften des Sohns Adad-narari III. sowie einiger Gouverneure.

Die Weisheit dieser Frau, die fast durch Zufall auf den begehrtesten Thron des Alten Orients gekommen ist, zeigt sich vor allem in der Zurückhaltung, mit der sie die Macht ausübt. Sie verzichtet auf eklatante Reformen, die traditionelle Kreise hätten alarmieren können, und doch übt sie ihren stillen Einfluß aus. Der erste Akt eines assyrischen Herrschers, der die Regierungsgewalt übernahm, bestand darin, daß er das Amt des Eponymen bekleidete. Sammuramat begeht nicht den Fehler, selbst dieses Amt in Anspruch zu nehmen, sie läßt vielmehr ihren minderjährigen Sohn dies tun: 810 wird Adad-narari zum Eponymen ernannt. Damit ist die Nachfolge des assyrischen Throns endgültig gesichert. Durch diesen Akt, der weit mehr als eine Formalität ist, wird Adad-narari III. zum König eingesetzt. Die Assyrer wissen jetzt, daß die junge Syrerin, Witwe des verstorbenen Königs, die assyrischen Gesetze respektiert. Sie verdient also das Vertrauen des Staatsapparates. Sammuramat ist nunmehr voll akzeptiert, und sie kann sich in Ruhe den Geschäften des Staates widmen.

Mit der Annahme des Eponymats durch den noch unmündigen Adad-narari III. sind die Schicksale von Mutter und Sohn unlöslich miteinander verbunden. Es ist die Mutter, die die wichtigen Entscheidungen fällt, für das assyrische Volk aber ist es der König. Und wenn Adad-narari mit seiner Volljährigkeit die Macht übernimmt, wird der beschützende Schatten der Mutter nicht so leicht von ihm weichen. Die Gouverneure des Reichs werden in ihren offiziellen Verlautbarungen stets Mutter und Sohn zusammen erwähnen; auch dann, wenn Sammuramat nicht mehr im öffentlichen Leben steht, werden sie sie mit Respekt in ihren Inschriften nennen. Dies ist der Fall bei Bel-tarsi-ilumma, Gouverneur der neuen Hauptstadt Kalchu, der laut Inschrift auf seiner Nabu-Statue (wir haben schon darüber berichtet) diese zugunsten seines eigenen Lebens sowie derjenigen von König Adad-narari und von Sammuramat erstellt, «der Königlichen Frau», die er als «seine Frau» anspricht.

Der Epilog von Ktesias' griechischer Legende erzählt von einer Verschwörung des Sohnes gegen die Mutter, so daß diese sofort auf die Machtausübung verzichtet. Vielleicht liegt darin die Erinnerung bewahrt an irgendeine Auflehnung des Sohnes Adad-narari gegenüber der starken und mächtigen Mutter Sammuramat. Beim Tod von Sammuramat muß irgend etwas Außerordentliches vorgefallen sein. Die bilderstürmerische Raserei und die Restaurationsversuche, die in der Auslöschung eines Teils der Inschriften Adad-nararis (die Zuweisung neuer Territorien an den Gouverneur von Rasappa betreffend) gipfelten, sind ein deutliches Indiz, daß die Politik Sammuramats nicht von allen akzeptiert wurde, vielleicht selbst vom Sohn nicht.

Damit kamen freilich die Zeiten der offenen Revolte und des zerstörerischen Bürgerkriegs von 827 nicht zurück. Bei Schamschi-Adads Tod geschieht nichts dergleichen – das Verdienst liegt ganz bei der neuen Regentin, der Syrerin Sammuramat.

Bevor wir uns die wichtigsten Ereignisse dieser Regentschaft genauer ansehen, lohnt es sich, die Institution der «Königinmutter» im Orient darzulegen. Wenn nämlich nach Sammuramat zwei weitere Königinnen Assyriens Inschriften hinterlassen haben – Zeichen für den gewichtigen Einfluß, der durch sie auf die Staatsgeschäfte genommen wurde –, so sind sie wesentlich dem Vorbild Sammuramats verpflichtet. Arrian berichtet, daß Alexander der Große Ada, die Gemahlin von Idrieus, zur Satrapin von Karien ernannte und seine Wahl dadurch rechtfertigte, daß «seit Semiramis die Bewohner Asiens sich daran gewöhnt haben, von Frauen regiert zu werden». Einen solchen Einfluß auf die Institutionen des Königtums hat Semiramis' Regentschaft gehabt!

Sammuramat stammte – wir sahen es anhand der Legendenüberlieferung sowie ihres Namens aus dem westsemitischen Raum – nicht aus Assyrien, sondern war aramäischen Ursprungs, sehr wahrscheinlich aus Syrien. Betrachten wir also den semitischen Westen. Hier war die Institution der Königinmutter seit den ältesten Zeiten bekannt. Als Syrerin konnte Sammuramat nun auch in Assyrien diese Einrichtung einführen und damit die dynastische Abfolge sichern.

Wir verdanken dem Gelehrten Donner eine genaue Analyse der Institution Königinmutter im Alten Testament und eine Erkundung ihrer Ursprünge, die sicherlich bis ins zweite vorchristliche Jahrtausend zurückreichen. Zunächst im Reich Israel und später (als Folge der Spaltung des Reiches von Salomon in einen nördlichen und südlichen Teil) in den Reichen von Israel und Juda war die Institution Königinmutter in Kraft, der Begriff «gebirah», «Königinmutter», hatte eine präzise politische Bedeutung. Wie wir aus der Geschichte Davids erfahren, nimmt die Ehefrau Bathseba entscheidenden Einfluß, so daß die Wahl Salomons zum Erbprinzen und künftigen König Israels dank dem Eingreifen der Mutter zustandekommt. Als dann Salomon auf dem Thron ist, bringt er seiner Mutter eine überdurchschnittliche Ehrerbietung entgegen. Man erzählt etwa, daß, als Bathseba eine Unterredung mit dem Sohn verlangte, er sie mit allen Ehren im Thronsaal empfing, wo sie sich zu seiner Rechten setzen durfte. Es scheint sogar, daß der Thron der Königinmutter integrierender Bestandteil des Thronsaals war und daß diese sich beim Ausüben ihrer Aufgaben mit einer Tiara bekrönte. Aus der langen Geschichte der zwei Reiche sind uns weitere Königinmutter-Beispiele bekannt. König Asa ist gezwungen, der Mutter Maacha den Titel «Königinmutter» abzuerkennen, weil sie sich zur Vorkämpferin des heidnisch-kanaanäischen Kultes in Israel gemacht hatte. Allein diese Episode läßt mit Grund vermuten, daß die Königinmutter-Würde mehr als eine bloß formale Aufgabe beinhaltete im israelitischen System des Königtums. Eine weitere bekannte «gebirah» ist Naama, die Mutter Rehabeams; die Tatsache, daß sie eine Ammoniterin war, bedeutet, daß sie nicht die Hauptfrau Salomons sein konnte. Also war die Königinmutter-Würde nicht unbedingt an diesen Status geknüpft, sondern hing direkt mit der Person des designierten Thronfolgers zusammen. Durch die Wahl Rehabeams zum Erbprinzen erlangt seine Mutter Naama – die Nebenfrau Salomons – die Würde einer Königinmutter.

Zwei andere Frauen in dieser Position sind ihrer Intrigen wegen berüchtigt. Isebel, die phönikische Prinzessin, Tochter Ittobaals, des Königs von Tyros, die Gattin Ahabs wird: als Königinmutter wird sie einen enormen Einfluß auf das Reich der Söhne Ahasja und Joram ausüben. Aber auch als Königsgattin greift sie direkt in die Staatsgeschäfte und in den Kult ein; wer sich ihrer Politik widersetzt, den läßt sie verfolgen, manchmal töten. Die andere ist Athalja. Als Ahasja, König von Juda, getötet wird, gerät der Thron Davids in eine ähnliche Situation wie derjenige Assyriens beim Tod Schamschi-Adads: auch hier ist der Thronerbe noch minderjährig. Da ergreift Athalja die Regentschaft, aber im Gegensatz zu Sammuramat mißbraucht sie ihre neue Stellung und läßt alle möglichen Thronanwärter umbringen. Einer Tante von Joas gelingt es, diesen zu retten, indem sie ihn im Tempel versteckt. Die Usurpatorin regiert während sechs Jahren, vom geretteten Knaben weiß sie nichts. Eines Sabbats läßt der Priester Jajada die Tempelwache bewaffnen und den Tempel besetzen, dann holt er den Jüngling hervor und salbt ihn zum König, der von Wache und Volk mit Beifall bedacht wird. Die herbeigeeilte Regentin wird verhaftet und dann in ihrem Palast getötet. Der unter solch dramatischen Umständen zum König Ernannte hatte später die Ehre, auf einer Stele von Adad-narari III. als Tributpflichtiger Assyriens erwähnt zu werden.

Wo ist der Ursprung dieses Königinmutter-Amtes zu suchen? Mit Donner sind wir überzeugt, daß er im semitischen Raum zu orten ist; da Mesopotamien nicht in Frage kommt, muß man in den Dokumenten des Reiches Ugarit nachforschen. Hier entdecken wir denn die Bezeichnung auch für das 14. bis 12. Jahrhundert. Die Königinmutter genoß in Ugarit eine besondere Hochachtung; der regierende König fühlte sich verpflichtet, sie über die Staatsgeschäfte zu informieren. Wie etwa in folgender Briefmitteilung: «Wenn der Hethiter sich in Marsch setzt, werde ich Dich benachrichtigen lassen; falls er nicht kommen sollte, erhältst Du trotzdem eine Mitteilung. Du aber, o Mutter, habe keine Angst und mache Dir keine Sorgen.» Allem Anschein nach erwartet der König einen Angriff der Hethiter und beeilt sich mit diesem Schreiben, seine Mutter zu beruhigen. Aus anderen Dokumenten läßt sich folgern, daß die Königinmutter bei Abwesenheit des Königs von der Hauptstadt seine Stellvertreterin war. Sie kann auch in die Entscheidung über die Thronfolge eingreifen. Das ist der Fall bei Achatmilku, Mutter von Ammistamru II. Sie diktierte ein juristisches Dokument von internationaler Tragweite – es werden nämlich die Könige von Kargamisch angerufen –, demzufolge sie beim Tode des Ehemanns Niqmepa den jüngsten der drei Söhne, Ammistamru, für den Thron bestimmt hat.

«Vor Ini-Teschub, König von Kargamisch, Sohn von Schachurunuwa, König von Kargamisch, Neffe von Scharrikuschuch, König von Kargamisch, dem Heldenhaften: ‹Hischmischarruma und Aradscharruma haben gegen Ammistamru, König von Ugarit, einen Aufruhr angezettelt. Achatmilku, ihre Mutter, hat ihnen als Erbanteil Silber, Gold und persönliche Wertgegenstände zugewiesen und sie nach Zypern geschickt. In diesem Zusammenhang haben sie einen Eid abgelegt vor der Steppen-Ischtar: „Auf keinen Fall werden in Zukunft Hischmischarruma und Aradscharruma, ihre Kinder und ihre Enkel einen Rechtshandel anfangen gegen Ammistamru, König von Ugarit, sowie gegen seine Kinder und Enkel." [...] Wagen sie es, einen Prozeß anzuzetteln, so möge dieses Täfelchen sie zerstören. Von diesem Tag an ist alles entschieden und verkündet.›»

Also war die Entscheidung der Mutter zugunsten des Jüngsten von seinen zwei Brüdern nicht widerstandslos hingenommen worden. Darum wurden die Güter durch einen Rechtsspruch aufgeteilt und die beiden Thronanwärter darauf ins zypriotische Exil geschickt. Wieder andere Dokumente zeigen auch die wirtschaftliche Macht, die der Königinmutter in Ugarit zukam. Sie besaß eigene Güter, über die sie nach ihrem Willen verfügen konnte; eine große Schar von Beamten besorgte für sie die Verwaltung dieser Besitzungen.

Abschließend ein paar weitere Zitate. «Ich habe mich zu Füßen meiner Mutter hingeworfen. Möge meine Mutter gesund bleiben. Die Götter mögen Dich beschützen und bewahren!» In einem andern Brief des Königs steht: «Sieben und sieben Mal habe ich mich von ferne zu Füßen meiner Mutter hingeworfen.» Durch den Zusammenhang mit wichtigeren Dokumenten, wie etwa dem eingangs erwähnten Beruhigungsbrief, erweisen sich solche Versicherungen nicht als bloße Floskeln, sondern als Ausdruck des tiefen Respekts, den man in Ugarit der Königinmutter entgegenbrachte.

Nicht nur in Syrien-Palästina kannte man die Institution Königinmutter, sondern auch bei den Hethitern, wo für sie ein besonderer Name reserviert war: «tawananna». Chattuschili I. muß die tawananna Haschtajar ermahnen, sich seinen Entscheidungen nicht zu widersetzen, welche den tüchtigen Murschili I. unter Hintansetzung des älteren Sohnes zum Thronerben bestimmen. Und Murschili II. läßt durch ein Gericht die tawananna Chinti, Gattin von Schuppiluliuma, verurteilen – es wird ihr die Königinmutter-Würde aberkannt, und sie muß ins Exil gehen –, weil sie sich eigenmächtig in ihr nicht zustehende Bereiche eingemischt hatte: Chinti annullierte Schenkungen des Königs an Tempel, sie hatte ohne sein Wissen Tribute des Königs von Kargamisch und Aschtata für sich behalten, und schließlich war sie die Urheberin einer tiefen Zwietracht im Königshaus. Ebenso bekannt ist Puduchepa, die

Prinzessin aus Kizzuwatna, die vom Hethiterkönig Chattuschili III. geheiratet wurde: die Briefe von Ramses II. werden in zweifacher Ausführung verschickt – eine für den König, die andere für die Königsgattin. Daß Puduchepa über die Staatsgeschäfte informiert war und sie billigte, geht aus dem hethitischen Exemplar des Vertrags zwischen Ramses II. und Chattuschili III. hervor, auf dessen Rückseite das Siegel der Königin angebracht ist.

Die Institution der Königinmutter war im syrisch-palästinischen Raum mindestens seit dem zweiten Jahrtausend in Kraft. Sie ist für die Reiche Israel und Juda, für die phönikischen Prinzipate im ersten Jahrtausend und für das Reich Ugarit im zweiten Jahrtausend nachgewiesen. Dieses Amt steht in enger Verbindung mit der Tradition des Königtums der westsemitischen Völker aller Zeiten. Die 1975 in Ebla aufgefundenen Dokumente belegen die Königinmutter-Institution auch für das Ebla-Reich. Die Königinmutter bestätigt die Entscheidungen des Königs, es scheint sogar, daß sie es ist, die über die Verteilung der Erbschaft an die verschiedenen königlichen Prinzen Beschluß faßt. Immer tritt sie zusammen mit dem König auf bei politischen und Verwaltungsanlässen. Sie läßt durch Beamte ihre eigenen Besitzungen verwalten. Wie in Ugarit und in Israel ist es auch hier nicht die Königsgattin, sondern die Königinmutter, die ein institutionelles Amt bekleiden darf. Auch hier wird sie mit einem eigenen Terminus bezeichnet: «ama-gal», die «Große Mutter». Der mächtige König Ebrium macht sich eine Ehre daraus, in seinen offiziellen Dokumenten oft die Königinmutter zu erwähnen. Aufgrund der Ebla-Dokumente stelle ich die Behauptung auf, daß die Institution der Königinmutter wesentlich zur syrisch-palästinischen Kultur gehört und daß – dies im Gegensatz zu Donner, der allerdings die Dokumente von Ebla nicht kannte, als er seine Studie verfaßte – auch der massive Einfluß, den die Frauen der biblischen Patriarchen nahmen, im Zusammenhang mit dieser Institution zu sehen ist und nicht mit matriarchalen Verhältnissen.

Kehren wir nun zu Assyrien und zu Semiramis zurück. Dort wie in ganz Mesopotamien war die Institution der Königinmutter vorher unbekannt. Indem die Gattin von Schamschi-Adad V. diese Neuerung in Assyrien einführte, konnte sie selbst auf etwas zurückgreifen, was sie von ihrem Herkunftsland Syrien her schon gut kannte. Ihr großes Verdienst ist es, diese Institution in einem heiklen Moment helfend eingesetzt zu haben; den Assyrern muß man aber ebenso lobend bestätigen, daß sie die neue Einrichtung – ohne Widerstände, wie es scheint – akzeptiert haben. Sammuramat mußte ohne Zweifel eine starke Ausstrahlung besitzen – so wie sie vom Schwiegervater Salmanassar III. willkommen geheißen wurde, hatte sie sicher auch ihr Ehemann Schamschi-Adad V. lieb und wurde sie vom Großteil der Assyrer gern respektiert. Und im Moment der Gefahr, als der König in Babylonien gefallen war, schlossen sich ihr alle an: spätestens da ist sie nicht mehr die fremde Syrerin, sondern die Repräsentantin der Königswürde und die Garantin des Fortbestands der Institutionen Assyriens.

Wir wollen einen Blick auf die andere große Königin Assyriens werfen, auf die aramäische Gattin von Sanherib mit dem Doppelnamen Naqia-Zakutu, was auf assyrisch und aramäisch «die Reine» bedeutet. Dem Vorbild ihrer Vorfahrin Sammuramat folgend, hinterläßt auch Naqia Widmungsinschriften an Gottheiten, mit Gebeten «für die Beständigkeit ihrer eigenen Regierung». Sie ist es, die Asarhaddon zum Nachfolger Sanheribs bestimmt, und ebenfalls sie wird Assurbanipal zum Nachfolger Asarhaddons auserwählen, wobei sie alle Untertanen vor ihrem Angesicht schwören läßt, diese Entscheide zu respektieren. Aus der Studie von H. Lewy geht klar hervor, daß Naqia nicht bloß in politischen, sondern ebenso in wirtschaftlichen Angelegenheiten mitbestimmen durfte. Es standen ihr eigene Funktionäre zur Verfügung, und sie kontrollierte alle Verantwortungsträger im Staat, sogar den Sohn Asarhaddon, der sich einmal beeilt, ihr mitzuteilen, das von ihr Verlangte sei sofort in die Wege geleitet worden. So erteilt sie dem Sohn Anweisungen über den Bau eines neuen Palastes. Die Untertanen respektieren sie so, daß sie sie in ihren Briefen an den König ausdrücklich erwähnen. Eine weitere mesopotamische Königin fügt sich in diese glänzende Tradition ein: Adad-guppi, die Mutter von Nabonid. Die religiöse Reform, die den Sin-Kult von Harran zum Gegenstand hat, ist für immer mit ihrem Namen verknüpft. So hat also Sammuramats Beispiel nicht nur in Assyrien, sondern auch in Babylonien gewirkt. Die Königinnen fangen an, besondere Privilegien zu genießen. Freilich, ein identischer Fall – die Regentschaft über das ganze Reich für einen minderjährigen Sohn – wird sich nicht wiederholen.

Sammuramat läßt ihren Sohn Adad-narari im Jahr 810 offiziell das Eponymat übernehmen, weniger als zwei Jahre nach dem Tod des Vaters. Für das erste Jahr der Regentschaft erwähnt der Eponymenkanon keine Feldzüge: im Jahr 811 sei die Königin «im Lande geblieben».

Diese Pause brauchte die neue Herrin des mächtigsten Staates des Alten Orients dringend. Denn es war üblich, daß der neue Herrscher persönlich die hohen Beamten wählte, die zusammen mit ihm das Funktionieren des riesigen bürokratischen Apparates garantieren mußten. Dies war einer der heikelsten Momente. Sammuramats Aufgabe war nun doppelt schwer, da sie ja nur die Regentschaft angetreten hatte. Sie befand sich in einer zweifachen Abhängigkeit: einerseits dem verstorbenen Ehemann Schamschi-Adad verpflichtet zu sein, andererseits ihrem Sohn, Adadnarari, dem künftigen König. Sie widersteht der sicher starken Versuchung, alles wie zu Zeiten des Gatten zu belassen, und setzt sich für die Interessen des Sohnes ein. Sie schreitet gleich zur Neuverteilung der Ämter, allen voran jener der Vier Großen des Reichs: als General-Stellvertreter bestimmt sie Nergal-ilaja, als Palastherold Bel-dan, als Großmundschenk Sil-beli und als Großintendant Assur-taklak.

Auch wenn uns die Quellen nichts über die Hintergründe dieser Ämterverteilung berichten, so kann man sich gut vorstellen, wieviel Diplomatie und moralische Überzeugungskraft es bedurfte, um solche Entscheidungen durchsetzen zu können. Nur zwei der Vier Großen waren schon unter dem verstorbenen König in hohen Ämtern; Beldan und Nergal-ilaja, letzterer aber an anderer Stelle. Der mächtige Bel-uballit etwa – er schmückte sich mit folgenden Titeln: «General-Stellvertreter, großer Herold, Schatzmeister von Ekurra, Kommandant des starken Heeres, Gouverneur von Tabiti, Harran, Chuzirina, Duru, Bel-bani, Zallu und Balich» – mußte sich durch Nergal-ilaja ersetzen lassen.

Im weitern muß Sammuramat die Gouverneure der großen Provinzen, worunter Assur und Kalchu, ernennen. Auch da geht sie mit Entschiedenheit und Mut ans Werk. An der Inschrift der Nabu-Statue, in welcher der Gouverneur von Kalchu Bel-tarsi-ilumma in seinen Bitten an den Gott auch «Sammuramats, der königlichen Frau, seiner Herrin» gedenkt, ersehen wir die Treue der neu Gewählten sowie das Geschick der Königin im Besetzen von wichtigen Stellen. Sodann läßt Sammuramat die neu Gewählten gleich nach dem jungen Thronerben das Eponymenamt übernehmen.

Im weitern Verlauf ihrer Regentschaft behält die Königin ihre hohen Beamten im Auge, und sie fördert die besonders Fähigen. Dies ist etwa der Fall bei einem jungen Assyrer, dessen außerordentliche Begabung sie bald erkennt: Schamschi-ilu. Mit nur zwanzig Jahren wird er zum Turtanu ernannt werden und dieses stolze Amt noch unter den Königen, die auf Adad-narari III. folgen, behalten sowie unter dem mächtigen Tiglatpileser III. Diese brillante Karriere des Strategen und späteren Beschützers Assyriens gegen Urartu bezeugt die Richtigkeit der anfänglichen Förderung durch die geschichtliche Semiramis.

Die Machtausübung in Assyrien verpflichtete auch zu militärischen Aktionen – und diesen entzieht sich Sammuramat nicht. Während der Herrschaft ihres Mannes Schamschi-Adad V. hatten Feldzüge zu drei Fronten hin stattgefunden. Nach Norden gegen das Land Nairi, nach Osten gegen das Land der Mannäer und Meder, nach Süden gegen Babylonien. In den vier Jahren von 810 bis 807 ordnet die Regentin Feldzüge gegen die Meder im Osten (810), gegen Guzana im Westen (809) und zweimal gegen die Mannäer wiederum im Osten (808 und 807) an. Ruhig bleibt es zunächst im Norden (Nairi und Urartu) und im Süden (Babylonien). Da hierüber die offiziellen Annalen fehlen, wissen wir über den Ausgang dieser Feldzüge fast nichts. Im Fall von Guzana ist der erfolgreiche Abschluß der Kampagne durch die Tatsache erwiesen, daß dieses Land sofort zur assyrischen Provinz erklärt wird, die im Lauf der Zeit – wie aus ihren Archiven ersichtlich – in das politisch-administrative System des Reichs gut eingegliedert wurde.

Die von Ktesias erzählte Semiramis-Legende enthält eine Erinnerung an die Kampagne Sammuramats gegen die Meder: «Nachdem Semiramis diese Werke [Gründung Babylons] vollbracht hatte, marschierte sie mit einem großen Heer gegen Medien. Als sie die Berggegend namens Bagistana erreichte, ließ sie ihr Zeltlager errichten und einen Park anpflanzen mit dem Umfang von 12 Stadien [etwa 2 Kilometer]. Dieser lag in der Ebene und besaß eine reichsprudelnde Quelle, die die Pflanzungen bewässerte. Die Bagistanaberge sind dem Zeus heilig; zum Park hin weisen sie Felsvorsprünge auf, die etwa 17 Stadien hoch sind [rund 3000 Meter]. Davon ließ sie die untere Partie blankfegen und dann darauf ihr Bild einmeißeln, gerade im Augenblick, wo sie 100 Lanzenwerfer umringen; auf syrisch wurde die Inschrift angebracht: ‹Semiramis hat an den Berg die Packsättel der Maultiere, die ihr folgten, aufhäufen lassen, und auf diesen hat sie von der Ebene aus den Gipfel des Berges erreicht.› Darauf setzte sie ihren Weg fort und kam zur Stadt Chauon in Medien. Dort erblickte sie auf einer Hochebene einen Felsen von außerordentlicher Größe und Höhe. Hier legte sie einen zweiten Garten gigantischen Ausmaßes an; an seinen Abhängen ließ sie zu ihrer Freude wun-

derbare Gebäude errichten, von denen aus sie die Pflanzungen des Parks
sowie das in der Ebene zeltende Heer betrachten konnte. An diesem Ort
weilte sie lange und genoß jede Art von Freuden. Eine legale Heirat vermied sie, um nicht etwa ihrer Macht verlustig zu gehen; dafür wählte sie
aus den Reihen ihrer Soldaten die schönsten aus und vergnügte sich mit
ihnen. Doch all jene, die bei ihr gelegen hatten, ließ sie verschwinden. In
der Folge unternahm sie den Feldzug gegen Ekbatana und gelangte an
den Berg namens Zagros. Dieser Berg erstreckt sich über viele Stadien, ist
voll von Spalten und Schluchten – nur durch Umgehen konnte man ihn
überwinden. Sie wollte sich einerseits ein Denkmal stiften und anderseits
den Weg verkürzen. Darum ließ sie die Gipfel einebnen und die Schluchten auffüllen, worauf sie eine wunderschöne Straße baute, die bis heute
‹Straße von Semiramis› genannt wird. Als sie nach Ekbatana kam, das in
einer Ebene lag, baute sie einen wundervollen Palast und ließ der Stadt
ihre Fürsorge zukommen. Diese war nämlich ohne Wasser, und in ihrer
Nähe fehlte es an Quellen. Semiramis ließ mit kostspieligem Aufwand
eine Zufuhr errichten, so daß nun das beste Wasser in großen Mengen zur
Verfügung stand. Zwölf Stadien von Ekbatana entfernt befindet sich
nämlich ein Berg namens Orontes, der sich von andern durch seine Poro-
sität und Höhe unterscheidet, er erhebt sich senkrecht wie eine Mauer bis
zur Gipfelhöhe von 25 Stadien. Da auf der hintern Seite des Berges ein See
lag, von dem ein Fluß abging, ließ Semiramis einen Tunnel am Fuß des
Berges vorantreiben. Die Breite dieses Kanals betrug 15 Füße, seine
Höhe 40. Durch diesen Stollen leitete sie dann den Seeausfluß, und auf
diese Weise erhielt die Stadt Wasser in reichen Mengen. All dies vollbrachte sie in Medien.»

Wenn wir Ktesias' Erzählung glauben dürfen, so hat Semiramis auf
ihrem Feldzug in Medien keinen nennenswerten Widerstand angetrof-
fen. Man hat vielmehr den Eindruck eines Spaziergangs in einer Land-
schaft, die unter ihrer Herrschaft steht – ihre Unternehmungen sind denn
auch nicht militärischer Art, sondern sozialer Natur: sie erbaut Städte,
Paläste, Straßen und Bewässerungskanäle. Alles nach der besten assyrischen Tradition.

Immer nach der Erzählung von Ktesias besucht Semiramis nach dem
Land Medien Persien, dann Äthiopien und Ägypten; schließlich rüstet
sie zu einem Krieg gegen Indien. Und das, um nicht hinter ihrem Mann
Ninos zurückstehen zu müssen. Hier befinden wir uns freilich schon
inmitten der Legendenbildung, von der noch zu reden sein wird. Alle

möglichen und unmöglichen Unternehmungen – von den ruhmreichsten bis zu den infamsten – werden dann Semiramis zugeschrieben.

Zurück zur historischen Semiramis, zu Sammuramat. Aus dem Eponymenkanon erfahren wir, daß Adad-narari III. nicht weniger als sechsmal gegen die Meder ziehen mußte! Doch war dies nur ein Vorspiel zu dem, was sich jenseits der assyrischen Grenzen langsam zusammenbraute: die geballte Kraft, die schließlich Ninive zu Fall bringen würde. Die Meder erstarken nämlich nach und nach zu einer gefährlichen politischen Einheit, zu einem mächtigen Staat.

Die assyrischen Inschriften sagen nichts aus über die Bautätigkeit der Regentin. Doch es ist anzunehmen, wie Mallowan ebenfalls meint, daß wir ihrem direkten Einfluß das Folgende zuschreiben dürfen: Die Erneuerungsarbeiten an den Gebäuden in Kalchu und der Bau von zwei Palästen, der eine in der Stadt, der andere vor den Mauern; die Weiterführung des von ihrem Mann begonnenen Palastbaus in Ninive; der Bau der Nabu-Tempel in Kalchu und Ninive, als Ausdruck der religiösen Reform.

Die assyrischen Inschriften berichten nicht über Sammuramats Bauten, weil es nach der Tradition immer und nur der König ist, der alle Werke – seien sie nun militärischer oder ziviler Art – veranlaßt. Glücklicherweise hat Sammuramat wenigstens durch die Errichtung ihrer Stele die Gesetze der Überlieferung gebrochen: darauf setzte sie ihren Namen und ihre stolzen Titel, die ihre Machtergreifung legitimieren.

Natürlich möchten wir viel mehr über die historische Semiramis erfahren. Aber die allermeisten Nachrichten sind nur indirekter Art, und wir müssen lernen, zwischen den Zeilen zu lesen. Immerhin ist ja ihr Werk mit der Regentschaft nicht zu Ende: Sammuramat wird in die Staatsgeschäfte auch dann noch eingreifen, wenn ihr Sohn Adad-narari wirklich König wird. Da die Großen Räte des Reichs sowie die Gouverneure von ihr ernannt wurden, wirkt ihre Politik noch lange weiter. Ihr Schatten wird auf dem Sohn liegen bis zu ihrem Tod ums Jahr 785.

Erwähnenswert sind noch einige wirtschaftliche Dokumente, aus denen wir interessante Informationen über die Lebensweise der Regentin erfahren. Es handelt sich dabei um die Weinzuteilung an verschiedene Beamte des Staates. In Kalchu gab es zwei königliche Harems, was darauf schließen läßt, daß das eine das von Schamschi-Adad war, das andere jenes des nunmehr erwachsenen Adad-narari. In Assyrien herrschte die Polygamie auf allen Ebenen, so daß auch die Könige neben der Hauptfrau noch eine Reihe von Konkubinen hatten. Diese Lebensweise spiegelt sich noch in der Semiramis-Legende, vor allem in der Überlieferung von Athenaios, Plutarch und Aelian: Semiramis soll danach zunächst eine der vielen Konkubinen des assyrischen Königs gewesen und erst später, dank ihrer Schönheit, zur Hauptfrau aufgestiegen sein. Durch die Edikte, die sich auf Tukulti-Ninurta I. Hof und Harem beziehen, sind wir in der Lage, uns ein Bild zu machen über das Haremsleben. Intrigen ebenso wie Streitereien der verschiedenen königlichen Konkubinen waren an der Tagesordnung. Die Eunuchen hatten strenges Verbot, sich diese Wortwechsel und Zwiste anzuhören oder darüber gar etwas an Außenstehende zu berichten. Die Todesstrafe erwartete sie, wenn sie Geschenke von den Konkubinen annahmen.

Sammuramat lebte nicht im Harem mit den anderen Königsfrauen, sondern in einem eigenen Palast. Ein Text hält Weinzuteilungen fest für «die königliche Frau», die man mit der Königinmutter identifizieren kann, sowie für «die Tochter von Palil-acha-iddina» und für die zwei königlichen Harems der Stadt. Die für Sammuramat angewiesene Menge Wein reicht für rund 300 Personen, so daß sie offenbar eine große Schar Diener besaß. Die Palil-acha-iddina-Tochter könnte sehr gut die Frau von Adad-narari III. sein, die Schwiegertochter Sammuramats; diese wohnte in einem anderen Gebäude und erhielt Wein für rund 100 Personen.

Die von mir vorgeschlagene Gleichsetzung von «königlicher Frau» mit der Regentin Sammuramat wird auch von der Inschrift Bel-tarsi-ilummas nahegelegt. Daraus ist zu schließen, daß «königliche Frau» eine spezifische Funktion innerhalb der Staatshierarchie bezeichnet analog derjenigen der «gebirah» in den westsemitischen Gesellschaften. Die hohe Zahl an Dienern ist ein Indiz für die Wichtigkeit, die man der Königin während der Regentschaft zumaß, aber auch danach, als der volljährig gewordene Sohn die Geschicke des Reichs lenkte.

Am Ende des Kapitels über Salmanassar haben wir den von ihm erbauten Palast in Kalchu kurz beschrieben. Wandmalereien und sehr schöne Möbel schmückten die verschiedenen Säle. Hinzu kamen die Elfenbeinschnitzereien in mehreren Stilformen, so auch der syrischen und phönikischen. Es ist sehr gut möglich, daß die Wohnungen der Königinmutter in diesem Palast untergebracht waren und daß die Syrerin hier gelebt hatte. Ein nach dem frühen Tod des Gatten wohl einsames Leben, geprägt von der großen Verantwortung, die auf ihren Schultern lastete.

Zu ihrer Regentschaft kann man abschließend sagen, daß sie mit ihren weisen Entscheidungen – sowohl in der Außen- wie Innenpolitik – die Assyrer nicht enttäuschte, die ihr das Vertrauen geschenkt hatten. Auch unser Urteil muß positiv ausfallen. Eine Frau aus dem Mittelmeerraum hat es verstanden, ein so schwieriges Volk wie das assyrische gut zu regieren; sie hat die neue, für die Assyrer unbekannte Institution der Königinmutter geschaffen. Ihre Erfolge berechtigen sie, den Titel «Schwiegertochter von Salmanassar, König der Vier Teile der Welt» zu führen. Sie war die wirkliche Erbin der Politik des Schwiegervaters.

XIII

DER JUNGE KÖNIG

Adad-narari, der Sohn

Als im Jahr 806 Adad-narari volljährig wird, übergibt ihm seine Mutter, die Regentin, die Leitung des Reichs. So besteigt zum erstenmal in der assyrischen Geschichte ein junger König den Thron. Es ist kein leichtes, die Erbschaft der Mutter, deren Intelligenz und starke Persönlichkeit den mißtrauischen und komplexen Staatsapparat für sich gewonnen hatte, anzutreten. Die Großen des Reichs und die Gouverneure sind schon alle bestimmt, da dies fünf Jahre zuvor schon seine Mutter für ihn getan hat. Nun könnte ein Interessenkonflikt ausbrechen.

Nichts dergleichen hat sich, so macht es zumindest den Anschein, bei der Thronbesteigung Adad-nararis ereignet. Weder die Innen- noch die Außenpolitik erfahren radikale Änderungen. Schon 806 setzt sich der junge König an die Spitze des assyrischen Heeres in Marsch. Die von der Mutter begonnenen Feldzüge werden fortgesetzt, ja das Engagement wird nun auf alle assyrischen Fronten ausgedehnt.

Über die Eigenschaften des Sohnes von Schamschi-Adad V. und Sammuramat wissen wir wenig. Die von ihm in der Außenpolitik erzielten Resultate zeigen, daß er ein würdiger Nachfahre seiner Ahnen ist. Was das Innere des Landes betrifft, so schenkt er weiterhin der erfahrenen Mutter Gehör. Die innenpolitischen Reformen tragen zwar seinen Namen und sein Siegel, man darf aber annehmen, daß etliche davon auf Sammuramat zurückgehen.

Schwieriger ist die Beurteilung des folgenden Phänomens. Gerade während der Herrschaft dieses Königs machen sich immer deutlicher zentrifugale Tendenzen bemerkbar. Für jene Beobachter, die sich an einem monolithischen Staat ausrichteten, mußten die stets zunehmenden Machtansprüche und Autonomiebestrebungen der einzelnen Provinzgouverneure eine gefährliche Entwicklung darstellen. Drückt sich darin eine Schwäche der Zentralgewalt aus? Oder wandeln sich ganz allgemein die Zeiten?

Im Gegensatz zu früher ist es nun nicht mehr der König allein, der Assyrien verkörpert. Man bemerkt so etwas wie die Abbröckelung des königlichen Einheitsprinzips. Assyrien befindet sich in gewisser Hinsicht auf dem Weg zum Föderalismus. Wenn Gouverneure sich berechtigt fühlen, Inschriften aufstellen zu lassen, die ihre Taten verkünden, könnte man fast an Usurpation denken. Doch die Gouverneure verleugnen dabei nie ihren Schwur auf die Krone und vor allem auf Assyrien: Alles, was sie gemacht haben, dient dem Vaterland, denn sie sind stolz, Assyrer zu sein. Die Königinmutter und der junge König sind sich der Gefahren bewußt, die auf das Reich zukommen – der Druck an den Grenzen wird immer stärker –, und so wollen sie neue Methoden der Staatsführung erproben. Sie verfolgen eine Politik auf lange Sicht, die sicher auch auf Widerstände stößt.

Schon mehrmals machten wir deutlich, wie wichtig das neunte Jahrhundert für Assyrien ist. Das kleine Reich befindet sich auf dem Weg zum Imperium. Eine neue Einstellung der Herrscher wird immer nötiger, denn man muß die mit Gewalt eroberten Länder ja auch führen und verwalten können. Salmanassar III. und Sammuramat glauben an die Herrscherrolle Assyriens, vorausgesetzt, daß es gelingt, die Machtausübung und sogar die Vorstellung vom Königtum den neuen Ansprüchen anzupassen.

Adad-narari III. erbt den starken Charakter von Großvater Salmanassar III. und die Feinheit des Geistes seiner Mutter Sammuramat. In der griechischen Legende von Ktesias wird er zwar als ein mädchenhafter Jüngling und als ein Prinz vorgestellt, der dem Kriegshandwerk völlig abgeneigt ist. Die Wirklichkeit ist anders: Der junge König ist sowohl ein fähiger Heerführer wie auch ein kluger Politiker. Assyrien besitzt in ihm einen Herrscher auf der Höhe der Zeit. Und wenn seine Mutter Sammuramat den Anstoß zu vielen Reformen gegeben hat, so ist es doch sein Verdienst, sie verwirklicht zu haben. Die erfahrenen Gouverneure bleiben ihm treu ergeben. Schamschi-ilu, der junge assyrische Beamte, dessen Qualitäten Sammuramat erkannt hatte, wird gar sein Freund. Adad-narari ernennt den Zwanzigjährigen zum General-Stellvertreter. So besitzt Assyrien zwei junge, fähige, tatendurstige Männer, die sich gegen die Gefahren von außen und innen zur Wehr setzen.

Bevor wir die Regierungszeit Adad-nararis, die bis 781, also 27 Jahre währte, genauer betrachten, lassen wir ihn selbst zu Wort kommen (Tafelinschrift aus Kalchu auf den Bau des Königspalastes):

«Palast von Adad-narari, dem großen König, dem mächtigen König, dem König der Gesamtheit, dem König von Assyrien, dem König, welcher von Assur, Herr der Igigen, in jungen Jahren berufen und mit einem Reich ohnegleichen beschenkt wurde: Vom großen Meer der aufgehenden Sonne zum großen Meer der sinkenden Sonne hat seine Hand alle Länder erobert und unter seine Herrschaft genommen. Sohn von Schamschi-Adad, dem großen König, dem mächtigen König, dem König der Gesamtheit, dem König von Assyrien, dem König ohne Rivalen; Enkel von Salmanassar, dem König der Vier Teile der Welt, der alle seine Feinde wie eine Sintflut vernichtete; Erbe von Assurnasirpal, dem tapferen Helden, der die Wohnbauten vergrößerte; Nachkomme von Adadnarari, dem erhabenen Prinzen, der die Hilfe von Assur, Schamasch, Adad, Marduk genoß, die ihm sein Land erweiterten; Nachfahr von Tukulti-Ninurta, dem König von Assyrien, dem König von Sumer und Akkade; von der Linie Salmanassars, des mächtigen Königs, der Ehursagkurkurra erweiterte, den ‹Berg der Länder›; von der Linie Bel-kabkabis, des frühen Königs, der noch vor der Königszeit Sulilis lebte, dessen Ruhm Assur seit den ältesten Zeiten verkündet hat.»

Im Gegensatz zu den andern Herrschern schmückt sich Adad-narari hier nur mit weltlichen Beinamen; die einzige Erwähnung der göttlichen Sphäre findet sich dort, wo er seine Wahl zum König dem Willen Gott Assurs zuschreibt. Daß diese schon in «jungen Jahren» vollzogen wurde, ist für Assyrien wiederum ungewöhnlich. Ferner fällt die lange Liste von Königen auf, an die er seinen Namen knüpft (dies tat auch schon sein Großvater Salmanassar). Hier folgt die chronologische Gliederung der angerufenen Herrscher, die Ordnungszahl bezieht sich auf die «Assyrische Königsliste»:

[104. Adad-narari III.   (806–781)]
[– – Sammuramat   (811–806)]
103. Schamschi-Adad V.   (824–812)
102. Salmanassar III.   (858–824)
101. Assurnasirpal II.   (884–858)
 99. Adad-narari II.   (912–891)
 78. Tukulti-Ninurta I.   (1242–1206)
 77. Salmanassar I.   (1272–1243)
 27. Sulili   ?
 25. Bel-kabkabi   ?

Indem Adad-narari diese Ahnen anführt, um sein eigenes Königtum zu untermauern, stellt er sich mit Stolz in eine dynastische Linie von Herrschern, die das Königreich Assyriens errichtet und ausgebaut haben. Er fügt seine Person in eine echt assyrische Tradition ein.

Interessant ferner, daß unter den Gottheiten, die Adad-narari III. geholfen haben, das Land zu erweitern, auch Marduk erwähnt wird, der Hauptgott Babyloniens. Als Marduk erstmals in assyrischen Inschriften auftauchte – in den Annalen des Vaters Schamschi-Adad anläßlich seines Feldzugs gegen Babylonien –, hatte das noch eine fast provozierende Wirkung. Nun ist die Nennung Marduks durchaus angebracht. Die religiöse Erneuerung ist voll im Gange. Sie führt die zwei Hauptgottheiten des Königreichs Babylonien in das assyrische Pantheon ein: den Gott von Babylon, Marduk, sowie dessen Sohn Nabu, den Gott von Borsippa.

Adad-narari schmückt sich nicht mit der Bezeichnung «König der Vier Teile der Welt», die nur dem Großvater zukommt. Er mißt sich also nicht mit Salmanassar, aber er fühlt sich durchaus seinem Vater Schamschi-Adad ebenbürtig. Wir dürfen ihm dabei, in Anbetracht der Verwirklichungen seiner Regierungszeit, recht geben.

Wenn die eben zitierte Inschrift weltlich klingen mochte, so heißt das nicht, daß Adad-narari sich seinen Pflichten als «Priester» der Götter von Assur zu entziehen gedachte. Hier eine weitere Inschrift aus Kalchu:

«Palast von Adad-narari, dem großen König, dem mächtigen König, dem König der Gesamtheit, dem König von Assyrien, dem König, welcher von Assur in jungen Jahren berufen und mit einem Reich ohnegleichen beschenkt wurde; dessen Regierung Gott Assur für das assyrische Volk hat wohltätig werden lassen wie der Lebensbaum und dessen Thron er befestigt hat; der heilige Priester, der großzügig für Escharra sorgt, der unermüdlich den Kult im Ekur regelt, der unter dem Schutz von Assur, seinem Herrn, vorangeschritten ist und die Prinzen der Vier Teile der Welt unter seine Herrschaft gebracht hat.»

Hier bekennt sich Adad-narari zu den religiösen Riten, zudem schreibt er alle seine Erfolge der wunderbaren Hilfe von Assur zu, dem Hauptgott Assyriens. Schön ist der Vergleich mit dem Lebensbaum. Vielleicht ist dies das erstemal, daß sich ein assyrischer Herrscher als «Vater und Hirte» seines Volkes versteht – und es ist sicher kein Zufall, daß dieser Herrscher gerade der Sohn von Sammuramat ist.

Wie darf man sich die äußere Erscheinung des jungen Königs vorstellen? Daß wir diese Frage einigermaßen beantworten können, verdanken wir einer 1967 von englischen Archäologen aufgefundenen Stele, die in der Zelle eines Tempels in Tell al-Rimah lag. Die eingravierte Inschrift besagt, daß wir das Bild des assyrischen Königs Adad-narari III. vor uns haben. Der König ist im Profil dargestellt, wie er mit dem Zeigefinger wohl auf die Gottheit weist, in deren Tempel die Stele aufgerichtet war. Er trägt den typischen Spitzturban, den die assyrischen Herrscher jener Epoche bevorzugen. Haare und Bart sind kunstvoll geflochten. Seine lange Tunika reicht bis zu den Sandalen. Die rechte Hand ist erhoben, mit der linken hält er den Kommandostab, der in einem Knauf endet. Adad-narari trägt Ohrringe und ein Armband; am Kleid bemerkt man das Malteserkreuz.

Um das Haupt des Königs sind die Symbole einiger wichtiger Gottheiten eingraviert. Links zunächst ein achtzackiger Stern, Zeichen (nach Page) des Gottes Schamasch, dann folgen die sieben Kügelchen, welche die Sebettu-Götter symbolisieren («die Sieben»), hierauf der Halbmond, Symbol für den Gott Sin. Vor dem Gesicht des Königs sehen wir den Schreibgriffel des Gottes Nabu, den Spaten von Marduk sowie den Blitz von Adad, dem Gott des Gewittersturms. Diese drei Symbole ruhen auf drei Sockeln; darüber sind zwei weitere Zeichen angebracht: eine Tiara, die Triade [?] Anu, Enlil und Ea darstellend, und die geflügelte Scheibe des Gottes Assur. Wir finden hier also gesamtmesopotamische, assyrische und babylonische Gottheiten. Zur Zeit der Aufstellung dieser Stele muß der religiöse Erneuerungsprozeß – dessen Höhepunkt die Einweihung des neuerbauten Nabu-Tempels in Kalchu 787 ist – abgeschlossen sein. Die zwei Hauptgötter Babyloniens werden nun in Assyrien offiziell angebetet. Dies war wohl alles, was die Brüder im Norden tun konnten, um sich den Babyloniern friedlich zu nähern. Wie einst Salmanassar III. so streckt auch Adad-narari die Hand aus – doch die Babylonier haben die geschichtliche Tragweite dieser Geste kaum verstanden!

Hinter der kunstvollen, etwas prunkhaften Aufmachung ist es nicht schwer, das ausgesprochen jugendliche Gesicht Adad-nararis wahrzunehmen. Diese bildliche Darstellung bestätigt, was wir von ihm aus den schriftlichen Quellen wissen.

Wenden wir uns nun seiner Außenpolitik zu. Wir haben erfahren, daß der Norden Assyriens und der Westen – «vom großen Meer der aufgehenden Sonne bis zum großen Meer der sinkenden Sonne» – fest in assyrischer Hand sind. Aus dem Eponymenkanon läßt sich eine intensive mili-

Stele von Adad-narari III., dem Sohn von Schamschi-Adad V. und Sammuramat, aus Tell al-Rimah, dem antiken Karana.

tärische Tätigkeit des jungen Herrschers nach allen Richtungen hin herauslesen. Von 806 bis 802 ist Adad-narari im Westen gegen die verschiedenen Staaten Syriens und Palästinas engagiert; erwähnt werden Feldzüge gegen Arpad, Chazazu und das Land Baal bis zum Mittelmeer. Wie er uns selbst in einer Inschrift mitteilt, sind ganz Palästina, Syrien und das Land Chatti endgültig unter der Schirmherrschaft Assyriens. An dieser Front jedenfalls ist Adad-narari erfolgreich. In den folgenden Jahren muß er sich an anderen Fronten bewähren: im Norden gegen das Land Chubuschkia (drei Feldzüge), im Osten gegen Medien (sechs Feldzüge) und im Süden gegen Babylon (sieben Feldzüge).

Seltsamerweise hat uns Adad-narari keine Annalen hinterlassen. In den wenigen Inschriften dieses Königs finden wir einen detaillierten Bericht der Feldzüge im Westen sowie eine knappe Zusammenfassung seiner militärischen Operationen im allgemeinen. Zunächst die letztere:

«Ich bin derjenige, der, angefangen vom Berge Siluna im Osten, folgende Länder erobert hat: Saban, Ellipi, Charchar, Aranziasch, Mesu, Medien, ganz Gizilbunda, Munna, Parsua, Allabria, Abdadani, Nairi bis zu seinen äußersten Grenzen, das fernliegende Andia, die Hänge des Berges bis zu ihren äußersten Grenzen, bis zum Meer der aufgehenden Sonne; vom hohen Euphrat an habe ich Chatti, Amurru in seiner Ganzheit, Tyros, Sidon, Omri [Israel], Edom, Philistäa bis zum großen Meer der sinkenden Sonne erobert. Steuern und Tribut habe ich ihnen auferlegt.»

Diese Liste der unterworfenen Länder folgt einer Ordnung, die (wie Schramm mit Recht bemerkt) geographisch vorgeht: zunächst werden die Länder im Osten, dann jene im Nordosten und Norden Assyriens aufgezählt, dann die westlichen Länder, von den Assyrien am nächsten gelegenen bis zu den fernsten. Es handelt sich bei dieser Auflistung also nicht um eine chronologische Ordnung. Deutlich wird aber, daß Adad-narari bei den erwähnten Ländern sicher nur solche aufführt, gegen die er erfolgreich gekämpft hat. Anhand dieser Aufzählung darf man sagen, daß Assyrien unter Adad-narari III. wiederum die beherrschende Macht des Fruchtbaren Halbmondes ist.

In dieser Liste der tributpflichtigen Länder fehlt Babylonien. Adad-nararis Politik gegenüber diesem südlichen Nachbarn ist auf Versöhnung gestimmt. Die erwähnte Inschrift kommt am Schluß, der fragmentarisch überliefert ist, auch auf Babylonien zu sprechen: «Alle Könige von Kaldu wurden meine Vasallen; Tribut und Steuern auferlegte ich ihnen für alle kommenden Zeiten. Babylon, Borsippa und Kuta präsentierten mir die ‹Portion› von Bel, Nabu und Nergal, reine Opfer [...]» Also hat Adad-narari wie sein Vater und sein Großvater die heiligen Tempel des Landes Babylonien besucht. Und bei dieser Gelegenheit setzte man ihm eine «Portion der heiligen Speise der Götter» vor, was die volle Anerkennung von seiten des mächtigen babylonischen Klerus bedeutete. Dieses Privileg genossen weder Schamschi-Adad V. noch Salmanassar III. Wie die synchronistische Geschichte berichtet, handelte Adad-narari auch dementsprechend: Er gab 785 die Götterstatuen zurück, die sein Vater aus Der entführt hatte; die Kriegsgefangenen ließ er frei und gab ihnen einen Nahrungsvorrat mit. Wenn wir lesen, daß nach einer neuen Grenzziehung die «Völker Assyriens und Babyloniens wie Brüder» lebten, so müssen wir dem Sohn von Sammuramat und ihr selbst ein gutes Zeugnis ausstellen: nachhaltig haben sie sich für den Frieden mit Babylonien eingesetzt.

Über die Feldzüge nach dem Westen hin informieren uns drei Dokumente: die Stele von Saba'a, die Stele von Tell al-Rimah und die Tafel des Palastes in Nimrud. Hier die Übersetzung der Tell-al-Rimah-Stele:

«An Adad, den großen Herrn, den Helden der Götter, den Mächtigen, den erstgeborenen Sohn von Anu, an denjenigen, der als einziger Feuer aussendet, an den hohen Bewässerer von Himmel und Erde, an den Gott, der reichlich regnen läßt, der in Zamachi residiert, den großen Herrn, seinen Herrn!

[Ich] Adad-narari, der mächtige König, der König der Gesamtheit, der König von Assyrien, Erbe Salmanassars, des Königs der Vier Teile der Welt. Ich inspizierte die Streitwagen, die Truppen und die Zeltlager, dann gab ich Befehl, gegen das Land Chatti zu marschieren. Innerhalb eines einzigen Jahres unterwarf ich die Länder Amurru und Chatti vollständig. Ich auferlegte ihnen Tribute und Steuern für die Zukunft: 2000 Talente Silber, 1000 Talente Kupfer, 2000 Talente Eisen, 3000 Kleider aus gefärbten Stoffen und Leinen erhielt ich vom Herrn von Aram [Damaskus]. Er [Adad-narari] bekam die Tribute von Joas von Samaria, der Prinzen von Tyros und Sidon [phönikische Städte]. Ich drang weiter vor zum großen Meer des Westens. Das Bild meiner Herrschaft errichtete ich in Arwad, einer Stadt, die vom Meer umschlossen ist. Zum Libanon stieg ich hinauf: Die Baumstämme von 100 prächtigen Zedern fällte ich für die Bedürfnisse meines Palastes und meiner Tempel. Er [Adad-narari] erhielt die Tribute aller Könige des Landes Nairi [im Norden].»

Glauben wir Adad-nararis Angabe zu Beginn, so haben sich die erzählten Geschehnisse alle in einem Jahr abgespielt. Doch dann ergeben sich Schwierigkeiten: Wie kann man das mit den Angaben der beiden andern Quellen und vor allem mit denen des Eponymenkanons in Einklang bringen? Ein Teil der Gelehrten identifiziert das Erzählte mit der Kampagne von 802 des Eponymenkanons. Für diese Deutung spricht, daß der erwähnte Joas ab 802 König von Samaria ist. Der andere Teil der Forscher möchte das Erzählte auf die zwei Feldzüge bezogen wissen: jenen von 806 gegen Amurru und Chatti, jenen von 802 gegen Aram (Damaskus) und ganz Palästina sowie mit dem Besuch im Libanon.

In der Einleitung zur Erzählung der Stele von Saba'a spricht Adadnarari von denselben Ereignissen und betont, daß sie «im fünften Jahr, seit er sich majestätisch auf den Thron gesetzt hat» erfolgt seien. Wenn die fraglichen Ereignisse sich, wie der zitierte Passus will, auf ein einziges Jahr beziehen, dann müssen sie auf den Feldzug von 802 verweisen. Dies wiederum bedeutet, daß Adad-narari ab 806 zu regieren anfing und daß die Regentschaft von Sammuramat auch durch die Inschriften des Sohns belegt wäre. Hier die Erzählung der Stele von Saba'a:

«Im fünften Jahr, seit ich mich majestätisch auf den Thron gesetzt habe, ließ ich im Land eine Aushebung durchführen. Ich befahl der großen assyrischen Armee, gegen Philistäa zu marschieren. Den Euphrat überquerte ich bei Hochwasser. Die zahlreichen feindlichen Könige, die zur Zeit meines Vaters Schamschi-Adad erstarkt waren und deren Heere er mit Hilfe von Assur, Sin, Schamasch, Adad und Ischtar geschlagen hatte, warfen sich mir zu Füßen. Tribute und Steuern auferlegte ich ihnen. Alles nahm ich in Empfang, was sie nach Assyrien brachten. Dann befahl ich, nach Aram zu marschieren. Mari belagerte ich in Damaskus, und er wurde Vasall. 100 Talente in Gold, 1000 Talente in Silber [...] erhielt ich als Tribut. Dann ließ ich das Bild meiner königlichen Person anfertigen, den Sieg meiner Macht, meine Taten ließ ich dort eingravieren. In Chabanni ließ ich es aufstellen.»

Falls sich die beiden Inschriften – jene von Tell al-Rimah und jene von Saba'a – auf dieselben Ereignisse beziehen, dann bekäme der Einleitungssatz einen außerordentlichen historischen Wert, weil wir, wie gesagt, den inschriftlichen Beweis für Sammuramats Regentschaft besäßen. Der Gelehrte Schramm hält dafür, daß die Inschrift zwei verschiedene Feldzüge zusammenfasse, doch um dies tun zu können, muß er den Text korrigieren: statt «Philistäa» liest er (wie auch Tadmor) «Chatti», so daß er den ersten Feldzug auf 806, den zweiten, gegen Damaskus, auf 802 festlegen kann!

Im Kapitel «Die Bestätigung durch die Ausgrabungen» habe ich mich der Interpretation von Donner angeschlossen, nach der beide Inschriften dieselben Geschehnisse meinen, so daß der Sohn von Sammuramat indirekt die Regentschaft seiner Mutter nachweist. Sicherlich genügt ein einziges Argument nicht, um Behauptungen aufzustellen, hier aber gibt es deren viele, und alle konvergieren sie in dem einen Punkt: Adad-narari war noch jung an Jahren, als er den Thron Assyriens übernehmen mußte, so daß er erst fünf Jahre nach dem Tod seines Vaters zum König gekrönt werden konnte.

Der Feldzug gegen Damaskus wird auch auf der Tafel des Palastes von Adad-narari in Kalchu beschrieben: «Ich marschierte gegen Aram. Mari, den König von Aram, schlug ich in Damaskus, seiner königlichen Residenz. Der schreckliche Glanz Assurs, meines Herrn, überwältigte ihn: er warf sich mir zu Füßen und wurde mein Vasall. 2300 Talente Silber, 20 Talente Gold, 3000 Talente Kupfer, 5000 Talente Eisen, gefärbte Stoffe aus Wolle und Leinen, ein Bett aus Elfenbein, ein Diwan aus Elfenbein, Elfenbeinintarsien mit Edelsteinen, seine Güter und Reichtümer in unnennbarer Menge erhielt ich in seinem Palast in Damaskus, seiner königlichen Stadt.»

Hier ein Vergleich der abweichenden Angaben über die erhaltenen Tributzahlungen:

Quelle	Gold	Silber	Kupfer	Eisen	Textilien
Tell al-Rimah	–	2000	1000	2000	3000
Saba'a	100	1000	(	–	)
Nimrud	20	2300	3000	5000	?

Die Inschrift von Nimrud bezeichnet die Menge der erhaltenen Textilien nicht näher, dafür zählt sie die Elfenbeingegenstände hinzu. Die Abweichungen lassen erkennen, daß die Mengenangaben nicht wörtlich zu nehmen sind; immerhin erhält man Hinweise auf die Art der Tribute. Diese Feststellung gilt im übrigen für alle königlich-assyrischen Inschriften, die ihres propagandistischen Charakters wegen leicht zu Übertreibungen neigen.

Adad-narari war in seinen Feldzügen nach Westen erfolgreicher als sein Großvater Salmanassar, dem es ja nicht gelungen war, den kleinen

Staat von Damaskus zu unterwerfen. Der assyrische Sieg ist jetzt nicht etwa durch eine Schwäche von Damaskus erleichtert worden. Im Gegenteil: Unter König Hasael, der die beiden Reiche Israel und Juda unterworfen hatte und somit Herr über ganz Palästina geworden war, erstarkt Damaskus; Ben-Hadad II., Hasaels Sohn, führt dann die expansionistische Politik des Vaters fort. Er verbündet sich mit Bit-Agusi, Kilikien, Amuq, Gurgum, Sm'al und Malatia, und es scheint, daß er so Zakir, den König von Hama, besiegt hat. Der Sieg über Damaskus durch Adadnarari darf somit als beachtliche Leistung bewertet werden.

Adad-narari ist ohne Zweifel ein sehr guter Heerführer. Wenn er am Ende seiner Herrschaft Assyrien überall sichere Grenzen hinterlassen kann, so ist das seiner unermüdlichen militärischen Tätigkeit und seinen Fähigkeiten zuzuschreiben. Das Bild, das wir so vom Sohn Sammuramats erhalten haben, unterscheidet sich ganz wesentlich von demjenigen, das Ktesias in seiner Legende vom Semiramis-Sohn entwirft. Die geschichtliche Person flieht weder die militärischen Pflichten, noch versteckt sie sich im Harem. Adad-narari ist ein würdiger Erbe seiner kriegerischen Vorfahren und der Regentin Sammuramat.

Schon Adad-nararis Politik gegenüber Babylonien bezeugt die Reife und Weisheit dieses Königs. Dieselben Qualitäten, nicht zuletzt Frucht einer ausgezeichneten Erziehung, zeigen sich auch in der Innenpolitik. Wir wohnen einer Vielzahl von Initiativen bei, die die eigentlichen Institutionen des Staates betreffen; am eindrücklichsten in der Religionsreform, von der noch ausführlich die Rede sein wird.

Während die annalistischen Inschriften völlig fehlen – eine Erklärung dafür steht noch aus –, sind uns viele Edikte mit Adad-nararis III. Unterschrift überliefert. Die meisten Edikte betrafen die Steuerbefreiung zugunsten bestimmter Untertanen als Prämie für geleistete Dienste oder zugunsten der Tempel, allen voran jener Assurs, damit die kultischen Handlungen und die täglichen Opferungen an die Gottheit gewährleistet waren, für die der König als «Priester Assurs» in eigener Person Sorge tragen mußte. Wieder andere Edikte dienten der Einrichtung neuer oder der Erneuerung schon bestehender Provinzen.

Unter der Herrschaft von Adad-narari werden zwei neue Provinzen im Westen eingerichtet: Guzana, die kleinere, wird von Mannu-ki-Assur verwaltet (das dort aufgefundene Archiv mit Keilschrifttäfelchen gibt uns darüber Auskunft); Rasappa, die größere und bedeutendere, wird dem mächtigen Nergal-eresch anvertraut. Über diese informieren mehrere Dokumente: eine in Ninive aufgefundene Stele, die genau das Territorium der neuen Provinz angibt, sodann die Stelen von Saba'a und Tell al-Rimah, die anscheinend im Namen des Königs vom Gouverneur Nergal-eresch errichtet wurden.

In der Stele von Saba'a ist, vor der Passage mit dem Fluch, zu lesen: «Inschrift von Nergal-eresch, Gouverneur von Nemed-Ischtar, Apqu, Mare, Rasappa, Qatni, Dur-karpati gegenüber von Kar-Assurnasirpal, Sirqu, der Gebiete von Laqe und Chindanu, der Stadt Anat, des Landes Suchu, der Stadt […]-isbat.» Schon aus diesen Angaben ist ersichtlich, daß die Provinz sehr ausgedehnt war; sie umfaßte die südlichen Gebiete des Landes bis nach Apqu sowie die Täler des Chabur und des mittleren Euphrats. Daß ein Gouverneur in die Inschrift einer Stele den eigenen Namen einbringt, zeigt die ständig anwachsende Macht der Provinzgouverneure auf Kosten der Zentralregierung, was ernstzunehmende Folgen auf die Stabilität des Staates haben könnte. Wie groß die wirkliche Macht von Nergal-eresch war, zeigt die Stele von Tell al-Rimah:

«Zu jener Zeit ernannte ich [Adad-narari III.] Nergal-eresch zum Gouverneur von Rasappa [und vertraute ihm an] Laqe, Sirqu, Anat, Suchu […] Dur-Inanna mit 12 Dörfern, Kar-Sin mit seinen 10 Dörfern, Dur-en-x […] mit seinen 33 Dörfern, Dur-Assur mit seinen 20 Dörfern, Dur-Nergal-eresch mit seinen 33 Dörfern, Dur-Marduk mit seinen 40 Dörfern im Asalli-Distrikt, Dur-Adad-narari mit seinen 15 Dörfern, Til Adad-narari mit seinen 126 Dörfern, Dur-en-kur-sangari mit seinen 28 Dörfern im Laqe-Distrikt, die Stadt Adad mit ihren 14 Dörfern im Qatni-Distrikt: eine Summe von 331 Städten mit Untertanen, die Nergal-eresch gründete und erbaute im Namen seines Herrn. Wer es wagen sollte, auch nur einen der obengenannten Namen zu streichen, den mögen die Götter vernichten!»

Man kann nicht unbeeindruckt bleiben angesichts dieser langen Liste. Nergal-eresch zeigt sich seinem Herrn treu ergeben, doch er ist sich seiner großen Macht durchaus bewußt. Eine starke Autonomie der Provinzen konnte die Einheit des Staates unterminieren. Die Fluchandrohung läßt uns lächeln: Gerade die so sorgsam aufgestellte Liste der Städte der neuen Provinz wurde dann mit einer bilderstürmerischen Wut weggemeißelt! Die Assyrer hatten offenbar die Gefahr erkannt, die ihren Staat bedrohte.

In der Stele von Ninive wird Nergal-eresch vom König zusätzlich noch mit dem vollen Distrikt von Chindanu bedacht. Sein Name erscheint dann auch in einem Edikt, das von Steuern befreite, so daß er offenbar neben den immensen Territorien auch Privilegien besaß. Auch der Gouverneur von Kalchu, Bel-tarsi-ilumma, kommt mit seinen Untertanen in den Genuß der Steuerbefreiung. In seiner Inschrift bittet er um den Segen des Gottes Nabu für sich und für das Leben seiner Herren Adad-narari und Sammuramat, womit er also wenigstens Dankbarkeit bezeugt für die erhaltenen Wohltaten.

Von zwei Edikten Adad-nararis muß noch die Rede sein (beide in der Stele von Marasch enthalten). Im einen Fall findet sich der Name des Königs mit demjenigen der Mutter Sammuramat verbunden. Im zweiten Kapitel wurde dargelegt, wie ich in dieser Mitnennung der Mutter ein beweiskräftiges Indiz dafür sah, daß Sammuramat während der Minderjährigkeit des Sohnes die Regentschaft übernommen hatte. Dieses Edikt könnte sich wirklich auf jene Zeit beziehen. Im zweiten Fall fügt Adad-narari seinem eigenen den Namen des gleichaltrigen und mit ihm befreundeten Schamschi-ilu an. Diese beiden Fälle stehen einzig da in der assyrischen Innenpolitik. Was bestimmt den König, den Namen des General-Stellvertreters Schamschi-ilu neben den seinen zu setzen? Was passiert im Staatsgefüge?

Vorderhand jedenfalls scheint Adad-narari völlig die Situation zu beherrschen. Seine Erfolge in der Außenpolitik sichern ihm die Loyalität seiner Gouverneure in den vielen Provinzen dieses Reichs.

Die archäologischen Ausgrabungen belegen Adad-nararis besonderes Engagement im Bauwesen. Wir erinnern uns, daß er von seiner Kampagne ans Mittelmeer 100 prächtige Zedern für seine Paläste und Tempel mitbrachte. Er ließ den vom Vater begonnenen und durch dessen frühzeitigen Tod unterbrochenen Palastbau in Ninive zu Ende führen. Des weiteren läßt er zwei neue Residenzpaläste in Kalchu errichten; aus ihnen stammen die am Anfang des Kapitels zitierten Inschriften.

Adad-nararis Pflege der Tempel ist durch Edikte bezeugt, worin er den Kult von Assur und Ischtar, besonders in der alten Hauptstadt, fördert. Ferner erbaut er neue Tempel, worunter die zwei für Nabu in Kalchu und Ninive.

Für eine Schlußbewertung der Außen- und Innenpolitik Adad-nararis ist es noch zu früh, denn bis zum Jahr 781, wo dieser König sterben wird – zehn oder weniger Jahre nach dem Hinschied seiner Mutter Sammuramat –, ereignen sich in Assyrien noch wichtige Dinge. Diese wollen wir jetzt genauer ins Auge fassen.

XIV

WER WAR SCHAMSCHI-ILU?

Mächtige Gouverneure und schwache Könige

Immer wieder ist uns deutlich geworden, wie konstitutiv für den assyrischen Staat die Einheit in der Person des Königs ist. Der Schwur, abgelegt von Assyrern, Verbündeten und Vasallen, bei der Ernennung Assurbanipals zum Erbprinzen, belegt dies: «Er wird euer Herr und euer König sein. Er kann den Mächtigen erniedrigen und den Schwachen emporheben, denjenigen, der es verdient, zum Tode befördern und den begnadigen, der ihm beliebt. Ihr werdet auf alles hören, was er spricht, und alle seine Befehle ausführen. Ihr werdet keinen andern König, keinen andern Herrn gegen ihn aufhetzen.» Alle Autorität lag in den Händen des Königs, der Gott Assurs Befehle ausführt; sein Wort war Gesetz. Von da die Kraft des assyrischen Staates, dessen zentralistisch auf eine Spitze hin ausgerichtetes System sich allüberall in der Organisation und Verwaltung manifestiert.

Ebenso war aber zu beobachten, daß sich mit der Herausbildung von großen Provinzen Stabilitätsprobleme ankündigten. Die Rivalität zwischen den alten und stolzen Provinzen, worunter diejenige der Hauptstadt Assur zu finden ist, die aber an Bevölkerung und Reichtümern sicher nicht mehr die ersten waren, und den neuen, reichen und aufstrebenden Verwaltungseinheiten erzeugte Neid und Zwietracht. Der 827 ausgebrochene Bürgerkrieg spaltete das Reich in zwei Hälften: die rebellischen alten und die treuen neuen Provinzen. Dies war ein Alarmzeichen gewesen für das künftige Überleben dieses Staatsgebildes.

Schamschi-Adad V., die Regentin Sammuramat und ihr Sohn Adadnarari III. haben offenbar den Frieden und das Gleichgewicht im Landesinnern wiederhergestellt. Aber gerade während Adad-nararis Herrschaft zeichnet sich ein, zunächst sicher nicht bedenklich erscheinendes, Phänomen ab: die Gouverneure erhalten von seiten des Königs immer bedeutendere Zugeständnisse.

Solange es sich beim König um eine starke Persönlichkeit handelt, zeigen sich die Gouverneure ihm treu ergeben. Was aber, wenn auf den assyrischen Thron ein schwacher König zu sitzen kommt? Wie werden sich die reichen und mächtigen Gouverneure verhalten? Nach den Herrschaften von drei Söhnen des jeweils vorangehenden Königs folgen mit Adadnararis III. Tod Regierungen, die durch eine extreme Schwächlichkeit gekennzeichnet sind. So kommt es 745 zu einem Staatsstreich, der einen Gouverneur auf den assyrischen Thron bringt – jenen von Kalchu: Tiglatpileser III. –, doch schon zwei Jahrzehnte vorher, 763, war eine Revolte in der Hauptstadt Assur ausgebrochen, mit schlimmen Folgen für die Einheit des Staates.

Nergal-eresch und Bel-tarsi-ilumma sind noch einigermaßen loyal gegenüber dem König, sie erwähnen ihn ausdrücklich in den von ihnen aufgestellten Stelen, letzterer sogar die Königinmutter Sammuramat. Doch der Übergang zu weiterer Freiheit ist damit vorbereitet. Der Gouverneur kann die Erwähnung des Königs vergessen, sich also gleichsam selbst als Souverän gebärden – dann ist die Einheit des Staates zerbrochen. Genau dies geschieht durch Schamschi-ilu, Adad-nararis Freund aus jungen Tagen, der die politische Szene während mehr als 60 Jahren beherrschen wird. Es soll gleich gesagt sein, daß meine Sympathien diesem Turtanu gelten. Wenn Assyrien während der Regierungen der kraftlosen Söhne Adad-nararis nicht in ein inneres Chaos versank und von der neuen Macht Urartu überrollt wurde, so ist dies sein Verdienst.

Außer Zweifel steht, daß die Gouverneure in der fraglichen Epoche eine immer wichtiger werdende Rolle im Machtgefüge spielen. Wir müssen abzuklären versuchen, ob diese Entwicklung von der Zentralgewalt toleriert oder gar gewünscht wird.

Schon unter Salmanassar III. machen sich die ersten Anzeichen einer Veränderung bemerkbar. Der König erinnert daran, daß gegen Ende seiner Herrschaft die Feldzüge nicht mehr von ihm persönlich geleitet wurden, sondern vom Turtanu, den er sogar namentlich erwähnt: Dajjan-Assur. Es ist zwar nicht das erstemal, daß sich ein König von einem Turtanu in einem Feldzug vertreten läßt, aber noch nie bisher durfte ein General in den offiziellen Annalen mit Namen genannt werden. Einige Gelehrte sehen in dieser ausdrücklichen Erwähnung des Turtanu-Namens eine Schwäche des Königs und glauben, daß der Neid des dadurch etwas in den Schatten gestellten Erbprinzen als eines der auslösenden Momente des Bürgerkrieges zu betrachten ist.

Schamschi-Adad V., der Gatte Sammuramats, folgt dem Beispiel seines Vaters und vertraut die Führung seiner Heere während des zweiten Feldzuges dem General Mutarris-Assur an. Der König lobt ihn öffentlich, er sei «ein tüchtiger und erfahrener Soldat, ein Mann von Verstand», beinahe, als wollte er seine Wahl rechtfertigen. Zweimal haben hier assyrische Könige das fast heilige Gesetz gebrochen, wonach immer und einzig der König Siege erringt.

Als Sammuramat die Regentschaft übernimmt, weil der Thronerbe noch ein Kind ist, verhält sie sich wie ein König und besetzt die wichtigen Ämter des Staates nach ihrem Willen. Scheinbar hat sich nichts geändert. Doch wir liegen wohl nicht ganz falsch, wenn wir annehmen, daß sie bei dieser Gelegenheit den Mächtigen Konzessionen machen mußte. Die Gouverneure schwören der Königin Treue, die Großen des Reichs unterstützen sie – doch als Gegenleistung erhalten sie mehr Autonomie und Kompetenzen bei der Verwaltung ihrer Provinzen. Diese meine Vermutung läßt sich freilich nicht direkt in den offiziellen Texten nachweisen, die im übrigen gerade für diese Periode vollständig fehlen. Der Eponymenkanon allein liefert spärliche Informationen, und laut diesen scheint der monolithische Aufbau des Staates nach wie vor garantiert.

Doch lassen wir uns nicht zu sehr beeindrucken von offiziellen Dokumenten, die ihrer Natur nach gar keine Einblicke in die Geschehnisse hinter den Kulissen geben können. Da zudem auch für die Regierungszeit von Adad-narari III. die Annalen ausfallen, müssen wir anderswo nach Hinweisen suchen. Daß Gouverneure Stelen und Statuen in Auftrag geben – zwar noch immer mit der geschuldeten Erwähnung des regierenden Herrschers –, dokumentiert ihre stets zunehmende Macht. Dieses wachsende Ansehen der Provinzgouverneure wird auch durch die Edikte von Adad-narari III. bestätigt.

Nergal-eresch, dem die Leitung der neuen Provinz Rasappa anvertraut wird, ist schon 804 Träger des Eponymenamtes – was er wohl vor allem Sammuramat verdankt – und übernimmt es nochmals im Jahr 776. Also hat er Rasappa über 30 Jahre lang regiert. Diese wichtige Persönlichkeit läßt nicht bloß Stelen errichten – wobei er mindestens einmal, auf derjenigen von Saba'a, vermerkt, er sei der Stifter –, sondern er nimmt sich gar das Recht heraus, Städte zu gründen und auf seinen Namen zu benennen. Dies ist nach der herkömmlichen Ansicht ohne Zweifel ein Mißbrauch seiner Macht.

Ein weiteres typisches Beispiel ist jenes von Bel-tarsi-ilumma. Der Gouverneur der Hauptstadt Kalchu läßt mindestens zwei Statuen

errichten, worauf er neben der Erwähnung Adad-nararis und Sammuramats auch seinen eigenen Namen anbringt. Auch ihm und seinen Leuten
wurden in königlichen Edikten Privilegien, etwa was die Steuern betrifft,
zugestanden.

Wie die beiden Fälle zeigen, handelt es sich beim Machtzuwachs der
Gouverneure nicht nur um einen tolerierten, sondern um einen vom
König durch offizielle Verlautbarungen geförderten Vorgang. Mit der
Regentschaft von Sammuramat beginnt in Assyrien so etwas wie eine
Reform der Institutionen, die auf eine gewisse Dezentralisierung der
Macht hin tendiert. Wenn man gewohnt ist, die Staaten des Orients als
«despotisch» zu qualifizieren und im Assyrischen Reich dafür das
Modell zu sehen, so wird man das von der geheiligten Tradition sich
Unterscheidende nicht als Reform, sondern als gefährliche Abweichung
deuten. Ich hingegen bin überzeugt, daß der schöpferische mediterrane
Geist von Sammuramat in der Herausforderung durch die Regierungs-
verantwortung ein neues Modell erarbeitet hat. Hätten sich die Assyrer
für diese Ideen gewinnen lassen, wäre es zur ersten konstitutionellen
Monarchie der Welt gekommen, zu einem föderativen Staat, dessen
König nicht der einzige offizielle Inhaber der Macht, sondern vielmehr
der Garant der Staatseinheit gewesen wäre. Sammuramat wurde dabei
nicht von bizarren Ideen geleitet, sie versuchte lediglich den assyrischen
Staat einer neuen Zeit anzupassen.

Ihre Reformideen stießen auf den Widerstand der strengen Hüter
geheiligter assyrischer Traditionen, die ihre Privilegien gefährdet sahen.
Und doch: Hätte Sammuramat nicht mutig den Weg der Reformen eingeschlagen, den ihr Sohn Adad-narari III. dann entschieden fortsetzte,
so wäre Assyrien vielleicht nicht wieder aus der Krise herausgekommen,
in die der Tod des Sammuramat-Sohnes 781 das Land stürzte, eine noch
schlimmere Krise als die des Bürgerkrieges von 827, die sich nun fast über
40 Jahre hinzog. Doch die Gouverneure hatten sich daran gewöhnt, den
Staat in direktem Bezug zu ihrer Eigenverantwortung zu sehen. Schließlich übernahm ein junger und energischer Gouverneur die Macht durch
einen Staatsstreich: Tiglatpileser III.

Was geschah mit der Stele von Tell al-Rimah? Wir wissen, daß der
letzte Teil der Inschrift, worin alle Städte und Dörfer aufgezählt werden,
die Nergal-eresch als Gouverneur von Rasappa erhielt, von Unbekann-
ten sorgfältig weggemeißelt wurde. Die englische Gelehrte S. Page, die
dieses Monument publiziert hat, stellt zwei Hypothesen auf. 1. Nergal-

eresch war ein Günstling von Sammuramat und notwendigerweise beim Sohn Adad-narari unbeliebt, der im mächtigen Gouverneur von Rasappa eine Gefährdung für sein Königtum sah: dann hätte der König die teilweise Löschung der Inschrift beim Tod Sammuramats angeordnet. 2. Das Wegmeißeln der fraglichen Passagen ist von Sammuramat selbst befohlen worden, als sie mit ihrem wachsamen Auge erkennen mußte, daß die übergroße Macht dieses Gouverneurs den Thron des Sohns zu gefährden begann.

Keine dieser beiden Konstruktionen will mir einleuchten – denen die gesamten uns überlieferten Dokumente entgegenstehen –, nicht zuletzt deshalb, weil Nergal-eresch sich, was auch die Page eingesteht, immer loyal gegenüber dem Königshaus verhalten hat. Die Tatsache, daß er sein Gouverneursamt sicher bis 775 bekleidete – also auch noch während der Regierungszeit des Sohnes und Nachfolgers von Adad-narari, Salmanassars IV. –, läßt uns vermuten, daß die Teillöschung nach diesem Datum vollzogen und folglich weder von Sammuramat noch von Adad-narari III. angeordnet wurde. Die bilderstürmerische Wut, die sich an Nergal-ereschs Inschrift entlud, darf vielleicht mit einem Gegenreformversuch in den 40 Jahren nach Adad-nararis Ableben in Zusammenhang gebracht werden. Gerade in dieser Periode ereignet sich ein weiterer Fall von allzu großer Machtfülle eines Gouverneurs. Es ist dies Bel-charranbel-usur, der unter Tiglatpileser III. zweimal das Eponymenamt innehat: 741 und 727. Er hat eine Stele errichtet, in deren Inschrift, die zwar den König erwähnt, von einer Stadt berichtet wird, die er gegründet und nach sich selbst benannt hat; sie sei, wie seine ganze Provinz, von den Steuern befreit. Diese Steleninschrift wurde nicht teilweise gelöscht wie jene von Nergal-eresch – aber immerhin wurde der Name des Königs Salmanassar IV. weggemeißelt, um an seine Stelle jenen von Tiglatpileser III. zu setzen. Vielleicht sind wir dadurch in der Lage, den Urheber der Gegenreform zu bezeichnen, nämlich Tiglatpileser III.

Dieser König, ohne Frage einer der bedeutendsten der neuassyrischen Epoche – er wird zusammen mit Sargon und Sanherib als Begründer des Imperiums betrachtet –, ist durch einen Staatsstreich an die Macht gelangt. Obwohl er sich in einer Inschrift als «Sohn» von Adad-narari III. bezeichnet, ist er wahrscheinlich ein Usurpator (wie im übrigen auch Sargon II.). Nach dem Tod Adad-nararis III. gelangen seine drei Söhne – Salmanassar IV., Assur-dan III. und Assur-narari V. – einer nach dem andern auf den Thron: sie alle sind auf eine für den Staat gefährliche Weise schwach. Mit seinem Staatsstreich setzt der Gouverneur von Kalchu, Tiglatpileser, diesem Zustand der Verdrossenheit ein Ende. Aus seiner bisherigen Erfahrung weiß er, daß dieses System der übermäßig großen Provinzen den Gouverneuren zuviel Macht zuteilt. Also hebt er die bisherigen Provinzen auf und schafft Distrikte, die kleiner und funktionsfähiger sind – und vor allem viel enger mit der Zentralverwaltung verknüpft. Im Heer führt er endgültig die Berufssoldaten ein und reorganisiert damit die innere Struktur; von nun an ist eine konstante militärische Präsenz an den Orten der Gefahr gewährleistet. Dadurch ist der Weg zum Imperium eingeschlagen, den seine Nachfolger weiter beschreiten werden.

Indem er auf der Stele von Bel-charran-bel-usur seinen Namen anbringen ließ, bezeichnete sich der Ex-Gouverneur von Kalchu selbst als den Motor der institutionellen Gegenreform in Assyrien. Er erweist sich in dieser Beziehung als «königlicher denn der König», weil er genau jene Reformen rückgängig macht, die es ihm erlaubt haben, wenn auch mit dem Mittel des Staatsstreichs, auf den Thron zu gelangen. Wieso hat denn Tiglatpileser den Namen von Salmanassar IV. auslöschen und den eigenen anbringen lassen? Wie soll ihn der Name des verstorbenen Königs gestört haben? Die Sorgen Tiglatpilesers bezüglich der Institutionen hatten vielmehr mit Schamschi-ilu zu tun.

Im Grunde war Schamschi-ilu ein verhinderter assyrischer König. Eigentlich hätte er die Macht ergreifen sollen anstelle des Gouverneurs von Kalchu. Das Alter hat zugunsten des letzteren entschieden: Schamschi-ilu war zu jenem Zeitpunkt um die siebzig, während Tiglatpileser mit seinen 40–45 Jahren in der Blüte seiner Kraft stand. Für Assyrien war es schließlich gut so, aber ich bin überzeugt, daß ohne die Wirkungen Schamschi-ilus der Staatsstreich von Tiglatpileser III. wohl nicht geglückt wäre. Ja, es läßt sich gleichsam eine ideelle Abfolge festlegen: von Adad-narari III. zu Schamschi-ilu und von diesem zu Tiglatpileser III. Das sind die drei Könige Assyriens, die – der erste legal, der zweite im stillen, der dritte illegal – streng die heilige Unabhängigkeit Assurs bewacht, die auf würdige Weise den Staat in schwierigen Momenten geleitet haben.

Schamschi-ilu muß etwa gleichaltrig wie Adad-narari, der Thronerbe, gewesen sein, und die beiden waren sicher Freunde seit der Kindheit. Die Regentin Sammuramat erkannte dessen glänzende Eigenschaften. Wie Adad-narari gleich mit der erreichten Volljährigkeit, also mit

17, den Thron besteigt, so macht auch Schamschi-ilu Karriere. Mit 20 Jahren wird er vom König – im Jahr 800 oder kurz vorher – zum Turtanu, zum General-Stellvertreter, ernannt. Dieses außerordentliche Ereignis hat sicher Aufsehen erregt; Widerstände sind uns keine bekannt. Es ist ja nicht auszuschließen, daß Schamschi-ilu dem assyrischen Adel angehörte oder gar der Sohn eines Mächtigen des Reichs war.

In seiner Eigenschaft als Turtanu muß Schamschi-ilu den jungen König auf seinen Feldzügen begleitet und mit ihm die Erfolge geteilt haben. Viele militärische Kampagnen gegen Chubuschkia im Norden und Medien im Osten wurden wahrscheinlich unter seiner Führung vollbracht. Jedenfalls aber spricht er darüber nicht ausdrücklich in der Inschrift, die er uns hinterlassen hat, was man als Zeichen der Treue und des Respekts gegenüber Sammuramat und Adad-narari werten kann. Denn Schamschi-ilu hat Inschriften in eigenem Namen redigieren lassen, aber nicht während der Regierungszeit seiner Beschützerin und seines brüderlichen Freundes.

Auf der Stele, die in Marasch aufbewahrt wird, werden einige Steuerbefreiungen vom regierenden König zusammen mit der Mutter Sammuramat ausgestellt, andere aber tragen das Siegel des Königs und des Turtanu Schamschi-ilu. Wie wollen wir diese gemeinsame Nennung bewerten? Wenn schon die Erwähnung der Königin für die Assyrer etwas Außerordentliches ist, wie viel mehr die Beiziehung des General-Stellvertreters in offiziellen Handlungen, die nicht die Feldzüge betreffen, sondern die Innenpolitik.

Zunächst Sammuramat und dann Adad-narari halten die Staatsmacht fest in der Hand, sie regieren auf wirkungsvolle Art und genießen die Loyalität der Mächtigen des Reichs und der Gouverneure draußen in den Provinzen. Adad-narari kann zudem bedeutende außenpolitische Erfolge verbuchen. Also, so darf man wohl schließen, ist die gemeinsame Nennung des Königsnamens mit demjenigen des Turtanus kein Zeichen von Schwäche des Herrschers, sondern von diesem gewollt und gewünscht. Es ist zu hoffen, daß in Zukunft weitere Dokumente gerade aus dieser Periode der assyrischen Geschichte ans Licht befördert werden, handelt es sich doch um eine der interessantesten dieses Volkes.

Das von Sammuramat und von Adad-narari in Schamschi-ilu gesetzte Vertrauen wird nicht enttäuscht. Während über 60 Jahren sind seine Dienste dem Staat gewidmet. Als Adad-narari III. im Jahr 781 stirbt und sein Sohn Salmanassar IV. auf den Thron kommt (781–772), wird Schamschi-ilu als Turtanu bestätigt, ja er steigt im Grad, denn als Turtanu der rechten Seite wird er zugleich Gouverneur der äußerst reichen Provinz Harran, und im Jahr 780 wird ihm erstmals das Eponymenamt übertragen. Nach Salmanassar IV. übernimmt sein Bruder Assurdan III. die Macht (772–754). Schamschi-ilu wird in seinen Ämtern bestätigt; 770 wirkt er erneut als Eponym. Bei Assur-dans Tod besteigt ein dritter Sohn von Adad-narari III. den Königsthron: Assur-narari V. (754–745). Schamschi-ilu bleibt immer fest auf seinem Platz als Turtanu, und 752 übernimmt er wieder das Eponymat. Die Regierungszeit dieser drei Könige ist für Assyrien eine glanzlose und schwierige Periode; wir erwähnten bereits den Aufstand in Assur von 763, der das prekäre Gleichgewicht dieses Staates deutlich macht. Zugleich ist es die Zeit, da Urartu immer mehr erstarkt und zu einer Weltmacht aufsteigt. Alle Pufferstaaten sind nunmehr verschluckt, und Urartu steht drohend an der assyrischen Grenze. Fern sind jene Feldzüge, wo der König von Assyrien bis zur Hauptstadt Urartus Arzaschkun vordrang. Die jetzigen Könige stehen der urartäischen Bedrohung recht hilflos gegenüber.

Der einzige Stern an diesem düstern Himmel ist Schamschi-ilu. Die Könige wechseln ab, er aber bleibt standhaft und seiner Aufgabe verpflichtet. Während die Könige in der Hauptstadt sitzen, jagt der Turtanu vom einen Ende des Reichs zum andern, um den gefährlichen Gegner Urartu in Schach zu halten. Er ist der wahre assyrische Herrscher, hält sich aber im Hintergrund. Er beschützt Assyrien und somit die Dynastie von Sammuramat. Doch angesichts der Unfähigkeit jener Männer, die jetzt den Titel «König von Assyrien» tragen, die Grenzen des Reichs zu schützen, fühlt sich Schamschi-ilu als der eigentliche Erbe von Sammuramat und Adad-narari. Er hält es nicht mehr aus, aber anstatt einen Staatsstreich in Szene zu setzen, reagiert er auf seine ganz eigene Weise – er erzählt uns in der Ichform, was er alles kann! Was weder Nergal-eresch noch Bel-tarsi-ilumma und nach ihnen Bel-charran-bel-usur zu tun wagten, das setzt Schamschi-ilu ins Werk: Er läßt eine Inschrift anfertigen, in der zum erstenmal ein Gouverneur den regierenden Herrscher nicht einmal erwähnt ... Das ist wahrlich eine Abweichung, und der sie verantwortet, ist der zweite Mann im Staat, der oberste Befehlshaber aller assyrischen Truppen. Der Schritt zur Ergreifung der Macht ist nur noch ein kleiner. Die Versuchung muß groß gewesen sein, doch Schamschi-ilu fühlt sich zu stark an seinen Treueschwur gegenüber dem Königshaus gebunden. Er kann und will das Vertrauen nicht hintergehen, das ihm einst eine junge Syrerin geschenkt hatte.

Die Könige, welche Adad-narari auf dem Thron folgten, haben keine Inschriften hinterlassen; so bietet nur der Eponymenkanon einiges an Informationen über ihre Herrschaftszeit. Das einzige offizielle Dokument aus dieser Periode ist ein Vertrag mit dem König von Arpad; davon wird noch die Rede sein. Die einzige offizielle Inschrift verdanken wir also dem Turtanu Schamschi-ilu. Die Ausgrabungen der französischen Archäologen in der Stadt Til Barsip – der berühmten Hauptstadt von Bit-Adini, die Salmanassar III. während seines Vormarsches zum Mittelmeer so viel Sorgen gemacht hatte – brachten einen assyrischen Palast des neunten Jahrhunderts ans Licht. Vor dessen Eingang waren zwei Löwen als Wachen aufgestellt. Auf dem Rücken dieser beiden Löwenskulpturen ist eine Inschrift angebracht, welche die Taten von Schamschi-ilu feiert.

Die Inschrift unterscheidet sich nicht im mindesten von den auf uns gekommenen Annalen der assyrischen Könige. Sie enthält die Anrufung der Götter des Landes, dann stellt sich der Verfasser vor – andernorts ist es der König –, worauf die militärischen Taten folgen. Die beiden Löwen erfüllen eine religiöse Funktion, wie die Kolosse der assyrischen Paläste: geflügelte Stiere mit Götter- oder Menschenkopf sowie geflügelte Löwen mit denselben Attributen. Hier haben die Löwen spezielle Namen erhalten, die an die überwältigenden Siege von Schamschi-ilu erinnern sollen.

Der einzige Unterschied zu den Königsannalen liegt in der Person des Verfassers, es ist in diesem alleinigen Fall kein gekröntes Haupt, sondern lediglich ein General-Stellvertreter. Hier also die Inschrift:

«Assur, der Große Herr, der König der Götter, welcher die Geschicke bestimmt; Anu, der Starke, der Erste, der Urvater der großen Götter; Enlil, der Göttervater, der Herr der Länder, der das Königtum groß macht; Ea, der Weise, der König des Süßwasserozeans, der alles Verstehende; Marduk, der Weise unter den Göttern, der Herr der Orakel, der alles Regierende; Nabu, der Schreiber von Esagila, derjenige, welcher die Schicksalstafel in der Hand hält, der alles im Gleichgewicht erhält; Sin, der Glanz des Himmels und der Erden, der Herr der Tiara, derjenige, der das Firmament erhellt; Ischtar, die Herrin des Kampfes und der Schlacht, diejenige, die die Unbezwingbaren unterwirft; Gula, die Große Heilerin, die Gattin des heldenhaftesten der Götter, des Enlil-Sohnes, des Starken.»

In dieser Anrufung der Götter schenkt uns Schamschi-ilu eine wunderbare Zusammenschau der mesopotamischen Religion. Die wichtigsten Götter mit ihren hervorstechenden Eigenschaften werden uns vorgeführt. Es fehlen lediglich Schamasch, der Gott der Sonne und der Gerechtigkeit, und Adad, der Gott des Sturms. Daß ein Assyrer diese Einleitung verfaßt hat, darf man aus dem Umstand schließen, daß Assur die Aufzählung eröffnen darf. Ansonsten würde man annehmen, daß der Schreiber ein Babylonier sei: Alle andern Gottheiten sind dem babylonischen Pantheon entnommen, wobei Marduk und Nabu gleich nach der kosmischen Triade von Anu, Enlil und Ea den Ehrenplatz einnehmen. Als diese Inschrift erstellt wurde, war in Assyrien die religiöse Reform bereits durchgeführt worden. Erstmals in einer assyrischen Inschrift sind hier Charakterisierungen der Götter aufgeführt, die sich auf die innere, spirituelle Welt beziehen. Selbst Assur wird in der Inschrift von Schamschi-ilu zum Gott, «welcher die Geschicke bestimmt», er ist nicht der rasende Kriegsgott, der blutdürstige Gott, der in die Hände des Heerführer-Königs «seine gnadenlose Waffe» legt.

Indem wir hier in Schamschi-ilus Gedankenwelt Einblick gewinnen, wächst unsere Achtung für diesen General-Stellvertreter, der in aller Stille den stolzen assyrischen Staat repräsentiert, gewaltig. Er wäre wirklich dazu berufen gewesen, auf den Königsthron zu steigen. Auf folgende Weise entwirft er sein Selbstbildnis:

«Schamschi-ilu, der General-Stellvertreter, der Große Herold, der Tempelverwalter, der Oberbefehlshaber der zahlreichen Heere, derjenige, der das Land Chatti regiert, Guti und die Gesamtheit Namars, der Eroberer der westlichen Berge, der Verwüster ihrer Distrikte, derjenige, welcher das Land Muschki und Urartu unterwirft, der ihre Völkerschaften deportiert, der die Länder Itu'u, Rubu, Chadallu, Labdudu angreift und sie vernichtet.»

Schamschi-ilu kämpft an allen Fronten, und seine Angaben stimmen mit jenen des Eponymenkanons voll überein. Er unterwirft den Westen, dann den Norden mit Urartu, den Süden Assyriens und sodann Babylonien. Eine unaufhörliche Folge von großen Leistungen.

Daß uns von den Assyrern allermeist nur offizielle Dokumente überliefert sind, ist besonders hier schade. Zu gerne wüßte man, was der Turtanu Schamschi-ilu über sein Land dachte. Während er durch Kuriere den Herren in der Hauptstadt die Meldungen seiner militärischen Erfolge zukommen läßt, erreichen ihn aus der Zentrale zunehmend schlechte Nachrichten. 763 ein Aufstand in Assur, 762/761 einer in Arrapcha, 759 in Guzana. Dann die schlimmste Revolte, jene von Kalchu 746, welche den Staatsstreich durch den dortigen Gouverneur zur Folge hat. Oft wird sich Schamschi-ilu gefragt haben, ob es sich noch lohne, zusammen mit seinem tapferen Heer für Leute zu kämpfen, die an nichts anderes dachten, als sich gegenseitig zu zerfleischen. Die Assyrer erkannten die Größe dieses Mannes nicht, der ganz allein das Reich davor bewahrt hat, von Urartu überrollt zu werden. Ohne Schamschi-ilu wäre es womöglich nicht zum Assyrischen Imperium gekommen, denn er stoppte den Vormarsch der Urartäer. Ja er schlug den urartäischen König Argischti I. so vernichtend, daß es für das Volk im Norden zur abschreckenden Warnung wurde. Hier Schamschi-ilus eigener Bericht:

«Zu jener Zeit entfachte Argischti, der Urartäer, dessen Name Angst einflößt wie der schwere Sturm, dessen Streitkräfte mächtig sind, der keinem der Könige, die mir vorangegangen sind, die Arme entgegenstreckte, einen Aufstand unter den Völkerschaften und berief sie zum Krieg gegen das Gutäerland; er bereitete den Zusammenstoß vor; sein gesamtes Heer näherte sich durch die Hügel marschierend, um mir eine Schlacht zu liefern; da zog auf Befehl Assurs, des Vaters, des Großen Herrn, und der hohen Mutter von Escharra, der Ersten unter den Göttern, und Ninlils, Schamschi-ilu, der General-Stellvertreter, der Große Herold, der Tempelverwalter, der Oberbefehlshaber der zahlreichen Heere, seine Krieger in diesen Hügeln zu einer Abriegelung zusammen. Inmitten des Gedröhns der Armeemusikanten, das wie das Meeresbrüllen klang, blies er wie der Sturm. Seine ungebärdigen Hengste ließ er über sie hinwegfliegen wie der Adler Zu und bescherte ihm eine Niederlage. Dieser verließ sein Heer, seine ungeordneten Haufen; er fürchtete den Zusammenstoß und entfernte sich wie ein Dieb. Ich nahm ihm das Zeltlager weg; seinen königlichen Schatz ließ er zurück, und ich eignete ihn mir an. – An jenem Tag ließ ich am Tor von Kar-Salmanassar, der Stadt meiner Herrschaft, zwei kolossale Löwen aufstellen, die ihren Kopf gegen die Hügel gerichtet haben; ich gab ihnen Namen. Der Name des ersten Torlöwen lautet: ‹Wuchtiger Sturm, dessen Angriff unwiderstehlich ist, der die Rebellen vernichtet, [den Treuen] aber jede Freude verschafft.› Dies ist sein Name. Der Name des zweiten Torlöwen lautet: ‹Derjenige, der mitten in die Aufständischen hineinspringt und das feindliche Land vernichtet; derjenige, der die Bösen fernhält und die Guten einläßt.› Dies ist sein Name.»

Dieses mit halbverstecktem Stolz von Schamschi-ilu erzählte Geschehen bezieht sich auf einen der zahlreichen Zusammenstöße mit den Urartäern. Daß der assyrische Turtanu uns die Wahrheit berichtet, bestätigen uns die Annalen ebendieses urartäischen Königs. Argischti gesteht indirekt die Niederlage durch den Satz ein: «Es gelang mir, Assyrien aufzuhalten.» Argischti vergißt dabei nur zu erwähnen, daß er selbst den Angriff startete und nicht die Assyrer. Schamschi-ilu verteidigt sich nicht nur, sondern er vermag den urartäischen König derart zu schlagen, daß dieser von nun an das Ziel seiner Angriffe wechseln wird.

Schamschi-ilu spricht von den «Königen», die ihm vorangegangen sind, nennt aber Kar-Salmanassar nicht Stadt seines Königtums, sondern «Stadt meiner Herrschaft». Obwohl er sich nicht als assyrischer König bezeichnet, hält er sich dennoch für den eigentlichen Träger der Macht.

Die bilderstürmerische Wut, die Nergal-ereschs Inschrift wegmeißelte und die Salmanassars IV. Name zu Tiglatpileser III. veränderte auf der Stele von Bel-charran-bel-usur, verschonte auch die Inschrift der Löwen von Til Barsip nicht. Auch hier wurden Name und Titel von Schamschi-ilu mit Bedacht weggekratzt. Doch dem französischen Forscher F. Thureau Dangin, dem Herausgeber der Inschrift, gelang es trotzdem, sie zu entziffern. Tiglatpileser III. oder seine Mitstreiter haben es nicht gewagt, den Namen des neuen Königs von Assyrien, des früheren Gouverneurs von Kalchu und jetzigen Usurpators, anzubringen. Irgendwie überwog der Respekt vor den Leistungen Schamschi-ilus, der die heiligen Grenzen des Reichs erfolgreich verteidigt hatte.

Neuerdings wurde die Vermutung geäußert, daß Schamschi-ilu, sich hinter dem Namen Bar-Gaja versteckend, ein Abkommen mit Arpad geschlossen habe, parallel zu jenem seines Königs Assur-narari V. In dieser neuen Inschrift bezeichnet sich der Verfasser als «König von KTK». Selbst wenn das alles zutreffen sollte, so bleibt trotzdem die Tatsache bestehen, daß Schamschi-ilu nie den rechtmäßigen König abgesetzt hat, den Nachfolger Sammuramats und Adad-nararis III. Sammuramats reformerische Ideen wurden von ihrem Sohn Adad-narari III. übernommen und fortgeführt – und nach dessen Tod von Schamschi-ilu. Darum vielleicht wurde Assyrien gerettet.

XV

DIE WOLKEN ZIEHEN SICH ÜBER ASSYRIEN ZUSAMMEN

Schamschi-ilus Löweninschrift von Til Barsip könnte als pompöse Übertreibung eines assyrischen Generals, der in die Geschichte eingehen wollte, mißverstanden werden. Der Eponymenkanon bestätigt aber, daß dieser Sieg über Urartu von gewichtiger Bedeutung war. Während der Regierung von Salmanassar IV. (781–772) sind immerhin sechs Feldzüge gegen Urartu verzeichnet. Aus den immer häufiger werdenden Inschriften der urartäischen Könige ersieht man, daß es sich zunehmend um einen Kampf handelt, der dem Sieger die Vorherrschaft über den Mittleren Osten bringen wird.

Sammuramat, Adad-nararis Mutter, hatte wohl als erste klar erkannt, daß dieser Machtkampf mit Urartu fatale Folgen für Assyrien haben könnte. Darum versuchte sie mit Babylonien ein enges Bündnis einzugehen. Auf die von ihr in die Wege geleitete Religionsreform setzte sie ihre größten Hoffnungen. Eine einheitliche Front sollte geschaffen werden, um die urartäischen Invasionsgelüste abzuwehren.

Die nun häufiger eintreffenden Meldungen über das Vorrücken der Urartäer gegen Westen und Süden, also nördlich und östlich von Assyrien, ließen die aufmerksame Königin aufhorchen. Der Druck dieser aufstrebenden Macht begann sich vor allem an der östlichen Grenze bemerkbar zu machen; darum wurden während der Regentschaft von Sammuramat Feldzüge gegen die Mannäer und Meder unternommen, die Pufferstaaten bildeten zwischen Assyrien und Urartu. Doch die Wolken der urartäischen Bedrohung zogen sich immer deutlicher über Assyriens Himmel zusammen.

Auch nach der Übergabe der Regierungsgewalt an den Sohn Adadnarari verfolgt die Königinmutter weiterhin das politische Geschehen. Sie sieht zudem die Söhne Adad-nararis, ihre Enkel, heranwachsen und ahnt wohl deren blasse und schwächliche Persönlichkeiten voraus. Sollten sie auch als Könige so sein, könnten daraus Assyrien ernste Gefahren entstehen.

Einsam in ihrem Palast wird Sammuramat immer wieder an die Zukunft von Salmanassars III. Dynastie gedacht haben. Nicht bloß den Sohn, sondern auch den tüchtigen und noch jungen Turtanu wird sie oft zu sich gerufen haben, um über die künftigen Schicksale Assyriens zu reden. Schamschi-ilus überwältigender Sieg über den König von Urartu ist sicherlich dieser Königin und ihrem Andenken gewidmet.

Schon früh waren die assyrischen Könige mit der Macht im Norden zusammengestoßen. Erstmals Salmanassar I. im dreizehnten Jahrhundert. Damals hieß der Gegner Uruatri, der dann ab Assurnasirpal II. Urartu genannt wird. Salmanassar III. führte mehrere Feldzüge gegen den urartäischen König Aramu, wobei es ihm gelang, neben etlichen Befestigungen auch die Hauptstadt Urartus, Arzaschkun, zu erobern. Solch glanzvoller Unternehmungen werden sich weder der Sohn Schamschi-Adad V. noch der Enkel Adad-narari III. rühmen können.

Denn eine frische Dynastie kommt in Urartu an die Macht – deren erster König heißt Sardur I. –, und durch sie wird das Reich eine Macht werden, die Assyrien ebenbürtig ist. Sardur I. (832–825) ist auch der erste urartäische König, der uns schriftliche Dokumente hinterlassen hat. Er proklamiert sich «großer König, mächtiger König, König der Gesamtheit, König des Landes Nairi, derjenige, der keine Rivalen kennt, von allen bewunderter Hirte, derjenige, der die Schlacht nicht flieht und die Rebellen unterwirft». Man glaubt in der Tat, der Selbstdarstellung der assyrischen Herrscher zu lauschen, denn von diesen übernimmt Sardur I. die königliche Art der Titelgebung – sowie Stil, Keilschrift und sogar die assyrische Sprache! Doch nicht nur in der Annalistik sind die Urartäer gelehrige Schüler, sondern leider auch in der Kriegsführung. Die Kriegstechnik der Assyrer samt ihrer gnadenlosen Grausamkeit gegenüber den Besiegten und der Geißel der Massendeportationen machen sie sich zu eigen. Auch die Einrichtung des Vasallentums mit den schweren Tributen, die das eigene Land immer reicher machen sollen.

Mit König Ischpuini (824–806) – dem Zeitgenossen von Schamschi-Adad, Sammuramats Ehemann – findet das Land Urartu endgültig zu seiner starken Identität. In den nunmehr auf urartäisch abgefaßten Inschriften unterrichtet uns der König über die von ihm durchgeführten Gebietserweiterungen: nach Norden in Richtung des Oberen Araxes, indem er das fruchtbare Arsaniatal eroberte, und nach Süden in Richtung des Urmiasees, wo er den Mannäern und dem Land Parsua einiges abgenommen hat. Auf der zweisprachigen Kel-ischin-Stele erwähnt derselbe König einen weiteren Feldzug, diesmal gegen Musasir. Woraus ersichtlich wird, daß Urartu sich bereits in gefährlicher Nähe der assyrischen Grenze befindet.

Ischpuini, der in seinen Inschriften auch den Sohn Menua und den Neffen Inuschpua erwähnt, zeichnet sich auch als Organisator und Bauherr aus. Er gründet eine neue Hauptstadt, der er den Namen Tuschpa gibt; er selbst nennt sich dann «Herr von Tuschpa».

Auf ihn folgt sein Sohn Menua auf dem Thron (805–788). Dieser Zeitgenosse von Adad-narari III. ist der Urheber von Urartus Glanzzeit. Durch ununterbrochene Feldzüge erweitert er seinen Machtbereich und hinterläßt als Spuren seiner Züge überall Inschriften. Nach Norden hin dringt er bis zu den Abhängen des Berges Ararat vor, im Süden gelangt er an den See Urmia; nach Westen hin rühmt er sich, bis an die Grenze des Landes Chatti marschiert zu sein und den Tribut des Königs von Melitea erhalten zu haben. Alle Gebiete nördlich von Assyrien sind nunmehr in urartäischer Hand. Darum unternahm Adad-narari III. Feldzüge gegen das Land Chubuschkia, den letzten Pufferstaat zwischen Assyrien und Urartu, aber auch gegen die Meder, weil hier die Assyrer ebenfalls riskierten, von den großen Handelsstraßen ausgeschlossen zu werden, die ihr Land mit der iranischen Hochebene verbanden. Urartu betrieb eine gefährliche Einkreisungspolitik auf drei Seiten hin: im Osten, Nordosten und Norden.

König Menua ist wie sein Vater ein guter Organisator. Er fördert die Landwirtschaft, indem er für die Bewässerung eine Vielzahl von Kanälen bauen läßt; er gründet eine neue befestigte Hauptstadt bei den Quellen von Korosu, die seinen Namen erhält. Assyrien in die Knie zu zwingen, gelingt auch ihm nicht.

Doch die Stunde der Wahrheit nahte langsam, aber unausweichlich. Schamschi-ilus Gegner ist nun der urartäische König Argischti I. (787–766). Aus dessen über zwanzig Inschriften annalistischen Charakters erfahren wir den detaillierten Bericht seines Vormarsches ohne Halt, der barbarischen Metzeleien, der Massendeportationen. Man hat ihn deswegen mit dem assyrischen König Assurnasirpal II. verglichen.

Zunächst wendet sich Argischti I. nach Norden, um endgültig die Herrschaft über das Tal des Oberen Araxes zu sichern, und gelangt bis Kars-Leninakan; worauf er die Euphratregion heimsucht und die Gebiete südlich von Militene verwüstet, die Bevölkerung verschleppt er nach Urartu. 6000 Männer aus Supa versetzt er in die neue, von ihm gegründete Stadt Erepuni (das heutige Erewan). Zudem stiftet er an den Ufern des Araxes eine neue Hauptstadt, Argischtichinili, wo er Paläste und Tempel erbauen läßt. Argischti fördert die Landwirtschaft, die Tierzucht, ferner die Ausbeutung von Kupfer- und Eisenminen, wodurch die Metallverarbeitung einen Aufschwung erlebt. Während des ganzen achten Jahrhunderts wird die neue Hauptstadt mit ihren starken Befestigungen der sichere Zufluchtsort für die Bevölkerung der Nachbarterritorien sein sowie die Ausgangsbasis für die militärischen Aktionen in Richtung Norden und Nordosten.

Doch der urartäische Wunschtraum war die Herrschaft über Assyrien. So stößt Argischti, der sich in den ersten Jahren seiner Regierung von Assyrien ferngehalten hatte, im sechsten Jahr – wie er uns selbst in seinen Annalen berichtet – mit assyrischen Truppen zusammen. Er marschiert am Ufer des Urmiasees entlang und erreicht das Gebiet der Mannäer, wo er auf das assyrische Heer trifft. Sowohl der Eponymenkanon wie auch Argischti sprechen von mehreren Zusammenstößen zwischen den beiden Heeren. Die entscheidende Schlacht, über die uns Schamschi-ilu ausführlich berichtet hat, muß im siebten Regierungsjahr von König Argischti I. stattgefunden haben, im Jahr 780, und zwar im Gebiet des sogenannten Assyrischen Berges. Schamschi-ilus Sieg spiegelt sich, wir erwähnten es schon, in den Annalen von Argischti in der Bemerkung, es sei ihm gelungen, Assyrien «aufzuhalten». Argischtis ehrgeiziger Plan von einem Einmarsch in Assyrien ist damit gescheitert. Der assyrische Löwe Schamschi-ilu verweist den urartäischen Herrscher auf andere Ziele und verschafft so seinem eigenen Land eine bitter nötige Verschnaufpause. Denn Assyrien durchlebt einen der schwierigsten Momente seiner Geschichte: die Pest wütet im Land, und die vielen Aufstände schwächen es noch weiter. Doch durch diesen Rückzug hat Urartu die wohl entscheidende Chance vergeben. Assyrien wird wieder erstarken und unter Tiglatpileser III. dem nördlichen Rivalen einen weiteren Stoß versetzen, unter Sargon II. die endgültige Niederlage bringen.

Doch bis dahin sollte es noch 40 Jahre dauern. Vorderhand sieht sich Assyrien gezwungen, reine Defensivkriege zu führen. Und zweimal verzeichnet der Eponymenkanon eine Pause der militärischen Aktivitäten mit der Feststellung «im Lande». In der Tat ist diese Periode gekennzeichnet durch den Beginn der innenpolitischen Krise mit der Revolte von Assur 763. Es folgen ein Aufruhr in Arrapcha, einer in Guzana und schließlich in Kalchu – fast zwanzig Jahre der Unruhe für Assyrien. Daß Urartu diese Schwäche nicht zu seinen Gunsten ausgenutzt hat, ist eigentlich nur erklärlich, wenn man annimmt, daß es den einzigen starken Mann dieser Zeit fürchtete, Schamschi-ilu. Darum darf er auch sein General-Stellvertreter-Amt während der Herrschaft aller drei Söhne von Adad-narari behalten.

Außer in bezug auf das Verhältnis zu Assyrien steht Urartu beim Tod von König Argischti I. an allen Fronten als Sieger da. Es hatte seine Herrschaft in Transkaukasien und im Gebiet des Urmiasees gefestigt sowie, durch eine Serie von erfolgreichen Feldzügen gegen Westen, Syrien unter seinen Einfluß gebracht. So kontrollierte Urartu die wichtigsten Handelsstraßen Vorderasiens. Assyrien wurde eingekreist in seinen engeren Grenzen, abgeschnitten von den Handelsverbindungen zu Persien, zur kleinasiatischen Halbinsel, zu Syrien und dem Mittelmeer. Der Aufstand in Guzana – der Hauptstadt jener Provinz, die Adad-narari geschaffen hatte – konnte zwar im darauffolgenden Jahr niedergeworfen werden, so daß der Eponymenkanon mit Erleichterung feststellen darf: «Friede im Land», doch es bleibt eine scheinbare Beruhigung. Ebenso wird die Lage prekär durch die Verbindung der westlichen Staaten Syrien-Palästinas mit dem mächtigen (freilich ebenso tributgierigen) Alliierten Urartu, der ihnen endlich die Loslösung von Assyrien bringt.

Mit Sardur II. (765–733) wird die Politik der Einkreisung fortgeführt. Der neue König unternimmt im fünften Jahr seiner Herrschaft einen Feldzug gegen Westen, er besiegt Kuschtaschpi, König von Kummuchi, und erhält reiche Tribute: 40 Halbscheffel Gold, 800 Halbscheffel Silber, Stoffe und eine große Menge Bronze. Durch die folgende Unterwerfung von Militene und gar des Reiches von Kargamisch sowie von neun Städten, worunter Tumischki, wird das Euphratgebiet zur soliden Westgrenze Urartus. Ebenso wird die Lage im Osten für Assyrien unerfreulich. Sardur unternimmt im Jahr darauf eine Kampagne gegen das Land Mana. Hier sein Bericht: «Ich [...] eroberte Mana, steckte die Ortschaften in Brand und zerstörte sie, das Land machte ich zur Wüste, Männer und Frauen verschleppte ich nach Biainili. Ihr Bollwerk, die Stadt Darabani, eroberte ich durch Kampf, ich ließ dort Männer zurück, das Land vereinigte ich mit meinem Land.»

Der assyrische Eponymenkanon verzeichnet keine Zusammenstöße mit Urartu während der Herrschaft von Sardur II. Und doch stellt Sardur ausdrücklich fest, er habe «Assur-narari, Sohn von Adad-narari,

König von Assyrien» besiegt, was sich auf einen Erfolg an der westlichen oder östlichen Grenze beziehen muß.

Die zweite Bedrohung für Assyrien bilden die Meder. Noch sind sie zwar lose Gruppen in föderativem Verband, so daß sie verwundbar bleiben. Doch die assyrischen Attacken und später die wachsende urartäische Gefahr lassen sie schließlich zur staatlichen Einheit finden. Und dann sind sie eine nicht zu unterschätzende Macht.

Was unternehmen die Assyrer angesichts dieser bedrängenden Lage? Das einzige offizielle Dokument aus der Zeit von König Assur-narari V. ist ein Vertrag zwischen ihm und König Mati-ilu von Arpad, Hauptstadt von Bit-Agusi. Mit diesem Schritt versuchen die Assyrer dem zunehmenden Einfluß Urartus in Syrien zu begegnen und sich den Weg ans Mittelmeer offenzuhalten. Zusammen mit dem stärksten Staat der syrischpalästinischen Region, dem Reich von Kargamisch also, bildete Bit-Agusi mit dem Land Aram eine Koalition. Urartu ließ dies wohlwollend geschehen und beschränkte sich auf eine Kontrolle von ferne über die syrische Region. Warum hat Urartu wohl im Lande Kummuchi haltgemacht und ist nicht – da doch Assyrien seinen Anspruch auf die ganze westliche Zone hatte zurücknehmen müssen – nach Syrien weitermarschiert? Vielleicht können wir in dieser Frage einen neuen Aspekt aufzeigen.

Von diesem Vertrag zwischen Assur-narari und Mati-ilu sind uns einige Paragraphen überliefert, aus denen die Verpflichtung des Königs von Arpad ersichtlich ist, den Assyrern bei Feldzügen zu Hilfe zu kommen. Die angedrohte Strafe bei Nichteinhaltung dieser Vereinbarung ist der Götterfluch. Ja, der Vertrag insgesamt ist auf religiöse Garantien aufgebaut, nicht auf politische, was den Zustand der Schwäche dokumentiert, in dem sich Assyrien in jener Periode befand. In den Geschichtsbüchern wird auf diesen Umstand hingewiesen, wobei man als Beweis für die kaum vorhandene Angst Mati-ilus vor den assyrischen Fluchandrohungen die Tatsache anführt, daß der König von Arpad gleich nach diesem Vertrag einen weiteren unterzeichnete. Und zwar mit dem «König von KTK», wodurch die Vereinbarungen mit dem König von Assur praktisch annulliert worden seien.

Dieser neue Vertrag enthält einen gegenseitigen Beistandspakt der Könige Bar-Gaja von Ketek und Mati-ilu von Arpad einschließlich des Oberen und Unteren Aramgebietes und des Musrilandes. Beide Partner verpflichten sich, der Gegenseite die Rebellen und Flüchtlinge auszuliefern, den Durchgang der Boten in ihrem Gebiet zu erlauben, die Freundschaftsbeziehungen zu anderen Staaten nicht zu hemmen, den Bündnispartner zu rächen, falls er getötet werden sollte, keine Revolten zu unterstützen und sich nicht in die Angelegenheiten des Königshauses einzumischen. Der Vertrag schließt mit der Feststellung, eine bestimmte Ortschaft gehöre Bar-Gaja, sowie mit den angedrohten Verwünschungen der Götter, vor denen dieser Pakt vereinbart wurde.

Liest man diesen Vertrag genau, so muß man erkennen, daß *keine einzige Klausel gegen Assyrien gerichtet* ist! Wenn zudem die Hypothese zutreffen sollte, daß Bar-Gaja lediglich ein Pseudonym für Schamschi-ilu ist, den assyrischen Turtanu, so könnte man diese ganze Frage aus einem völlig neuen Gesichtspunkt heraus angehen und eine überzeugende Antwort auf die unerklärliche Tatsache finden, daß die urartäischen Streitkräfte vor den Grenzen Syriens haltmachten.

Die schwerste Niederlage, welche die Urartäer jemals einstecken mußten, ging auf den assyrischen Turtanu Schamschi-ilu zurück; er hatte ihre Pläne, Assyrien zu erobern, zu Fall gebracht. Weiter steht fest, daß Schamschi-ilu der «Gouverneur» der Provinz Harran war, jener Provinz also, die den syrischen und späthethitischen Staaten am nächsten lag. Die Tatsache, daß er in der dortigen Inschrift Til Barsip als «Stadt seiner Herrschaft» bezeichnete, zeigt uns Schamschi-ilu als einen geschickten Gouverneur, der die Hauptstadt der Provinz weiter nach Westen an das Euphratufer verschob, um so alle Karawanen zu kontrollieren, die den Fluß überquerten.

Auf ihrem Vormarsch nach Westen stoßen die Urartäer, ohne es zu wollen, zum zweitenmal auf den unbesiegbaren General Schamschi-ilu, der bereit ist, ihnen den Kampf anzusagen, falls sie es wagen, nach Syrien einzudringen. Die beiden obenerwähnten Vertragswerke mit dem König von Arpad Mati-ilu, das eine vom König Assyriens Assur-narari V., das andere von Bar-Gaja, König von Ketek – alias Schamschi-ilu –, abgeschlossen, dürfen nicht als antithetisch betrachtet werden, sondern stellen eine doppelte Garantie dar, dank der zweifachen Unterschrift durch den nominellen Herrscher und dann durch den ruhmreichen General-Stellvertreter.

Die Könige von Arpad, von Sm'al und von Kargamisch dürfen zwar mit Urartu sympathisieren, sie werden aber nie ihre Waffen gegen Assyrien erheben. Dies ist ein Verdienst des wachsamen Schamschi-ilu, der die westliche Grenze des Vaterlandes beschützt. Freilich ist es auch ihm unmöglich, von den syrisch-palästinischen Völkerschaften jene Tribute einzutreiben, die sie früher dem assyrischen Herrn bezahlten. In diesen Jahren genießen so die syrisch-palästinischen Staaten eine gewisse Unabhängigkeit und einen relativen Frieden. Da Hama in die Einflußsphäre von Arpad geraten und Damaskus aus dem Zusammenstoß mit Adad-narari III. sehr geschwächt hervorgegangen ist, profitieren besonders die beiden Reiche Israel und Juda davon: unter Jerobeam II. (783–743) beziehungsweise Usia (781–740). Der erste König kann für sich in Anspruch nehmen, durch die Rückeroberung Transjordaniens bis Hama die alten Grenzen des Staates wiederhergestellt zu haben; der zweite baut die Stadtmauern Jerusalems wieder auf sowie den Hafen von Eilat, er sichert sich zudem die Kontrolle über die Handelsstraßen, indem er einige Städte Philistäas erobert, so Gat, Jabneel und Aschdod. Auch die phönikischen Städte, die ihren Reichtum nicht mit Assyrien teilen mußten, konnten ihre Handelsbeziehungen stark ausweiten und unzählige Handelskolonien im ganzen Mittelmeergebiet gründen.

An drei der vier natürlichen Grenzen Assyriens ist dieses Reich nun zur *Untätigkeit*, wenn nicht gar zum *Rückzug* verurteilt; die zurückliegenden zweihundert Jahre ununterbrochener Kriege machten diesen Staat zum gefürchtetsten des ganzen Nahen Ostens, doch jetzt spielt das keine Rolle mehr. Die Assyrer müssen froh sein, eine Persönlichkeit vom Range Schamschi-ilus gegen Urartu im Felde zu haben, die zugleich auch das assyrische Bollwerk Til Barsip und Harran mit fester Hand führt.

Was aber geschieht im Süden? Einige kleinere Zusammenstöße mit den Itu'ustämmen (777 und 769) sowie mit Gananate (771 und 767). Doch wenn Assyrien in dieser Zeit schwach ist, so gilt dasselbe für Babylonien. Die sinnlose Kampagne Schamschi-Adads gegen dieses Land trieb es geradezu in die Arme der Chaldäer. Schon 769 besteigt Eriba-Marduk (769–760), ein Scheich aus Bit-Jakin, den ruhmvollen babylonischen Thron. So beginnt der *Aufstieg zur Macht der chaldäischen Völkerschaften* – eines Tages werden sie Assyrien verdrängen! Vorerst allerdings müssen sie trachten, von den kritischen Babyloniern akzeptiert zu werden, die den Ausländern erst trauen, wenn sie sie ganz assimiliert haben. Eriba-Marduk muß gleich in einen Streit eingreifen: Aramäer hatten sich einiger Landwirtschaftsgebiete der Städte Babylon und Borsippa bemächtigt. Der neue König stellt die Ordnung wieder her, indem er die Felder den ursprünglichen Besitzern zurückgibt.

Um 760 besteigt Nabu-schuma-ischkun (760–748) den Thron, er war

Scheich des chaldäischen Stammes von Bit-Dakkuri. Der von seinem Vorgänger beschwichtigte Konflikt flammt nun wieder auf: einige Quartiere Borsippas, worunter auch der eigentliche Tempelbezirk von Ezida, werden von bewaffneten Kräften besetzt, wobei es Tote gibt. Die Tatsache, daß die Nabu-Statue während zweier aufeinanderfolgender Jahre von Borsippa nicht nach Babylon gebracht werden konnte für die Feierlichkeit zum Neuen Jahr, zeigt, wie unstabil der babylonische Staat geworden war. Die Lage war hier noch schlimmer als im nördlichen Bruderstaat Assyrien, denn die im Süden Mesopotamiens stets lauernden isolationistischen Tendenzen kamen nun voll zur Geltung: jede Stadt rief ein eigenes Reich aus, wodurch das große Babylonische Reich beinahe in die Brüche ging.

Das schwache Assyrien mußte also zunächst vom Süden her kaum etwas befürchten. Völlig anders wird sich die Lage ein Jahrhundert später dartun. Dann nämlich wird die neue chaldäische Dynastie – die, tragische Ironie, ganz anders als die vorangehenden babylonischen Dynastien viel Gemeinsamkeiten mit den Assyrern aufweist! – auf eine bedrohliche Weise erstarkt sein. Der Zusammenstoß wird gleichgeartete Gegner ins Feld führen: Tiglatpileser und Sanherib gegen Nabopalassar und Nebukadnezar, kriegerische Könige voller Machthunger und Ruhmesdurst sie alle.

Der politische Traum der Regentin Assyriens, Sammuramat, von einem friedlichen Zusammengehen der Brüder im Norden und im Süden – nach dem Motto der synchronistischen Geschichte «die Völker Assyriens und Babyloniens lebten wie gute Brüder zusammen» – wird durch die Entwicklung illusorisch. Frühere Fehler, Anbetung der Macht, partikulare und kurzsichtige Interessen bewirken, daß diese beiden Welten, die sich einen Moment lang im Geiste einander genähert hatten, wieder verschiedene Wege einschlagen und sich schließlich nur noch als Rivalen gegenüberstehen werden. Zunächst wird dann Assyrien der stärkere sein, darauf aber Babylonien die Vormacht erringen. Letztlich wird es weder Sieger noch Besiegte geben, sondern nur noch den Untergang des alten Mesopotamiens.

Die beschriebene internationale Lage ist im Grunde noch viel düsterer, als es die Kapitelüberschrift «Die Wolken ziehen sich über Assyrien zusammen» andeutet. Das glänzende Reich hat sich im Laufe von zwanzig Jahren völlig in die Defensive zurückziehen müssen. Sowohl Urartu wie Babylonien arbeiten, jeder auf seine Weise, gegen Assyrien, und auch die anderen Staaten – jene der Meder im Osten, die syrischen Länder im Westen – wirken aus der Ferne zum Schaden des Assyrischen Reichs. Der mächtigste Staat des Nahen Ostens findet sich allein und ohne Verbündete, vielleicht weil er sie in seinem Stolz immer abgelehnt und vollkommene Unterwerfung verlangt hatte. Die inneren Revolten kommen noch hinzu. Man kann sich leicht denken, was mit Assyrien geschehen wäre in dieser Situation, wenn es seinen unbezwingbaren Turtanu Schamschilu nicht gehabt hätte.

Beim Tode Adad-nararis gab es zwei mögliche Modelle. Sammuramat strebte eine *institutionelle Reform* an, die die Assyrer zu einer größeren Reife hätte führen sollen. Tiglatpileser III. hingegen setzte sich endlich durch mit dem Machtweg des Staatsstreichs. Das erste Modell versprach gute Resultate, aber nur mittelfristig, das zweite verschaffte sie gleich: leichte Reichtümer und ein strahlendes Imperium. Die Assyrer wählten Tiglatpilesers Weg und entschieden sich somit für den *hergebrachten absolutistischen Königsbegriff*. Sammuramats Bemühungen wurden verworfen und gerieten in Vergessenheit – diese Reformen hätten ein unvergängliches Imperium herbeiführen können.

XVI

DIE RELIGIÖSE REFORM

Verzweifelter Versuch eines Bündnisses mit Babylonien

Kehren wir aus dieser düsteren Zeit in jene glücklichere zurück, wo das Reich dank den Siegen von Salmanassar III. und Schamschi-Adad V. sowie der klugen Politik der Regentin Sammuramat und ihres Sohnes Adad-narari III. einen echten Glanz genoß. Die Assyrer, welche in den Straßen der neuen Hauptstadt Kalchu stolz auf das Erreichte blickten, waren sicher nicht im mindesten fähig, auch nur die Möglichkeit ins Auge zu fassen, daß Ninive untergehen und Assyrien dasselbe Los beschieden sein könnte, das es selbst allzuvielen Völkern aufgezwungen hatte.

Die Regentin Sammuramat, die «königliche Frau» Assyriens, vom Ufer des Mittelmeers nach Kalchu gekommen und schon bald vor die Aufgabe gestellt, ein kriegerisches und eingebildetes Volk zu regieren, überlegt sich, wie die Dynastie von Salmanassar III. sich auch für die weitere Zukunft den Königsthron sichern kann. Gerade im Moment des höchsten Glanzes dieses Reiches begreift die weise Königin, daß Assyrien sich anschicken muß, das Regieren mittels nackter Gewalt zugunsten eines Konzepts zu verändern, welches zusammen mit einem gewandelten Bild vom Königtum auch die assyrische Haltung gegenüber andern Völkern vermenschlicht. Assyrien muß trachten, aus seiner Isolation herauszukommen. Doch wie soll man Freundschaft schließen mit jenen, die man fürchtet? Eine tiefgreifende Reform des sozialen Lebens, ja der Lebensanschauung und des Denkens drängt sich auf.

Genau dies bezweckt die von Sammuramat eingeleitete Reform des religiösen Lebens. Mit dem Bau je eines Tempels für den babylonischen Gott Nabu in Kalchu und in Ninive wurde dieser in die assyrischen Religionsvorstellungen feierlich eingeführt, was wesentlich mithelfen sollte, die Kluft zwischen dem assyrischen und babylonischen Denken und Empfinden zu überwinden, jene Verschiedenheit, die die starken und kriegerischen Assyrer von den allem Kulturellen und Geistigen zugewandten Babyloniern trennte. Als Politikerin strebte Sammuramat nicht bloß eine religiöse, sondern eine zwischenstaatliche Reform an. Letztes

257

Ziel war die Annäherung der beiden Reiche, ja deren Union. Denn nur sie vermochte auf lange Sicht das Überleben Assyriens zu garantieren sowie die Machtstellung der Völker des Zweistromlandes.

So erweist sich Sammuramat als kluge und weitsichtige Lenkerin des Staates, als die größte Königin aller orientalischen Reiche, wenn schon nicht aller Zeiten. Und die Babylonier, welche später die Geschichten aus Ninive und Babylon den wissensdurstigen Griechen erzählten, hatten die wahre Bedeutung von Sammuramat erkannt – die nicht nur im Krieg tüchtig wie ein Mann, sondern auch eine geschickt abwägende Politikerin war –, weshalb sie sie gebührend in Erinnerung riefen. So nahm die Legende von Semiramis ihren Anfang, die epische Erzählung von jener Frau aus dem Mittelmeerraum, die den mächtigsten Thron des Orients bestieg.

Wieso haben Sammuramat und ihr Sohn nicht versucht, ihren eigenen Staatsgott Assur den Babyloniern anzubieten? Und, falls das nicht anging, weshalb nahmen sie dann nicht gleich den babylonischen Nationalgott Marduk ins assyrische Pantheon auf? Denn Nabu war zwar dessen Sohn, aber nicht der Hauptgott. Doch genau in dieser Wahl zeigt sich die wache Geschicklichkeit Sammuramats. Indem sie nämlich Nabu nach Assyrien herübernahm, vermied sie es, die nationalen Empfindungen ihres Volkes zu beleidigen. Die Assyrer hätten es ohne Zweifel als Provokation betrachtet, wenn dem babylonischen Staatsgott ein feierlicher Einzug in Ninive bereitet worden wäre! Würde Sammuramats Bestrebung einzig die gewesen sein, sich die Babylonier zu Freunden zu machen, und hätte sie folglich Marduk auserwählt, so wäre ihr ein ebenso fataler – wenn auch völlig entgegengesetzter – Fehler anzukreiden gewesen wie Sanherib. Dieser von Haß auf Babylonien geblendete König zerstörte nicht nur jenes Land, sondern wollte auch die jahrhundertealte Verehrung für Marduk auslöschen. Er erklärte den gewalttätigen assyrischen Staatsgott Assur zum neuen Nationalgott Babyloniens. Selbst die Assyrer verurteilten diese Handlungsweise, und Sanherib wurde bei einer Palastverschwörung getötet, zur Strafe für sein Sakrileg gegenüber Marduk, wie uns Sanheribs eigener Sohn Asarhaddon berichtet.

Nichts dergleichen unternimmt die Regentin Assyriens. Sie vermeidet es klugerweise, ihre Reform als rein politischen Akt darzustellen. Sie wünscht zwar eine Annäherung von Ninive und Babylon, aber auf der Basis gemeinsamer Ideen. Sie will die Mentalität der Assyrer ändern, indem sie dem Königsgedanken eine spirituelle Tiefe verleiht. Deshalb wählte sie den babylonischen Gott *Nabu* zum Vermittler. Denn er ist der *Gott der Schrift, des Erkennens, des Wissens und letztlich der Weisheit.*

Mit diesen ihren Vorstellungen steht Sammuramat nicht ganz einsam da. Ist sie doch die wahre Erbin der Bestrebungen ihres Schwiegervaters Salmanassar, der als erster begriff, daß ein ehrlicher Ausgleich mit Babylonien anzustreben war. Wir erinnern uns an sein Eingreifen zugunsten des dortigen legitimen Königs ebenso wie an seine Idee von der Befriedung der «alten» und «neuen» Assyrer. Und wie Sammuramat diese Gedanken aufnimmt und fortführt, so sollte auch sie einen Erben finden, der sie wirklich verstanden hatte: Assurbanipal. Der König, welcher in seiner Bibliothek in Ninive auf Keilschrifttäfelchen alle geistig-literarischen Dokumente der Sumerer und Babylonier, den ganzen Reichtum der mesopotamischen Völker von Jahrtausenden sammelte und dadurch vor dem Vergessen rettete. Vielleicht wäre Assurbanipal ohne die Reform Sammuramats, die Nabu, den Gott des Wissens, ins assyrische Bewußtsein einführte, zwar ein bedeutender König Assyriens geworden, aber nicht ein Mäzen der Kultur und Förderer des Wissens.

Nabus Emblem ist der Griffel des Schreibens; die häufigste Anspielung bezieht sich auf die «Tafeln des Schicksals» der einzelnen Menschen, die der Gott sorgsam hütet ebenso wie allgemein das Wissen des ganzen Landes. Für die Babylonier und, nach der Reform, auch für die Assyrer ist Nabu gleichsam die «Muse des Schreibens». Darum waren im Tempelbezirk, den ihm Sammuramat und Adad-narari in Kalchu erbauen ließen, der Zelle von Nabu die Säle der Schreiber vorgelagert mit ihren wunderbaren Dokumenten und den Statuen der Diener des Gottes, die in ihren Händen den Behälter mit den Keilschrifttäfelchen halten.

Im Eponymenkanon finden wir für das Jahr 788 die Aufzeichnung: «In Ninive wurde der Grundstein gelegt für den Nabu-Tempel.» Im folgenden Jahr heißt es: «Nabu hielt Einzug im neuen Tempel.» Diese nüchternen Eintragungen verraten kaum die revolutionäre Tragweite dieses Ereignisses. Daß in diesen Jahren etwas ganz Außerordentliches geschah, zeigt sich aber daran, daß gleichzeitig auch in der Hauptstadt Kalchu ein Nabu-Tempel errichtet wurde, was kein Zufall sein kann. Am deutlichsten faßbar wird der ganze Vorgang dank der Inschrift auf der Nabu-Statue, die der Gouverneur von Kalchu, Bel-tarsi-ilumma, anfertigen ließ. An dieser Statue begann ja, wir sprachen davon ausführlich im zweiten Kapitel, die Entdeckung der geschichtlichen Semiramis, indem nämlich der assyrische Name der legendären Gattin von Ninos in der

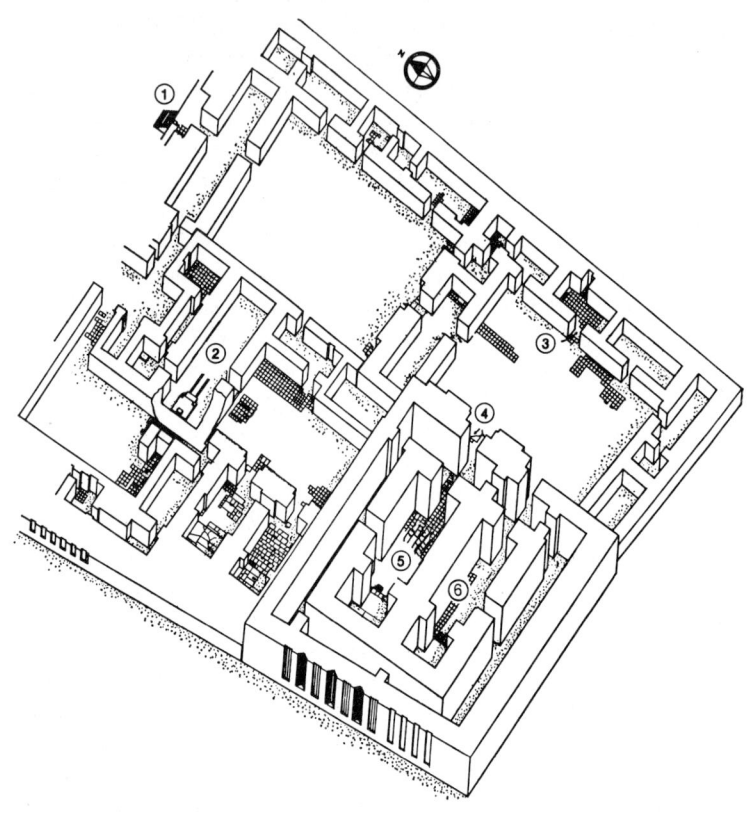

Axionometrie des Nabu-Tempels.

1 Sirenentor.
2 Thronsaal.
3 Saal der Keilschrifttäfelchen.
4 Statuen.
5 Zelle von Nabu.
6 Zelle von Taschmetu.

Inschrift gefunden wurde. Der Schlußsatz der Inschrift lautet: «O Mensch, der du nach mir kommen wirst, vertraue in Nabu. Traue keinem anderen Gott!» Der Tenor dieser Inschrift, der Ort, wo die Statue plaziert war: in der Hauptstadt Assyriens, die Nachrichten aus dem Eponymenkanon – all das zusammen läßt keinen Zweifel mehr offen, daß in diesen Jahren im Königreich Assyrien das Undenkbare geschieht. Im Land, wo jahrhundertelang der Kriegsgott Assur herrschte, im Reich, dessen Könige sich als «irdische Statthalter» Assurs verstanden, denen der Gott «die gnadenlose Waffe» in die Hand gab, um die ganze Welt zu unterwerfen, in Assyrien werden nun dem babylonischen Gott Nabu Tempel erbaut und Statuen errichtet, fast als sei er der einzige Gott.

Obwohl diese Inschrift, die die Konzeption des Königtums zur Diskussion stellt, nicht im Namen des Herrschers selbst, sondern lediglich eines Gouverneurs verfaßt ist, hat sie doch als offizielles Dokument zu gelten, so daß ihre Bedeutung äußerst wichtig ist. Die Inschrift – Ausdruck der formell durch Adad-narari III. vollzogenen, aber von seiner Mutter Sammuramat in die Wege geleiteten Reform – präsentiert sich in ihrem vollständigen Wortlaut wie folgt:

«Für Nabu, den Mächtigen, den erhabenen Sohn von Esagila, denjenigen, welcher alle an Weisheit übertrifft, den majestätischen Prinzen, den Sohn von Nudimmud, dessen Wort Vorrang hat, den Meister der Künste, Hüter des Himmels und der Erden, denjenigen, der alles kennt, dessen Geist offen ist, der den Schreibergriffel in der Hand hält, denjenigen, der eine Künstlerhand besitzt, den Gnadenvollen, denjenigen, dem man nahen darf, von dem Schönheit und Kraft der Menschenwesen kommen; den Liebling Enlils, des Herrn der Götter, dessen Macht ohnegleichen ist, ohne den im Himmel kein Ratschluß erfolgt; den Barmherzigen, denjenigen, der Mitleid empfindet, dessen Vergebung großmütig ist, der in Ezida zu Kalchu wohnt;

für den großen Herrn, für seinen Herrn, zum Wohl von Adad-nararis Leben, König von Assyrien, seinem Herrn, und für das Wohl von Sammuramats Leben, der königlichen Frau, seiner Herrin, hat Bel-tarsiilumma, Gouverneur von Kalchu, Chamedi, Sirgana, Temeni, Jaluna [diese Statue] errichten lassen und für sein eigenes Leben – lange Tage und zahlreiche Jahre –, für den Frieden seines Hauses und seines Volkes, für die Befreiung von Krankheiten dargebracht.

O Mensch, der du nach mir kommen wirst, vertraue in Nabu. Traue keinem anderen Gott!»

Den Namen des Verfassers dieser schönen Inschrift werden wir nie erfahren, wir kennen lediglich den Auftraggeber, Bel-tarsi-ilumma, der 798 das Amt des Eponymen bekleidete. Da in der Inschrift ganz deutlich der neue Nabu-Tempel in Kalchu erwähnt wird, muß der Gouverneur 787, dem Jahr der Einweihung des Tempels, noch im Amt gewesen sein – und Sammuramat noch am Leben. Darauf weist ihre ausdrückliche Nennung in der Inschrift hin, wie natürlich auch auf ihre wichtige Rolle ganz allgemein bei der im Gang befindlichen Reform.

Wenn es von Nabu heißt, er sei «der erhabene Sohn von Esagila» und «Sohn von Nudimmud», so wird daraus seine Genealogie deutlich: Gott Nabu ist Sohn von Marduk, dem babylonischen Nationalgott, dessen Haupttempel Esagila heißt, und Enkel von Nudimmud-Ea, dem Gott der Weisheit par excellence. Weiter wird ausgesagt, Nabu sei der «Liebling Enlils, des Herrn der Götter»: Enlil ist seit jeher das Haupt der sumerischen Götterwelt und auch in Babylonien aufgenommen; zusammen mit Ea, dem Gott der Weisheit und des Süßwasserozeans, und Anu, dem Herrn des Himmels, dem Göttervater, bildet er die höchste göttliche Trias der Sumerer und Babylonier. So kommen hier in verdichteter Form theologische Anschauungen aus ganz Mesopotamien zu ihrem Recht.

Nabu wird als Gott des Wissens und der Weisheit dargestellt. Er ist «derjenige, welcher alle an Weisheit übertrifft», «dessen Geist offen ist», «der Meister der Künste», «derjenige, der alles kennt», «der den Schreibergriffel in der Hand hält», «derjenige, der eine Künstlerhand besitzt».

Daß Nabu ein barmherziger und majestätischer Prinz genannt wird, erstaunt nicht, denn diese Eigenschaften werden noch vielen andern Göttern zugeschrieben. Der Schlußsatz läßt aufhorchen. Wir glauben nicht, daß mit den Worten: «Traue keinem anderen Gott!» eine monotheistische Auffassung bekundet wird. Weniger eine theologische Aussage ist damit gemeint, denn vielmehr die Aufforderung, diesen Gott ohne Vorbehalte zu akzeptieren und ihn in die eigene Frömmigkeit miteinzubeziehen. Dies gilt für das Volk. Die Regierenden sollten hingegen Weisheit in der Führung des Staates zeigen und, warum nicht, die eigene geistige Bildung weiterbetreiben. Denn Nabu ist zugleich Herr des Wissens und Herr der Weisheit: Wissenschaft und Weisheit sind auch für die Babylonier zwei Aspekte derselben Wirklichkeit.

Sicher wollte Sammuramat mit ihrer Religionsreform in erster Linie den Kult des neuen Gottes einführen, wobei aber die Vielzahl der assyrischen Gottheiten nicht verdrängt werden sollte. So entstehen Nabu-

Tempel in Kalchu und Ninive, in der heiligen Stadt Assur auch, aber da erst später. Das kann durchaus ein Hinweis sein auf die Widerstände, die der neue Kult in der Priesterklasse der alten Hauptstadt hervorrief. Denn zweifellos entging den wachsamen Hütern der geheiligten Überlieferungen der tiefere Sinn von Sammuramats Bestrebungen nicht; vor allem ging diese neue Bewegung nicht von ihnen aus ... Andererseits hatten sie wenig, was ins Feld hätte geführt werden können: In den tausend Jahren des Assur-Kultes hatten seine Priester es nicht verstanden, eine Theologie aufzubauen, die mit derjenigen der Babylonier zu vergleichen gewesen wäre. Wie W. G. Lambert, einer der besten Kenner mesopotamischer Religion, feststellt, ist Assur kein Gott, der sich als Person konkretisiert. Über ihn weiß man nichts, man kennt weder seinen Ursprung noch seine Beziehungen zu anderen Göttern, auch eine Gattin hat er nicht. Assur ist ein einsamer Gott – und dies in einer Götterwelt mit sicheren Abstammungen, genauen hierarchischen Einordnungen und wohlbestimmten Aufgaben.

Weil Sammuramat und Adad-narari keine Konfrontation mit der mächtigen Priesterkaste suchten, verzichteten sie vorerst auf den Tempelbau in der historischen Hauptstadt Assur und begnügten sich, den neuen Kult in den für Neuerungen empfänglicheren Hauptstädten Ninive und Kalchu zu fördern.

Die englischen Archäologen, die im Abstand von hundert Jahren zwei Ausgrabungen in Nimrud (Kalchu) durchgeführt hatten, brachten einen architektonischen Komplex ans Tageslicht, den sie dank den Inschriften als Ezida oder eben Tempel des Gottes Nabu identifizieren konnten. Der Ausgrabungsleiter, Mallowan, beschreibt die Anlage als einen fast quadratischen Komplex von 85 × 80 Metern Ausdehnung, eine Art kleine Festung in der südöstlichen Zone der Akropolis von Kalchu. Das Gebäude war in zwei ungleiche Teile gegliedert, der eine war für öffentliche Veranstaltungen bestimmt, der andere, nicht allgemein zugängliche dem Nabu-Kult und jenem seiner Gattin Taschmetu.

Vor dem Monumentaltor des einzigen Zutritts zur Anlage waren zwei Statuen aufgestellt, die den Tempel bewachen sollten (was sowohl bei Palästen wie Göttertempeln durchaus der Brauch war). Zum Prachttor gelangte man über eine Treppenanlage, da der Tempelkomplex in erhöhter Lage gebaut war. Zunächst kam man in eine Vorhalle, und anschließend öffnete sich ein Atrium von 27 × 21 Metern Ausdehnung, rechter Hand befanden sich der Thronsaal und verschiedene Kammern für die Gottheiten. Der Thronsaal war ausgeschmückt mit Elfenbein-schnitzereien, die, auf Holzplatten montiert, den Wänden entlang ange-bracht waren. Dieser Bereich der Anlage – man fand auch einen Altar – diente für die kultischen Handlungen, welche öffentlich zugänglich waren und an denen auch der König teilnahm, darum der Thronsaal.

Durch eine zweite Vorhalle gelangte man zum andern Bereich der Anlage, zunächst zu einem kleineren Hof. Ihm zur Rechten waren die kultischen Räume für Nabu und Taschmetu plaziert; dorthin führten Treppenstufen, an deren Anfang die Nabu-Statuen mit der Widmungs-inschrift standen. Die Kulträume waren rechteckig angelegt, das Heilig-tum befand sich hinten, dort waren sicher die Statuen Nabus beziehungs-weise Taschmetus aufgestellt. Zur Linken fand man die Schreib- und Lesesäle sowie die Tempelbibliothek mit den Priesterstatuen.

Daß diese Anlage nicht ausschließlich kultischen Zwecken diente, beweisen diese Schreibsäle. Unter den Dokumenten, welche hier aufge-funden wurden, befinden sich wichtige historische Texte. Etwa das Abkommen zwischen Asarhaddon und seinen Vasallen, das die Thron-nachfolge von Assurbanipal absichern sollte. Andererseits eigentliche Schulddokumente, wie einige Täfelchen mit archaischer sumerischer Schrift, woraus das Interesse der Schreiber für schriftkundliche und phi-lologische Probleme deutlich wird. Diese Schule von Kalchu, wenn wir sie so nennen dürfen, zeigt die fruchtbare Wechselwirkung der beiden Sphären: Nabu wird in den offiziellen assyrischen Kult integriert, er kommt mit seinen Attributen, aber vornehmlich als Gott des Wissens und Meister der Künste, worunter die Schriftkunst die vornehmste ist.

Zwar läßt sich der Nabu-Kult in Assyrien auch für frühere Epochen nachweisen, doch jetzt erst blüht er auf. Man hat festgestellt, daß die Per-sonennamen mit dem göttlichen Element Nabu in dieser Zeit viel häufi-ger vorkommen, was die Breitenwirkung der Reform gut dokumentiert. Denn immer schon war die Bildung der Personennamen in Mesopota-mien eine Art Gradmesser für die religiösen Empfindungen des Volkes. Das Volk Assyriens hat also diesen Gott jetzt mit Vertrauen aufgenom-men, Nabu wird angebetet, und man erhofft seine segnende Wirkung.

Über den Kult im engeren Sinne geben die Verwaltungsarchive rei-chen Aufschluß. Dort sind die Opfer und die Gaben verzeichnet, die man Nabu darbrachte, die Feste, die zu seinen Ehren gefeiert wurden, sowie die Belegschaft des für die Riten zuständigen Priesterkontingents. Wie die anderen Tempel so genoß auch der Tempel Nabus die Privilegien der

Steuerbefreiung und der festen Zuweisung seitens des Königs von Gütern, welche die täglichen Opfer für den Gott gewährleisten sollten. Der Tempelanlage stand ein Hohepriester vor. Er überwachte sowohl die religiösen wie die administrativen Bereiche, zur Verwaltung der externen Tempelgüter und Ländereien stand ihm ein hoher Beamter zur Seite. Die Priester besorgten alle kultischen Zeremonien, die Handwerker waren für die Pflege der Statuen und der Tempelanlagen zuständig, hinzu kam die Dienerschaft.

Ein Text von Kalchu enthält die Beschreibung einer Nabu-Prozession, was interessante Einblicke in die Volksfrömmigkeit gewährt. Sie fand an einem bestimmten Tag statt, vielleicht am Jahrestag der Hochzeit Nabus mit Taschmetu. Zunächst wird das Einrichten des Brautgemachs beschrieben, wohin dann die Statuen von Nabu und Taschmetu gebracht werden. Am andern Morgen holt man die Nabu-Statue aus dem Gemach und präsentiert sie dem Beifall klatschenden Volk, das die Statue des Gottes dann in einer Prozession durch die Stadt führt. An der Spitze des Umzugs tritt der Erbprinz auf oder, in seiner Abwesenheit, der Bürgermeister der Stadt, dann folgt der Wagen mit der Statue Nabus und dahinter die ganze Bevölkerung. Nachdem der Umzug die Stadt durchquert hat, gelangt er zu den Parks, die außerhalb der Stadtmauern liegen. Hier werden dem Gott Opfer gespendet, worauf dann während des ganzen Tages ein Volksfest gefeiert wird. Händler, die den Zug begleitet haben, bieten Opfertiere zum Kauf an; nach dem eigentlichen Schlachtritual dürfen alle von den geopferten Tieren essen, vorausgesetzt, sie haben zuvor eine Gabe von Mehl und Brot am Altar dargebracht. Zum Abschluß des Festes kehrt abends die Nabu-Statue in ihren Tempel zurück, wo sie von den Priestern wieder an ihren Standort gestellt wird; die Schreiber notieren indessen, welche Gaben gesammelt wurden. Dieses assyrische Volksfest ist eine direkte Folge der von Sammuramat angeregten Einführung des Nabu-Kultes.

Das Volk antwortete also mit spontaner Begeisterung auf diese Neuerung. Wie aber reagierten die herrschende Klasse und das Königshaus? Auch in den aristokratischen Kreisen läßt sich ein deutlicher Zuwachs an Personennamen ausmachen, die die göttliche Bildungspartikel Nabu enthalten; auch hier wurde folglich die Reform akzeptiert. Und vergessen wir die wunderbare Inschrift nicht, die der Gouverneur von Kalchu – als Regierungsmitglied eine offizielle Person – anbringen ließ. Nabu wird da mit Worten geehrt, die in Assyrien noch nie gehört wurden. Erinnern wir uns der Inschrift, womit der Turtanu Schamschi-ilu, der zweite Mann im Reich, seines Sieges über Urartu gedachte. Er zählt all jene Götter auf, denen er seinen Dank für ihre Hilfe abstatten will. Neben Assur, der jetzt mit universellen Bestimmungen bedacht wird, wie «großer Herr, König der Götter und derjenigen, der die Geschicke festlegt», wird nun die neue Götterversammlung angerufen, wie sie aus der Reform von Sammuramat hervorgegangen ist. Also Anu, Enlil und Ea, die göttliche Dreiheit, dann Marduk, Nabu, Sin, Ischtar und Gula. Von Nabu wird ausgesagt: «Der Schreiber von Esagila, der in seiner Hand die Schicksalstafel trägt und der alle Dinge im Gleichgewicht erhält.» Ein anderer Gouverneur, Bel-charran-bel-usur, der zur Zeit von Salmanassar IV. (Sohn Adadnararis III.) lebte, beginnt die Inschrift seiner Stele mit einer Götteraufzählung, die für Assyrien völlig neu ist. An erster Stelle steht Marduk, dann folgt Nabu, der «Schreiber der Götter, derjenige, welcher den glänzenden Griffel in seiner Hand festhält, der die Schicksalstafel der Götter behütet, Führer der Igigen und der Anunna, der Nahrung austeilt und Leben spendet», schließlich sind Schamasch, Sin und Inanna-Ischtar genannt.

Alle diese Beispiele bezeugen den Erfolg der von der Regentin Sammuramat eingeführten Reform. Sie bezweckte aber nicht bloß eine religiöse Wandlung, sondern auch eine des Begriffs vom Königtum. Und in der Tat: Infolge dieser Reform wetteifern die späteren Könige – mit Ausnahme von Tiglatpileser III. und Sanherib – um die Ehre, sich als «Hirte des Volkes» und «durch Weisheit herausragender Herrscher», als «Meister der Künste» und als «Allwissender» bezeichnen zu können. Neben das Idealbild des im Kriege erfolgreichen Königs tritt dasjenige des «weisen Herrschers». Am schönsten hat sich dieser zweifache Anspruch in der Gestalt Assurbanipals verkörpert – dieser König eilt nicht bloß von Sieg zu Sieg, sondern er pflegt mit großer Liebe die Künste, und ganz besonders die «Schrift». Mit der Bibliothek zu Ninive hat er sich selbst ein unvergängliches Denkmal gesetzt.

Durch die Übernahme von Gott Nabu für Assyrien hat Sammuramat einen ehrgeizigen Prozeß in die Wege geleitet. Assyriens Könige sollen *dieselben gedanklichen Fundamente* wie die Könige Babyloniens erhalten; das Volk Assyriens soll sich *auf kulturellem Gebiet dieselben Ziele* stecken wie seine Brüder im Süden. Die Erbin von Salmanassar III. ist der festen Überzeugung, daß nur so die beiden mesopotamischen Reiche Assyriens und Babyloniens die künftigen Bedrohungen werden meistern können.

Was die Idee des Königtums betrifft, so hatten die assyrischen Herrscher schon vor Sammuramat erkannt, daß die Inthronisation durch Gott Assur allein nicht mehr genügte, um als wahre Könige gelten zu können. Man bedurfte der Anerkennung durch Babylon. Wie Nippur einst zur Zeit der sumerischen Dynastien, so ist nun Babylon das Zentrum des mesopotamischen Königtums. Dort weilt die Versammlung der Götter, die, von Marduk geleitet, das irdische Königsamt zuspricht. Die Reisen Salmanassars III., Schamschi-Adads V. und Adad-nararis III. zu den nationalen Kultorten Babyloniens – nach Kuta, der Residenzstadt des Gottes Nergal; nach Borsippa, der Residenzstadt Nabus; nach Babylon, der Residenz Marduks –, wo sie Gaben darbringen und, zumindest in einem Fall, mit den «Resten» des göttlichen Mahls beehrt werden, sind mitnichten Höflichkeitsvisiten oder bloß fromme Wallfahrten, sondern dienen der offiziellen Anerkennung als Könige durch die mächtige Priesterkaste Babyloniens.

Es wird also für die Assyrer über kurz oder lang die Frage akut, wie sie Gott Marduk in ihre religiöse Welt einführen können. Dasselbe Problem hatte sich früher den Babyloniern ebenfalls gestellt. Sie lösten die Aufgabe durch eine raffinierte philosophisch-theologische Dichtung. Darin werden alle Glaubensüberlieferungen in bezug auf den Ursprung der Götterwelt, die Erschaffung des Universums und der Menschen neu redigiert, wobei, dies ist der springende Punkt, Gott Marduk die Rolle des Schöpfers und Ordners des Universums zugewiesen bekam! Es handelte sich um eine riskante Umdeutung. Aber es war ja die Versammlung der Götter, die Marduk zu ihrem neuen und unbestrittenen Haupt wählte! Von jenem Moment an war jede Entscheidung ihm überantwortet.

Jedes Jahr, beim Fest des Neuen Jahres, wenn die Apotheose Marduks, seine Ernennung zum Herrn der Götter, gefeiert wird, deklamiert man auch die «enuma elisch»-Dichtung. So wird ihm sein göttliches Mandat erneuert. Doch bei dieser Gelegenheit will auch das irdische Königsamt erneuert sein. Auf solche Weise wird Marduk zum wahren und einzigen Richter über das Königtum. Sicher, es handelt sich um Rituale, aber doch um Rituale, die vom ganzen Volk mitempfunden werden.

Nun also verspüren auch die assyrischen Herrscher die Notwendigkeit einer Königsweihe durch Gott Marduk. Dank der Einführung des Kultes, der seinem Sohn gewidmet ist, kann auch Marduk, die Inschriften bezeugen es, in Assyrien Einzug halten. Das Königtum Assyriens erhält damit jene universelle Ausrichtung, die ihm bisher fehlte. Als Folge der Religionsreform wird künftig das Fest des Neuen Jahres nicht nur in Babylon, sondern ebenso in Ninive begangen werden; auch die assyrischen Könige erhalten fortan die jährliche Weihe und Erneuerung durch Gott Marduk. Der schwierigste Schritt des ganzen Prozesses ist somit getan: Die Assyrer haben die Vorherrschaft Marduks über Assur, ihren eigentlichen Staatsgott, akzeptiert. Der König Assyriens fühlt sich zudem von nun an durch seine Marduk-Investitur berufen, nicht nur über Assur, sondern auch über Babylon zu regieren. Wenn die Unterwerfung unter Marduk als ein Nachgeben Assyriens zugunsten der babylonischen Glaubensanschauungen gedeutet werden konnte, so gab dieser Schritt den Königen im Norden doch die Möglichkeit, sich legitimerweise zu *Herrschern über Assur und Babylon* zu erklären – was sie künftig denn auch regelmäßig taten!

Das andere Ziel, das sich Sammuramat gesetzt hatte, indem sie den Kult Nabus einführte, war die Hebung des kulturellen Niveaus der Assyrer. Wie weit ist ihr das geglückt? Um diese Frage stichhaltig beantworten zu können, müßte man alle literarischen und philosophisch-theologischen Werke genauer betrachten, die in Assurbanipals Bibliothek zu Ninive aufgefunden wurden. Wobei es oft sehr schwer fallen dürfte, die eigentliche Herkunft von vielen der Schöpfungen auszumachen, die uns nur durch die geduldige und akribische Arbeit der Schreiber des aufgeklärten assyrischen Königs überliefert sind. Jedenfalls darf gesagt werden, daß die Dokumente, die man aus den Bibliotheken der assyrischen Hauptstädte ans Licht brachte, Zeugen dafür sind, wie weit auch hier der Fortschritt gediehen war.

Mit dieser religiösen Reform – die gerade deshalb so ehrgeizig und diffizil war, weil sie eigentlich religiöse, dann aber auch politische und kulturelle Ziele verfolgte – hat Assyriens Regentin Sammuramat ihr Werk als Herrscherin zum Abschluß gebracht. Die Schwiegertochter Salmanassars III., die Mutter Adad-nararis III. hat alles getan, um das Fortbestehen der Dynastie zu sichern, um ihrem Volk den Frieden zu bewahren, um die Assyrer von Kriegern, welche bloß ans Erobern dachten, zu weisen Hirten der Völkerschaften umzuwandeln. Vielleicht das größte Lob ihres Wirkens kann man in der Semiramis-Legende finden: Wie Ninos Ninive stiftete, so gründete Semiramis Babylon – wodurch beide Reiche untrennbar und für immer aneinander gebunden wurden. Und genau dies war der Wunschtraum der Syrerin, die Königin Assyriens wurde.

XVII

DER VORHANG FÄLLT

Semiramis verläßt die Szene

Aus der Inschrift, die der Gouverneur von Kalchu, Bel-tarsi-ilumma, auf der Nabu-Statue anbringen ließ, wird ersichtlich, daß die Königinmutter Sammuramat zum Zeitpunkt der Einweihung des neuen Tempels – den Adad-narari III. anläßlich der Religionsreform dem Gott errichtete –, also im Jahr 787 (dies laut Angabe des Eponymenkanons) noch am Leben war. Es handelt sich dabei um die letzte Information, die uns die offiziellen assyrischen Quellen zu Sammuramat liefern. Von diesem Moment an verschwindet Sammuramat von der politischen Bühne. Wir dürfen annehmen, daß sie einige Jahre später gestorben ist.

Die Umstände des Todes von Sammuramat, der geschichtlichen Semiramis, sind *gänzlich ins dunkel* getaucht. Das ist freilich gute assyrische Tradition: Die Könige dieses Reichs kommen und gehen, und in den meisten Fällen enthüllen uns die Quellen die Geschehnisse nicht, die sich vor oder nach ihrer eigentlichen Regierungszeit ereigneten. So entzieht sich Sammuramat eines Tages unserm Blick, ohne daß wir irgend etwas über ihren Tod erfahren. Den Archäologen gelang es auch nicht, ihr Grab ausfindig zu machen, das sich aller Wahrscheinlichkeit nach in Assur befand, in der Königsgruft, wo auch ihr Gefährte Schamschi-Adad V. seine letzte Ruhestätte hatte.

Ohne fehlzugehen, dürfen wir behaupten, daß dieselbe Zurückhaltung, die die ganze Regentschaft Sammuramats gekennzeichnet hat, sich auch in den letzten Ereignissen ihrer Lebensbahn wiederfindet. Daß sie bis zuletzt auf die wichtigen Staatsgeschäfte Einfluß genommen hat, läßt sich gerade auch an der von ihr gewünschten Religionsreform ablesen, die ja erst viele Jahre nach der eigentlichen Machtübergabe an den nunmehr volljährig gewordenen Sohn verwirklicht wurde. Es ist undenkbar, daß eine Frau von derart starker Persönlichkeit wie Sammuramat plötzlich alles Interesse am Gang des Staates verloren hat, auch glauben wir nicht, daß ihr der Sohn feindlich gegenüberstand. Die Ernennung

Schamschi-ilus zum Turtanu durch Adad-narari III. zeigt, daß die Ansichten von Mutter und Sohn übereinstimmten. Nach der Einweihung des Tempels zu Ehren Nabus konnte sich die Königinmutter sagen, daß es nunmehr Zeit sei, sich ganz zurückzuziehen vom öffentlichen Leben, um diese Verantwortung nun vollständig dem reifen Sohn und dem Rat der Großen zu überlassen. Sie konnte zufrieden auf ihre nicht allzulange, aber intensive politische Laufbahn zurückblicken – ihr Einsatz für die Dynastie und für das Reich war erfolgreich gewesen. Wenn sie von den Fenstern ihres Palastes abends die goldfunkelnden Fluten des Tigris betrachtete, brauchte sie die wunderbaren Wellen des Mittelmeers nicht zu beweinen, die ihre Kindheit und Jugend begleitet hatten.

Nie werden wir erfahren, ob die alt gewordene Sammuramat die Zeit der Ruhe nach den Jahren der Verantwortung und Hektik hat genießen können. Wie sie gleichsam aus dem Nichts aufgetaucht war, so verschwindet sie nun für immer. Einzig ihre große Wirksamkeit für Assyrien bleibt als Denkmal zurück.

Dem völligen Verstummen der offiziellen assyrischen Quellen in bezug auf die letzten Lebensjahre und den Tod Sammuramats antworten die legendenhaften Überlieferungen mit um so stärkerer Beredtheit. Semiramis, Ninos' Gattin, wird dabei zu einer Figur, deren Umrisse *ebenso phantastische wie unbeweisbare Formen* annehmen. Semiramis wird zu einer Symbolgestalt, sie ist die Frau, die die Geschicke eines Reiches in Händen hält, sie übertrifft dabei die Männer sowohl in den Kriegstaten wie auch in den zivilen Leistungen, dabei bleibt sie freilich eine Frau, deren sexuelle Begierden gestillt sein wollen.

Alle literarischen Quellen zeichnen das Verhältnis von Semiramis zu ihrem Sohn Ninyas als konfliktgeladen. Bevor wir sie einzeln durchgehen, muß nochmals in Erinnerung gerufen werden, was wir immer wieder feststellen konnten: Die assyrischen Quellen – die sich naturgemäß über die privaten Beziehungen ausschweigen – lassen nur den Schluß zu, daß zwischen Sammuramat und Adad-narari III. auf der politischen Ebene eine völlige Übereinstimmung der Meinungen herrschte. So daß es auch schwerfällt, die eigentliche Urheberschaft mancher Reformen jener Jahre auszumachen. Auch die bilderstürmerische Auslöschung der Inschrift von Nergal-eresch – wir glauben stichhaltig bewiesen zu haben, daß diese Tat erst nach der Regierungszeit von Adad-narari III. anzusetzen sei – kann nicht als Indiz eines Zwiespalts zwischen Mutter und Sohn betrachtet werden.

Die griechischen und lateinischen Quellen, um von den armenischen nicht zu reden, schildern die Übergabe der Macht von der Regentin an den jungen König nicht als etwas Normales, sondern als Folge eines traumatischen Gewaltaktes des Sohnes gegen die Mutter. Das solcherart entworfene Bild entbehrt nicht einer eigenen Folgerichtigkeit: Semiramis wird zwar ihrer Leistungen wegen bewundert, man betrachtet sie aber trotzdem als deplaziert auf dem assyrischen Thron. Und zwar gilt das nicht bloß für jene Überlieferungen, die sie durch einen eigentlichen Staatsstreich zur Macht gelangen lassen (Athenaios, Plutarch und andere), sondern auch für die Tradition von Ktesias/Diodor, die die Königsgewalt nicht einer Frau zuzugestehen scheint, was da und dort in der Literatur eine Bestätigung erfährt. Das strengste Urteil hat Cicero gefällt, als er vor dem Senat den Konsul von Syrien mit folgenden Worten verdammt: «Wie lange noch werden wir jene Semiramis ertragen?» In diesem Satz äußert sich überdeutlich sein ganzes Mißtrauen, ja seine Verachtung gegenüber der Frau, die er für unfähig hält, den Staat zu regieren. Es ist gut, daß Alexander der Große und Julius Caesar darüber eine ganz andere Meinung hatten! Wie man übrigens bei Arrian nachlesen kann, bildete die Machtausübung durch Semiramis für den ganzen Orient einen Präzedenzfall, der dann auch nachgeahmt wurde. Gerade durch ihre Erfolge war Semiramis bei denjenigen, die das Königsamt für ein männliches Vorrecht hielten, unbeliebt. Da in der Antike nur wenige Frauen das Herrscheramt innehatten, konnte man auch Semiramis nicht ohne Widerstände akzeptieren.

Die Außerordentlichkeit einer weiblichen Herrschergestalt einerseits, die so überaus blutige geschichtliche Wirklichkeit andererseits gestatten es, die Thronbesteigung von Ninyas, dem Sohn der legendären Semiramis, innerhalb eines bedeutend weniger irrealen Umfeldes festzulegen, als es auf den ersten Blick scheinen mochte. In fast allen Überlieferungen stirbt Semiramis durch die Hand ihres Sohnes. Doch die angeführten Motive für diesen Muttermord sind recht unterschiedlich, so daß man mindestens von drei Traditionssträngen sprechen darf.

Die am meisten übernommene Version stammt von Ktesias/Diodor. Dort wird nach dem Bericht über den tragisch verlaufenen Krieg gegen Indien in nur zwei Paragraphen vom Ende von Semiramis' Herrschaft und von der Machtergreifung durch Ninyas gesprochen:

«Nicht lange danach ließ Ninyas, ihr Sohn, ihr durch einen Verschnittenen nach dem Leben trachten. Da erinnerte sie sich an den Spruch des

Amun und tat dem Frevler nichts zuleide, sondern übergab ihm vielmehr die Herrschaft und befahl den Statthaltern, ihm zu gehorchen. Und sofort danach verschwand sie, gleich als wäre sie zu den Göttern gegangen, wie das Orakel es verheißen hatte.»

Nach Diodor wollte Ninyas also seine Mutter umbringen lassen; das Attentat mißlingt, doch Semiramis tritt trotzdem die Macht an den Sohn ab und verschwindet auf geheimnisvolle Weise aus dieser Welt. Zweimal bezieht sich Diodor auf einen Orakelspruch von Amun, der Semiramis ihr Ende vorhergesagt habe; während ihres Aufenthaltes in Ägypten hatte sie die Gottheit über ihre Zukunft befragt:

«Sie besuchte auch das Amun-Heiligtum, um den Gott über ihr Schicksal auszufragen. Dieser soll ihr geweissagt haben, daß sie von den Menschen verschwinden und bei einigen Völkern Asiens unsterblich als Göttin verehrt würde; das aber werde geschehen, wenn ihr Sohn Ninyas einen Anschlag auf ihr Leben ausführe.»

Diodor beruft sich zwar auf den Orakelspruch, doch seine sehr generelle Umschreibung des Sachverhalts bedeutet lediglich, daß Semiramis starb. Das Orakel hingegen sagte voraus, daß sie als Göttin verehrt werden würde; vielleicht deshalb bemüht sich Diodor selbst, weitere Versionen ihres Endes anzuführen:

«Einige allerdings erzählen die Legende, sie habe sich in eine Taube verwandelt und sei, zusammen mit vielen anderen Vögeln, die an ihrem Haus das Nest gebaut hatten, weggeflogen. Von daher komme es, daß die Assyrer die Tauben als Gottheiten verehrten, weil diese eben Semiramis unsterblich gemacht hätten. Diese Frau, die, mit Ausnahme der Inder, über ganz Asien geherrscht, beschloß auf jene Art ihr Leben, nachdem sie 62 Jahre gelebt und 42 Jahre als Königin regiert hatte.»

So endet die Geschichte der Semiramis, wie sie begonnen: Die Tauben hatten das von der Mutter Derketo in Askalon ausgesetzte Kind ernährt und großgezogen, die Tauben werden ihre Gefährtinnen bei ihrem Weggang. Semiramis, Tochter einer Göttin, darf nicht als menschliches Wesen enden. Darum wird sie nach ihrem Tod zur Göttin in der Gestalt einer Taube. Die syrischen Gelehrten meinten, in ihrem Namen spiegle sich das wider.

Dieselbe Tradition findet sich in den «Metamorphosen» des Ovid und im Werk «De dea Syria» von Lukian sowie bei vielen anderen antiken Autoren wieder. So bei Athenagoras von Athen: «Und die Tochter von Derketo, Semiramis, eine wollüstige und blutdürstige Frau, gilt als syrische Gottheit, und Derketos und der Tauben und Semiramis wegen wird sie von den Syrern verehrt. Es ist freilich unmöglich, daß sich die Frau in eine Taube verwandelt hat. Das Märchen bei Ktesias.»

Besonders die Religionshistoriker haben sich mit diesem Ende der Semiramis beschäftigt, um Parallelen zu finden zu solcher Entrückung aus dem realen Leben in die göttliche Sphäre. Man verglich sie mit der mesopotamischen Göttin des Kampfes und der Liebe Ischtar, mit der westsemitischen Fruchtbarkeits- und Kriegsgöttin Astarte oder mit Aphrodite aus der klassischen Antike. Es ist hier nicht der Ort, um diesen interessanten Aspekt der komplexen Semiramis-Figur weiterzuverfolgen. Jedenfalls kann ich nicht so kategorisch sein wie Lenormant, der seine wichtige Studie mit der Feststellung schließt: «Semiramis muß völlig aus der Geschichte gestrichen und in den mythischen Bereich verwiesen werden.»

Die anderen Überlieferungen zum Ende von Semiramis sind insofern menschlicher, als sie uns wieder zu den Niederungen dieser Welt hinabführen. Semiramis wird von ihrem Sohn Ninyas getötet, nachdem sie blutschänderisch bei ihm gelegen oder es zumindest versucht hat. Justin schreibt: «Endlich, da sie sich mit dem Sohn liebend vereinigen wollte, wurde sie von ihm getötet; sie hatte während 32 Jahren nach Ninos regiert.» Nach Justins Worten scheint es beim Inzestversuch geblieben zu sein, den der Sohn durch Muttermord beendete. Justins ganze Erzählung gründet sich auf die Unordnung im Geschlechtlichen: Semiramis spielt die Sohnesrolle, um regieren zu können; zum Schluß im besonderen wird sicher auch die von allen dieser Königin zugeschriebene entfesselte Wollust mitgewirkt haben.

Für Orosius hingegen und alle die Schriftsteller, die sich auf ihn beziehen, kann kein Zweifel bestehen am Tatbestand des Inzestes. Nachdem er auf das zügellose Leben von Semiramis, die alle ihre Geliebten getötet, hingewiesen hat, berichtet Orosius von ihrer Blutschande mit dem Sohn, wobei sie, um die Abscheulichkeit ihrer Tat zu vertuschen, befahl, es solle sich niemand an die Gesetze der Natur halten. Orosius sagt nicht, Ninyas habe die Mutter getötet, aber die Schriftsteller, die seine Erzählung aufnehmen, so der heilige Augustinus: «Bei jenen herrschte der Sohn von Ninos, der der Mutter Semiramis nachfolgte, von der gesagt wird, sie sei – des Inzestes schuldig – vom Sohn getötet worden.» Petrarca knüpft gleich zweimal an diese Tradition an. Zunächst im «Triumph der Liebe» (III, 73 ff.):

> «Sieh drei schöne Liebende:
> Prokris, Artemisia mit Deidamia,
> und gleichviel freche Frevlerinnen:
> Semiramis, Byblis und die schuldige Myrrha,
> wie eine jede sich zu schämen scheint
> ihres unerlaubt' und krummen Weges.»

Die Nähe, in die Petrarca Semiramis zu Byblis und Myrrha rückt, die eine machte sich der Blutschande mit ihrem Bruder, die andere mit ihrem eigenen Vater schuldig, zeigt dem Leser an, daß auch die assyrische Königin ein ähnliches Vergehen begangen haben muß. Ganz deutlich wird Petrarca im «Familiarum Rerum Libri IX»: «Wir lesen von vielen, die sich mit ihren Schwestern vereinigten und ein zweites Mal in den Bauch ihrer unglücklichen Mütter eindrangen, und die Erinnerung daran ist unangenehm. In diesen Zusammenhang gehört Semiramis' Tat, die in bereits vorgeschrittenem Alter sich zu ihrem Sohn legen wollte, worauf er, grausam züchtig, sie tötete.» Hier scheint Petrarca weniger die Tradition von Orosius als die von Justin aufzunehmen. Ebenso wie Ariost im «Rasenden Roland», wenn er Fiordispina, die Bradamante liebt, klagen läßt (XXV, 36):

> «Im Meer und in der Luft und auf dem Lande
> Hast du nur mir so bittre Qual verschafft,
> Und deshalb nur, daß ich mit diesem Brande
> Ein Beispiel sei von deiner höchsten Kraft.
> Semiramis liebt' ihren Sohn mit Schande,
> Den Vater Myrrha, schnöd und lasterhaft;
> Des Minos Gattin buhlte mit dem Stiere;
> Doch meine Lieb ist törichter als ihre.»

Auch Dante, auf den wir noch zu sprechen kommen, ist sich des Inzestes der Semiramis bewußt (obwohl er es nicht ausdrücklich sagt), denn er zitiert Orosius fast wörtlich.

Während die bisher angeführten Autoren für die verbrecherische Tat des Sohnes Ninyas fest umrissene Motive liefern, gibt es einen weiteren Traditionsstrang, dessen Vertreter uns einfach berichten, Ninyas habe die Mutter getötet, ohne näher anzugeben, warum er dies tat, oder höchstens mit der Bestimmung: «um sich zu rächen». Kephalion bei Eusebios berichtet uns, Semiramis sei, nachdem sie selbst die Söhne aus erster Ehe getötet habe, ihrerseits von ihrem letzten Sohn Ninyas umgebracht worden. Moses von Chorene erzählt, die Königin habe Krieg gegen Zarathustra geführt, um ihn unter ihre Macht zu bringen; als dies aber mißlang, sei sie nach Armenien geflüchtet. Ninyas habe da den Moment erblickt, sich für das erlittene Unrecht zu rächen, und tötete die Mutter. Erinnern wir uns, daß auch in den Werken von Calderón und Rossini Semiramis durch die Hand des Sohnes stirbt, allerdings nur aus einem Irrtum heraus. Moses von Chorene weiß, neben der eben angeführten Überlieferung von der Tötung der Königin durch den Sohn, noch von einer lokalen armenischen Fabel zu berichten: Semiramis flieht nach ihrer Niederlage gegen Zarathustra zu Fuß, qualvoll sucht sie nach Wasser, um ihren brennenden Durst zu löschen, da wird sie von dolchbewaffneten Soldaten eingeholt. Nun wirft Semiramis den Talisman ins Meer; darüber dichtete man später das Lied «Der Semiramis Perlen im Meer». Und der Schriftsteller fährt fort: «Liebst du die Märchen? Dann vernimm dieses: Semiramis in Stein verwandelt, noch vor Niobe.» Eine weitere Tradition also in bezug auf Semiramis' Ende: hier wird die Königin zum Felsen.

Die gesamte griechische Überlieferung behält der legendären Semiramis ein tragisches Ende vor, das lediglich bei Ktesias so feinfühlig beschrieben wird, daß es nicht grausam erscheint. Ktesias sagt, daß die Herrschaft von Ninyas friedlich verlief, da der Sohn nicht die kriegerischen Eigenschaften der Mutter besaß. Er verbrachte seine ganze Zeit mit den Konkubinen und Eunuchen, der Wollust und dem Nichtstun hingegeben, glücklich, das Reich von der Mutter geerbt zu haben. Er befahl eine jährliche Aushebung im Land, aber immer neuer Soldaten; einzig die Kommandanten sollten ihre Posten behalten. So wurden die Feinde durch ein großes assyrisches Feldlager abgeschreckt – die Generäle von Ninyas aber konnten ihre Macht nicht festigen, denn jedes Jahr mußten sie mit anderen Soldaten vorlieb nehmen. Ninyas brauchte nicht um seine Königskrone zu bangen. Dies alles und daß niemand den König je zu Gesicht bekam verbreitete im ganzen Reich gleichsam eine heilige Angst, die sicher nicht zu Revolten reizte. Konziser, doch ebenso negativ das Urteil Justins: «Ihr Sohn Ninyas war mit dem von den Eltern eroberten Reich zufrieden und gab alle kriegerischen Beschäftigungen auf; als ob er sein Geschlecht mit jenem der Mutter verwechselt hätte, ließ er sich nur selten unter den Männern sehen – er wurde alt inmitten von Frauen.»

Wie weit haben sich solche Beschreibungen von der geschichtlichen Semiramis, von Sammuramat, entfernt! Auch die Persönlichkeiten der beiden Söhne – des historisch belegten Adad-narari III. und des legendären Ninyas – sind derart verschieden, daß auch die geringste Ähnlichkeit schwindet. Adad-narari ist gleich der Mutter eine Kriegernatur, Ninyas ist nichts als feig und gierig.

Mit den angeführten Überlieferungen dürften aber kaum alle «Geschichten» zum Ende von Semiramis erfaßt sein. Ich bin überzeugt, daß nur ein Teil der märchenhaften Erzählungen zu ihrem Tod bis zu uns gelangt sind. So bezieht sich Plutarch auf eine andere Tradition, wenn er in den «Moralia» berichtet:

«Semiramis ließ ein großes Grabmal für sich errichten, worauf sie die Inschrift eingravierte: ‹Ein jeder König, der sich in Geldnöten befinden wird, möge dieses Grab öffnen und entnehme ihm, soviel er wünscht.› Dareios las die Inschrift und brach das Grabmal auf, doch er fand kein Geld. Statt dessen fand er darin eine weitere Inschrift, die so lautete: ‹Wärest du nicht ein widernatürlicher Mensch mit einer unstillbaren Geldgier gewesen, hättest du den Ort nicht gestört, wo die Toten ausruhen.›»

Diese Anekdote zeugt von bissigem Humor, den jene Frau vielleicht wirklich besessen hat. Jedenfalls ein Indiz, daß irgendwo ein Grabmal gestanden haben mußte, das als dasjenige der Semiramis bezeichnet war. Nach dieser Anekdote ruhte Semiramis in einer großen Grabstätte, einer Art Entsprechung zum Mausoleum, das sie ihrem Gemahl Ninos in der Ebene von Ninive hatte errichten lassen.

Das wäre eigentlich das Ende, das man sich für Semiramis, die erste souveräne Frau von ganz Asien, erwartet hätte: einen Tod und ein Begräbnis, der Würde der ersten Kaiserin der Welt angemessen. Angemessen auch der Gattin von König Ninos. Nichts von alledem gönnt die Überlieferung Semiramis. Sie muß lautlos verschwinden, nur vom Haß des Sohnes und Nachfolgers begleitet, der vor dem Muttermord nicht zurückschrak, um den Thron zu erklimmen. Darum gewinnt jene Überlieferung, die Ktesias bloß der Vollständigkeit halber anführt, einen ganz eigenen Wert: Semiramis wird zu einer Göttin in Taubengestalt, und so bleibt die Erinnerung an sie in vielen Ländern des Orients wach, wie es der Orakelspruch von Gott Amun geweissagt hatte.

Die griechischen Legenden können uns somit keine Hilfe leisten bei der Beantwortung der Frage, wie die historische Semiramis, Sammuramat, ihr Leben wirklich beendet hat. Das Stillschweigen, das diese Gestalt einhüllt, bleibt ungebrochen. Vielleicht konnte nur eine Göttin das verwirklichen, wessen Semiramis – die Frau vom Mittelmeer – fähig war, «an Wert nicht nur die Frauen, sondern auch die Männer zu übertreffen».

XVIII

DIE LEGENDE WEITET SICH AUS

Semiramis und die Hängenden Gärten von Babylon

Beim Lesen aller Aussagen der klassischen Autoren kann man den Kern nicht ausmachen, der sich, ständig angereichert, zum größten Roman des Altertums entwickelt hat, jenem der Königin Semiramis. In ihn sind, dies steht fest, verschiedene, auch widersprüchliche Traditionen eingeflossen. Semiramis wurden auch die Werke anderer Könige zugeschrieben – weil sie als die bedeutendste Frau aller Zeiten erschien, deren Geist und Wert auch jenen der Männer übertraf, weil sie die *Königin par excellence* war. Der von Ktesias erzählte Roman, dem wir hier folgen werden, ist ganz auf die Konfrontation dieser beiden Herrschergestalten ausgerichtet: Ninos, der erste Imperator, und Semiramis, die erste Frau an der Macht. Was uns der griechische Arzt mitteilt, ist ein Duell auf Distanz, bei dem die zwei Widersacher sich gegenseitig mit ihren zivilen Bauten und militärischen Operationen zu überbieten trachten. Ninos errichtet Ninive, Semiramis erbaut Babylon, Ninos bekämpft den König des fernen Baktriens, Semiramis führt Krieg gegen den König des noch ferneren Indiens. Diesen spannenden Wettlauf gewinnt schließlich die Heroine Semiramis.

Ihre Herrschaft, die 42 Jahre gedauert hat, ist eine kontinuierliche Abfolge von Ereignissen; so fügt sich Steinchen an Steinchen zu einem Mosaik mannigfaltigster Farben, auf dem voller Ruhmesglanz das Bild dieser Frau erstrahlt.

Kaum ist sie auf den Thron gelangt, beginnt Semiramis, «deren Geist von Natur aus auf große Dinge gerichtet war, mit dem Bau einer Stadt in Babylonien, um den Gatten mit ihrem Ruhm zu überflügeln». So setzt der Bau Babylons ein, der neuen Hauptstadt, die an Größe und Schönheit zumindest an Ninive heranreichen sollte. Von überallher läßt sie Bauleute kommen, 200 Myriaden [zwei Millionen], und rüstet sie mit allem nötigen Material aus. Die Bauzone wählt sie derart, daß der Euphrat mitten durch die neue Stadt fließen wird. Dann beginnt man mit der Errichtung der Stadtmauern, deren Umfang 360 Stadien betrug, also rund 65 Kilometer. Diodor bemerkt dazu, daß nach Kleitarchos die Stadien 365 waren, weil die Königin die Anzahl der Tage im Jahr erreichen wollte. Die aus Tonziegel hochgezogenen Mauern hatten eine Höhe von 90 Metern, ihre Breite gestattete das Kreuzen zweier Wagen. Insgesamt 250 Türme verteilte sie in regelmäßigen Abständen: ihre Höhe und Stärke entsprach der Wucht der Mauern. Zwischen der Stadtmauer und den Wohnhäusern ließ sie eine 60 Meter breite Straße anlegen. An der schmalsten Stelle des Euphrats erbaute sie eine 900 Meter lange Brücke; sie ruhte auf kunstvoll in den Fluß gesenkte Stützpfeilern im Abstand von 3,6 Metern. Die Pfeiler waren keilförmig, um den Druck des heranströmenden Wassers abzulenken; deren Bausteine wurden durch Eisennägel zusammengehalten.

An den Enden der Brücke erbaute Semiramis zwei wunderbare Paläste. Der Umfang desjenigen, der nach Westen gerichtet war, betrug 10,8 Kilometer; hohe Mauern aus Backsteinen umgaben ihn. «Innerhalb dieses Mauerrings errichtete die Königin eine weitere runde Mauer aus Lehmziegeln: darauf waren die verschiedensten wilden Tiere abgebildet in natürlicher Größe und meisterhaft bemalt.» Eine dritte Verteidigungsmauer machte aus dem Palast eine eigentliche Festung. Auch auf den Türmen und Mauern waren Tiere in großer Zahl und bis zu zwei Metern Höhe dargestellt: eine Wildtierjagd. Semiramis ließ sich auch selber abbilden, wie sie hoch zu Pferde mit einem Wurfspieß einen Panther erlegt; neben ihr der Gemahl Ninos, der mit einer Lanze eben einen Löwen abschießt. Die Palasttore aus Kupfer und Bronze wurden mechanisch geöffnet. Im zweiten, kleineren Palast konnte man zwei Standbilder von Ninos und Semiramis bewundern sowie solche von hohen Beamten und von Gott Belos. Ferner waren Kriegs- und Jagdszenen dargestellt «zur großen Freude der Betrachtenden».

Am erstaunlichsten kamen die architektonischen Fähigkeiten der legendären Semiramis in einem Tunnel unter dem Euphrat zur Geltung. Sie ließ dazu den Flußlauf umleiten (das Wasser staute sie in einem künstlichen Becken) und konnte darauf im Tagbau eine 4,5 Meter breite Straße durch das Flußbett anlegen. Darüber spannte sie ein Gewölbe aus gebrannten Ziegeln, das mit ausgekochtem Erdpech wasserdicht verstrichen wurde. Als alles fertiggestellt war, ließ sie die Wasser des Euphrats wieder in ihr altes Flußbett fließen.

Wie jedem Herrscher oblag auch Semiramis die Sorge für die religiösen Bauwerke. Sie errichtete ein Heiligtum für Zeus, den Belos der Babylonier: die große Zikkurat, ein Terrassentempel, der als Babylonischer Turm in die Geschichte eingegangen ist. Er war so hoch, daß man von seiner Plattform aus die Bewegungen der Sterne studieren konnte. Dort stellte sie drei goldene Bildsäulen auf: Zeus, Hera und Rhea. Die Zeusstatue war 12 Meter hoch und wog 1000 babylonische Talente. Rhea war sitzend dargestellt, bei ihren Knien standen zwei Löwen und daneben krochen silberne Schlangen. Vor den drei Gottheiten war ein goldener Tisch plaziert; darauf standen zwei Becher, 30 Talente im Gewicht, und zwei Weihrauchgefäße, ferner drei goldene Mischkrüge, der eine 1200, die andern zwei je 600 Talente schwer.

So schließt Diodor den Bericht über diese wunderbaren Werke: «Das alles raubten später die Könige der Perser; die Paläste aber und die anderen Bauwerke hat die Zeit entweder völlig dem Erdboden gleichgemacht oder zu Ruinen verwandelt, und auch von der Stadt Babylon selbst wird jetzt nur ein kleiner Teil bewohnt: der Raum innerhalb der Mauern ist meist bebautes Ackerland.»

Das nach Ktesias Beschreibung von Semiramis erbaute Babylon wird von den Gelehrten einhellig als die Stadt identifiziert, wie sie sich zur Zeit von Nebukadnezar II. präsentierte, die Stadt, welche von den Persern unter Kyros erobert wurde und später dann von Alexander dem Großen. Die von R. Koldewey geleiteten Grabungen haben das Stadtbild der neubabylonischen Periode ans Licht gebracht. Daraus geht hervor, daß die oben gelieferte Beschreibung Babylons auf einer Kenntnis durch Augenschein beruhte. Neben Palästen, Tempeln und den wuchtigen Mauern fand man auch die Pfeiler, auf denen die Flußbrücke abgestützt war. Man entdeckte auch die prächtige und wunderbare Prozessionsstraße. Sie begann am Ischtar-Tor, das ganz mit Emailkacheln überzogen war, die in den Farben Gelb und Blau Stiere, Löwen und Greifen abbildeten, und sie endete im heiligen Bezirk der Stadt, wobei sie am Königspalast und an den Hängenden Gärten entlangführte. Die Straße war von hohen Mauern gesäumt, auch sie mit farbigen Fliesen ausgeschmückt.

Daß diese Stadt kein Werk der Semiramis war, wußte man schon in der Antike. Herodot erinnert lediglich an das imponierende Kanalisationswerk am Fluß sowie an das «nach Semiramis benannte Tor», das man wahrscheinlich mit dem Ischtar-Tor gleichsetzen kann. Doch die Legendentradition hat sich – trotz den Protesten von Berossos und dem Widerspruch von Augustin sowie anderer antiker Autoren – durchge-

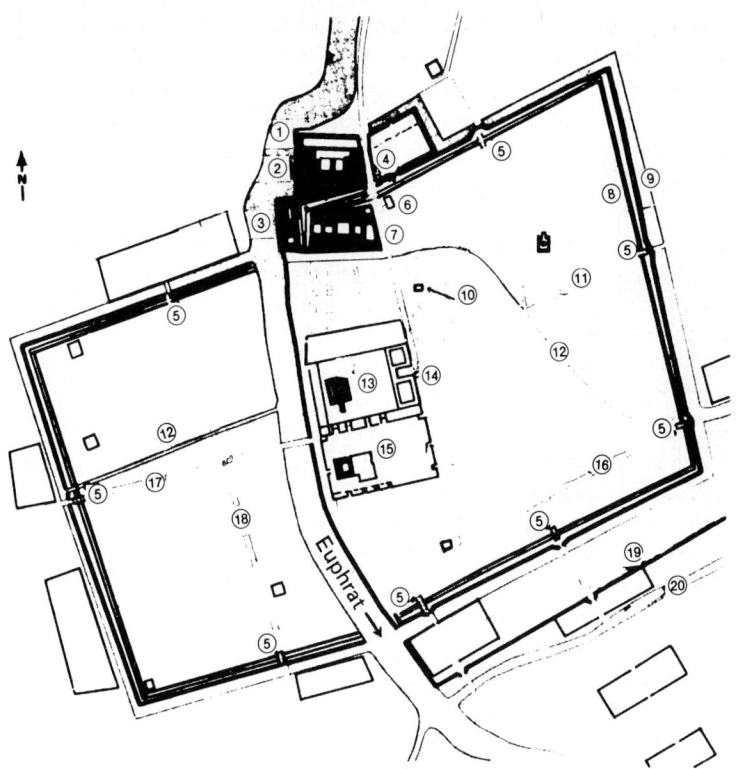

Plan von Babylon.

1 Nördliche Festung.	*11 Marduk-Straße.*
2 Museum.	*12 Kanal.*
3 Südliche Festung.	*13 Zikkurat (Turm von Babel).*
4 Ischtar-Tor.	*14 Prozessionsstraße.*
5 Tor.	*15 Marduk-Tempel.*
6 Ninmach-Tempel.	*16 Zababa-Straße.*
7 Palast von Nebukadnezar.	*17 Adad-Straße.*
8 Innere Mauer.	*18 Schamasch-Straße.*
9 Äußere Mauer.	*19 Äußere Mauer von*
10 Tempel der Göttin	*Nebukadnezar.*
Ischtar von Akkade.	*20 Neuer Kanal.*

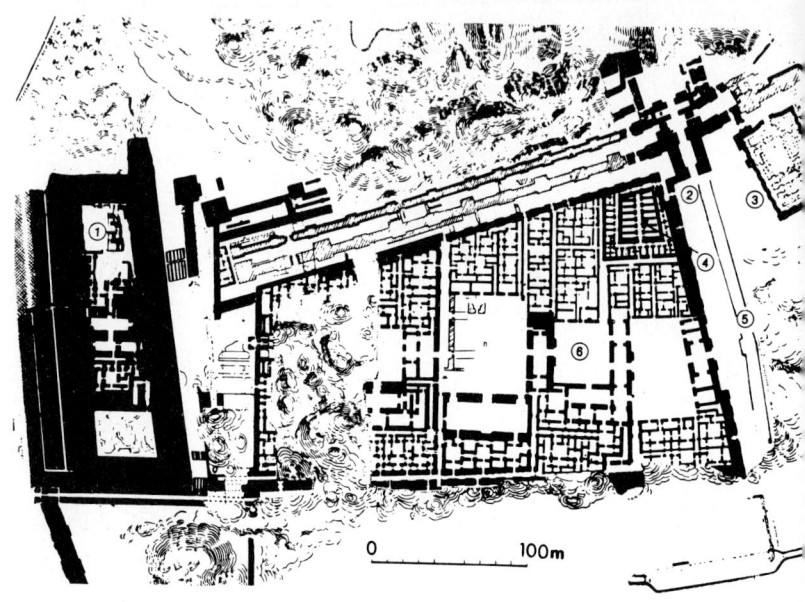

Plan des Palastes von Nebukadnezar II.
mit den Hängenden Gärten.

1 Südliche Festung.
2 Ischtar-Tor.
3 Ninmach-Tempel.
4 Hängende Gärten.
5 Prozessionsstraße.
6 Palast von Nebukadnezar II.

setzt und behauptet, die Königin Assyriens habe die Stadt Babylon gegründet.

Noch ein anderes Werk wird ihr zugeschrieben, diesmal nicht von Ktesias/Diodor, sondern von Strabon, der es sogar unter die Sieben Weltwunder einreiht: die Hängenden Gärten von Babylon. Es handelt sich dabei um einen über einer Gewölbekonstruktion angelegten Park, der mit prächtigen exotischen Bäumen bepflanzt war und wo man, umgeben von der sengenden Hitze der Stadt, Schatten und erfrischende Kühle fand. Das ganze für die Bewässerung des Parks benötigte Wasser wurde mit speziellen Winden vom Fluß heraufgeholt. Koldewey glaubt den Unterbau der Hängenden Gärten im nordöstlichen Palastteil gefunden zu haben, in der Nähe des Ischtar-Tores. Andere Forscher wie etwa Wiseman möchten sie an anderer Stelle lokalisieren, doch niemand bezweifelt, daß es sie wirklich gegeben hat. Nebukadnezar selbst berichtet, er habe die Hängenden Gärten für eine seiner Konkubinen angelegt, die aus Medien stammte, weil sie Heimweh nach den Gärten ihres Landes verspürte. Und tatsächlich kommen die Terrassengärten ursprünglich aus dem iranischen Raum. Wir hörten von den Gärten der assyrischen Könige Assurnasirpal II. und Sanherib, doch jener in Babylon übertraf sie alle an kunstvoller Anlage und Schönheit.

Daß man gerade Semiramis Idee und Verwirklichung der Hängenden Gärten zuschrieb, verwundert uns kaum, denn sie galt ja als die Begründerin par excellence. Stellvertretend für viele andere sei hier Strabon zitiert: «Babylon wurde von Semiramis gegründet und zur Königsresidenz gemacht, wie Ninos Ninive gründete.» Es folgen weitere Städte: «Tyana, das unterhalb des Taurus und der Kilikischen Pforte liegt, ist auf einem Hügel der Semiramis erbaut», dasselbe gilt für «Zela [in Armenien], auf einem Hügel der Semiramis festungsartig errichtet». «Was Semiramis betrifft, so kann man neben ihren Werken in Babylon viele andere in der ganzen Welt erblicken; ich beziehe mich auf die Strebemauern, die man eben ‹Hügel der Semiramis› nennt, auf die Mauern und den Bau von Festungen mit Aquädukten und Becken für Trinkwasser, auf die ‹Hebevorrichtungen› zur Überwindung der Berge und auf die Kanäle für Flüsse und Seen, auf die Straßen und Brücken.» Es gibt in der Tat kein Land des Fruchtbaren Halbmondes und sogar darüber hinaus, das sich nicht eines Werkes der Semiramis rühmte. Die Stadt am Vansee in Armenien [heute Türkei], die noch heute ihren Namen trägt, soll sie gegründet haben, ja sogar eine europäische Stadt, nämlich Trier.

Wenn Semiramis als die Gründerin Babylons in die Legende eingegangen ist, so ist das eine Zuschreibung, die doch immerhin einen
wesentlichen Wahrheitskern enthält. Die geschichtliche Semiramis,
Sammuramat, hatte das Zusammengehen von Assyrern und Babyloniern gewünscht und durch die Einführung des Nabu- und Marduk-Kultes
in Assyrien auch gefördert. Die Legendenüberlieferung hat sie belohnt,
indem sie ihr den Ruhm zuerkannte, Schöpferin Babylons zu sein.

Doch Semiramis will nicht bloß als Stifterin großer sozialer Werke
weiterleben, sondern auch als Vollbringerin von bedeutenden Kriegstaten. Darum marschiert sie, nach der Errichtung Babylons, mit ihrem
Heer nach Medien und Persien, wo sie auf keinerlei Widerstand zu stoßen scheint, so daß sie ihr friedliches Aufbauwerk fortsetzen kann. Im
Unterschied zu Ninos gelangt sie bis nach Ägypten, Libyen und Äthiopien, die sie ihrer Herrschaft unterwirft. Doch Semiramis ist immer noch
nicht zufrieden, sie möchte eine militärische Unternehmung ausführen,
die sie unsterblich macht – so entschließt sie sich, Krieg gegen Indien zu
beginnen. Sie hatte nämlich «vernommen, daß das Volk der Inder das
größte von allen sei, die die Länder der Erde bewohnen, und daß es das
ausgedehnteste und schönste Land besitze». Zu jener Zeit herrschte
König Stabrobates über Indien; er befehligte ein riesiges Heer und
zudem viele gut ausgerüstete Elefanten, die in den Schlachten Angst und
Panik verbreiteten.

Semiramis bereitet sich planmäßig auf die Begegnung vor. Sie läßt in
allen ihren Ländern eine Generalaushebung durchführen und befiehlt
ihren Gouverneuren, sich im dritten Jahr in Baktra einzufinden, das als
Sammelplatz und Operationsbasis dienen soll. Ferner läßt sie aus Phönikien, Syrien, Zypern und anderen Ländern am Meer Schiffsbauer kommen; ihnen befiehlt sie, Flußschiffe zu zimmern, die man zerlegen kann.
Diese Schiffe konnten in Einzelteilen bis zum Indus gebracht und dann
an Ort und Stelle zusammengefügt werden. Dort sollten sie als Trans-
portmittel dienen wie auch zum Schutz der Soldaten, die den Fluß überquerten. Da Semiramis keine eigenen Elefanten aufbieten kann, ersinnt
sie eine geschickte Täuschung. «Sie ließ nämlich 30 Myriaden [300 000]
schwarze Ochsen aussuchen und gab deren Fleisch den Handwerkern
und den Dienern, welche mit der künstlichen Anfertigung jener Schein-
tiere beauftragt waren; die Häute aber ließ sie zusammennähen und mit
Heu ausstopfen, so daß eine Gestalt entstand, die die Art jener Tiere
getreulich nachahmte. Jedes dieser Gebilde hatte im Innern einen Mann,

der es lenkte, und ein Kamel, das alles trug. Wer das Trugbild aus einer gewissen Entfernung sah, mußte glauben, es handle sich um einen Elefanten.» Diese Vorbereitungen wurden streng geheim gehalten.

Wenn uns schon das Heer von Ninos in Erstaunen setzte, welches jener gegen Baktrien einberief, so bleiben wir nun sprachlos: «Die Größe des versammelten Heeres betrug, wie Ktesias von Knidos schreibt, 300 Myriaden [drei Millionen] Fußvolk, 50 Myriaden [500 000] Reiter und 10 Myriaden [100 000] Streitwagen. Reiter auf Kamelen mit vier Ellen langen Schwertern waren in gleicher Zahl wie die Streitwagen vorhanden. Sie hatte 2000 zerlegbare Flußschiffe erbauen lassen und für diese Kamele bereitgestellt, die die Fahrzeuge zu Lande transportieren mußten. Auch die Elefantentrugbilder wurden, wie schon gesagt, von Kamelen fortgetragen. Die Reiter führten ihre Pferde in die Nähe dieser Gebilde, um sie an den Anblick zu gewöhnen, damit sie vor dem wilden Äußeren nicht in Furcht gerieten.»

Stabrobates erfährt von diesen Zurüstungen und strengt sich an, seine Gegnerin noch zu überbieten. Er läßt 4000 Flußschiffe aus Rohr erbauen und veranstaltet Jagden auf wilde Elefanten, um seine Bestände aufzustocken. Der König der Inder schickt eine Botschaft an Semiramis, die bereits unterwegs ist, worin er ihr vorwirft, sie habe ohne jeden Grund die Feindseligkeiten angefangen, und worin er ihr auch schwere Vorhaltungen macht ihres wollüstigen Lebens wegen; er droht ihr an, sie ans Kreuz zu nageln, wenn er sie besiegt habe. Als Semiramis den Brief gelesen hat, lacht sie darüber und sagt, ihren Wert werde man im Felde sehen.

Als das assyrische Heer an den Indus gelangt, findet es die indischen Schiffe bereits mitten im Fluß postiert. Semiramis läßt ihre Schiffe zusammensetzen, bemannt sie mit den stärksten Soldaten und schickt sie gegen die Feinde. Ein heftiger und lange Zeit unentschiedener Kampf entbrennt, bis endlich die Königin die Oberhand gewinnt: 1000 indische Schiffe kann sie versenken. Durch diesen Sieg beflügelt, greift Semiramis die verschiedenen Inseln im Fluß und deren Städte an, wobei sie viele Gefangene machen kann. Stabrobates zieht sich daraufhin zurück, um die Assyrer über den Fluß zu locken; insgeheim hofft er wohl, sie bei der Überquerung überraschend wieder angreifen zu können. Doch Semiramis läßt mit viel Aufwand eine Brücke über den Indus schlagen: so können ihre Leute ungefährdet über den Fluß kommen. Vor die Infanterie stellt sie die künstlichen Elefanten, so daß die feindlichen Späher ihrem König melden, ihre unbesiegbare Waffe, die Elefanten, stünde nun auch den Assyrern zur Verfügung: «[…] so wußte sich keiner zu erklären, woher denn der Semiramis eine so große Menge dieser Tiere gekommen wäre.»

Dieses Täuschungsmanöver wird aber bald entlarvt, weil einige der Wachen, die nachts auf die Scheingebilde aufpassen müssen, eines Dienstversäumnisses wegen bestraft werden sollen und aus Furcht zum Feind überlaufen, dem sie den Trick mit den falschen Elefanten verraten. Diese Nachricht macht dem Inderkönig wieder Mut, und er befiehlt, sofort den assyrischen Vormarsch zu stoppen.

So kommt es zum ersten Zusammenstoß auf festem Boden. Stabrobates läßt seine Reiterei mit den Streitwagen vorangehen. Semiramis stellt sich mit Entschiedenheit dem Angriff – und erhält eine unerwartete Hilfe von ihren falschen Elefanten, die sie zuvorderst postiert hat. Die Pferde der Inder nämlich haben von weitem diese für wirkliche Elefanten gehalten und sprengen mutig heran, bis sie plötzlich von einem ganz ungewohnten Geruch verwirrt werden, Angst bekommen und ihre Reiter zu Boden werfen oder mit ihnen Reißaus nehmen. Denn ersten Schlagabtausch gewinnt Semiramis. Doch Stabrobates gerät nicht in Panik und setzt erneut zum Angriff an, diesmal mit der Infanterie, gefolgt von den Elefanten. Er selbst kämpft auf der rechten Flanke mit, auf dem kräftigsten Elefanten sitzend. Den ungleichen Kampf können die Assyrer nicht lange bestehen, sie werden von den Elefanten zurückgeworfen und niedergetrampelt: «Das Blutbad, welches sie anrichteten, war groß und vielgestaltig: die einen zerdrückten sie, die anderen schlitzten sie mit ihren Stoßzähnen auf, wieder andere schleuderten sie mit ihren Rüsseln in die Luft.» Jetzt ergreifen die Assyrer die Flucht. Verzweifelt versuchen sie, die Brücke zu erreichen, ihre einzige Rettung. Der König der Inder stürmt geradewegs auf Semiramis los; zuerst verletzt er sie mit einem Pfeil am Arm, dann schleudert er einen Wurfspieß und streift sie am Rücken. Die leicht verletzte Königin flieht nun ihrerseits auf die Brücke zu. Davor verursacht das zurückweichende Heer ein furchtbares Gedränge; viele Soldaten werden zertrampelt oder in den Fluß gestoßen. Als die Verfolger eintreffen, wütet der Kampf auch auf der Brücke selbst.

Nachdem das Gros des assyrischen Heeres den Fluß überquert hat, gibt Semiramis den Befehl, die tragenden Bänder durchzuhauen – die Brücke zerfällt in mehrere Teile und reißt Assyrer und Inder mit sich in die Fluten des Indus hinab. Damit ist nun zunächst verhindert, daß die Feinde die erschöpften Assyrer verfolgen können. Da ein Orakel Stabrobates vorausgesagt hatte, er werde sein Land retten können, vorausgesetzt, er überschreite den Fluß nicht, so gibt er die Verfolgung endgültig auf. Ktesias beschließt seine Erzählung mit der Erwähnung des Gefangenenaustauschs und der Angabe, Semiramis habe bei diesem unglücklichen Feldzug zwei Drittel ihrer Armee verloren.

Semiramis' Traum der Unterwerfung Indiens endet so in einem totalen Fiasko. Doch ihre Unternehmung übt eine solche Faszinationskraft aus, daß zwei außerordentliche Herrschergestalten dem Beispiel der assyrischen Königin folgen werden: zunächst Kyros und dann Alexander der Große. Dieser schätzt und verehrt Semiramis derart, daß er es kaum erwarten kann, ihren Feldzug zu wiederholen. Arrian, der uns Alexanders Unternehmung schildert, unterstreicht die Schwierigkeit des von Semiramis unternommenen Feldzugs nach Indien und zitiert die Überlieferung, nach welcher die Königin nur noch mit 20 Überlebenden ihres so großen Heeres heimkehrte, Kyros gar bloß mit sieben. Quintus Curtius berichtet, Alexander der Große habe solche Hochachtung vor Kyros und Semiramis empfunden, daß er ihretwegen Babylon nicht zerstörte. Dann fährt er fort: «Ich bitte euch [sagt König Alexander], denkt daran, daß ihr in ein Land gekommen seid, das den Namen einer Frau nach seinem Wert hochhält. Wie viele Städte hat Semiramis erbaut! Wie viele Länder ihrer Herrschaft unterworfen! Den Ruhm dieser Frau haben wir noch nicht erreicht und wären schon unserer Ehren satt? Die Götter mögen uns beistehen, große Dinge warten auf uns!»

Doch es meldeten sich auch kritische Stimmen in bezug auf die Glaubwürdigkeit von Semiramis' indischem Feldzug. Strabon ist ihr Wortführer: «Was mich betrifft: Welchen Glauben sollen wir den Erzählungen einer Indienexpedition von Kyros oder Semiramis schenken?» Und nachdem er berühmte Unternehmungen großer Persönlichkeiten geschildert hat, stellt er fest: «Keiner von diesen jedoch setzte seinen Fuß auf indischen Boden, auch Semiramis nicht, die starb, bevor sie einen solchen Versuch hätte wagen können.» Wir wissen nicht, ob sich diese beiden Behauptungen des bedeutenden Geographen auf dieselbe Tradition beziehen, jedenfalls verneint er jede Glaubwürdigkeit der obenerwähnten Erzählung. Auch Arrian gesteht, er glaube persönlich nicht an den Indienfeldzug von Semiramis. Moses von Chorene seinerseits kennt diesen Traditionsstrang, mißt ihm aber keinerlei Wert bei und berichtet lieber von Semiramis' Abenteuern in Armenien.

Bei Moses von Chorene kommt ein Aspekt zur Sprache, auf den wir schon mehrmals hinweisen mußten: die hemmungslose Sinnlichkeit der legendären Semiramis, die sogar vor dem Inzest mit dem eigenen Sohn nicht zurückschrickt. Diese Seite der assyrischen Königin faßt auch Dante in prägnante Verse (Göttliche Komödie, Fünfter Gesang der Hölle):

«Ich sagte: ‹Meister, sprich, wer sind die Wesen,
Die dort so peitscht der Lüfte Dunkelheit?›

‹Die erste dort, davon das Siegel lösen
Du möchtest›, sagte er zu mir sodann,
‹Ist vieler Zungen Kaiserin gewesen.

Der Wollust wurde sie so untertan,
Daß ihr Gesetz gestattet das Begehren,
Dem Tadel zu entgehn, den sie gewann.

Semiramis, von der die Bücher lehren,
Daß sie dem Ninos folgte, ihrem Mann,
Im Land, das jetzt dem Sultan spendet Ehren.›»

Dantes Quelle ist bestimmt Orosius, der christliche Schriftsteller. Semiramis erscheint – wie übrigens alle Heroinen der Antike – als betörend schöne und zugleich äußerst wollüstige Frau. Sowohl die heidnische wie die christliche Überlieferung – Clemens von Alexandreia, Nikolaos von Damaskos, Justin, Augustin, Moses von Chorene und andere – betonen dieses Motiv bei der Beschreibung der legendären Semiramis.

Die Königin will nicht wieder heiraten, weil sie die Macht zu verlieren fürchtet, doch von ihrer Sinnenlust getrieben, gibt sie sich den jüngsten und schönsten Soldaten ihres Heeres hin. Doch alle, die bei ihr gelegen haben, läßt Semiramis verschwinden, so daß Synkellos mit böser Zunge behauptet, die über den Orient verstreuten und von Semiramis künstlich errichteten Hügel seien nichts anderes als die Grabhügel ihrer getöteten Liebhaber. Dann weitet sich die phantasievolle Fabel, von Juba und Hyginus berichtet, weiter aus: Semiramis entbrennt in Leidenschaft für ein Pferd, von dem sie sich decken läßt; als dieses stirbt, wirft sich die verzweifelte Königin in einen brennenden Scheiterhaufen, wo sie die Flammen verzehren. Vervollständigt wird das Bild des Schreckens durch den Inzest oder zumindest Inzestversuch mit dem Sohn, was dann dazu führt, daß dieser seine Mutter umbringt.

Man kann zusehen, wie die Fabel mit immer mehr pikanten und perversen Zügen angereichert wird, so daß die Semiramis-Figur ständig an Bosheit zunimmt. Sie ist es, die als erste – wie Ammianus Marcellinus sagt – die Kinder kastrieren läßt. Sie ist es, die – in der Erzählung des Moses von Chorene – dem armenischen König Ara, der Schöne genannt, den Krieg erklärt, weil er sich geweigert hatte, der Einladung der blind in ihn verliebten Königin nach Ninive nachzukommen. So marschiert sie nun mit einem Heer gegen ihn, um sich mit Gewalt zu holen, was Schmeichelworte nicht vermochten. Doch Ara, den sie unbedingt lebend erringen wollte, fällt in der Schlacht: Semiramis kann nur noch den Leichnam des ersehnten Jünglings in die Arme nehmen. Sie legt ihn auf einen Felsen hin und bittet die Götter, sie möchten ihn auferstehen lassen; doch ihr Gebet wird nicht erfüllt. Semiramis läßt jedoch verbreiten, er sei auferstanden, um die aufgebrachten Armenier zu beruhigen und den sinnlosen Krieg zu beenden. Dies ist die Geschichte, die uns Moses von Chorene erzählt, derselbe Autor, der von der Tötung der Kinder aus erster Ehe durch die Mutter Semiramis berichtete. Für ihn ist Semiramis «schamlos und wollüstig». Athenagoras von Athen nennt Semiramis eine unzüchtige und blutdürstige Frau, und dieser Definition werden fast alle christlichen Autoren folgen.

Auch dieses Motiv der Semiramis-Legende mußte erwähnt sein. Es verschränken sich darin phantastische Züge, literarische Klischees und mythische Elemente – die Leidenschaft für ein Pferd etwa bringt Semiramis in die Nähe der Göttin Ischtar –, deren genauere Analyse die primär historische Fragestellung unserer Untersuchung verlassen würde. Was uns hier interessiert, ist die Gesamteinschätzung der antiken Welt bezüglich dieser ersten Erfahrung mit einer Frau an der Macht.

Das Urteil der Antike über die erste Königin des Orients ist durchwegs positiv: von den enthusiastischen Aussagen Alexanders des Großen und Julius Caesars bis zu den gemäßigteren eines Kaisers Julian und der eigentlichen Historiker wie Ktesias, Quintus Curtius, Plutarch und vieler anderer. Selbst die christlichen Autoren können, auch wenn sie die Sittenlosigkeit der Königin verurteilen, nicht umhin, deren wunderbare Leistungen auf dem militärischen und zivilen Bereich zu erwähnen. Ob man ihr im einzelnen den Indienfeldzug zu- oder abspricht, ob man sie als Gründerin Babylons ansieht oder nicht, fällt da kaum mehr ins Gewicht – sie bleibt doch immer die unbestrittene Siegerin. Wenn Sammuramat, die geschichtliche Gestalt, als Regentin Assyriens und als Königinmutter stets mit Zurückhaltung handelte, gleichsam im Schatten des Hintergrunds, so agiert Semiramis immer im vollen Sonnenlicht.

Semiramis übertrifft, so Justin, an Wert nicht nur die Frauen, sondern auch die Männer. Man versteht den Sarkasmus in den Worten Julius Caesars als er, wie Sueton berichtet, der Anklage, er sei unwürdig, Rom zu regieren, weil verweiblicht, mit der Frage antwortet: Ob die Hüter der römischen Traditionen im Senat nicht zufällig wüßten, daß eine Frau in Syrien mit Namen Semiramis über einen Großteil von Asien geherrscht habe?

Das vielleicht *schönste Lob der Semiramis* findet sich in einer Inschrift, die sie selbst in Auftrag gegeben haben soll und die Alexander der Große, wie Polyainos erzählt, an der Grenze des fernen Skythien zu Gesicht bekommen habe:

«Die Natur schenkte mir einen Frauenkörper, doch meine Taten hoben mich auf dieselbe Ebene wie die tüchtigsten und tapfersten Männer. Ich herrschte über das Reich von Ninos, welches sich nach Osten bis zum Fluß Inamene erstreckte, nach Süden bis zum Land von Weihrauch und Myrrhe, nach Norden bis nach Skythien und Sogdiana. Vor mir hatte kein Assyrer das Meer erblickt; ich sah deren vier, die keiner je erreicht hatte, weil sie zu weit weg waren. Ich zwang die Flüsse, dort zu fließen, wo ich es wünschte, und kanalisierte sie zu Orten hin, wo sie nützlich waren: mit ihrem Wasser erweckte ich das unfruchtbare Land zu neuem Leben. Ich errichtete unbezwingbare Festungen, mit der Hacke legte ich Straßen an durch unbegehbare Berge. Meinen Streitwagen bahnte ich Wege durch Gebiete, wo sich sonst nicht einmal wilde Tiere hingewagt hatten. Und neben all diesen Unternehmungen fand ich doch Zeit für meine Genüsse und meine Liebesabenteuer.»

Das Bild, das aus diesem Selbstlob aufscheint, ist dasjenige einer großen Frau, die aber, an Wert und Tapferkeit keinem Manne nachstehend, doch ganz Frau geblieben war mit den normalen Empfindungen ihres Geschlechts. Hier haben wir die wahre Semiramis vor uns, die sagenhafte Königin des Orients. Sie wiederum ist die Projektion in die Legendenwelt der wirklichen Sammuramat, der Regentin auf dem assyrischen Thron.

ANHANG

ASSYRISCHE KÖNIGSLISTE

aus A. Poebel, JNES, 2 [1943], 85 ff., I. J. Gelb, Two Assyrian King Lists, JNES, 13 [1954], 209–230, und A. K. Grayson, RlA, VI, 102 ff.

1. Tudija
2. Adamu
3. Jangi
4. Suchlamu
5. Charcharu
6. Mandaru
7. Imsu/Achchesu [?]
8. Charsu
9. Didanu
10. Chanu
11. Zuabu
12. Nuabu
13. Abazu
14. Belu
15. Azarach
16. Uschpia
17. Apiaschal, Sohn des Uschpia
    Insgesamt 17 Könige, die in den Zelten gewohnt haben.
18. Chale, Sohn des Apiaschal
19. Samani, Sohn des Chale
20. Chajani, Sohn des Samani
21. Ilu-Mer, Sohn des Chajani
22. Jakmesi, Sohn des Ilu-Mer
23. Jakmeni, Sohn des Jakmesi
24. Jazkur-el, Sohn des Jakmeni

25. Ilu-kabkabi, Sohn des Jazkur-el
26. Aminu, Sohn des Ilu-kabkabi
    Insgesamt 10 Könige, deren Väter bekannt sind.
    [Die Könige Nrn. 17–25 werden in umgekehrter Rei-
    henfolge bezeugt, vgl. Kapitel VII.]
27. Sulili, Sohn des Aminu
28. Kikkia
29. Akia
30. Puzur-Assur [I.]
31. Schalim-achum
32. Iluschuma   –1853
    Insgesamt 6 Könige, die in den Ziegelsteinen bezeugt
    sind, deren Eponyme überdeckt sind [?].
33. Erischu [I.], Sohn des Iluschuma   1852–1813
34. Ikunum, Sohn des Erischu [I.]   1812–
35. Scharru-kin, Sohn des Ikunum
36. Puzur-Assur [II.], Sohn des Scharru-kin [I.]
37. Naram-Sin, Sohn des Puzur-Assur [II.]
38. Erischu [II.], Sohn des Naram-Sin   –1727
39. Schamschi-Adad [I.], Sohn des Ilu-kabkabi   1726–1694
    Letzterer begab sich zur Zeit von Naram-Sin nach
    Karduniasch. Während des Eponymats von Ibni-
    Adad kam Schamschi-Adad von Karduniasch her-
    auf. Er eroberte Ekallati. Während dreier Jahre resi-
    dierte er in Ekallati. Während des Eponymats von
    Atamar-Ischtar kam Schamschi-Adad von Ekallati
    herauf. Er entthronte Erischu [II.], Sohn des
    Naram-Sin, und übernahm die Macht. Er regierte 33
    Jahre lang.
40. Ischme-Dagan, Sohn des Schamschi-Adad [I.]   1693–1654
41. Assur-dugul, Sohn eines Niemand   1653–1648
    Er hatte kein Anrecht auf den Thron; er regierte 6
    Jahre lang.
    Zur Zeit von Assur-dugul, Sohn eines Niemand:
42. Assur-apla-idi
43. Nasir-Sin
44. Sin-namir
45. Ipqi-Ischtar

46. Adud-salulu
47. Adasi
    6 Könige: (jeweils) Sohn eines Niemand, für kurze
    Zeit (?) regierte er.
48. Bel-bani, Sohn des Adasi   1647–1638
49. Libaja, Sohn des Bel-bani   1637–1621
50. Scharma-Adad [I.], Sohn des Libaja   1620–1609
51. Iptar-Sin, Sohn des Scharma-Adad [I.]   1608–1597
52. Bazaja, Sohn des Bel-bani   1596–1569
53. Lullaja, Sohn eines Niemand   1568–1563
54. Schu-Ninua, Sohn des Bazaja   1562–1549
55. Scharma-Adad [II.], Sohn des Schu-Ninua   1548–1546
56. Erischu [III.], Sohn des Schu-Ninua   1545–1533
57. Schamschi-Adad [II.], Sohn des Erischu [III.]   1532–1527
58. Ischme-Dagan [II.], Sohn des Schamschi-Adad
    [II.]   1526–1511
59. Schamschi-Adad [III.], Sohn des Ischme-Dagan
    [II.], Bruder des Scharma-Adad [II.], Sohn des
    Schu-Ninua   1510–1495
60. Assur-narari [I.], Sohn des Ischme-Dagan [II.]   1494–1469
61. Puzur-Assur [III.], Sohn des Assur-narari [I.]   1468–1455
62. Enlil-nasir [I.], Sohn des Puzur-Assur [III.]   1454–1442
63. Nur-ili, Sohn des Enlil-nasir [I.]   1441–1430
64. Assur-schaduni, Sohn des Nur-ili   1430
65. Assur-rabi [I.], Sohn des Enlil-nasir [I.],   1430
    [den Assur-schaduni] ließ er [vom Throne]
    aufstehen, nahm den Thron, [regierte x Jahre].
66. Assur-nadin-achche [I.], Sohn des Assur-rabi [I.]   1430
67. Enlil-nasir [II.], sein Bruder, [ließ ihn] vom Throne
    [aufstehen], regierte 6 Jahre   1429–1424
68. Assur-narari [II.], Sohn des Enlil-nasir [II.]   1423–1417
69. Assur-bel-nischeschu, Sohn des Assur-narari [II.]   1416–1408
70. Assur-rim-nischeschu, Sohn des Assur-bel-
    nischeschu   1407–1400
71. Assur-nadin-achche, Sohn des Assur-rim-
    nischeschu   1399–1390
72. Eriba-Adad [I.], Sohn des Assur-bel/rim-
    nischeschu   1389–1363

73.	Assur-uballit [I.], Sohn des Eriba-Adad [I.]	1362–1327
74.	Enlil-narari, Sohn des Assur-uballit [I.]	1326–1317
75.	Arik-din-ili, Sohn des Enlil-narari	1316–1305
76.	Adad-narari [I.], Sohn/Bruder des Arik-din-ili	1304–1273
77.	Salmanassar [I.], Sohn des Adad-narari [I.]	1272–1243
78.	Tukulti-Ninurta [I.], Sohn des Salmanassar [I.]	1242–1206
79.	Zur Lebzeit (?) von Tukulti-Ninurta [I.], Assur-nadin-apli, sein Sohn, nahm den Thron, 4/3 Jahre regierte er	1205–1203
80.	Assur-narari [III.], Sohn des Assur-nadin-apli	1202–1197
81.	Enlil-kudurri-usur, Sohn des Tukulti-Ninurta [I.]	1196–1192
82.	Ninurta-apil-ekur, Sohn des Ilichadda, ein Nachkomme des Eriba-Adad [I.], nach Karduniasch ging er, von Karduniasch kam er herauf, den Thron nahm er, regierte 3/13 Jahre	1191–1179
83.	Assur-dan [I.], Sohn des Ninurta-apil-ekur	1178–1133
84.	Ninurta-tukulti-Assur, Sohn des Assur-dan [I.]	1133
85.	Mutakkil-Nusku, sein Bruder, kämpfte mit ihm, führte ihn fort nach Karduniasch. Für kurze Zeit (?) hielt Mutakkil-Nusku den Thron inne, zum Berg nahm er Zuflucht (= verschwand für immer/starb)	1133
86.	Assur-rescha-ischi [I.], Sohn des Mutakkil-Nusku	1132–1115
87.	Tiglatpileser [I.], Sohn des Assur-rescha-ischi [I.]	1114–1076
88.	Aschared-apil-Ekur, Sohn des Tiglatpileser [I.]	1075–1074
89.	Assur-bel-kala, Sohn des Tiglatpileser [I.]	1073–1056
90.	Eriba-Adad [II.], Sohn des Assur-bel-kala	1055–1054
91.	Schamschi-Adad [IV.], Sohn des Tiglatpileser [I.], von Karduniasch kam er herauf, ließ Eriba-Adad [II.], den Sohn von Assur-bel-kala, vom Throne aufstehen, nahm den Thron, regierte 4 Jahre	1053–1050
92.	Assurnasirpal [I.], Sohn des Schamschi-Adad [IV.]	1049–1031
93.	Salmanassar [II.], Sohn des Assurnasirpal [I.]	1030–1019
94.	Assur-narari [IV.], Sohn des Salmanassar [II.]	1018–1012
95.	Assur-rabi [II.], Sohn des Assurnasirpal [I.]	1011–970
96.	Assur-rescha-ischi [II.], Sohn des Assur-rabi [II.]	970–966
97.	Tiglatpileser [II.], Sohn des Assur-rescha-ischi [II.]	966–935
98.	Assur-dan [II.], Sohn des Tiglatpileser [II.]	935–912
99.	Adad-narari [II.], Sohn des Assur-dan [II.]	912–891

CHRONOLOGISCHE TABELLE

Die Könige Assyriens

Assur-dan II.	935–912
Adad-narari II.	912–891
Tukulti-Ninurta II.	891–884
Assurnasirpal II.	884–858
Salmanassar III.	858–824
Schamschi-Adad V.	824–812
⟨Sammuramat⟩	811–806
Adad-narari III.	806–781
Salmanassar IV.	781–772
Assur-dan III.	772–754
Assur-narari V.	754–745

Die Könige Babyloniens

Nabu-apla-iddina	887–855
Marduk-zakir-schumi I.	854–819
Marduk-balassu-iqbi	818–813
Baba-acha-iddina	812
[5 unbekannte Könige]	
Ninurta-apla-x	?
Marduk-bel-zeri	–770
Marduk-apla-usur	
Eriba-Marduk	769–761
Nabu-schuma-ischkun	760–748
Nabu-nasir	747–734

Die Könige von Urartu

Aramu (Zeitgenosse von Salmanassar III.)
Sardur I.	834–825
Ischpuini	824–811
Menua	810–781
Argischti I.	781–760
Sardur II.	760–730

Die Könige von Israel

Omri	876–869
Ahab	869–850
Ahasja	850–849
Joram	849–842
Jehu	842–815
Joahas	815–802
Joas	802–787
Jerobeam II.	786–746

Die Könige von Juda

Josaphat	873–849
Joram	849–842
Ahasja	842
Athalja	842–837
Joas	837–800
Amazja	800–783
Usia	783–742

Gliederung und Ökonomie des assyrischen «Palastes»
(nach Postgate, 1984)

Einnahmen	Gliederung		Ausgaben
Beutegüter	*Königliche*	*Verwaltung:*	Unterhalt der
Tribute	*Paläste:*	Amtsdiener	Palastbewohner
Geschenke	Ninive	Wachmann-	und des Personals
Domänenabgaben	Kalchu	schaft	
Kreditgeschäfte	(Dur-Scharru-	Leibgarde	Ausrüstung der
Sklavenverkäufe	kin)	Wagenlenker	militärischen
Besitznahmen	Assur	Boten	Garnison
Konfiskationen	Kilizi	Schreiber	
	Tarbisu	Übersetzer	*Gebrauchsgüter:*
	Harran (?)	Angestellte	Speisen
		Handwerker	Wein und Bier
	Königliche	Agenten	Kleider
	Familie:		Schmuck
	König	*Hof:*	Hausrat und
	Königin	Höflinge	Geräte
	Erbprinz	hohe Offiziere	
	Verwandte	fremde Geiseln	*Geschenke:*
	Harem		für hohe Offiziere
	Konkubinen		für hohe Besuche
	der Söhne		für die Tempel
	Personal:		Regelmäßige
	Eunuchen		Zuwendungen
	Musikanten		an die Tempel
	Priester		
	Ärzte		Bauwerke
	Köche		
	Pförtner		

BIBLIOGRAPHIE

Abkürzungen

AB	Assyriologische Bibliothek
AfO (Beih.)	Archiv für Orientforschung (Beiheft)
AJA	American Journal of Archaeology
AJP	American Journal of Philosophy
AnOr	Analecta Orientalia
AnSt	Anatolian Studies
AO	Der Alte Orient
AOS	American Oriental Series
ArOr	Archiv Orientalni
BA	The Biblical Archaeologist
BaM	Baghdader Mitteilungen
BAW	Bibliothek der Alten Welt
BBVF (NF)	Berliner Beiträge für Vor- und Frühgeschichte (Neue Folge)
BBVO	Berliner Beiträge zum Vorderen Orient
BiOr	Bibliotheca Orientalis
Borger, *HKL* I–III	R. Borger, *Handbuch der Keilschriftliteratur*, I–III, Berlin 1967–1975
BSOAS	Bulletin of the School of Oriental and African Studies
CAH	Cambridge Ancient History
CRAIBL	Comptes rendus de l'Académie des Inscriptions et Belles-Lettres
EHR	English Historical Review
FW	Fischer Weltgeschichte
HdO	Handbuch der Orientalistik
IEJ	Israel Explorations Journal
Jacoby	F. Jacoby, *Die Fragmente der griechischen Historiker*, Teil I–III, Berlin 1923 ff.
JAOS	Journal of American Oriental Society
JCS	Journal of Cuneiform Studies

JESHO	Journal of Economic and Social History of the Orient
JNES	Journal of Near Eastern Studies
JSS	Journal of Semitic Studies
KAH	Keilschrifttexte aus Assur, historischen Inhalts
LCL	Loeb Classical Library
LSS	Leipziger Semitistische Studien
MAOG	Mitteilungen der Altorientalischen Gesellschaft
MEE	Materiali Epigrafici di Ebla
Müller, *FHG*	C. Müller, *Fragmenta Historicorum Graecorum*, I–V, Paris 1885 ff.
MVAG	Mitteilungen der Vorderasiatisch-Ägyptischen Gesellschaft
OA	Oriens Antiquus
OAC	Orientis Antiqui Collectio
OIP	Oriental Institute Publications
OLZ	Orientalistische Literaturzeitung
OrNS	Orientalia, Nova Series
Pettinato, *Ebla*	G. Pettinato, *Ebla. Un impero inciso nell'argilla*, Mailand 1979
PKOM	Publicationen der Kaiserlich Osmanischen Museen
RA	Revue d'Assyriologie et d'Archéologie orientale
RE	Paulys Real-Encyclopädie der classischen Altertumswissenschaften. Neue Bearbeitung von G. Wissowa, Stuttgart 1893–1978
RlA	Reallexikon der Assyriologie
RSO	Rivista degli Studi Orientali
RT	Recueil de Travaux relatifs à la Philologie et à l'Archéologie égyptiennes et assyriennes
StOr	Studia Orientalia
StSem	Studi Semitici
TAVO	Tübinger Atlas des Vorderen Orients
Tusc	Sammlung Tusculum
VDI	Vestnik Drevnej Istorii
VO	Vicino Oriente
VT	Vetus Testamentum
WO	Die Welt des Orients
WVDOG	Wissenschaftliche Veröffentlichungen der Deutschen Orient-Gesellschaft, Leipzig–Berlin 1900 ff.
ZA	Zeitschrift für Assyriologie und verwandte Gebiete

Quellen

1. Assyrische Inschriften

Borger, *HKL* III, 23 ff. (Enthält alle historischen Inschriften der mesopotamischen Herrscher, die bis 1975 veröffentlicht wurden.)

W. Schramm, *Einleitung in die Königsinschriften* (= HdO, Erg. B V/1/2), Leiden 1973. (Enthält die assyrischen Inschriften, die sich auf die Herrscher von 934 bis 722 v. Chr. beziehen.)

D. D. Luckenbill, *Ancient Records of Assyria and Babylonia*, I–II, Chicago 1926/27. (Die vollständigste Sammlung von Übersetzungen der königlich assyrischen Inschriften. Die Annalen der Herrscher der von uns behandelten Epoche finden sich in Band I: Assurnasipal II. (138 ff.), Salmanassar III. (200 ff.), Schamschi-Adad V. (253 ff.), Sammuramat (260, 264), Adad-narari III. (260 ff.)

W. Andrae, *Die Stelenreihe in Assur* (= WVDOG, 24, 1919), 1972, Abb. 11/12, Taf. III.

H. Cazelles, *Une nouvelle stèle d'Adadnirari d'Assyrie*, in CRAIBL 1969, 106 ff.

S. Dalley/J. N. Postgate, *The Tablets from Fort Shalmaneser* (= Cuneiform Texts from Nimrud, III), London 1984.

B. Dombrowski, *The Original of British Museum Tablets 90.984, 90.979 and 90.985 and the Oldest Part of the Main Inscription of Assurnasirpal II*, in RA, 67, 1973, 131 ff. (vgl. W. de Filippi, in RA, 68, 1974, 141 ff.).

H. Donner, *Adadnirari III. und die Vasallen des Westens*, in *Festschrift K. Galling*, Tübingen 1970, 49 ff.

F. M. Fales, *Censimenti e catasti di epoca neo-assira*, Rom 1973.

W. de Filippi, *The Royal Inscriptions of Aššur-nasir-apli II*, in «Assur», 1/7, 1977.

J. A. Fitzmyer, *The Aramaic Inscriptions of Sefire* (= «Biblica et Orientalia», 19), Rom 1967.

J. Friedrich u. a., *Die Inschriften vom Tell Halaf* (= AfO, Beih. 6, 1940), 8 ff.: E. F. Weidner, *Das Archiv des Mannu-ki-Aššur*.

I. J. Gelb, *Two Assyrian King Lists*, in JNES, 13, 1954, 209 ff.

A. K. Grayson, *Assyrian and Babylonian Chronicles*, New York 1975.

–, *Assyrian Royal Inscriptions*, I, Wiesbaden 1972; II, Wiesbaden 1976.

–, *The Royal Inscriptions of Mesopotamia*, Assyrian Periods, Vol. I, Assyrian Rulers of the Third and Second Millenia BC (to 1115 BC), Toronto 1987.

R. F. Harper, *Assyrian and Babylonian Letters belonging to the K Collection in the British Museum*, Bde. 1–14, Chicago 1892–1914.

J. D. Hawkins, *Some Historical Problems of the Hieroglyphic Luwian Inscriptions*, in AnSt, 29, 1979, 161. (Die Türkei-Stele ist erwähnt mit den königlichen Edikten von Adad-narari III. zusammen mit Sammuramat oder Schamschi-ilu.)

P. Hulin, *The Inscriptions on the Carved Throne-Base of Shalmaneser III*, in «Iraq», 25, 1963, 48 ff.

C. H. W. Johns, *Assyrian Deeds and Documents recording the Transfer of Property*, Bde. I–IV, Cambridge 1898 ff.

–, *An Assyrian Doomsday Book or Liber Censualis* (= AB, 17), Leipzig 1901. (Siehe oben, F. M. Fales.)

L. W. King, *The Annals of the Kings of Assyria*, London 1902.

J. V. Kinnier Wilson, *The Nimrud Wine Lists. A Study of Men and Administration at the Assyrian Capital in the Eighth Century, B. C.* (= Cuneiform Texts from Nimrud, I), Hertford 1972.

F. W. König, *Handbuch der chaldischen Inschriften* (= AfO Beih. 8, 1955). (Enthält die Übersetzungen der Inschriften der urartäischen Könige.)

R. Labat u. a., *Les Religions du Proche-Orient*, Paris 1970. (Eine gute Sammlung von Übersetzungen assyro-babylonischer religiöser Dichtung.)

J. Laessœe, *A Statue of Salmaneser III from Nimrud*, in «Iraq», 21, 1959, 147 ff.

–, *Building Inscriptions from Fort Shalmaneser*, Nimrud, in «Iraq», 21, 1959, 38 ff.

A. Lemaire/J. M. Durand, *Les inscriptions Araméennes de Sfiré et l'Assyrie de Shamshiilu*, Paris 1984. (Vorgeschlagen wird darin die Gleichsetzung von Schamschi-ilu, Turtanu Assyriens, mit Bargaja, dem König von Ketek.)

E. Michel, *Die Texte Assur-nasir-aplis II.*, in WO, 2, 1954–1959, 313 ff., 404 ff.

–, *Die Assur-Texte Salmanazars III.*, WO, 1, 1947–1952, 5–20, 57–71, 205–222, 255–271, 385–396, 454–475; WO, 2, 1954–1959, 27–45, 137–157, 221–233, 408–415; WO, 3, 1967, 29–37.

S. Page, *A Stela of Adad-nirari III and Nergal-ereš from Tell al Rimah*, in «Iraq», 30, 1968, 139 ff.

–, *Joash and Samaria in a New Stela Excavated at Tell al Rimah, Iraq*, in VT, 19, 1969, 483.

A. Poebel, *The Assyrian King List from Khorsabad*, in JNES, 1, 1942, 247 ff., 460 ff.; JNES, 2, 1943, 56 ff.

R. H. Pfeiffer, *State Letters of Assyria* (= AOS, 6), New Haven 1935.

J. N. Postgate, *The Governor's Palace Archive* (= Cuneiform Texts from Nimrud, II), Hertford 1973.

–, *Neo-Assyrian Royal Grants and Decrees*, Rom 1969.

–, *Taxation and Conscription in the Assyrian Empire*, Rom 1974.

J. B. Pritchard (ed.), *The Ancient Near Eastern Texts Relating to the Old Testament*[3], Princeton 1969.

H. W. F. Saggs, *The Nimrud Letters*, I ff., in «Iraq», 15, 1953 ff.

V. Scheil, *Stèle de Bel-harran-bel-utsur*, in RT, 16, 1894, 176 ff.

F. Schmidtke, Der Aufbau der Babylonischen Chronologie, Münster 1952 (84 ff.: *Synchronistische Geschichte*).

E. Sollberger, *The White Obelisk*, in «Iraq», 31, 1974, 231 ff.

H. Tadmor, *The Historical Inscription of Adad-Nirari III*, in «Iraq», 35, 1973, 141 ff.

F. Thureau Dangin, *L'inscription de lions de Til Barsip*, in RA, 27, 1930.

304

F. Thureau Dangin/M. Dunand, *Til-Barsib*, Paris 1936. (Inschrift von Scham-schi-ilu auf den Seiten 141 ff.)

E. Unger, *Die Stele des Bel-harran-beli-ussur ein Denkmal der Zeit Salmanassar III.* in PKOM, III, 1917.

–, *Reliefstele Adadniraris III. aus Saba'a und Semiramis,* in PKOM, II, 1916.

A. Ungnad, *Eponymen,* in RlA, II, 412 ff.

L. Waterman, *Royal Correspondence of the Assyrian Empire,* Bde. 1–3, Ann Arbor 1930/31.

E. F. Weidner, *Die große Königsliste aus Assur,* in AfO, 3, 1926, 66 ff.

–, *Die Annalen des Königs Assurdan II. von Assyrien,* in AfO, 3, 1926, 151 ff.

–, *Der Vertrag Šamši-Adads V. mit Marduk-zakir-šumi I.,* in AfO, 8, 1932, 27 ff.

–, *Die Feldzüge Šamši-Adads V. gegen Babylonien,* in AfO, 9, 1933/34, 89 ff.

D. J. Wiseman, *A New Stela of Assur-nasir-pal II,* in «Iraq», 14, 1952, 24 ff.

–, *Fragments of Historical Texts from Nimrud,* in «Iraq», 26, 1964, 118 ff.

2. Semiramis-Legende

Abydenos → Moses von Chorene I 4 (Müller, *FHG* IV 285).

Claudius Aelianus, *Varia Historia* VII 1 (M. R. Dilts, Teubner 1974).

Agathia von Myrena, *Geschichten* II 18, 4; 24, 2–3; 25, 4–5 (R. Keydell, *Agathiae Myrinaei Historiarum Libri Quinque,* Berlin 1967).

Ammianus Marcellinus, *Das Römische Weltreich vor dem Untergang,* BAW, 14, 6 (W. Seyfarth, *Ammiani Marcellini Res Gestae,* Leipzig 1978).

Lucius Ampelius, *Liber Memorialis* VIII (Die Weltwunder); XI (Die assyrischen Könige).

Anonymus, *De mulieribus in bello claris* (Jacoby, 1 c).

Antipatros von Sidon, in *The Greek Anthology* II (LCL, 1953), 397.

Ludovico Ariosto, *Orlando Furioso* VII 20; XXV 36.

Arnobius, *Adversus Nationes* I 5 f.

Arrian, *Alexanders des Großen Siegeszug durch Asien,* BAW, I 23, 7; VI 24, 2; *Das indische Buch,* BAW, VIII 5, 7.

Athenagoras von Athen, *Legatio pro Christianis* 30 (Jacoby, 1 m).

Athenaios von Naukratis, *Deipnosophistai* XII 528.

Augustinus, *Vom Gottesstaat,* BAW, 2 Bde., XVI 17; XVIII 2, 2–3.

Bion → Synkellos, *Assyrische Geschichten* (Müller, *FHG* IV 351, 6).

Giovanni Boccaccio, *Il Filocolo* IV; VI; *L'Ameto; L'Elegia di Madonna Fiametta* I; V; *De mulieribus claris; L'amorosa visione* VII 31 ff. (ed. N. Sapegno, 868, 942, 1081, 1145, 1153).

Pedro Calderón de la Barca, *La Hija del Aire,* in *Biblioteca de Autores Españoles* III, Madrid 1863.

Baldassare Castiglione, *Il libro del cortegiano* III 36.

Cicero, *Über die konsularischen Provinzen* 9, BAW.

Claudianus, *Panegyricus auf die Consuln Probinus und Olybrius* 162; *Gegen Eutropius I.*

Clemens von Alexandreia, LCL, 87.

G. Comanini, *Il Figino*, in *Trattato d'arte del Cinquecento* III 281.

Quintus Curtius Rufus, *Alexander-Geschichte* V I 24 ff.; VII VI 20; IX VI 23.

Dante Alighieri, *Inferno* V 52–60.

–, *Monarchia* II VIII 3.

Dinon → Aelianus (Müller, *FHG* II 89).

Dio Cassius, *Römische Geschichte*, BAW, 5 Bde., LXII 6 (2); LXVIII 27 (1 a); LXXIX 23 (3).

Diodor von Sizilien, *Historische Bibliothek* II 1–22. (Die benutzten Ausgaben sind: C. H. Oldfather, *Diodorus of Sicily in Twelve Volumes* I 345 ff. [LCL, 1960]; F. W. König, *Die Persika des Ktesias von Knidos*, in AfO Beih. 18, 1972.)

Dion Chrysostomos, *Sämtliche Reden*, BAW, 2, 37; 6, 37; 12, 10; 47, 24; 64, 2; 64, 19; 64, 22.

Dionysios von Halikarnassos, *Römische Archäologie* IV 25, 3.

A. F. Doni, *I marmi*, I parte (698, 725).

Euphorion, *Select Papyri*, 5 Bde. (III: *Literary papyri poetry*, LCL, 495).

Eusebios, *Armenische Chronik* (ed. Schöne, Dublin/Zürich 1967, 26, 13–15; 47, 37–42; 54, 19–27; 55–57, 30–42, 1–6; 59, 16–61, 1; 63, 30–36; 243).

Eusebios, *Praeparatio Evangelica* X 7.

Ezechiel, *Lexikon*, s. v. *Semiramis* (ed. M. Schmidt, *Hes. Al. Lex.*, I–V, Jena 1862).

M. Ferrigni/E. Magni Dufflock, *Semiramide*, in *Dizionario Letterario Bompiani* VI 644 ff. (Enthält ein Verzeichnis der Werke über Semiramis.)

Ugo Foscolo, *La Chioma di Berenice. Cons. III Diana Trivia*, 169 f.

Giambattista Gelli, *La Circe* V.

Herodot, *Geschichten und Geschichte*, BAW, 2 Bde., I 184; III 155.

Hyginus, *Griechische Sagen*, BAW, 223; 240; 243; 275.

Claudius Iolaos, *Phönizische Geschichten* (Müller, *FHG* IV 364, 3).

Jacopus Philippus Bergomensis, *De claris selectisque pro scelestisque mulieribus*, Ferrara 1497.

Johannes von Antiocheia, *Phönizische Geschichte* (Müller, *FHG* IV 539, 22).

Flavius Josephus, *Gegen Apion* I 142.

Julian, *Lobrede zu Ehren der Eusebia*, Oratio III (LCL, 337).

Juvenal, *Satiren* II 108.

Kastor von Rhodos → Eusebios.

Kephalion → Eusebios.

Ktesias → Diodor von Sizilien.

Giacomo Leopardi, *Zibaldone* 2332.

Libanios von Antiocheia, *Reden* XI 59 (ed. Foerster, I/2, 455).

Lukian, *De dea Syria* 14 (LCL, 354 ff.).

Niccolò Machiavelli, *Lettera* 138 (a Francesco Vettori, 26. 8. 1513), a cura di F. Gaeta, Mailand 1961.

Macrobius, *Commentarii in somnium Scipionis* 1, 2, 10, 7 (ed. I. Willis, Leipzig 1970).

Martial, *Epigramme*, BAW, VIII 28, 17–18; IX 75, 1–3.

Valerius Maximus, 9, 3, 4 (ed. C. Kempf, *Valerii Maximi factorum et dictorum memorabilium libri novem*, Stuttgart 1966, 439).

Pomponius Mela, *De chorographia libri tres* 1, 3 (ed. G. Ranstrand, Göteborg 1971, 14, 10).

Pietro Metastasio, *Semiramide*, in *Scrittori d'Italia*, P. Metastasio, *Opere* II/VI, Bari 1913.

Moses von Chorene, *Geschichte Armeniens* XII–XIX (= Mar Apas Catina, V–XII → Müller, *FHG* V 22 ff.).

Nikolaos von Damaskos, *Fragment* 1 → Jacoby, II A, 328.

Paulus Orosius, *Die antike Weltgeschichte in christlicher Sicht*, BAW, 2 Bde., I 4; II 2, 1–5; 3, 1–7.

Ovid, *Liebesgeschichte*, Tusc, 1, 5, 11.

–, *Metamorphosen*, Tusc/BAW, IV 42–48; 57–58; 88–90.

G. Paleotti, *Discorso intorno alle immagini* I (ed. Barocchi, *Trattato d'arte del cinquecento*, Bari 1961, Bd. 2, 186 ff.).

Velleius Paterculus I 6.

Francesco Petrarca, *Trionfo della fame* II 103–107; 121–125;
Trionfo dell'amore III 73–78; *Familiarum Rerum libri* IX 3–4; 11, 9; XII 11, 8; XXI 8, 11–12.

Philon von Byblos, *Historia mirabilium* (Müller, *FHG* III 575); *Phönizische Geschichte* (Müller, *FHG* III 563).

Flavius Philostratos, *Biographie des Apollonius* I XXV (LCL, 25).

Photios, *Bibliothek* 68, 72 (ed. Belles Lettres, 1959).

Plinius, *Naturkunde*, Tusc, VI 18, 49; VII 207; VIII 155.

Plutarch, *Moralia* 173; 364; *De Amore* 9; *De Alexandri Magni Fortuna aut Virtute*, Oratio II III 9 f.; *De Iside* 24.

Polyainos, *Strategemata* VIII 26 (ed. Teubner, Leipzig 1887).

Prokop, Tusc, *Anekdota* I 9; *Bauten* I 1, 53.

Properz, *Liebeselegien*, BAW, III 11, 21–26.

Pseudo-Agathangelos (Müller, *FHG* V 197 f.).

Romanzo di Nino, in Q. Cataudella, *Il romanzo greco e latino*, Florenz 1973, 9 ff.

G. Rossi / Gioacchino Rossini, *Semiramide*, *Melodramma tragico in due atti*, Musik von G. Rossini, Verona 1825.

Salimbene de Adam, *Cronica* (ed. Laterza, Bari 1942, Bd. I, 91).

Sidonius Apollinaris, *Carmina* II 448/49 (Lobrede auf Kaiser Anthemius).

Synesios, *Epistulae*, in *Scriptorum Graecorum Bibliotheca. Epistolographi Graeci*, Paris 1873, 640.

Synkellos → Eusebios.

Gaius Iulius Solinus, *Collectanea rerum memorabilium* 45, 4; 49; 54; 56, 1.

Sperone Speroni, *Orazione contro le cortigiane* (S. III, 193 ff.).

Stephanos von Byzantion, in Jacoby, 1 h.

Strabon, *Geographie*, 2, 1, 26; 2, 1, 31; 11, 14, 8; 12, 2, 7; 12, 3, 37; 15, 1, 5–6; 15, 2, 5; 16, 1, 2.

Suda, *Lexikon*, s. v. *Semiramis*.

Sueton, *Leben der Caesaren*, BAW, *Caesar 22*.

Theokrit, *Die echten Gedichte*, BAW, 16, 99.

Trebellius Pollio, *Die dreißig Tyrannen*, in *Historia Augusta*, Bd. II, BAW, 27, 1.

Tzetzes → Jacoby, 1 e.

U. Wilcken, *Ein neuer griechischer Roman*, in «Hermes», 28, 161 ff.

Allgemeine Werke

1. Assyrische Geschichte und Kultur

J. A. Brinkman, *A Political History of Post Kassite Babylonia 1158–722 B. C.* (= AnOr, 43), Rom 1968.

G. Contenau, *La vie quotidienne à Babylone et en Assyrie*, Paris 1953.

J. Deshayes, *Les civilisations de l'Orient ancien*, Paris 1969.

H. Frankfort, *Kingship and the Gods. A Study of Ancient Near Eastern Religion as the Integration of Society and Nature*, Chicago 1948.

P. Garelli / V. Nikiprovetzky, *Le Proche-Orient Asiatique. Les Empires Mésopotamiens. Israël*. Paris 1974. (Neben einer guten Zusammenfassung der im vorliegenden Buch behandelten Geschichtsepoche bietet Garelli auf den Seiten 13 ff. eine kommentierte Bibliographie.)

W. W. Hallo / W. Kelly Simpson, *The Ancient Near East. A History*, New York 1971.

J. D. Hawkins, *The Neo-Hittite States in Syria and Anatolia*, in CAH[2], III/1 (Cambridge 1982), ch. 9, 372 ff.

R. Labat, *Le Caractère religieux de la Royauté assyro-babylonienne*, Paris 1939.

–, *Assyrien und seine Nachbarländer (Babylonien, Elam, Iran) von 1000 bis 617 v. Chr. Das neubabylonische Reich bis 539 v. Chr.*, in FW, Bd. 4, 9–110.

B. Meissner, *Babylonien und Assyrien*, I–II, Heidelberg 1920–1925.

S. Moscati, *Il mondo dei Fenici*, Mailand 1966.

P. Naster, *L'Asie mineure et l'Assyrie aux VIIIe et VIIe siècles av. J.-C.*, Löwen 1938.

D. Oates, *Studies in the Ancient History of Northern Iraq*, London 1968.

A. T. Olmstead, *History of Assyria*, New York 1923.

A. L. Oppenheim, *Ancient Mesopotamia, Portrait of a Dead Civilization[2]*, Chicago 1977.

B. B. Piotrovskij, *Il regno di Van-Urartu*, Rom 1966.

H. W. Saggs, *The Greatness that was Babylon. A Survey of the Ancient Civilization of the Tigris-Euphrates Valley*, London 1962.

A. Scharff / A. Moortgat, *Ägypten und Vorderasien im Altertum*, München 1950.

H. Schmökel, *Geschichte des Alten Vorderasiens* (HdO II/3), Leiden 1957.

M.-J. Seux, *Epithètes royales akkadiennes et sumériennes*, Paris 1967.

S. Smith, *The Foundation of the Assyrian Empire*, CAH III, ch. 1; trad. it., *Storia del Mondo Antico*, III, c. XII, Firenze 1976, 435 ff.

J. A. Soggin, *Storia d'Israele*, Brescia 1984.

P. E. van der Meer, *The Chronology of Ancient Western Asia and Egypt²*, Leiden 1955.

M. Vieyra, *Les Assyriens*, Paris 1961.

W. von Soden, *Herrscher im Alten Orient*, Darmstadt 1954.

–, *Der Nahe Osten im Altertum*, in *Propyläen Weltgeschichte*, II (ed. G. Mann/A. Heuss, Frankfurt 1962).

2. Untersuchungen zu Semiramis

W. Baumgartner, *Herodots Babylonische und Assyrische Nachrichten*, in ArOr, 18, 1950, 69 ff. (zu Semiramis, 84 ff.)

M. Braun, *History and Romance in Graeco-Oriental Literature*, New York 1938 (Rezension von W. F. Albright, in AJP, 66, 1945, 100 ff.).

R. Drews, *The Greek Accounts of Eastern History*, Washington 1973.

W. Eilers, *Semiramis. Entstehung und Nachhall einer altorientalischen Sage*, Wien 1971.

G. Furlani, *Semiramide*, in *Enciclopedia Treccani*, 350.

P. Grimal, *Semiramis*, in *Dictionnaire de la Mythologie Grecque et Romaine*, 419 f.

F. W. König, *Semiramis*, in AfO Beih. 18, 37 ff.

C. F. Lehmann, *Die historische Semiramis und Herodot*, in Klio, I, 1901, 156 ff.

–, *Eine neue Semiramis-Inschrift*, in Klio, X, 1911, 256 f.

–, *Die historische Semiramis und Berossos*, in Klio, X, 1911, 484 ff.

C. F. Lehmann-Haupt, *Semiramis*, in W. H. Roscher, *Ausführliches Lexikon der griechischen und römischen Mythologie*, IV, 678–702.

–, *Die historische Semiramis und ihre Zeit*, Tübingen 1910.

–, *Armenien einst und jetzt*, II (Berlin 1926), 253 ff.

F. Lenormant, *La Légende de Semiramis* («Mémoires de l'Academie Royale des Sciences, des Lettres et des Beaux-Arts de Belgique», tome XL), Brüssel 1873.

Th. Lenschau, *Semiramis*, in RE Suppl., VII (1940), Sp. 1204 ff.

H. Lewy, *Nitocris-Naqi'a*, in JNES, 11, 1952, 264 ff.

A. Momigliano, *Tradizione e invenzione in Ctesia*, in «Atene e Roma», 1931.

W. Nagel, *Ninus und Semiramis in Sage und Geschichte; iranische Staaten und Reiternomaden vor Darius* (= BBVF, NF, 2), Berlin 1982.

S. Page, *Adad-nirari III and Semiramis: the Stelae of Saba'a and Rimah*, in OrNS, 38, 1969, 457 f.

B. E. Perry, *The Ancient Romances*, Berkeley 1967.

B. Rackham, *Catalogue of Italian Maiolica*, I, London 1940, 211 f., unter Nr. 632.

W. Robertson Smith, *Ctesia and the Semiramis Legend*, in EHR, 2, 1887, 303 ff.

F. Romani / A. Peracchi, *Semiramide*, in *Dizionario d'ogni Mitologia e Antichità*, V (Mailand 1824), 537 ff.

A. H. Sayce, *The Legend of Semiramis*, in «Hist. Rev.», 1888.

H. Schmökel, *Semiramis*, in *Die Großen der Weltgeschichte*, I, Zürich 1971, 194 ff.

W. Schramm, *War Semiramis assyrische Regentin?*, in «Historia», 21, 1972, 513 ff.

Sevin, *Semiramis*, in CRAIBL III, 343 ff.

Spezielle Fragen

Y. Aharoni/R. Amiran, *A New Scheme for the Sub-division of the Iron Age in Palestine*, in IEJ, 8, 1958, 171 ff.

W. Andrae, *Das wiedererstandene Assur*, München 1977.

M. C. Astour, *841 B. C.: The First Assyrian Invasion of Israel*, in JAOS, 91, 1971, 383 ff.

E. Badalì und andere, *Studies on the Annals of Aššurnasirpal II, I. Morphological Analysis*, in VO, 5, 1982, 13 ff.

R. D. Barnett, *The Nimrud Ivories in the British Museum*, London 1957.

R. D. Barnett/M. Falkner, *The Sculptures of Assur-nasir-apli II, Tiglath-pileser III, Esarhaddon from the Central and South-west Palace at Nimrud*, London 1962.

R. Biggs, *The Inscriptions from Tell Abu Salabikh* (= OIP 99), Chicago 1974.

J. Bonomi, *Niniveh and its Palaces²*, London 1853.

Botta und Flandin, *Monuments de Ninive*, Bde. 1–5, Paris 1849–1850.

J. Bottéro, *Le substitut royal et son sort en Mésopotamie ancienne*, in «Akkadica», 9, 1978, 2 ff.

R. Campbell Thompson, *An Assyrian Parallel to an Incident in the Story of Semiramis*, in «Iraq», 4, 1937, 35 ff.

R. Campbell Thompson/R. W. Hutchinson, *A Century of Exploration at Niniveh*, London 1929.

–, *The Site of the Palace of Ashurnasirpal at Niniveh, Excavated 1929/30 on behalf of the British Museum*, in AJA, 18, 1931, 79 ff.

–, *The Excavations on the Temple of Nabu at Niniveh*, Oxford 1929.

R. Campbell Thompson / M. E. L. Mallowan, *The British Museum Excavations at Niniveh, 1931/32*, in AJA, 20, 1933, 71 ff.

S. Dalley, *Mari and Karana. Two Old Babylonian Cities*, London 1984, 193 ff.

M. S. Damerji, *Where are the Hanging Gardens of Babylon*, in «Sumer», 37, 1981, 58 ff. (auf arabisch).

E. Dhorme, *Les Religions de Babylonie et d'Assyrie* («Mana», I), Paris 1945.

H. Donner, *Art und Herkunft des Amtes der Königinmutter im Alten Testament*, in *Festschrift J. Friedrich*, Heidelberg 1959, 105 ff.

G. van Driel, *Land and People in Assyria*, in BiOr, 27, 1970, 168 ff.

A. Dupon Sommer, *Les Araméens*, Paris 1949.

F. M. Fales, *The Enemy in Assyrian Royal Inscriptions: «The Moral Judgement»*, in BBVO, I/2 (Berlin 1982), 425 ff.

F. M. Fales (ed.), *Assyrian Royal Inscriptions: New Horizons in Literary, Ideological, and Historical Analysis* (= OAC, 17), Rom 1981, mit Beiträgen von P. Garelli, H.

Tadmor, A. K. Grayson, L. D. Levine, M. Weippert, S. Parpola, J. Reade, R. Gelio, M. Liverani, C. Zaccagnini, F. M. Fales.

F. Forrer, *Die Provinzeinteilung des assyrischen Reiches*, Leipzig 1920.

R. Frankena, *Takultu. De Sacrale Maaltijd in het assyrische Ritueel*, Leiden 1954.

S. Frankenstein, *The Phoenician in the Far West. A Function of Neo-Assyrian Imperialism*, in «Mesopotamia», 7, 263 ff.

H. Frankfort, *The Art and Architecture of the Ancient Orient*, Chicago 1954.

G. Furlani, *Religioni della Mesopotamia e dell'Asia Minore*, Rom 1958.

C. J. Gadd, *Assyrian Sculptures in the British Museum from Shalmanezer III to Sennacherib*, London 1938.

P. Garelli, *L'État et la légitimité royale sous l'empire assyrien*, in «Mesopotamia», 7, 319 ff.

A. K. Grayson, *Königslisten und Chroniken*, in RlA VI, 90 ff.

–, *Studies in the Neo-Assyrian History. The Ninth Century B. C.*, in BiOr, 33, 1976, 134 ff.

H. R. Hall, *Babylonian and Assyrian Sculptures in the British Museum*, Paris 1928.

W. W. Hallo, *From Qarqar to Carchemish: Assyria and Israel in the Light of New Discoveries*, in BA, 23, 1960, 34 ff.

–, *The Rise and Fall of Kalach*, in JAOS, 88, 1968, 772 ff.

R. Henschaw, *The Office of Shaknu in Neo-Assyrian Times*, I, in JAOS, 87, 1967, 517 ff.; II, in JAOS, 88, 1968, 461 ff.

B. Hrouda, *Der assyrische Streitwagen*, in «Iraq», 25, 1963, 155 ff.

–, *Vorderasien*, I: *Mesopotamien, Babylonien, Iran und Anatolien*, München 1971. (Enthält eine gute Bibliographie über die Archäologie im allgemeinen und die mesopotamischen Ausgrabungsorte auf Seite 218 ff.)

J. Hunger, *Heerwesen und Kriegsführung der Assyrer*, Leipzig 1910.

Th. Jacobsen/S. Lloyd, *Sennacherib's Aqueduct at Jerwan* (= OIP, 24), Chicago 1935.

V. A. Jakobson, *The Social Structure of the Neo-Assyrian Empire*, in VDI, 1965, 100 ff.

N. B. Jankowska, *Some Problems of the Economy of the Assyrian Empire*, in VDI, 1956, 28 ff.

A. Jepsen, *Salmanazar III. und die Eponymenlisten*, in AfO, 14, 1941–1944, 64 ff.

K. Kessler, *Untersuchungen zur historischen Topographie Nordmesopotamiens nach keilschriftlichen Quellen des 1. Jahrtausends v. Chr.* (= TAVO Beih., Reihe B, Nr. 26), Wiesbaden 1980.

L. W. King, *Bronze Reliefs from the Gates of Shalmaneser King of Assyria 860–825*, London 1915.

E. Klauber, *Assyrisches Beamtentum nach den Briefen der Sargoniden-Zeit* (= LSS, V/3), Leipzig 1910.

R. Koldewey, *Das wieder erstehende Babylon*, Leipzig 1913.

F. R. Kraus, *Könige, die in Zelten wohnten. Betrachtungen über den Kern der Assyrischen Königsliste*, Amsterdam 1965.

H. Kühne, *Zur Rekonstruktion der Feldzüge Adad-niraris II., Tukulti-Ninurtas II. und Aššurnasirpals II. im Habur-Gebiet*, in BaM, 11, 1980, 44 ff.

H. M. Kümmel, *Ersatzrituale für den hethitischen König*, Wiesbaden 1967. (Die mesopotamischen Quellen zum «Stellvertreter-König» werden auf Seiten 169 ff.
behandelt.)

J.-R. Kupper, *Les nomads en Mésopotamie au temps des rois de Mari*, Paris 1957.

W. G. Lambert, *The God Aššur*, in «Iraq», 45, 1983, 82 ff.

–, *Shalmaneser in Ararat*, in AnSt, 11, 1961, 143 ff.

–, *A Part of the Ritual for the Substitute King*, in AfO, 18, 1957/58, 109 ff.

–, *The Reigns of Aššurnasirpal II and Shalmaneser III. An Interpretation*, in «Iraq», 36,
1974, 103 ff.

B. Landsberger, *Sam'al*, Ankara 1948.

A. H. Layard, *The Monuments of Niniveh*, London 1948 f.

–, *Niniveh and its Remains*, London 1849.

M. Liverani, *The Ideology of the Assyrian Empire*, in «Mesopotamia», 7, 297 ff.

M. T. Larsen (ed.), *Power and Propaganda. A Symposium on Ancient Empires*
(= «Mesopotamia», 7), Kopenhagen 1979.

Seton Lloyd, *The Archaeology of Mesopotamia from the Old Stone Age to the Persian Con-
quests*, London 1978.

F. Malbran-Labat, *L'armée et l'organisation militaire de l'Assyrie*, Paris 1982.

M. E. L. Mallowan, *Twenty-five Years of Mesopotamian Discovery*, Plymouth 1956.

–, *Nimrud and its Remains*, I–II, London 1966.

–, *The «Mona Lisa» of Nimrud*, in «Iraq», 25, 1963, 1 ff.

W. Manitius, *Das stehende Heer der Assyrerkönige und seine Organisation*, in ZA,
24, 1910, 97 ff.

W. Martin, *Tribut und Tributleistungen bei den Assyrern*, in StOr, 8/1, 1936.

B. Menzel, *Assyrische Tempel: Untersuchungen zu Kult, Administration und Personal*,
I–II, Rom 1981.

A. Millard / H. Tadmor, *Adad-nirari III in Syrien*, in «Iraq», 36, 1973, 57 ff.

S. Moscati, *The Aramaean-Ahlamu*, in JSS, 4, 1959, 303 ff.

–, *Sulle origini degli Aramei*, in RSO, 26, 1951, 16 ff.

K. F. Müller, *Die assyrischen Ritual-Texte zum assyrischen Königsritual* (= MVAG, 41),
1937.

D. Oates, *Fort-Salmaneser*, in «Iraq», 21, 1959, 98 ff.

–, *The Excavations at Nimrud*, in «Iraq», 23, 1960, 1 ff.; 25, 1963, 6 ff.

R. T. O'Callaghan, *Aram Naharaim*, Rom 1948.

B. Oded, *Mass Deportations and Deportees in the Neo-Assyrian Period*, Wiesbaden 1979.

A. L. Oppenheim, *Essay on Overland Trade in the First Millenium B. C.*, in JCS, 21,
1967, 236 ff.

S. M. Paley, *King of the World. Aššur-nasir-pal II of Assyria*, New York 1976 (Id., in
AJA, 81, 1977, 523 ff.).

S. Parpola, *Neo-Assyrian Toponyms* (= «Alter Orient und Altes Testament», 6),
1970

A. Parrot, *Assur*, Mailand 1965.

V. Place, *Ninive et l'Assyrie*, Paris 1867.

G. Pettinato, *Ebla. Un impero inciso nell'argilla*, Mailand 1979.

–, *Testi amministrativi della Biblioteca L. 2769*, 1ª Parte (= MEE, 2), Neapel 1980.

–, *Testi lessicali monolingui della Biblioteca L. 2769* (= MEE, 3), Neapel 1981.

F. Pomponio, *Nabu. Il culto e la figura di un dio del Pantheon babilonese e assiro*, (= StSem, 51), Rom 1978.

J. A. Portratz, *Die Kunst des Alten Orients*, Stuttgart 1961.

J. N. Postgate, *The Economic Structure of the Assyrian Empire*, in «Mesopotamia», 7, 193 ff.

–, *Some Remarks on Conditions in the Assyrian Countryside*, in JESHO, 17, 1974, 225 ff.

–, *The Place of Šaknu in Assyrian Government*, in AnSt, 30, 1980, 67 ff.

J. E. Reade, *Twelve Ashur-Nasir-Pal Reliefs*, in «Iraq», 27, 1965, 119 ff.

–, *Ideology and Propaganda in Assyrian Art*, in «Mesopotamia», 7, 329 ff.

–, *A Glazed-Brick Panel from Nimrud*, in «Iraq», 25, 1963, 38 ff.

–, *The Neo-Assyrian Court and Army: Evidence from the Sculptures*, in «Iraq», 34, 1972, 87 ff.

P. Sacchi, *Osservazioni sul problema degli Aramei*, Florenz 1960.

H. W. F. Saggs, *Assyrian Warfare in the Sargonid Period*, in «Iraq», 25, 1963, 145 ff.

S. Schiffer, *Die Aramäer*, Leipzig 1911.

W. Shea, *Adad-nirari and Jehoash of Israel*, in JCS, 30, 1978, 101 ff.

S. Smith, *Assyrian Sculptures in the British Museum*, London 1938.

W. von Soden, *Die Assyrer und der Krieg*, in «Iraq», 25, 1963, 131 ff.

–, *Der Aufstieg des Assyrerreichs als geschichtliches Problem* (= AO, 37), Leipzig 1937.

E. Strommenger, *Fünf Jahrtausende Mesopotamien*, München 1962.

H. Tadmor, *Assyria and the West: The Ninth Century and its Aftermath*, in H. Goedicke and J. J. M. Roberts, *Unity and Diversity*, Baltimore 1975, 36 ff.

O. A. Tasyürek, *Some New-Assyrian Rock-Reliefs in Turkey*, in AnSt, 25, 1975, 169 ff., besonders 180.

L. Troiani, *Contributo alla problematica dei rapporti fra Storiografia Greca e Storiografia Vicino-Orientale*, in «Athenaeum», 61, 1983, 427 ff.

E. Unger, *Babylon. Die Heilige Stadt nach der Beschreibung der Babylonier*, Berlin 1931.

E. F. Weidner, *Die Reliefs der assyrischen Könige*, in AfO Beih. 4, Berlin 1939.

–, *Hof- und Haremserlasse assyrischer Könige aus dem 2. Jahrtausend v. Chr.*, in AfO, 17, 1954–1956, 257 ff.; 21, 1966, 35 ff.

Cl. Wilcke, *Die Anfänge der Akkadischen Epen*, in ZA, 67, 1977, 153 ff.

D. J. Wiseman, *Mesopotamian Gardens*, in AnSt, 33, 1983, 137 ff.

Y. Yadin, *The Art of Warfare in Biblical Lands*, London 1963. (Kriegführung und Militärtechnik der Assyrer werden auf den Seiten 380 ff. behandelt.)

C. Zaccagnini, *The Enemy in the Neo-Assyrian Royal Inscriptions: The «Ethnographic» Description*, in BBVO, I/2, Berlin 1982, 409 ff.

BILDNACHWEIS

PERSONENREGISTER

Abisalamu (Fürst von Bit-Bachiani)
88
Abraham (biblischer Patriarch) 65,
66
Abydenos (griechischer Historiker)
66
Achatmilku (Königin von Ugarit) 212
Achia-baba (Usurpator, gebürtig von
Bit-Adini) 75
Achuni (Fürst von Bit-Adini) 16, 17,
101
Ada (Satrapin von Karien) 210
Adad (mesopotamische Gottheit) 29,
75, 80, 116, 120, 122, 127, 130,
176, 180, 187, 189, 224, 226, 229,
230, 244, 281
Adad-apla-iddina (babylonischer
König) 203
Adad-eresch (Botschafter von Adad-
narari) 89
Adad-guppi (Mutter von Nabonid,
König von Babylon) 215
Adad-idri (König von Damaskus) 102
Adad-narari I. (assyrischer König)
171, 203
Adad-narari II. (assyrischer König)
71, 72, 73, 88, 114, 172, 203, 224
Adad-narari III. (assyrischer König)
27, 30, 31, 32, 33, 35, 37, 38, 39,
40, 41, 42, 43, 51, 56, 57, 87, 88,
94, 99, 118, 127, 128, 130, 133,
135, 138, 144, 152, 156, 159, 172,

193, 195, 197, 199, 201, 203, 204,
208, 209, 210, 212, 215, 216, 217,
219, 220, 222, 223, 224, 225, 226,
227, 228, 229, 230, 231, 232, 233,
234, 235, 236, 237, 238, 239, 240,
241, 242, 243, 246, 247, 248, 249,
251, 254, 256, 257, 259, 261, 263,
266, 267, 268, 269, 270, 276
Adini (Fürst von Bit-Dakkuri) 105
Aelianus Claudius (römischer Histo-
riker) 91, 220
Agyleus (König der Sikyonier) 65
Ahab (König von Israel) 211
Ahasja (König von Juda) 211
Akki (Wasserträger) 49
Alexander der Große (makedoni-
scher König) 9, 50, 63, 118, 210,
271, 280, 287, 289, 290
Alexander Polyhistor (griechischer
Historiker) 48
Ammianus Marcellinus (römischer
Historiker) 289
Ammistamru II. (König von Ugarit)
212, 213
Ampelius Lucius (römischer Histori-
ker) 47
Amun (ägyptische Gottheit) 272, 276
Amur-Assur (Steuerbeamter) 22
Anebo (mythischer König von Assy-
rien) 66
Anonymus (klassischer Schriftsteller)
47, 84

317

ORTSREGISTER

326

Fritz Hofer erstellte die Register (wissenschaftliche Beratung: *Professor Markus Wäfler*, Bern), beteiligte sich maßgeblich an der Adaptation der Bibliographie und lektorierte mit Umsicht meine Übersetzung: dafür möchte ich mich herzlich bedanken.

R. S.

Karte 1

Städte, Gewässer, Gebirge

0   100   200 km

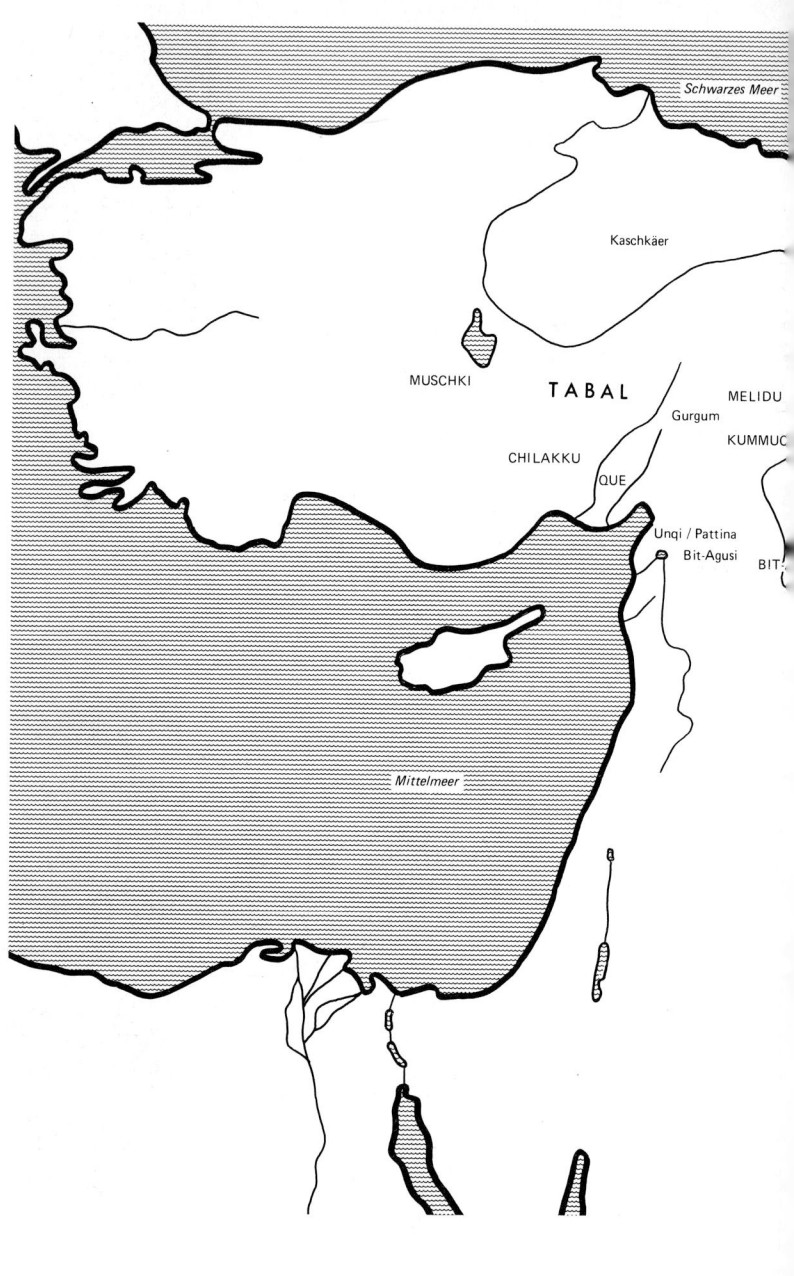

Schwarzes Meer

Kaschkäer

MUSCHKI

TABAL

MELIDU

Gurgum

KUMMUC

CHILAKKU

QUE

Unqi / Pattina

Bit-Agusi

BIT-

Mittelmeer

URARTU

Eriache

Diauche

ne

Alzi

Zamani
ASALLI

Daiaeni   Tumme   Armarili

Schubria

NAIRI

CHABCHI

CHUBUSCHKIA

GILZANU

Musasir

KATMUCHI

BIT-BACHIANI

Kirruri

A
S
S
Y
R
I
E
N

ZAMUA

M
A
N
N
A

ZIKIRTU

ANDIA

Gizilbunda

PARSUA

BIT-CHALUPE

LAQE

CHINDANU

NAMRI

SUCHU

MADA/MEDIEN

ELLIPI

Arabische Wüste

B
A
B
Y
L
O
N
I
E
N

KALDU

Gambulu

E
L
A
M

Meerland

Karte 2

Länder, Provinzen, Völker

*Kaspisches
Meer*

*Persischer
Golf*

0   100   200 km